目录

Contents

经济法

环境资源保护法

劳动与社会保障法

知识产权法

觉晓法考

法考题库系列·客观严选 题集

经知环劳法
客观·严选好题

觉晓法考组　编著

中国政法大学出版社
2024·北京

图书在版编目（CIP）数据

客观严选4000好题. 经知环劳法客观・严选好题 / 觉晓法考组编著. -- 北京 : 中国政法大学出版社, 2024. 12. -- (法考题库系列). -- ISBN 978-7-5764-1807-1

Ⅰ. D920.4

中国国家版本馆CIP数据核字第2024ZA4612号

出版者	中国政法大学出版社
地　址	北京市海淀区西土城路25号
邮寄地址	北京100088信箱8034分箱　邮编100088
网　址	http://www.cuplpress.com (网络实名：中国政法大学出版社)
电　话	010-58908285(总编室) 58908433（编辑部） 58908334(邮购部)
承　印	重庆天旭印务有限责任公司
开　本	787mm×1092mm　1/16
印　张	16
字　数	460千字
版　次	2024年12月第1版
印　次	2024年12月第1次印刷
定　价	59.00元（全两册）

KEEP AWAKE

CSER 高效学习模型

觉晓坚持每年组建“名师 + 高分学霸”教学团队，按照 Comprehend（讲考点→理解）→ System（搭体系→不散）→ Exercise（刷够题→会用）→ Review（多轮背→记住）学习模型设计教学产品，让你不断提高学习效果。

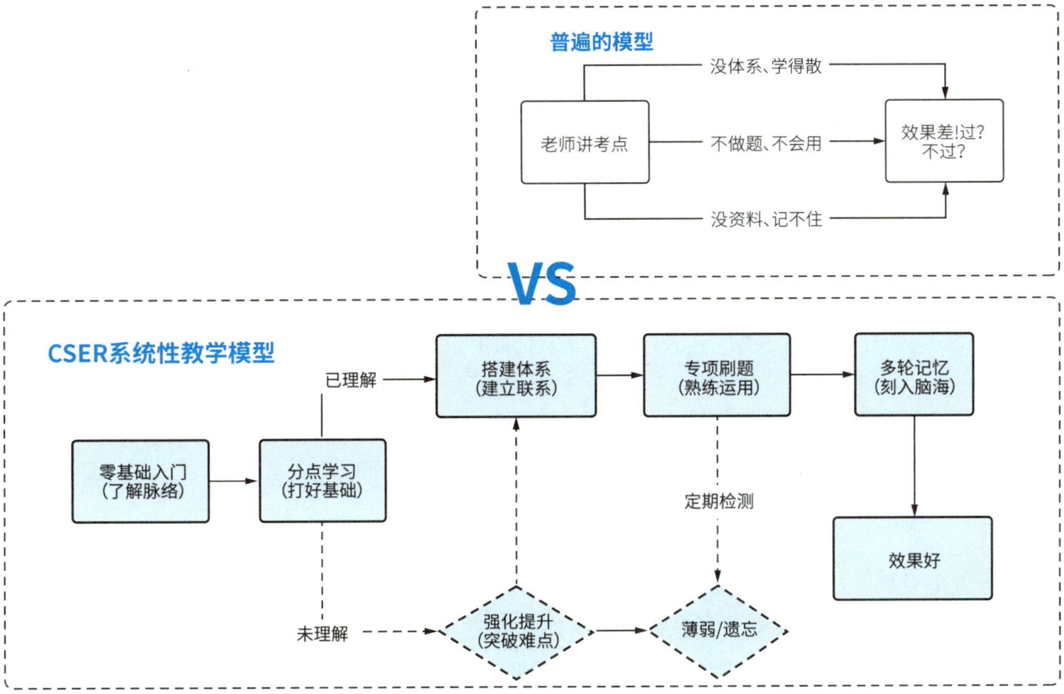

前面理解阶段跟名师，但后面记忆应试阶段，“高分学霸”更擅长，这样搭配既能保证理解，又能应试；时间少的在职考生可以直接跟“学霸”学习高效应试。

同时，知识要成体系性，后期才能记住，否则学完就忘！因此，觉晓有推理背诵图（推背图）、诉讼流程图等产品，辅助你建立知识框架体系，后期可以高效复习！

KEEP AWAKE

坚持数据化学习

“觉晓法考”APP 已经实现“学→练→测→背→评”全程线上化学习。在学习期间，觉晓会进行数据记录，自 2018 年 APP 上线，觉晓已经积累了上百万条数据，并有几十万真实考生的精准学习数据。

觉晓有来自百度、腾讯、京东等大厂的 AI 算法团队，建模分析过线考生与没过线考生的数据差异，建立“过考模型”，指导学员到底要听多少课，做多少题，正确率达到多少才能飘过或者稳过。

过考模型的应用层包括：

1. 完整的过考方案和规划：内部班的过考规划和阶段目标，均按照过考模型稳过或过考标准制定；让学员花更少地时间，更稳得过线。

2. 精准的过考数据指标：让你知道过线每日需要消耗的“热量、卡路里”，有标准，过线才稳！

3. 客观题知识图谱：按往年 180 分、200 分学员学习数据，细化到每个知识点的星级达标标准，并根据考频和考查难度，趋势等维度，将知识点划分为 ABCDE 类。还能筛选“未达标”针对提分。

知识类型	考频	难度	学习说明
A	高	简单	必须掌握
B	高	难	必须掌握（主 + 客）
C	中	简单	必须掌握
D	中	难	时间不够可放弃（主 + 客）
E	考频低或者很难、偏		直接放弃

4. 根据过考模型 + 知识图谱分级教学：BD 类主客观都要考，主客融合一起学，E 类对过考影响不大，可直接放弃，AC 性价比高，简化背诵总结更能应试拿分，一些对过线影响不大的科目就减少知识点，重要的就加强；课时控制，留够做题时间，因为中后期做题比听课更重要！

5. AI 智能推送查缺补漏包：根据你学习的达标情况，精准且有效地推送知识点课程和题目，查漏补缺，让你的时间花得更有价值！

6. 精准预测过考概率（预估分）：实时检测你的数据，对比往年相似考生数据模型，让你知道，你这样学下去，最后会考多少分！ 明确自己距离过线还差多少分，从而及时调整自己的学习状态。

注：觉晓每年都会分析当年考生数据，出具一份完整的过考模型数据分析报告，包括“客观题版”“主客一体版”“主观题二战版”，可以下载觉晓 APP 领取。

经济法

第一章 反垄断法

一、历年真题及仿真题*

（一）反垄断调查与救济

【单选】

1 1802028

某市公安局出台文件，指定当地印章协会统一负责全市新型防伪印章系统的开发建设，强令全市公安机关和刻章企业卸载正在使用的、经公安部检测通过的软件系统，统一安装印章协会开发的软件系统，并要求刻章企业向印章协会购买刻章设备和章料。根据《反垄断法》的相关规定，反垄断执法机构拟采取下列哪一措施是正确的？（　）

A．撤销该协会的社团资格

B．责令该市公安局改正

C．对该市公安局罚款

D．建议市人民政府责令该市公安局改正

（二）经营者集中

【单选】

2 1902030

甲公司是电动车领域的巨头，使用“标准”牌电池。为了扩张产业链与下列企业签订了相关协议，且协议涉及的交易规模都达到国务院规定的申报标准，以下哪一选项应当向反垄断执法机构申报？（　）

A．甲公司跟某太阳能企业达成协议约定信息互通共享

B．甲公司收购某电子板公司30%的股份，成为其第二大股东，取得其控制权

C．甲公司收购旗下控股子公司的股份达到80%

D．乙公司享有甲公司52%表决权的股份，享有丙公司55%表决权的股份，甲公司收购丙公司的股份达到70%

【多选】

3 2202135

甲公司准备收购乙公司股东丙和股东丁的股权，合计收购51%，被竞争对手戊公司举报到国家市场监督管理总局，该局遂要求甲公司汇报相关情况，甲公司提供了自己没有违反《反垄断法》的有关材料。对此，下列说法正确的是？（　）

A．该局可以不经批准直接去甲公司的办公场所进行调查

B．如果甲公司收购股权未达到集中申报条件的，可以不进行申报

C．只要甲公司收购股权后占乙公司的股权比例超过51%，就要进行申报

D．若该局认为甲公司符合申报条件而未申报，对其处以罚款，甲公司对处理决定不服必须先提起行政复议

（三）滥用市场支配地位

【单选】

4 1601028

某燃气公司在办理燃气入户前，要求用户缴纳一笔“预付气费款”，否则不予供气。待不再用气时，用户可申请返还该款项。经查，该款项在用户日常购气中不能冲抵燃气费。根据《反垄断法》的规定，下列哪一说法是正确的？（　）

A．反垄断机构执法时应界定该公司所涉相关市场

B．只要该公司在当地独家经营，就能认定其具有市场支配地位

C．如该公司的上游气源企业向其收取预付款，该公司就可向客户收取“预付气费款”

D．县政府规定了“一个地域只能有一家燃气供应企业”，故该公司行为不构成垄断

解析页码
001—002

* 注：下列题号对应觉晓APP的题号规则。本书中以18~24开头的题号均为2018年~2024年的仿真题。

（四）垄断协议

【单选】

5 1701028

某景区多家旅行社、饭店、商店和客运公司共同签订《关于加强服务协同提高服务水平的决定》，约定了统一的收费方式、服务标准和收入分配方案。有人认为此举构成横向垄断协议。根据《反垄断法》，下列哪一说法是正确的？（　）

A．只要在一个竞争性市场中的经营者达成协调市场行为的协议，就违反该法

B．只要经营者之间的协议涉及商品或服务的价格、标准等问题，就违反该法

C．如经营者之间的协议有利于提高行业服务质量和经济效益，就不违反该法

D．如经营者之间的协议不具备排除、限制竞争的效果，就不违反该法

【多选】

6 1902060

某县甲企业生产代步车，相关市场份额达 70%，现与下游经销商签署特许经销协议，约定某一畅销型号的代步车售价不得低于 2000 元。下列说法正确的是？（　）

A．甲企业与经销商签署的特许经销协议构成了纵向垄断协议行为

B．该协议意思表达真实，合法有效

C．没有购买代步车的张某有权向反垄断执法机构举报

D．当该协议付诸实施后，反垄断执法机构才可视情节对其处罚

7 1501067

某市甲、乙、丙三大零售企业达成一致协议，拒绝接受产品供应商丁的供货。丙向反垄断执法机构举报并提供重要证据，经查，三企业构成垄断协议行为。关于三企业应承担的法律责任，下列哪些选项是正确的？（　）

A．该执法机构应责令三企业停止违法行为，没收违法所得，并处以相应罚款

B．丙企业举报有功，可酌情减轻或免除处罚

C．如丁因垄断行为遭受损失的，三企业应依法承担民事责任

D．如三企业行为后果极为严重，应追究其刑事责任

8 1401064

某省 L 市旅游协会为防止零团费等恶性竞争，召集当地旅行社商定对游客统一报价，并根据各旅行社所占市场份额，统一分配景点返佣、古城维护费返佣等收入。此计划实施前，甲旅行社主动向反垄断执法机构报告了这一情况并提供了相关证据。关于本案，下列哪些判断是错误的？（　）

A．旅游协会的行为属于正当的行业自律行为

B．由于尚未实施，旅游协会的行为不构成垄断行为

C．如构成垄断行为，L 市发改委可对其处以 50 万元以下的罚款

D．如构成垄断行为，对甲旅行社可酌情减轻或免除处罚

（五）综合知识点

【单选】

9 2302049

为方便沟通，王某召集当地鸽子经销商成立一微信交流群。某日，王某在群里发消息称：最近生意难做，从 7 月 1 日起，每只鸽子交易价格下调一元。不少经销商在王某的影响下纷纷降低收购价，当地最大的鸽子养殖户老李因此事遭受了大量损失。对此，下列说法正确的是？（　）

A．鸽子经销商之间构成横向垄断协议

B．王某的行为属于利用平台规则以滥用市场支配地位

C．王某和各位群友的行为属于经营者集中

D．反垄断执法机构应当对王某的行为进行公平竞争审查

10 2202081

某市大米行业协会决定对该市某县生产的大米统一定价，要求各经销商销售时不得低于该价，该行业协会的行为如何定性？（　）

解析页码
003—005

A. 该行业协会的行为构成横向垄断
B. 该行业协会的行为构成纵向垄断
C. 该行业协会的行为合法
D. 该行业协会的行为属于不正当竞争

11 1902027

某地区海鲜水产行业协会组织本地水产供应商压缩供货并控制出货节奏，导致下游供货量减少，海鲜的价格猛涨，众供应商收益颇丰。但对当地的海鲜市场造成很严重的负面影响。但因为此次安排对大小供应商的返利政策不同，甲水产供应商主动向反垄断执法机构报告了这一情况，并提供了重要证据，下列说法正确的是？（ ）

A. 当地民政部门可以对该海鲜水产行业协会撤销登记
B. 海鲜水产协议出于行业自律，且维护了同业经营者的权益，不应被处罚
C. 水产供应商并无签署任何协议，故未构成协议行为
D. 反垄断法执法机构应免除对甲的处罚

【多选】

12 2202080

甲行业协会为提高某产品的质量，便与生产该产品的十个企业达成协议：由生产该产品质量较好的五个企业继续正常营业，质量较差的五个企业停业休息，以限制该商品的生产数量，提高产品质量。正常经营的企业需将一部分利润上交协会，由协会每年给停业休息的企业补贴。后来停业休息的五个企业认为补贴太少，便将该垄断协议提交给反垄断机构。下列说法正确的是？（ ）

A. 反垄断执法机构可以酌定增加五个企业的补偿金额
B. 反垄断执法机构可以责令甲行业协会改正，处三百万元以下的罚款，并依法撤销登记
C. 反垄断执法机构应当为五个企业保密，并可酌情减轻或免除对五个企业的处罚
D. 甲行业协会对反垄断执法机构的决定不服，可以直接提起行政诉讼

13 1601067

某县会计师行业自律委员会成立之初，达成统筹分配当地全行业整体收入的协议，要求当年市场份额提高的会员应分出自己的部分收入，补贴给市场份额降低的会员。事后，有会员向省级市场监督管理部门书面投诉。关于此事，下列哪些说法是正确的？（ ）

A. 该协议限制了当地会计师行业的竞争，具有违法性
B. 抑强扶弱有利于培育当地会计服务市场，法律不予禁止
C. 此事不能由省级市场监督管理部门受理，应由该委员会成员自行协商解决
D. 即使该协议尚未实施，如构成违法，也可予以查处

二、模拟训练

14 62206201

甲同星星数据库维权多年，获赔 70 多万。星星数据库涉嫌垄断问题被报道登上热搜后，相关评论区与实时广场迅速涌现大量讨论。下列说法正确的是？（ ）（不定项）

A. 星星数据库的使用者李某有权向反垄断执法机构举报
B. 甲获赔的金额还包括其为制止侵权行为所支付的合理开支
C. 星星数据库和其他数据库签订下载论文需交费 200 元的协议，构成了纵向协议行为
D. 针对星星数据库实施垄断行为，检察院可依法提起民事公益诉讼

15 61806168

某省教育厅在其组织的一次比赛中指定五星公司的软件作为比赛软件，被五星公司竞争对手梨子公司认为该省教育厅涉嫌行政垄断便诉至法院，后法院认定省教育厅的上述行为确属行政垄断。下列说法中哪一项是正确的？（ ）（单选）

A. 反垄断执法机构有权直接对该垄断行为进行处罚
B. 反垄断执法机构有权对其直接负责人员予以处分
C. 省教育厅不属于行政垄断的主体

解析页码
005—006

D．省教育厅的垄断行为应该由上级机关责令改正

16 62206200

阳光公司和爱尚公司是某县的雪糕生产企业，在当地的市场份额约合四分之三。现两企业为打造网红雪糕，与下游经销商签署经销协议，约定该款雪糕售价不得低于20元。下列说法正确的是？（　）（单选）

A．该经销协议属于横向垄断协议

B．该协议意思表示真实，合法有效

C．两企业不具有市场支配地位

D．阳光企业主动向反垄断执法机构报告达成垄断协议的有关情况并提供重要证据的，可被酌情减轻处罚

17 61906316

海洋公司与江河公司系我国知名的服装生产商，在销售市场上占有极大的份额。下列说法符合法律规定的是？（　）（多选）

A．若海洋公司占有服装市场份额的百分之四十五，则可以推定海洋公司具有市场支配地位

B．若江河公司被推定认为具有市场支配地位，但其有证据证明其不具有市场支配地位，则不应当认定其具有市场支配地位

C．若海洋公司持有江河公司50.1%的股权，则海洋公司与江河公司合并无需申报

D．若海洋公司与江河公司均系善水公司的全资子公司，则二者合并应当申报

18 61906252

甲抗癌疫苗公司与乙抗癌疫苗公司是疫苗产业的龙头公司，为彻底控制疫苗市场，两家公司欲采用吸收合并的方式组建“双抗公司”（已经达到国务院规定的申报标准），于是向国务院反垄断执法机构申报合并。下列哪些说法是正确的？（　）（单选）

A．若乙抗癌疫苗公司持有甲抗癌疫苗公司50%以上有表决权的股份，则合并可以不申报

B．癌症药物研发涉及公共利益，尽管组建双抗公司可能排除、限制竞争，但国务院反垄断执法机构也可以做出准予集中的决定

C．鉴于时间紧迫，可以在组建双抗公司后向国务院反垄断执法机构申报

D．若两公司对国务院反垄断执法机构的决定不服，可以申请复议或直接提起行政诉讼

参考答案

[1]D	[2]B	[3]BCD	[4]A	[5]D
[6]AC	[7]ABC	[8]ABC	[9]A	[10]B
[11]A	[12]CD	[13]AD	[14]AB	[15]D
[16]D	[17]BC	[18]AB		

第二章 反不正当竞争法

一、历年真题及仿真题

（一）不正当竞争的法律责任

【多选】

1 2102080

奇异果网站是国内大型视频网站，购买取得了热播电视剧独家网络播放权。但免费用户收看奇异果网站的热播电视剧，不可避免需要同时收看片头片尾广告，这是广告商看准奇异果网站热播剧的流量，花巨额广告费买的广告位。甲开发广告屏蔽软件，可屏蔽奇异果网站加载广告并又招商播第三方的广告。对此，下列说法正确的有？（　）

A．甲的行为构成不正当竞争

B．甲开发屏蔽广告软件仅为一项技术手段，因技术无罪，所以不构成违法行为

C．奇异果网站的实际损失难以计算的，可按照甲获取的利益确定赔偿金额

D．奇异果网站调查甲行为所支付的所有费用应由甲赔偿

（二）不正当竞争行为

【单选】

2 2302046

甲公司与乙公司都是电视生产厂家，乙公司的

解析页码
007—008

LOGO是一头可爱的小熊，具有很高的识别度。2022年一条视频爆红网络：一男子对着贴有小熊图案的电视机不断说，"看不清、侧漏光、视野小等"。该视频获超百万点赞。经调查，视频中的男子是甲公司员工，且乙公司生产的电视并不存在视频中所说的问题。对此，下列说法正确的是？（　）

A. 甲公司违法与否要看是否构成混淆

B. 甲公司违法与否要看乙公司的小熊标志是否具有影响力

C. 甲公司违法与否取决于小熊是否属于商业装潢

D. 甲公司违法与否要看是否侵犯了乙公司的商品声誉

3　2202137

甲公司与乙公司同为牛排生产公司，甲公司为了占据更大的市场，特找到短视频博主刘某拍摄宣传视频，在视频中提到乙公司生产的牛排有添加剂超标的问题。虽然刘某的视频账号只有10万粉丝，但该条视频点击量超过1000万，后经调查发现，乙公司生产的牛排并无任何质量问题。对此，下列说法正确的是？（　）

A. 短视频博主刘某构成诋毁商誉

B. 甲公司和刘某共同构成诋毁商誉

C. 甲公司构成诋毁商誉

D. 刘某构成互联网不正当竞争

4　2202083

金硕巅峰公司是知名的教育培训机构，其广告宣传语为"金硕巅峰，已助众多考生圆梦"。飞跃公司为同行业教培机构，新开设了名为"金硕VIP全程班"的班次，并在其网站展示。对此下列说法正确的是？（　）

A. 飞跃公司的行为会让人误认为其与金硕公司存在特定联系，其行为违法

B. 飞跃公司涉嫌虚假宣传，其行为违法

C. 飞跃公司的行为系合法行为

D. 飞跃公司没有使用金硕公司的域名，不构成违法

5　2002094

甲单位成立于20世纪80年代，其名称和简称在我国具有一定影响，2018年乙单位成立，在其提供的服务和宣传中均载明本单位的名称。该名称中包含甲单位的简称，根据《反不正当竞争法》的相关规定，下列选项不正确的是？（　）

A. 若乙单位是仅提供公益服务而不从事生产经营活动的社会组织，无论相关公众是否误以为乙和甲存在特定联系，均不应认定乙实施了混淆行为

B. 若甲单位是仅提供公益服务而从不从事生产经营活动的社会组织，即便乙是经营者，由于其使用的不是他人有一定影响的商业标识，因此也不应认定乙实施了混淆行为

C. 若没有引人误认为乙与甲存在特定联系或误认为乙提供的服务是甲的服务，则不应认定乙实施了混淆行为

D. 若认定乙实施了混淆行为，在甲因该行为所受到的实际损失、乙因该行为所获得的利益难以确定的情况下，法院可以根据情节判处乙给予甲300万元的赔偿

6　1902031

某文具公司在网络电商平台注册一店铺，公司设置专项资金派发给员工，要求员工用此专项资金在本公司店铺购买文具，公司的客服再根据下单的地址，给员工邮寄空的包裹，通过这种方式来提高公司在网络销售平台的排名。下列有关该文具公司行为的说法正确的是？（　）

A. 互联网不正当竞争

B. 虚假宣传行为

C. 商业贿赂行为

D. 混淆行为

7　1802029

甲公司系一家互联网信息公司，未经搜房网运营方同意，劫持搜房网数据，在搜房网主页右上角设置弹窗，在用户访问搜房网时，甲公司所投放的广告将自动弹出。对于甲公司的行为，下列说法正确的是？（　）

A. 构成互联网不正当竞争

B. 构成网络避风港原则，不承担责任

解析页码
009—010

C. 构成诋毁商誉

D. 甲公司应为其投放的虚假广告导致的消费者损失承担连带责任

8 1701029

某蛋糕店开业之初，为扩大影响，增加销售，出钱雇人排队抢购。不久，该店门口便时常排起长队，销售盛况的照片也频频出现于网络等媒体，附近同类店家生意随之清淡。对此行为，下列哪一说法是正确的？（　）

A. 属于正当的营销行为

B. 构成混淆行为

C. 构成虚假宣传行为

D. 构成商业贿赂行为

9 1401027

红心地板公司在某市电视台投放广告，称“红心牌原装进口实木地板为你分忧”，并称“强化木地板甲醛高、不耐用”。此后，本地市场上的强化木地板销量锐减。经查明，该公司生产的实木地板是用进口木材在国内加工而成，也没有证据证明强化木地板甲醛高、不耐用。关于该广告行为，下列哪一选项是正确的？（　）

A. 属于正当竞争行为

B. 仅属于诋毁商誉行为

C. 仅属于虚假宣传行为

D. 既属于诋毁商誉行为，又属于虚假宣传行为

【多选】

10 1902134

甲公司取得了热播电视剧《12 小时》的独家网络直播权，张某嫌该剧片头广告时间过长，开发出屏蔽该片头广告的软件，在其社交主页上炫耀，并提供了专门的下载通道，受到网民追捧。随后张某用此软件招商播放乙公司的产品广告，收益颇丰。下列说法正确的是？（　）

A. 张某的行为有利于消费者，是合法行为

B. 张某并非经营者，所以其不是不正当竞争行为的适格主体

C. 张某的行为构成不正当竞争行为

D. 甲公司的实际损失难以计算的，可按张某向乙公司收取的报酬确定赔偿金额

11 1601068

甲县善福公司（简称甲公司）的前身为创始于清末的陈氏善福铺，享誉百年，陈某继承祖业后注册了该公司，并规范使用其商业标识。乙县善福公司（简称乙公司）系张某先于甲公司注册，且持有“善福 100”商标权。乙公司在其网站登载善福铺的历史及荣誉，还在其产品包装标注“百年老牌”“创始于清末”等字样，但均未证明其与善福铺存在历史联系。甲、乙公司存在竞争关系。关于此事，下列哪些说法是正确的？（　）

A. 陈某注册甲公司的行为符合诚实信用原则

B. 乙公司登载善福铺历史及标注字样的行为损害了甲公司的商誉

C. 甲公司使用“善福公司”的行为侵害了乙公司的商标权

D. 乙公司登载善福铺历史及标注字样的行为构成虚假宣传行为

12 1501068

甲公司拥有“飞鸿”注册商标，核定使用的商品为酱油等食用调料。乙公司成立在后，特意将“飞鸿”登记为企业字号，并在广告、企业厂牌、商品上突出使用。乙公司使用违法添加剂生产酱油被媒体曝光后，甲公司的市场声誉和产品销量受到严重影响。关于本案，下列哪些说法是正确的？（　）

A. 乙公司侵犯了甲公司的注册商标专用权

B. 乙公司将“飞鸿”登记为企业字号并突出使用的行为构成不正当竞争

C. 甲公司因调查乙公司不正当竞争行为所支付的合理费用应当由乙公司赔偿

D. 甲公司应允许乙公司在不变更企业名称的情况下以其他商标生产销售合格的酱油

13 1401065

甲酒厂为扩大销量，精心摹仿乙酒厂知名白酒的包装、装潢。关于甲酒厂摹仿行为，下列哪些判断是错误的？（　）

A. 如果乙酒厂的包装、装潢未获得外观设计专

解析页码
011—013

利，则甲酒厂摹仿行为合法

B. 如果甲酒厂在包装、装潢上标明了自己的厂名、厂址、商标，则不构成混淆行为

C. 如果甲酒厂白酒的包装、装潢不足以使消费者误认为是乙酒厂白酒，则不构成混淆行为

D. 如果乙酒厂白酒的长期消费者留意之下能够辨别出二者差异，则不构成混淆行为

【不定项】

14 2202084

甲在职期间偷偷通过U盘读取了乙公司很多客户的联系方式，辞职后，甲自己开了丙公司。在经营过程中，甲主动联系前述客户，那些客户基于对甲的信任选择继续与甲合作，因此造成乙公司损失了很多客流量。以下说法正确的是？（　）

A. 甲的行为侵犯了乙公司的商业秘密

B. 甲的行为不构成侵犯乙公司的商业秘密

C. 甲和丙公司共同侵犯乙公司的商业秘密

D. 甲和客户共同侵犯了乙公司的商业秘密

（三）综合知识点

【多选】

15 2202082

甲公司为了提高其所经营的速冻食品的销量，与某网红签订营销服务合同。合同约定甲公司向该网红支付服务费5万元，该网红需在该场直播中达到12万元的销售额。但直播时该网红实际只售出3盒速冻食品，价值36元，但该网红对外宣传的销售额为36万。甲公司不服，向法院提起诉讼，法院判决该网红按销售比例退还服务费用。下列关于网络主播直播带货的说法正确的是？（　）

A. 网红直播带货不属于经营行为

B. 网红直播带货有虚假数据，属于虚假宣传行为

C. 网红直播带货若隐匿收入，属于合理避税行为

D. 网络直播平台应主动向税务机关报送相关数据

16 2202136

百万公司系“玫瑰花牌”护手霜系列产品名称及包装的所有权人，小姜在其店铺销售了该系列产品的仿冒品。百万公司工作人员进行商品调研时发现了此事，现百万公司拟诉请法院认定小姜的行为构成不正当竞争，责令其停止侵权并赔偿损失。对此，下列说法正确的是？（　）

A. 百万公司需要证明小姜的销售行为对本公司造成了损害，才能要求赔偿

B. 百万公司认为小姜的行为构成混淆，需要证明“玫瑰花牌”护手霜系列产品名称及包装在相关市场上具有一定的知名度

C. 小姜只要能证明自己不知道销售的是侵权商品，且系合法取得并能说明提供者的，可不承担赔偿责任

D. 百万公司因调查该不正当竞争行为所支付的合理费用应由小姜赔偿

17 2202138

陈某麻花做得很好，色泽金黄，人送外号“陈金麻”，陈某便注册了“陈金麻”商标。但李某抢先注册了“陈金麻公司”，生产面条，因色泽金黄，且包装盒为长方形，与装麻花的盒子相似，很多人都以为“陈金麻公司”生产的面条是陈某生产的新产品。刘某在“陈金麻”店铺旁销售“陈金麻公司”生产的面条，并委托张某仿造“陈金麻”商标的包装袋。对此，下列说法正确的是？（　）

A. 李某构成商业混淆行为

B. 刘某构成商业混淆行为

C. 刘某和张某需要承担连带责任

D. 李某需要承担侵犯注册商标权和不正当竞争的双重责任

二、模拟训练

18 62206205

国内大型网站小花网站开发了某网游，广受青少年喜欢，但在用户玩该游戏会自动跳转某购物网站网页。程序员小姜因多次跳转导致自己的等级下降，便盗用了小花网站开发的软件屏蔽了自动跳转链接，并在某网游群里销售该软件。对此，下列说法正确的有？（　）（多选）

A. 小花网站的行为构成不正当竞争

B. 小姜的行为侵犯了小花网站的著作权

C. 小姜的行为不构成不正当竞争

D. 小花网站可要求小姜赔偿侵犯著作权的损失，

解析页码
013—015

还可主张其赔偿因不正当竞争导致的损失

19 61906272

甲公司和乙公司主要从事乳制品加工，因甲公司注重技术升级，其生产的乳制品质优价廉，在当地市场有较大的市场份额。结合相关法律规定，下列选项中说法正确的有？（　）（多选）

A. 乙公司给付 30 万给甲公司的技术开发工程师张三，从张三那里获得了甲公司的技术，该行为侵犯了商业秘密

B. 乙公司在广告中宣称其产品销售至欧美国家，然而实际上仅在国内销售，该行为构成虚假宣传

C. 乙公司对外宣称甲公司生产的乳制品中含有三聚氰胺，事后查明并无此事，该行为构成商业诋毁

D. 乙公司提出优惠政策：凡是购买乳制品超过 1000 元的，可参与抽奖，最高奖为 8888 元现金，该行为构成非法有奖销售

20 62206203

爱尚公司仿冒阳光公司“美容茶”的特有名称和包装；爱上美容茶企业将阳光公司注册的“美容茶”商标作为字号使用，误导了消费者。阳光公司知晓后，将爱尚公司、爱上美容茶企业告上法庭，要求法院责令其停止侵权并赔偿损失。下列哪些选项是正确的？（　）（多选）

A. 阳光公司应证明“美容茶”在相关市场上具有一定的知名度

B. 爱尚公司的行为应视为足以造成与他人有一定影响的标识相混淆的行为

C. 爱上美容茶企业的行为不构成混淆

D. 阳光公司要求爱尚公司承担侵权责任的前提之一是需要证明其遭受了损害

21 62206204

小美化妆品店开业之初，为扩大影响，增加销售，不仅出钱雇人排队抢购，还将此录制成小视频发在某平台上，而且在宣传过程中，散播附近同类店家销售商品的不真实信息，导致附近同类店家生意清淡。小姜因刷到该视频，便和小美化妆品商谈合作事宜，后擅自将小美化妆品店的商品仿冒成小草化妆品店的商品，在小佳化妆品店销售，后被小草化妆品店发现。小草化妆品店以小姜构成不正当竞争为由诉至法院，法院认定小姜的行为系混淆行为。下列说法正确的是？（　）（不定项）

A. 小美化妆品店属于正当的营销行为

B. 若小佳化妆品店故意为小姜的混淆行为提供仓储等便利条件，小草化妆品店可要求其与小姜承担连带责任

C. 小美化妆品店构成虚假宣传行为

D. 小佳化妆品店只要能证明自己不知道销售的是侵权商品，且系合法取得并说明提供者的，可不承担赔偿责任

参考答案

[1] AC	[2] D	[3] C	[4] A	[5] B
[6] B	[7] A	[8] C	[9] D	[10] CD
[11] AD	[12] ABC	[13] ABD	[14] B	[15] BD
[16] ABCD	[17] ABC	[18] AB	[19] ABC	[20] ABD
[21] BCD				

第三章 消费者权益保护法

一、历年真题及仿真题

（一）消费纠纷的解决

【单选】

1 1902032

玩具协会举办玩具展销会，甲公司借了乙公司的营业执照，租赁丙公司的柜台，卖丁公司生产的拼图玩具，王某在该会展上购买了拼图玩具后，发现少了一片，在展销会结束之前王某可以向哪些主体主张权利？（　）

A. 玩具协会

B. 乙公司

C. 丙公司

D. 丁公司

解析页码 015—016

（二）侵犯消费者权益的法律责任

【多选】

2 2102081

甲从二手车平台“花生二手车”购买一辆电动汽车。该二手车平台承诺：所出售车辆均无质量问题。现甲在驾驶该电动汽车时电瓶发生爆炸，甲身受重伤导致残疾。现查明，该款电动汽车在全国已多次发生相同问题，但生产厂家并未停止生产和销售。就该案，下列哪些表述是正确的？（　）

A. 汽车厂和“花生二手车”承担连带赔偿责任

B. 汽车厂和“花生二手车”承担按份赔偿责任

C. 甲可主张精神损害赔偿

D. 甲可主张所受损失2倍以下的惩罚性赔偿

【不定项】

3 1501095

某商场使用了由东方电梯厂生产、亚林公司销售的自动扶梯。某日营业时间，自动扶梯突然逆向运行，造成顾客王某、栗某和商场职工薛某受伤，其中栗某受重伤，经治疗半身瘫痪，数次自杀未遂。现查明，该型号自动扶梯在全国已多次发生相同问题，但电梯厂均通过更换零部件、维修进行处理，并未停止生产和销售。关于赔偿主体及赔偿责任，下列选项正确的是？（　）

A. 顾客王某、栗某有权请求商场承担赔偿责任

B. 受害人有权请求电梯厂和亚林公司承担赔偿责任

C. 电梯厂和亚林公司承担连带赔偿责任

D. 商场和电梯厂承担按份赔偿责任

4 1501096

某商场使用了由东方电梯厂生产、亚林公司销售的自动扶梯。某日营业时间，自动扶梯突然逆向运行，造成顾客王某、栗某和商场职工薛某受伤，其中栗某受重伤，经治疗半身瘫痪，数次自杀未遂。现查明，该型号自动扶梯在全国已多次发生相同问题，但电梯厂均通过更换零部件、维修进行处理，并未停止生产和销售。关于顾客王某与栗某可主张的赔偿费用，下列选项正确的是？（　）

A. 均可主张为治疗支出的合理费用

B. 均可主张因误工减少的收入

C. 栗某可主张精神损害赔偿

D. 栗某可主张所受损失2倍以下的惩罚性赔偿

（三）经营者义务

【单选】

5 2202139

1月30日，小姜在某网上书店下单了三本法律类原版书籍和某歌星的CD。次日收到包裹，小姜拆封后发现书籍为影印版，该CD也并非自己心仪的，便与店家沟通退货事宜。以下说法正确的有？（　）

A. 书籍可以退货，但CD不能退货

B. 退货所发生的运费应由小姜自行承担

C. 若店家同意退货，小姜所支付款项只能在一个月后返还

D. 若小姜下单时网店曾提示“一经拆封，概不退货”，故对已拆封商品不予退货

【多选】

6 2202140

关于7天无理由退换货，下列说法正确的是？（　）

A. 甲网购一件衣服，觉得颜色不好看，可以申请7天无理由退货

B. 乙购买的冰箱在第5个月发现有质量问题，由商家承担举证责任

C. 丙网购一批当季水果，觉得不符合口味，可以申请7天无理由退货

D. 丁主张7天无理由退换货时，运费由店家承担

（四）消费者权利

【多选】

7 2302048

充电宝公司设置用户要点击同意《使用协议》之后，才能看到充电宝使用价格。一个消费者在点击不同意获取个人信息的情况下租用了充电宝，但充电宝公司依然会向其不停地投放广告。请问

解析页码
017—019

充电宝公司侵犯了消费者的哪些权利？（ ）

A. 知情权

B. 自主选择权

C. 公平交易权

D. 个人信息权

8 1401066

张某从某网店购买一套汽车坐垫。货到拆封后，张某因不喜欢其花色款式，多次与网店交涉要求退货。网店的下列哪些回答是违法的？（ ）

A. 客户下单时网店曾提示“一经拆封，概不退货”，故对已拆封商品不予退货

B. 该商品无质量问题，花色款式也是客户自选，故退货理由不成立，不予退货

C. 如网店同意退货，客户应承担退货的运费

D. 如网店同意退货，货款只能在一个月后退还

9 1401068

彦某将一套住房分别委托甲、乙两家中介公司出售。钱某通过甲公司看中该房，但觉得房价太高。双方在看房前所签协议中约定了防“跳单”条款：钱某对甲公司的房源信息负保密义务，不得利用其信息撇开甲公司直接与房主签约，否则支付违约金。事后钱某又在乙公司发现同一房源，而房价比甲公司低得多。钱某通过乙公司买得该房，甲公司得知后提出异议。关于本案，下列哪些判断是错误的？（ ）

A. 防“跳单”条款限制了消费者的自主选择权

B. 甲公司抬高房价侵害了消费者的公平交易权

C. 乙公司的行为属于不正当竞争行为

D. 钱某侵犯了甲公司的商业秘密

10 2402021

A 市消费者甲在商店购买了一块电动车锂电池，在使用过程中出现电池漏电。随后，甲将电池送至第三方机构检测，检测结果显示该电池设计存在问题。甲便向 A 市的市场监督管理局举报。商家乙亦将电池送至第三方机构检测，检测结果显示电池本身无问题，系甲使用不当导致电池漏电。此前，已有千余名消费者向 A 市的消费者协会反映该电池存在漏电问题。该消费者协会可采取哪些措施保护消费者的合法权益？（ ）

A. 向有关部门反映情况

B. 对商家乙作出罚款决定

C. 就消费者的投诉事项进行调解

D. 对商家乙提起公益诉讼

（五）综合知识点

【多选】

11 2302050

某网络平台入驻商家承诺：店铺会员支持 7 天无理由退货。小张并非该店会员，某日从该店网购一台冰箱，收到货后发现质量问题申请退货，商家要求先做质检再退货。但是，自小张收到冰箱已经过了 7 天，商家仍不同意退货，小张遂将该店铺诉至法院。对此，下列说法正确的是？（ ）

A. 平台应向消费者提供商家的真实住址

B. 如因为买家的过错导致质量出现问题，不能退货

C. 小张不享有 7 天无理由退货的权利

D. 商家可要求小张先质检再退货

12 1902135

甲在某网上商城下单了一款液晶电视，产品说明页中明确标记为“7 天无理由退货”，1 月 1 号收到货并安装使用。甲 1 月 3 号以发现电视四角漏光且有漏电现象为由向店家主张退货。店家说需要甲先对电视机质量进行检验，甲于 1 月 13 号收到检验报告说电视机质量合格。店家主张不符合退货条件故不能退货，下列说法正确的是？（ ）

A. 因超过七天，所以甲不能主张退货

B. 对于电视的质量瑕疵，店家应承担举证责任

C. 甲可主张无理由退货，并自行承担运费

D. 甲可主张无理由退货，并要求店家承担不少于 2 倍损失的赔偿

13 1902136

甲饭店做促销活动，张某买了一份炒饭后赠送了一瓶酸梅汤，酸梅汤包装上写明“常温放置，请三天内饮用”。张某当天到甲商场购买了一台昌久冰箱，将酸梅汤放入冰箱存放。不料，第二天冰箱突然断电，停止制冷，张某担心酸梅汤会变质，

解析页码 019—022

故将酸梅汤喝完，引发了严重腹泻，花去医疗费若干。有关张某的救济措施下列说法正确的是？（ ）

A. 因为酸梅汤是赠品，张某不可向饭店主张赔偿

B. 张某和饭店虽无明确约定，仍可向饭店主张赔偿

C. 张某可向甲商场请求赔偿，甲商场需就冰箱产品质量瑕疵承担证明责任

D. 张某可向甲商场要求退货，并要求所受损失两倍以内的惩罚性赔偿

14 1902137

某超市做促销活动，购买怀秋牌榨汁机赠送竹园奶粉一罐，张奶奶遂买了一台榨汁机并领取了获赠的奶粉一罐。张奶奶于当晚冲泡奶粉，喝完后上吐下泻，送到医院治疗7日。经检验，该奶粉质量严重不合格。张奶奶要求超市赔偿，该超市以其未支付对价为由拒绝赔偿。下列选项中正确的是？（ ）

A. 因奶粉是赠品，应由张奶奶自行承担损失

B. 张奶奶可向超市主张侵权责任

C. 张奶奶只能向超市主张违约责任

D. 竹园奶粉生产厂家有义务承担赔偿责任

15 1902138

植物园规定，未成年人凭证件参观植物园减免（免费）。针对未带证件的未成年人，植物园在实际操作中一律按照身高计算，身高150CM以下的按照规定减免，身高150CM以上的，按照成年人的标准需买全价票。某身高150CM以上的十七岁大学生，认为植物园的行为侵犯了其合法利益故提起诉讼，请问市消协实施的下列行为正确的是？（ ）

A. 市消协提请省消协提起公益诉讼

B. 市消协代表该大学生提起诉讼

C. 市消协参与制定有关消费者权益的法律、法规、规章和强制性标准

D. 市消协对植物园提出警告并罚款

16 1601069

甲在乙公司办理了手机通讯服务，业务单约定：如甲方（甲）预付费使用完毕而未及时补交款项，乙方（乙公司）有权暂停甲方的通讯服务，由此造成损失，乙方概不担责。甲预付了费用，1年后发现所用手机被停机，经查询方得知公司有“话费有效期满暂停服务”的规定，此时账户尚有余额，遂诉之。关于此事，下列哪些说法是正确的？（ ）

A. 乙公司侵犯了甲的知情权

B. 乙公司提供格式条款时应提醒甲注意暂停服务的情形

C. 甲有权要求乙公司退还全部预付费

D. 法院应支持甲要求乙公司承担惩罚性赔偿的请求

二、模拟训练

17 61906256

2016年2月14日，郭某在甲超市购买了一台全自动洗衣机。同年6月8日，郭某在洗衣服时发现该洗衣机存在漏水现象，遂与甲超市的客服人员沟通。在沟通未果后，郭某向法院起诉。下列表述正确的是？（ ）（不定项）

A. 郭某可要求甲超市承担退货、更换、修理等义务

B. 依据谁主张谁举证的原则，郭某应当证明洗衣机存在瑕疵

C. 若郭某于2016年7月1日向法院起诉，由甲超市承担有关瑕疵的举证责任

D. 郭某可向消费者协会进行投诉

18 62006172

欧耶超市于2019年4月开业运营，2019年6月16日，超市将明知过期的某品牌香肠上架售卖，杨某在欧耶超市购买了20包香肠，共计200元，在收银台结账后才发现商品都已过期，遂到服务台索赔，协商未果。2019年8月1日，欧耶超市为适应互联网发展趋势，公司决定在淘宝网站上开设官方旗舰店供用户选购物品。2019年12月，腾达公司在杭州举办食品展销会，欧耶公司报名参加并获得展销资质。下列选项正确的是？（ ）（不定项）

A. 杨某可向欧耶超市主张支付相当于商品价款十倍的赔偿金

解析页码
022—024

B. 谢某在欧耶超市网上旗舰店定制购买有“谢某专属”字样的杯子，可在七天内无理由退货
C. 欧耶超市网上旗舰店向老顾客手机发送促销信息无须顾客同意
D. 龙某在欧耶公司展销会上购买“金华火腿”，展会结束后发现商品存在质量问题，可以要求腾达公司赔偿

19 62406032

某直播间在销售空气炸锅，并宣称购买一台空气炸锅可同时获得免费赠送的 10 包香肠。消费者李某在该直播间下单一台空气炸锅，并于三日后收到货物。李某食用该赠送的香肠后开始腹泻，后发现香肠已经过期一个月。下列说法正确的是？（　）（单选题）

A. 由于香肠是免费赠送的，因此经营者可以不承担责任
B. 平台可以出于保护个人信息的目的，拒绝为消费者提供直播间运营者、直播营销人员的相关信息
C. 该直播间的经营者在销售空气炸锅时，不得通过搭配、组合等方式提供商品
D. 经营者应当以显著方式对不适用无理由退货的商品进行标注，提示消费者在购买时进行确认，不得将不适用无理由退货作为消费者默认同意的选项

20 62406033

2020 年 6 月，王某在某服装专卖店参加“五倍储值首件免单”的活动，王某共计付款 8890 元，购买完毕后卡内余额 998 元。2023 年 7 月，该服装店向王某发微信告知有人要接手此店，请王某尽快到店选购衣服。次日，王某到店后表示因处于哺乳期，身材并未完全恢复，不能盲目消费，要求店家退费但遭到拒绝。双方遂对能否退费产生争议。下列说法正确的是？（　）（多选题）

A. 服装店以收取预付款方式提供商品或者服务的，可以不订立书面合同
B. 服装店无法正常提供商品，王某有权要求服装店退还全部预付款
C. 服装店收取预付款后，应当按照与消费者的约定提供商品或者服务，不得降低商品或者服务质量
D. 经营者停业或者迁移服务场所的，除应当提前告知消费者以外，还应当在 30 日内公告其有效联系方式等信息

参考答案

[1] B	[2] ACD	[3] ABC	[4] ABCD	[5] A
[6] AB	[7] ACD	[8] ABD	[9] ABCD	[10] AC
[11] AB	[12] BC	[13] BC	[14] BD	[15] AC
[16] AB	[17] ACD	[18] AD	[19] D	[20] CD

第四章 产品质量法

一、历年真题及仿真题

（一）质量瑕疵担保责任与产品责任

【单选】

1 2202141

2015 年 2 月，小姜在长福 4s 店购买了一辆百福公司生产的汽车。4 个月后，该车在小区安全停车位无端自燃被烧毁。小姜认为该车尚在保质期内，发生自燃说明该汽车存在质量缺陷，而百福公司出具的调查结果认为不排除外部火源导致起火的可能性，本次事故与产品质量无关。协商无果，小姜诉至法院，鉴定结果排除了该车起火点为外来火源，且百福公司未能举证证明该车不是因为自身原因而自燃，应承担举证不能的后果。法院依此认定该车存在质量缺陷，对此，下列说法正确的是？（　）

A. 小姜只能要求长福公司赔偿
B. 百福公司向小姜赔偿后，有权向长福公司索赔
C. 若长福 4s 店能证明该车的质量缺陷不是其造成的可免责
D. 小姜若要求百福公司承担责任，需证明百福公司存在过错

解析页码
025—026

2 1802030

张三在寝室复习法考考试，隔壁寝室的学生李四、王五到张三寝室强烈要求张三打开电视观看世界杯，张三照办。由于质量问题，电视机突然爆炸，张三、李四和王五三人均受重伤。关于三人遭受的损害，下列哪一选项是正确的？（ ）

A. 张三可要求电视机的销售者承担赔偿责任

B. 张三可要求李四、王五承担损害赔偿责任

C. 张三、李四无权要求电视机的销售者承担赔偿责任

D. 张三、李四有权要求王五承担损害赔偿责任

3 1701030

霍某在靓顺公司购得一辆汽车，使用半年后前去靓顺公司维护保养。工作人员告诉霍某该车气囊电脑存在故障，需要更换。霍某认为此为产品质量问题，要求靓顺公司免费更换，靓顺公司认为是霍某使用不当所致，要求其承担更换费用。经查，该车气囊电脑不符合产品说明所述质量。对此，下列哪一说法是正确的？（ ）

A. 霍某有权请求靓顺公司承担违约责任

B. 霍某只能请求该车生产商承担免费更换责任

C. 霍某有权请求靓顺公司承担产品侵权责任

D. 靓顺公司和该车生产商应当连带承担产品侵权责任

【多选】

4 2302053

甲购买一多功能床，商家承诺三年退换，永久保修。三年后，因为床板塌陷导致睡在床上的甲受伤，甲要求厂家赔偿。对此，下列说法正确的是？（ ）

A. 若鉴定机构无法认定缺陷，则不能主张存在缺陷

B. 因为没有国家标准，鉴定机构不能认定存在缺陷

C. 超过承诺的三年退换期后，甲不可退换多功能床

D. 若多功能床投入市场时引起床板塌陷的缺陷尚不存在，商家不承担责任

（二）综合知识点

【多选】

5 1601070

某家具店出售的衣柜，如未被恰当地固定到墙上，可能发生因柜子倾倒致人伤亡的危险。关于此事，下列哪些说法是正确的？（ ）

A. 该柜质量应符合产品安全性的要求

B. 该柜本身或其包装上应有警示标志或者中文警示说明

C. 质检部门对这种柜子进行抽查，可向该店收取检验费

D. 如该柜被召回，该店应承担购买者因召回支出的全部费用

二、模拟训练

6 62206208

小姜和小美相约在阳光美容院护肤，结果小姜因美容院使用爱尚公司生产的某款劣质护肤液导致脸部过敏，小姜为此花去近1000元医药费。小美被该美容院的店员强迫购买了美容仪器，但该美容仪器不具有所宣称的功能。下列哪些选项是正确的？（ ）（多选）

A. 小美有权要求美容院修理、更换、退货

B. 小姜有权要求爱尚公司赔偿医药费

C. 阳光美容院侵犯了小美的公平交易权

D. 阳光美容院若向小姜承担了责任，其可向爱尚公司追偿

7 62206048

下列有关产品质量监督的说法正确的有？（ ）（不定项）

A. 企业应该向国务院市场监督管理部门认可的认证机构申请企业质量体系认证

B. 国家对产品质量实行以抽查为主要方式的监督检查制度

C. 国家监督抽查的产品，地方可以开展二次抽查

D. 从事产品质量检验的中介机构必须中立，不得与行政机关存在利益关系

解析页码
026—028

8 62006176

2017年12月1日，陈某在重庆大华公司购买了汇蜂堂枇杷蜂蜜、洋槐蜂蜜、枣花蜂蜜等共计21瓶，支付价款873元，该批产品均由明兴公司生产，其外包装标签上标注质量等级为一级品。陈某购买后在网上查询得知，卫生部发布的《食品安全国家标准蜂蜜》（GB14963-2011）中无一级品等级。陈某遂向市场监督管理部门投诉，同时向重庆市江北区人民法院起诉。关于本案，下列说法正确的是？（　）（多选）

A．陈某可要求大华公司退货并退还货款

B．陈某可要求大华公司增加购买商品价款的三倍赔偿

C．大华公司违反了进货检查验收制度

D．陈某应向市级以上地方人民政府市场监督管理部门投诉

9 61906276

2016年5月1日，热爱囤货的张女士在商场购买了一套护肤品，一直闲置未用。2018年10月10日，张女士偶然翻出这套护肤品，发现保质期截至2018年12月30日，当晚，张女士就使用了这套护肤品。第二天张女士面部发生了严重的过敏现象，2018年10月15日，张女士在医院检查后发现，这套护肤品中含有国家明文禁用的刺激性物质。根据以上情况，下列说法错误的是？（　）（不定项）

A．张女士丧失对护肤品生产者的损害赔偿请求权

B．张女士丧失对销售护肤品的商场的损害赔偿请求权

C．张女士在2026年5月1日前享有对护肤品生产者和销售者的损害赔偿请求权

D．张女士只能在2020年10月15日前主张对护肤品生产者和销售者的损害赔偿请求权

参考答案

[1]C	[2]A	[3]A	[4]CD	[5]AB
[6]ABCD	[7]BD	[8]ABC	[9]ABD	

第五章 食品安全法

一、历年真题及仿真题

（一）食品安全法律责任

【单选】

1 1902033

甲公司从事食品生产业务，生产许可证到期后向当地市场监督管理部门申请续期成功。后甲公司在对所生产的饼干进行包装时未更换新的包装，旧包装上记载的生产许可证编号已经过期。李某在乙超市购买该饼干时通过查询得知该许可证编号已经过期的事实，依旧购买饼干若干，并向法院起诉主张饼干价款的10倍赔偿，下列说法正确的一项是？（　）

A．乙超市有合法的购货来源且支付了合理的对价，所以不承担责任

B．甲公司如果能证明该饼干质量合格且不会使消费者构成误认，则不承担10倍价款的赔偿责任

C．李某应当先向乙超市主张赔偿，如果乙超市不赔，才可以向甲公司主张赔偿

D．因为李某知道此饼干的许可证过期，故不可主张赔偿

2 2402015

赵某在超市购买鸭蛋时发现一批鸭蛋已经超过保质期，该批鸭蛋一个2元，赵某于是购买了10枚鸭蛋，并让经营者分别开具购物小票10张，后赵某拿着购物小票向超市索赔1万元。下列说法正确的是？（　）

A．赵某可以要求超市退还20元并且赔偿1000元

B．超市应当支付赵某赔偿金1万元

C．赵某只能要求超市退还20元

D．赵某无权向超市要求退款与支付赔偿金

解析页码 028—029

【多选】

3 2202085

缪公公司生产了一种大豆，注册并一直使用“缪公”作为商标。后圆源公司在自己的大豆包装上擅自使用“缪公大豆”的名称和缪公的头像，并委托主播陈某在好快迪直播平台上宣传带货，消费者凯某通过陈某的直播间购买了该产品，吃完后腹泻不止，便向好快迪直播平台投诉，直播平台立即关停了陈某的直播间。对此，凯某可以要求哪些主体进行赔偿？（　）

A．圆源公司

B．好快迪直播平台

C．陈某

D．好快迪直播平台和陈某连带责任

4 2202086

苗苗公司在生产的奶粉中添加了某种有害物质，但买通某食品安全检测机构出具了检测合格报告。后苗苗公司将该款奶粉捐赠给山区做公益，当地食品工业协会为其提供了免费宣传。甲公司组织集散市场活动，在未做任何安全检查的前提下，允许乙公司在该市场上销售苗苗公司的奶粉，消费者喝了奶粉之后上吐下泻。对此，消费者可以要求下列哪些主体承担赔偿责任？（　）

A．当地食品工业协会

B．乙公司

C．甲公司

D．食品安全检测机构

5 1902098

商场促销，买洗衣机送奶粉，李老太喝完奶粉上吐下泻去医院治疗7日，告商场，商场以奶粉是赠送为由抗辩，关于李老太的权利，下列说法正确的是？（　）

A．自行承担损失

B．向商场主张侵权

C．向商场主张违约

D．奶粉生产者有赔偿义务

6 1902171

甲在网络食品平台的乙店铺购买了由丙代言的减肥茶，喝完以后却得了胃病。经过检查，该减肥茶含有的农药超标。甲遂将该网络食品平台、乙店铺及丙诉至法院要求承担赔偿责任。对此，下列哪些说法是正确的？（　）

A．若乙店铺以减肥茶在销售前获得检验合格证明为由抗辩，则法院应予支持

B．若丙能证明在代言过程中没有过错，不应承担赔偿责任

C．该网络平台不能提供该店铺的名称、联系方式、详细地址，则应承担赔偿责任

D．若法院查明甲为职业打假人，应支持甲的诉求

7 1802072

曹某从某土特产超市购买了野生菇一包（售价五十元），食用后因食物中毒口吐白沫、倒地不起，被紧急送往医院抢救，花费医疗费五千元。事后查明，该野生菇由当地企业蘑菇世家生产，因不符合食品安全标准，已多次发生消费者食物中毒事件。关于本案的责任承担，下列说法正确的是？（　）

A．土特产超市发现食品安全事故后，应当立即停止销售，召回已经销售野生菇的食品

B．如果曹某要求土特产超市赔偿，该超市有权以无过错为由拒绝赔偿

C．曹某有权获得最高1.5万元的惩罚性赔偿金

D．若生产企业财产不足以同时支付行政罚款和民事赔偿，应当先行支付民事赔偿

8 1401067

曾某在某超市以80元购买酸奶数盒，食用后全家上吐下泻，为此支付医疗费800元。事后发现，其所购的酸奶在出售时已超过保质期，曾某遂要求超市赔偿。对此，下列哪些判断是正确的？（　）

A．销售超过保质期的食品属于违反法律禁止性规定的行为

B．曾某在购买时未仔细查看商品上的生产日期，应当自负其责

C．曾某有权要求该超市退还其购买酸奶所付的价款

D．曾某有权要求该超市赔偿800元医疗费，并增加赔偿800元

解析页码
030—032

（二）食品安全事故处置

【单选】

9 1201065

D市S县发生重大食品安全事故。根据《食品安全法》的规定，关于有关部门采取的措施，下列哪个选项是正确的？（ ）

A. 接收病人的S县医院立即向S县食品安全监督管理部门和卫生局报告

B. 接到报告的S县卫生局及时向S县政府和D市卫生局报告

C. S县卫生局立即成立食品安全事故处置指挥部

D. S县卫生局在必要时可直接向卫生部报告事故及其处理信息

【多选】

10 1301067

某省发现有大米被镉污染的情况，立即部署各地成立联合执法组，彻查市场中的大米及米制品。对此，下列哪些说法是正确的？（ ）

A. 大米、米制品的质量安全管理须以《食品安全法》为依据

B. 应依照《食品安全法》有关规定公布大米、米制品安全有关信息

C. 县有关部门进入某米粉加工厂检查时，该厂不得以商业秘密为由予以拒绝

D. 虽已构成重大食品安全事故，但影响仅限于该省，可由省卫生行政部门公布有关食品安全信息

（三）食品安全法的适用

【多选】

11 2202088

甲企业生产了一款地方特色食品，该食品没有食品安全国家标准，但有地方标准与企业标准。消费者乙因吃了该食品中毒住院，并在出院后向法院提起诉讼要求甲企业赔偿。对此，下列说法正确的是？（ ）

A. 该地方标准在食品安全国家标准制定后仍可适用

B. 该企业标准应严于地方标准，并报省级人民政府卫生行政部门备案

C. 甲企业应当对该食品符合质量标准承担举证责任

D. 法院在判定食品是否安全时，应以地方标准为依据

（四）食品召回制度

【多选】

12 1801104

梁某在星光商场购得进口葡萄酒5瓶，共计1000元。该葡萄酒中文标签标明“酒精度：11%vol”和保质期等内容，外文标签标明“酒精度：10.8%vol”等。梁某以“葡萄酒有违食品安全标准为由”诉求1万元的赔偿。经查，该葡萄酒酒精度实测数为10.92%vol，在法定合理误差范围内，星光商场也能证明该葡萄酒系安全食品。对此下列说法正确的是？（ ）

A. 该葡萄酒的标签应当清楚明确，不得误导消费者

B. 梁某的诉求应得到法院的支持

C. 该葡萄酒的标签存在瑕疵，但未超出普通消费者的认知

D. 该葡萄酒的保质期标识应当显著标注

（五）食品安全风险监测和评估

【单选】

13 1101028

关于食品添加剂管制，下列哪一说法符合《食品安全法》的规定？（ ）

A. 向食品生产者供应新型食品添加剂的，必须持有省级卫生行政部门发放的特别许可证

B. 未获得食品添加剂销售许可的企业，不得销售含有食品添加剂的食品

C. 生产含有食品添加剂的食品的，必须给产品包装加上载有“食品添加剂”字样的标签

D. 销售含有食品添加剂的食品的，必须在销售场所设置载明“食品添加剂”字样的专柜

解析页码
033—035

（六）综合知识点

【多选】

14 2202087

王某及其丈夫为经营售卖自制的牛肉肠，注册办理了营业执照、食品加工生产小作坊登记证和食品经营许可证。后王某在某电商平台直播制作牛肉肠并进行售卖，邵某在观看直播时下单购买了价值4499.16元的牛肉肠，并与王某协商一致只需简易包装即可发货，无需标注产品信息。收到货物后，邵某以“牛肉肠没有标注生产日期、生产地址、保质期等产品信息，是三无产品”为由向法院起诉，要求王某退还货款并按货款的10倍金额予以赔偿。对此，下列说法错误的是？（　）

A．该牛肉肠属于预包装食品

B．电商直播平台应当向邵某承担赔偿责任

C．法院应当支持邵某“退一赔十”的请求

D．邵某有权要求王某退还4499.16元的货款，但无权要求10倍金额的赔偿

15 2202089

甲通过微信群向A经营部团购了50斤自制香肠，共计1500元。A经营部收到订单后在自家家庭作坊中烹制，然后对这50斤香肠进行了简单的真空包装后发货给甲。因该批香肠在外包装上未标识产品名称、生产时间、生产经营者名称和地址、保质期等必要的产品信息，甲将其诉至法院要求赔偿。经调查，A经营部系家庭式食品生产加工小作坊，经营执照齐备并且该批香肠没有质量问题。对此，下列哪些选项是正确的？（　）

A．A经营部有合法的证照，只要该批香肠没有质量问题，甲不可主张价款10倍的赔偿

B．该批香肠属于裸装的食品，可以不附加产品标识

C．该批香肠即使没有食品质量问题，但因产品包装违法，也应认定为不符合食品安全标准的产品

D．甲有权在七日内申请退货退款

16 1701067

李某花2000元购得某省M公司生产的苦茶一批，发现其备案标准并非苦茶的标准，且保质期仅为9个月，但产品包装上显示为18个月，遂要求该公司支付2万元的赔偿金。对此，下列哪些说法是正确的？（　）

A．李某的索赔请求于法有据

B．茶叶的食品安全国家标准由国家卫健委制定、公布并提供标准编号

C．没有苦茶的食品安全国家标准时，该省卫健委可制定地方标准，待国家标准制定后，酌情存废

D．国家鼓励该公司就苦茶制定严于食品安全国家标准或地方标准的企业标准，在该公司适用，并报该省卫生行政部门备案

17 1601071

李某从超市购得橄榄调和油，发现该油标签上有“橄榄”二字，侧面标示“配料：大豆油，橄榄油”，吊牌上写明：“添加了特等初榨橄榄油”，遂诉之。经查，李某事前曾多次在该超市“知假买假”。关于此案，下列哪些说法是正确的？（　）

A．该油的质量安全管理，应遵守《农产品质量安全法》的规定

B．该油未标明橄榄油添加量，不符合食品安全标准要求

C．如李某只向该超市索赔，该超市应先行赔付

D．超市以李某“知假买假”为由进行抗辩的，法院不予支持

18 2402018

A公司与主播张某签约，约定由张某在B公司开设的平台上直播销售A公司生产的“山水精酿”品牌啤酒。直播时，张某宣称：“购买一箱该品牌啤酒即可参与抽奖，奖品为价值10万元的小汽车。”李某全程观看直播，发现用户与主播互动频频，有多人下单，遂跟风下单购买该品牌啤酒。李某饮用后出现呕吐症状，发现所饮啤酒已过保质期半年。经查，平台页面显示20万人在线观看直播，但仅有200人是真实的，其他人数都是花钱刷流量得到的。李某要求B公司提供张某的真实姓名等相关信息，B公司未答复。对此下列哪

解析页码
035—037

一选项是正确的？

A. A 公司构成互联网不正当竞争

B. A 公司构成不正当有奖销售

C. 张某无需对李某承担赔偿责任

D. B 公司可拒绝提供张某的相关信息

19 2402016

天华教育机构对外宣传："本机构有国内外知名高校的名师，报名加入本机构即可获得进入知名高校内部学习交流的机会！"李某看到该宣传后遂报名加入该机构，共花费报名费 2 万元。加入机构后发现，天华教育机构的实际情况与其宣传严重不符，机构内的老师并不具备教育资格，也没有办法安排进入高校交流学习。下列说法正确的是？（　）

A. 天华教育机构的行为构成虚假宣传

B. 天华教育机构的行为构成混淆行为

C. 李某有权要求天华教育机构退还报名费 2 万元

D. 李某可要求天华教育机构承担惩罚性赔偿责任 6 万元

二、模拟训练

20 62206210

常来肉铺因阳光公司生产的常来肉脯的销量极好后大量进货进行销售。小姜在其同事安利下在该肉铺购买了 50 元的肉脯。结果小姜食用后因食物中毒，被紧急送往医院抢救，花费医疗费 2000 元。小姜将常来肉铺和阳光公司诉至法庭，经查，该肉脯不符合食品安全标准，二被告已被多次起诉。对此，下列说法正确的是？（　）（单选）

A. 常来肉铺发现食品安全事故后，应召回已销售的肉脯

B. 小姜无权要求阳光公司赔偿

C. 小姜有权获得 6000 元的惩罚性赔偿金

D. 常来肉铺可以小姜知道此肉脯有质量问题为由进行抗辩，主张不予赔偿其损失

21 62206209

阳光超市见预包装食品的销量减少，便举办了促销活动。小姜路过此超市觉得划算，便购买了大米、酸奶、某牌进口红酒等商品，回家后发现该红酒的标签没有中文标签和说明书，且因喝了赠品牛奶导致腹泻住院花费 500 元，遂将阳光超市诉至法院。经查，小姜事前曾多次在该超市"知假买假"。下列哪些说法是正确的？（　）（多选）

A. 大米的质量安全管理，应遵守《农产品质量安全法》的规定

B. 阳光超市以牛奶是赠送为由抗辩，不赔偿小姜的损失

C. 阳光超市需要取得许可后方能销售预包装食品

D. 超市以小姜"知假买假"为由进行抗辩的，法院不予支持

22 62206049

甲市 A 区发生重大食品安全事故。根据《食品安全法》的规定，下列说法正确的是？（　）（不定项）

A. 国务院组织制定国家食品安全事故应急预案，甲市 A 区政府制定本行政区域的食品安全事故应急预案，报本级人大常委会备案

B. 发生食品安全事故的单位应当及时向 A 区政府食品安全监督管理、卫生行政部门报告

C. A 区卫生局立即成立食品安全事故处置指挥部

D. A 区食品安全事故调查部门有权要求有关单位和个人提供相关资料和样品

23 51906411

下列有关《食品安全法》调整对象和监管机构的表述，符合法律规定的有？（　）（多选）

A. 供食用的源于农业的初级产品的质量安全管理适用《农产品质量安全法》的规定，但制定有关食用农产品的质量安全标准仍然适用《食品安全法》

B. 食品添加剂的生产经营者以及食品生产经营者使用食品添加剂、对食品添加剂的安全管理都属于《食品安全法》的调整对象

C. 声称具有特定保健功能的食品也属于《食品安全法》的调整范围

D. 国务院卫生行政部门依法对食品经营活动实施监督管理

解析页码
038—040

参考答案

[1] B	[2] A	[3] AC	[4] ABCD	[5] BCD
[6] CD	[7] CD	[8] ACD	[9] A	[10] BC
[11] BCD	[12] ACD	[13] C	[14] ABD	[15] CD
[16] AD	[17] BCD	[18] B	[19] ACD	[20] C
[21] AD	[22] BD	[23] ABC		

第六章 商业银行法

一、历年真题及仿真题

（一）商业银行的业务规则

【单选】

1 2202090

A 商业银行职工甲因受疫情影响，业务量下降，为提升业绩，便主动与乙（A 商业银行的董事）签订信用贷款合同，向其提供 1 亿元贷款。后该银行陷入严重信用危机，无法清偿到期债务，被国务院银行业监督管理机构接管。以下说法正确的是？（　）

A．甲与乙签订的贷款合同无效

B．A 商业银行在任何情况下均不能向乙提供信用贷款

C．对该商业银行的接管时间最长不得超过三年

D．法院在查明该商业银行确实无法清偿到期债务的情况下，可以直接宣告其破产

2 1401028

某商业银行通过同业拆借获得一笔资金。关于该拆入资金的用途，下列哪一选项是违法的？（　）

A．弥补票据结算的不足

B．弥补联行汇差头寸的不足

C．发放有担保的短期固定资产贷款

D．解决临时性周转资金的需要

【多选】

3 1802074

某商业银行对其资金管理作出了一系列安排，包括向各分支机构拨付相关运营资金、调整流动性比例、处分抵押物及拆入资金等资金使用行为。下列哪些行为不符合法律规定？（　）

A．规定本行的流动性资产余额与流动性负债余额的比例不得低于 35%

B．为扩大经营规模，拨付给各分支行的运营资金总和为总行资金的 65%

C．因行使抵押权取得的商品房，规定应当自取得之日起 2 年内予以处分

D．规定可以利用拆入的资金发放固定资产贷款，但不得用于投资

4 1401069

某市商业银行 2010 年通过实现抵押权取得某大楼的所有权，2013 年卖出该楼获利颇丰。2014 年该银行决定修建自用办公楼，并决定入股某知名房地产企业。该银行的下列哪些做法是合法的？（　）

A．2010 年实现抵押权取得该楼所有权

B．2013 年出售该楼

C．2014 年修建自用办公楼

D．2014 年入股某房地产企业

（二）商业银行法概述

【多选】

5 1802071

某商业银行，为增加贷款业务量，与李某合作，李某协助该商业银行开拓联系贷款客户和办理贴息贷款业务，并在贴息中获取个人报酬。自 2017 年以来，李某长期使用该银行场地及柜员开展业务，经查李某是该银行离职人员。对此，下列说法正确的是？（　）

A．李某可以开展银行贷款业务

B．银行与李某的合作应该遵循公平竞争原则

C．商业银行资产的安全性与流动性呈反比关系

D．商业银行资产的安全性与收益性呈反比关系

二、模拟训练

6 62206212

阳光房地产公司因开发某处房产欠缺大量资金，

解析页码
040—042

因阳光法定代表人小姜与某商业银行的分支机构的工作人员李某系同学，便找到李某帮忙，李某便协助阳光房地产公司办理贷款业务。对此，下列说法正确的是？（　）（单选）

A．某商业银行拨付给其支行的运营资金总和为总行资金的 65%

B．对于该笔贷款，李某可全程负责该笔贷款的审查和放贷

C．该分支机构应要求阳光房地产公司提供担保

D．若阳光房地产企业的大股东小美系该商业银行的股东，则不能批准该笔贷款

7 62206211

根据《商业银行法》的规定，下列表述中正确的是？（　）（单选）

A．商业银行可规定对同一借款人的贷款余额与商业银行资本余额的比例不得超过 15%

B．某商业银行为了多增加贷款业务，默许其工作人员可以进行不正当竞争

C．某银行行使抵押权取得的商品房的时间为其自取得之日起 2 年内予以处分

D．某商业银行利用拆入的资金可交足存款准备金、发放固定资产贷款、弥补票据结算，但不得用于投资

8 61906282

关于商业银行的表述，下列选项不符合法律规定的是？（　）（多选）

A．商业银行分支机构可以作为诉讼主体，因此，商业银行分支机构具有法人资格

B．商业银行违反审慎经营规则，国家金融监督管理总局本着高效便捷的原则，可以立即采取监管措施，责令调整该银行的董事和经理

C．国家金融监督管理总局有权批准商业银行的经营范围，但是，商业银行的结汇、售汇业务要经过中国人民银行批准

D．甲商业银行机构重组期间，董事孙某涉嫌将该银行的巨额资产转移至境外，国家金融监督管理总局可以通知出境管理机关阻止其出境

9 62006182

大力公司于 2018 年 11 月 17 日在北交所公开挂牌，转让大力公司合法持有的营口商业银行 1.8% 股份。金鼎公司原本持有营口银行 4% 的股份，在摘牌后与大力公司签订了《产权交易合同》，受让大力公司持有的营口商业银行 1.8% 股份。后大力公司资金周转出现问题，拟通过发行股票，并向营口银行贷款进行融资。2019 年 1 月，营口银行因发生信用危机，严重影响存款人利益，被国务院银行业监督管理机构接管。下列说法错误的是？（　）（不定项）

A．金鼎公司购买大力公司持有的营口银行股份，无需有关部门批准

B．营口银行可购买大力公司股票

C．营口银行向大力公司发放贷款时，资本充足率不得低于 8%

D．营口银行被接管后，债权债务由接管组织概括承受

参考答案

[1]B	[2]C	[3]BD	[4]AC	[5]BD
[6]C	[7]C	[8]AB	[9]ABD	

第七章 银行业监督管理法

一、历年真题及仿真题

（一）银行业的监管

【单选】

1 2302051

马某是某商业银行的信贷经理，朱某是该商业银行股东牛某的妻子，马某多次违规给朱某发放贷款。后商业银行经营陷入危机进入清算程序，马某立刻托人卖掉自己的房子并取出存款拟携款逃往境外。请问金融监管部门可以直接做出的决定有？（　）

A．冻结牛某的银行账户

B．限制牛某的红利分配

解析页码
042—043

C. 禁止马某卖房

D. 限制马某出境

【多选】

2 2202142

甲商业银行违反了审慎经营规则，损害了存款人和其他客户合法权益。对此，银行业监督管理机构可对该银行采取下列哪些措施？（　）

A. 限制资产转让

B. 停止批准增设分支机构

C. 限制行长小姜的权利

D. 责令控股股东小美转让股权

3 1902133

某商业银行在贷款发放和管理中存在严重违反审慎经营规则的行为，未遵守资产负债比例要求，导致该银行的资金链受到重创，严重影响了存款人的利益，国家金融监督管理总局决定对其接管，接管期一年，下列有关说法正确的是？（　）

A. 该商业银行被接管期间，储户的存款利息不变

B. 接管组可以委托建设银行托管该商业银行的业务

C. 尽管接管期限届满前该商业银行恢复运营能力，接管措施也应该维持至接管期限届满

D. 如果接管期限届满前该商业银行被宣告破产，接管应终止

4 1701068

某商业银行推出“校园贷”业务，旨在向在校大学生提供额度不等的消费贷款。对此，下列哪些说法是错误的？（　）

A. 银行向在校大学生提供“校园贷”业务，须经国务院银监机构审批或备案

B. 在校大学生向银行申请“校园贷”业务，无论资信如何，都必须提供担保

C. 银行应对借款大学生的学习、恋爱经历、父母工作等情况进行严格审查

D. 银行为提高“校园贷”业务发放效率，审查人员和放贷人员可同为一人

5 1601072

陈某在担任某信托公司总经理期间，该公司未按照金融企业会计制度和公司财务规则严格管理和审核资金使用，违法开展信托业务，造成公司重大损失。对此，陈某负有直接管理责任。关于此事，下列哪些说法是正确的？（　）

A. 该公司严重违反审慎经营规则

B. 国家金融监督管理总局可责令该公司停业整顿

C. 国家市场监督管理总局可吊销该公司的金融许可证

D. 国家金融监督管理总局可取消陈某一定期限直至终身的任职资格

（二）综合知识点

【单选】

6 1902034

甲公司拖欠乙银行贷款2000万，到期无力清偿，现乙银行欲通过资产管理公司实现债转股来清理不良贷款，根据《商业银行法》及《银行业监督管理法》，下列说法正确的是？（　）

A. 乙银行应将其对甲公司的债权转移给资产管理公司，由资产管理公司对甲公司进行债转股

B. 乙银行可直接对甲公司进行债转股

C. 应由资产管理公司购买甲公司的股权，甲公司用所得的股款偿还乙银行的欠款

D. 应由乙银行购买甲公司的股份，甲公司用所得的股款偿还乙银行的欠款

7 1902035

某商业银行董事长张某授意该银行隐瞒亏损并提供虚假财务报告，该商业银行被吊销经营许可证后被撤销清算。在此之前，该商业银行曾因未遵守关于资产负债的比例违规发放贷款被国家金融监督管理总局处以罚款，该罚款尚未缴纳。该商业银行被撤销清算期间，发现未缴上一年度税款，还有一笔税款因商业银行计算错误而未缴。下列相关说法正确的是？（　）

A. 在清算时，清算组应优先清偿包含企业所得税在内的欠缴税款

B. 在该商业银行被清算期间，经国家金融监督管理总局负责人批准，可申请司法机关禁止张某

解析页码
044—046

买卖商品房

C．因计算错误未缴的税款，税务机关可要求该商业银行补缴但不能收取滞纳金

D．在清算期间，该银行应先向国家金融监督管理总局缴纳罚款

【多选】

8 2302042

甲银行向某房地产商贷款，但该房地产商无法按时还款，于是甲银行便利用同业拆借取得资金，然后再将取得的资金贷给该房地产商还息。后甲银行经营不佳，资金枯竭无力运转，发生信用危机。对此，下列说法正确的有？（ ）

A．由中国人民银行决定接管甲银行

B．由国家金融监督管理总局组织接管甲银行

C．中国人民银行可对甲银行罚款

D．中国人民银行可对甲银行处以暂停部分业务的处罚

二、模拟训练

9 51906445

某地区银行业监督管理机构对当地多家金融机构进行例行检查，在检查过程中，发现乙信用社违反审慎经营规则，遂对乙的违法行为采取了相关措施。对此，下列说法正确的是？（ ）（不定项）

A．经省一级派出机构负责人批准，查询该金融机构负责人以及财务人员的账户，并对涉嫌转移或者隐匿违法资金的部分申请司法机关予以冻结

B．必须是国务院银行业监督管理机构或者其省一级派出机构才能对其采取责令限期改正的措施

C．若该信用社经责令限期改正之后逾期仍未改正的，经国务院银行业监督管理机构批准，可以对其采取限制分配红利和其他收入的措施

D．若该信用社的行为严重危及该金融机构的稳健运行、损害存款人和其他客户合法权益，经省一级派出机构负责人批准，可采取责令控股股东转让股权的措施

10 51906444

某地区银行业监督管理机构对当地多家金融机构进行例行检查，发现了一些问题。关于该银行业监督管理机构在履行职责过程中的下列做法，符合法律规定的是？（ ）（不定项）

A．要求甲商业银行报送所需了解的经营管理资料

B．对乙信用社可能被转移、隐匿或者毁损的文件、资料予以封存

C．派精通电脑的检查人员刘星对丙投资银行运用电子计算机管理业务数据的系统进行检查

D．与丁银行董事楚天飞进行监督管理谈话，要求其对某项重大贷款项目作出说明

11 61906283

结合《银行业监督管理法》的规定，下列说法不符合规定的是？（ ）（单选）

A．对于银行业金融机构的设立，国家金融监督管理总局应当自收到申请文件之日起6个月内作出批准或者不批准的书面决定

B．对于商业银行金融机构的变更、终止，以及业务范围和增加业务范围内的业务品种，国家金融监督管理总局应当自收到申请文件之日起3个月内作出批准或者不批准的书面决定

C．对于审查董事和高级管理人员的任职资格，国家金融监督管理总局应当自收到申请文件之日起3个月内作出批准或者不批准的书面决定

D．国家金融监督管理总局对中国人民银行提出的检查银行业金融机构的建议，应当自收到建议之日起30日内予以回复

参考答案

[1]B	[2]ABCD	[3]ABD	[4]BCD	[5]ABD
[6]A	[7]B	[8]BC	[9]ABCD	[10]ABD
[11]C				

解析页码
046—047

第八章 财税法

一、历年真题及仿真题

（一）审计法

【单选】

1 1701031

某县开展扶贫资金专项调查，对申请财政贴息贷款的企业进行核查。审计中发现某企业申请了数百万元贴息贷款，但其生产规模并不需要这么多，遂要求当地农业银行、扶贫办和该企业提供贷款记录。对此，下列哪一说法是正确的？（　）

A. 只有审计署才能对当地农业银行的财政收支情况进行审计监督

B. 只有经银监机构同意，该县审计局才能对当地农业银行的财务收支进行审计监督

C. 该县审计局经上一级审计局副职领导批准，有权查询当地扶贫办在银行的账户

D. 申请财政贴息的该企业并非国有企业，故该县审计局无权对其进行审计调查

2 1501028

为大力发展交通，某市出资设立了某高速公路投资公司。该市审计局欲对其实施年度审计监督。关于审计事宜，下列哪一说法是正确的？（　）

A. 该公司既非政府机关也非事业单位，审计局无权审计

B. 审计局应在实施审计 3 日前，向该公司送达审计通知书

C. 审计局欲查询该公司在金融机构的账户，应经局长批准并委托该市法院查询

D. 审计局欲检查该公司与财政收支有关的资料和资产，应委托该市税务局检查

【多选】

3 2202091

M 省为了控制用电量，规定银行给发电厂的贷款比例不能超过 5%。但甲国有银行给 M 省 K 市某发电厂的贷款比例是 6%，给 M 省 L 市某发电厂的贷款比例是 30%。因有人匿名举报此事，银行内部开始进行审计工作，并在确认此事属实后报告给有关审计机关。但 K 市和 L 市的审计机关对审计管辖范围产生了争议。对此，下列说法正确的有？（　）

A. 应由 K 市和 L 市审计机关协商确定管辖

B. 应由 M 省审计机关决定本案管辖

C. 审计机关可以对甲银行的内部审计工作进行业务上的指导和监督

D. 审计机关由本级政府领导，并向本级政府报告甲银行的审计调查结果

4 2002095

依据《审计法》的相关规定，下列说法正确的是？（　）

A. 审计业务以上级审计机关领导为主

B. 审计机关履行职责所必需的经费应当列入财政预算

C. 审计人员办理审计事项，与被审计单位有利害关系的，应当回避

D. 审计人员对其在执行职务中知悉的商业秘密，可以披露

5 1601065

国家实行审计监督制度。为加强国家的审计监督，全国人大常委会于 1994 年通过了《审计法》，并于 2006 年进行了修正。关于审计监督制度，下列哪些理解是正确的？（　）

A.《审计法》的制定与执行是在实施宪法的相关规定

B. 地方各级审计机关对本级人大常委会和上一级审计机关负责

C. 国务院各部门和地方各级政府的财政收支应当依法接受审计监督

D. 国有的金融机构和企业事业组织的财务收支应当依法接受审计监督

6 1601074

某县污水处理厂系扶贫项目，由地方财政投资数千万元，某公司负责建设。关于此项目的审计监督，下列哪些说法是正确的？（　）

解析页码
048—050

A．审计机关对该项目的预算执行情况和决算，进行审计监督

B．审计机关经银监局局长批准，可冻结该项目在银行的存款

C．审计组应在向审计机关报送审计报告后，向该公司征求对该报告的意见

D．审计机关对该项目作出审计决定，而上级审计机关认为其违反国家规定的，可直接作出变更或撤销的决定

（二）税收征收管理

【单选】

7 2302044

房地产开发公司与中介公司签订了商品房代理销售合同，并缴纳了相应税款。后房地产开发公司通过自身渠道成功售出部分房屋，遂与中介公司解除了该部分房屋的代售合同。现房地产开发公司申请退税，下列说法正确的是？（　）

A．退自最后一次销售合同签订之日起 3 年内的税

B．退自结算缴纳税款之日起 3 年内的税

C．退房地产开发公司缴纳的契税

D．退税日自合同解除日开始起算

8 1401029

某企业流动资金匮乏，一直拖欠缴纳税款。为恢复生产，该企业将办公楼抵押给某银行获得贷款。此后，该企业因排污超标被生态环境部门罚款。现银行、税务部门和生态环境部门均要求拍卖该办公楼以偿还欠款。关于拍卖办公楼所得价款的清偿顺序，下列哪一选项是正确的？（　）

A．银行贷款优先于税款

B．税款优先于银行贷款

C．罚款优先于税款

D．三种欠款同等受偿，拍卖所得不足时按比例清偿

【多选】

9 1701071

昌昌公司委托拍卖行将其房产拍卖后，按成交价向税务部门缴纳了相关税款，并取得了完税凭证。3 年后，县地税局稽查局检查税费缴纳情况时，认为该公司房产拍卖成交价过低，不及市场价的一半。遂作出税务处理决定：重新核定房产交易价，追缴相关税款，加收滞纳金。经查，该公司所涉拍卖行为合法有效，也不存在逃税、骗税等行为。关于此事，下列哪些说法是正确的？（　）

A．该地税局具有独立执法主体资格

B．该公司申报的房产拍卖价明显偏低时，该局就可核定其应纳税额

C．该局向该公司加收滞纳金的行为违法

D．该公司对税务处理决定不服，可申请行政复议，对复议决定不服，才可提起诉讼

10 1401070

某企业因计算错误，未缴税款累计达 50 万元。关于该税款的征收，下列哪些选项是正确的？（　）

A．税务机关可追征未缴的税款

B．税务机关可追征滞纳金

C．追征期可延长到 5 年

D．追征时不受追征期的限制

（三）企业所得税

【多选】

11 1902090

甲公司生产新型电动车，2018 年经营良好，销售额达 1 亿元，获利润 1000 万，同年，甲公司支出如下：①购买原材料 5000 万；②以融资租赁方式租出厂房的折旧费 100 万；③补缴上年度所欠的企业所得税 100 万；④向贫困地区捐赠扶贫资金 100 万；⑤设备租赁费 500 万；⑥明星演唱会赞助 100 万；⑦支付专利使用费 1000 万。哪些可以在 2018 年度纳税所得额中扣除？（　）

A．④⑦

B．①⑤

C．③⑤

D．②⑥

12 1802073

某公司经营过程取得的各项收入中，包括销售货物收入、国债利息、股息收益、财政拨款等各项收入，请问哪些属于企业所得税的免税项目？（　）

解析页码 050—052

A．向另一家公司销售货物的收入
B．购买国债的利息收入
C．投资国内某互联网公司取得的股息收益
D．从当地政府获得的财政拨款

13 1701070

A 基金在我国境外某群岛注册并设置总部，该群岛系低税率地区。香港 B 公司和浙江 C 公司在浙江签约设立杭州 D 公司，其中 B 公司占 95% 的股权，后 D 公司获杭州公路收费权。F 公司在该群岛注册成立，持有 B 公司 100% 的股权。随后，A 基金通过认购新股方式获得了 F 公司 26% 的股权，多年后又将该股权转让给境外 M 上市公司。M 公司对外披露其实际收购标的为 D 公司股权。经查，A 基金、F 公司和 M 公司均不从事实质性经营活动，F 公司股权的转让价主要取决 D 公司的估值。对此，根据我国税法，下列哪些说法是正确的？（　）

A．A 基金系非居民企业
B．D 公司系居民企业
C．A 基金应就股权转让所得向我国税务机关进行纳税申报
D．如 A 基金进行纳税申报，我国税务机关有权按照合理方法调整其应纳税收入

（四）个人所得税

【单选】

14 2302041

2023 年年初，张某在国内某网络直播平台直播其备考经历，意外收获较多浏览量。年底，该平台向张某支付报酬。9 月，张某通过考试后，在该平台拍卖其备考期间的学习资料，获得相应款项。下列关于张某缴纳个人所得税的说法正确的是？（　）

A．仅张某的拍卖款应缴纳个人所得税
B．张某要对拍卖款和报酬进行汇算清缴
C．张某的拍卖款是综合所得
D．直播平台需为张某预扣预缴个人所得税

15 2102078

甲在大昌公司任职，月薪为 1 万元。甲于 2020 年 6 月 1 日被公司派往 A 国并在 A 国定居，在国外期间大昌公司依然为甲支付工资每月 1 万元，并且甲没有在其他公司兼任职位。请问下列哪一选项是正确的？（　）

A．甲缴纳个人所得税不再需要纳税人识别号，由大昌公司直接代扣代缴
B．甲应于 2020 年 6 月 1 日办理清税
C．甲应就每月 5000 元的应纳税所得额进行缴税
D．甲应在 2021 年 3 月 1 日至 6 月 30 日之间办理年度汇算清缴

16 1601029

根据《个人所得税法》，关于个人所得税的征缴，下列哪一说法是正确的？（　）

A．自然人买彩票多倍投注，所获一次性奖金特别高的，可实行加成征收
B．扣缴义务人履行代扣代缴义务的，税务机关按照所扣缴的税款付给 2% 的手续费
C．在中国境内无住所又不居住的个人，在境内取得的商业保险赔款，应缴纳个人所得税
D．夫妻双方每月取得的工资薪金所得可合并计算，减除费用 7000 元后的余额，为应纳税所得额

【多选】

17 2302052

外籍演员袁某，在我国境内无住所，但 2022 年在北京和上海两地的酒店共计居住了 222 天。袁某控制甲公司和乙公司，自己演出的收入计入甲公司经营所得，乙公司则注册于境外某低税率岛屿国家。袁某是乙公司股东，乙公司并未开展实际经营活动，袁某在乙公司不分红，所有的利润计入资本金。下列选项正确的是？（　）

A．袁某属于居民纳税人
B．袁某需要进行汇算清缴
C．税务机关可以对袁某的收入进行合理纳税调整
D．袁某的劳务报酬和投资收益计入综合所得

18 1902089

某高校教师参与学校科研项目取得重大成果，教育部奖励 10 万元，彩票中奖得 500 万，因评为全

解析页码
052—055

校最受学生喜欢的优秀教师，学校奖励 2000 元，参与批改法考主观题试卷获得 200 元报酬，发表一篇文章获得稿酬 2000 元。下列说法中正确的是？（　）

A. 劳务报酬和稿酬可以合并计算

B. 科研奖金 10 万元免征个人所得税

C. 学校奖金 2000 元可免征个人所得税

D. 彩票中奖可以加成征收

19 1501069

关于个人所得税，下列哪些表述是正确的？（　）

A. 以课税对象为划分标准，个人所得税属于动态财产税

B. 非居民纳税人是指不具有中国国籍但有来源于中国境内所得的个人

C. 居民纳税人从中国境内、境外取得的所得均应依法缴纳个人所得税

D. 劳务报酬所得适用百分之三至百分之四十五的超额累进税率

20 1401071

2012 年外国人约翰来到中国，成为某合资企业经理，迄今一直居住在北京。根据《个人所得税法》，约翰获得的下列哪些收入应在我国缴纳个人所得税？（　）

A. 从该合资企业领取的薪金

B. 出租其在华期间购买的房屋获得的租金

C. 在中国某大学开设讲座获得的酬金

D. 在美国杂志上发表文章获得的稿酬

（五）增值税、车船税、消费税

【单选】

21 1701069

某教师在税务师培训班上就我国财税法制有下列说法，其中哪项是正确的？（　）

A. 当税法有漏洞时，依据税收法定原则，不允许以类推适用方法来弥补税法漏洞

B. 增值税的纳税人分为一般纳税人和小规模纳税人，小规模纳税人的适用税率统一为 3%

C. 消费税的征税对象为应税消费品，包括一次性竹制筷子和复合地板等

D. 车船税纳税义务发生时间为取得车船使用权或管理权的当年，并按年申报缴纳

（六）综合知识点

【单选】

22 2202093

关于税收征收，下列说法正确的是？（　）

A. 个人购买电动轿车无需缴纳车船税

B. 公司接受捐赠收入无须缴纳企业所得税

C. 进口电动车无须缴纳增值税

D. 企业纳税年度发生亏损的，可以将税费向以后年度结转，但结转年限不得超过 3 年

23 2202094

关于所得税的征收，下列表述正确的是？（　）

A. 国际组织颁发的科学奖金无需缴纳个人所得税

B. 企业获得的财政拨款属于免税收入

C. 国家重点扶持的高新技术企业，减按 20% 的税率征收企业所得税

D. 个人炒股所得股息适用 20% 的超额累进税率

24 1902036

我国作家甲创作完成小说《一网打尽》，出版后大卖，甲因此获得 15 万元稿酬，用该笔稿酬购买了一辆环保电动汽车。后该小说在国外获奖，由某国际组织发放奖金 20 万元，被外国 A 电影公司购买了改编权获得该公司支付的特许权使用费 150 万元。下列关于甲纳税的相关说法中正确的是？（　）

A. 甲获得的奖金不应缴纳个人所得税

B. 购买环保汽车应该缴纳车船税

C. 甲在国外获得的特许权使用费不应缴纳个人所得税

D. 甲获得的稿酬应按比例缴纳个人所得税

【多选】

25 2202092

甲发明了一套先进的净水系统，该系统可大幅解决缺水地区的饮水问题。对此，国际组织奖励了甲 5 万元美金，县政府奖励了甲一套商品房，某企业奖励了甲 10 万元。已知该企业上一年度利润为 50 万元，并曾向希望工程捐款 10 万元。对此，

解析页码
055—058

下列说法正确的是？（　）

A. 国际组织奖励的 5 万元美金可免征个人所得税

B. 县政府奖励的商品房可免征个人所得税

C. 某企业奖励的 10 万元可减征个人所得税

D. 企业捐赠支出中的 6 万元，可以在计算应纳税所得额时扣除，其余 4 万元可以在结转后三年内计算应纳税所得额时扣除

26 1601073

关于税收优惠制度，根据我国税法，下列哪些说法是正确的？（　）

A. 个人进口大量化妆品，免征消费税

B. 武警部队专用的巡逻车，免征车船税

C. 企业从事渔业项目的所得，可免征、减征企业所得税

D. 农民张某网上销售从其他农户处收购的山核桃，免征增值税

二、模拟训练

27 62206047

根据《审计法》，下列说法错误的是？（　）（多选）

A. 市审计机关可以对本级预算草案、决算执行情况进行审计监督

B. 市审计机关经国务院批准可以对非国有金融机构进行审计

C. 区审计机关在进行审计监督时可以进行全面审计，也可以对其中的特定事项进行专项审计

D. 区审计机关需要经机关负责人批准并于 3 天前送达审计通知书才能实施审计

28 62206217

张三奢侈品销售公司是依照阿塞拜疆法律设立的，且实际管理机构也在阿塞拜疆，但其在中国新设立了分销机构，并投入大量的资金用于开发新的奢侈品制作工艺。后该公司在中国出现公关危机，为化解此次危机，其进行了大量的公益性捐。对此，下列说法错误的是？（　）（多选）

A. 张三公司应当就其来源于中国境内、境外的所得缴纳企业所得税

B. 张三公司在中国的分销机构赚取的所得，适用 20% 的税率

C. 张三公司投入的研发资金可以在计算应纳税所得额时加计扣除

D. 张三公司的公益性捐赠在年度利润总额 12% 以外的部分，不得在计算应纳税所得额时扣除

29 62206218

张三公司是在中国境内设立机构的非居民企业，其在经营过程中取得了各项收入。下列哪些收入属于企业免税收入？（　）（单选）

A. 从其他非居民企业取得与该机构有实际联系的红利收益

B. C 直辖市政府拨款 10 万元

C. 国债利息收入 5 万元

D. 技术转让所得 5 万元

30 62206215

甲国明星大周应中国文娱公司的邀请来中国进行为期一个礼拜的巡演，共表演 3 次，每次获得报酬 20 万元。文娱公司的中国工作人员小周负责这次演出的布置，获得公司奖金 2 万元，工资 1 万元，小周还在演出现场偶然所得了 1 万元。对此，下列说法错误的是？（　）（多选）

A. 大周的 3 次表演所得应该按纳税年度合并计算个税，适用百分之三至百分之四十五的超额累进税率

B. 小周的奖金 2 万元应按次分项计算个人所得税，工资 1 万元应按纳税年度合并计算

C. 小周偶然所得 1 万元应分别计算个人所得税

D. 大周缴纳个人所得税不再需要纳税人识别号，由中国文娱公司直接代扣代缴

31 51906455

下列关于消费税的说法，哪一项是错误的？（　）（单选）

A. 消费税的税基为销售额或销售数量

B. 消费税实行从价定率或者从量定额的办法计算应纳税额，按不同消费品分别采用比例税率和定额税率

C. 消费税的征税对象包括实木地板

D. 对纳税人出口应税消费品，应当免征消费税

解析页码
058—060

32 62206216

下列有关税收优惠的说法错误的是？（ ）（多选）

A. 对于甲获得的外国组织颁发的环境保护奖金 2 万元应当免征个人所得税

B. B 省生态环境厅颁布的节能减排有关的个人所得税免征政策应该向国务院备案

C. C 直辖市政府规定因自然灾害遭受重大损失的个人可以申请减征个人所得税，该规定应报同级人民代表大会常务委员会批准

D. 大学教师乙参与学校科研项目取得重大成果，教育部奖励 10 万元，学校奖励 2000 元，上述奖金可以免征个人所得税

参考答案

[1] C	[2] B	[3] BC	[4] ABC	[5] ACD
[6] AD	[7] D	[8] B	[9] ACD	[10] ABC
[11] AB	[12] BC	[13] ABCD	[14] D	[15] D
[16] B	[17] AB	[18] AB	[19] CD	[20] ABCD
[21] A	[22] A	[23] A	[24] A	[25] AD
[26] BC	[27] ABD	[28] ABD	[29] C	[30] ABD
[31] D	[32] BCD			

第九章 土地管理法

一、历年真题及仿真题

（一）土地争议处理

【多选】

1 1401072

某公司取得出让土地使用权后，超过出让合同约定的动工开发日期满两年仍未动工，市政府决定收回该土地使用权。该公司认为，当年交付的土地一直未完成征地拆迁，未达到出让合同约定的条件，导致项目迟迟不能动工。为此，该公司提出两项请求，一是撤销收回土地使用权的决定，二是赔偿公司因工程延误所受的损失。对这两项请求，下列哪些判断是正确的？（ ）

A. 第一项请求属于行政争议

B. 第二项请求属于民事争议

C. 第一项请求须先由县级以上政府处理，当事人不服的才可向法院起诉

D. 第二项请求须先由县级以上政府处理，当事人不服的才可向法院起诉

（二）建设用地管理制度

【单选】

2 1301030

某建设项目在市中心依法使用临时用地，并修建了临时建筑物，超过批准期限后仍未拆除。对此，下列哪一机关有权责令限期拆除？（ ）

A. 市环保行政主管部门

B. 市土地行政主管部门

C. 市城乡规划行政主管部门

D. 市建设行政主管部门

（三）土地使用权

【多选】

3 2202143

向阳村村民小姜外出打工，将自己房屋及宅基地使用权一并转让给同村小美。隔壁村小康看向阳村地理位置优越，土壤适合种植果树，打算承包 10 亩地种植樱桃。对此，下列哪些说法是错误的？（ ）

A. 小姜返乡后居无定所，政府可再批给小姜一处宅基地建房

B. 小康承包向阳村土地需经该村村民会议三分之二以上成员同意

C. 小姜、小美之间的转让合同未经有关政府批准，应认定为无效，小美应返还房屋及宅基地使用权

D. 小康承包向阳村土地，还须报当地乡（镇）人民政府批准

（四）综合知识点

【多选】

4 1101070

某市政府在土地管理中的下列哪些行为违反了《土

解析页码 060—061

地管理法》的规定？（　）

A. 甲公司在市郊申请使用一片国有土地修建经营性墓地，市政府批准其以划拨方式取得土地使用权

B. 乙公司投标取得一块商品房开发用地的出让土地使用权，市政府同意其在房屋建成销售后缴纳土地出让金

C. 丙公司以出让方式在本市规划区取得一块工业用地，市国土局在未征得市规划局同意的情况下，将该土地的用途变更为住宅建设用地

D. 丁公司在城市规划区取得一块临时用地，使用已达 6 年，并在该处修建了永久性建筑，市政府未收回土地，还为该建筑发放了房屋产权证

二、模拟训练

5 62006202

北京三环联想桥下有一大片科学试验田，就是永久基本农田之一（它只能种小麦），周边寸土寸金，中间麦浪滚滚。下列关于永久基本农田的表述错误的是？（　）（单选）

A. 永久基本农田涉及农用地转用或者土地征收的，必须经国务院批准

B. 永久基本农田划定以乡（镇）为单位进行，由县级人民政府自然资源主管部门会同同级农业农村主管部门组织实施

C. 省级划定的永久基本农田一般应当占本行政区域内耕地的百分之六十以上

D. 禁止占用永久基本农田发展林果业和挖塘养鱼

6 62206223

甲乙两户村民是邻居，因地势原因，甲门前的宅基地占用了乙的永久基本农田 1 立方米。甲拖家带口外出务工将自己的房屋连同宅基地一并转让给外村人丙，多年后甲的儿子回到本村要求政府再批给自己一处宅基地建房。对此，下列说法正确的是？（　）（不定项）

A. 甲门前的宅基地不得占用永久基本农田

B. 甲不得将其宅基地转让给丙

C. 甲的儿子不得再次申请宅基地

D. 若甲乙两户村民因农田的使用权发生争议，应由当地行政机关前置处理

参考答案

[1] ABC　[2] C　[3] AC　[4] ABCD　[5] C
[6] ABCD

第十章 城乡规划法

一、历年真题及仿真题

城乡规划的实施

【单选】

1 1902038

甲公司取得了规划许可证在某工业园建一仓库，当地城乡规划主管部门在巡查时发现，甲公司为了存放货物私自在仓库边挖一地下室，并在仓库楼顶搭设了工人居住的临时工棚。根据城乡规划法，下列哪一说法是正确的？（　）

A. 甲公司可补办该工棚的临时建设规划许可证

B. 甲公司可补办该地下室的规划许可证

C. 规划主管部门可以责令限期拆除临时工棚并处以不超过建造成本的罚款

D. 规划主管部门可以责令填埋地下室

2 1902048

某单位准备建设一公共的垃圾填埋厂项目，欲申请划拨土地进行建设。下述步骤应以什么顺序推进？①报有关部门审核建设项目；②向规划部门提出建设用地规划许可申请；③规划部门核发选址意见书；④规划部门核发建设用地规划许可证；⑤自然资源部门划拨土地。（　）

A. ①③②④⑤

B. ②④⑤①③

C. ③①②④⑤

D. ②④⑤③①

3 1601030

某镇拟编制并实施镇总体规划，根据《城乡规划

解析页码
062—063

法》的规定，下列哪一说法是正确的？（ ）

A. 防灾减灾系镇总体规划的强制性内容之一

B. 在镇总体规划确定的建设用地范围以外，可设立经济开发区

C. 镇政府编制的镇总体规划，报上一级政府审批后，再经镇人大审议

D. 建设单位报批公共垃圾填埋场项目，应向国土部门申请核发选址意见书

4 1401030

某房地产公司开发一幢大楼，实际占用土地的面积超出其依法获得的出让土地使用权面积，实际建筑面积也超出了建设工程规划许可证规定的面积。关于对该公司的处罚，下列哪一选项是正确的？（ ）

A. 只能由土地行政主管部门按非法占用土地予以处罚

B. 只能由城乡规划主管部门按违章建筑予以处罚

C. 根据一事不再罚原则，由当地政府确定其中一种予以处罚

D. 由土地行政主管部门、城乡规划主管部门分别予以处罚

【多选】

5 2202095

为修建电子厂，县政府从某村征收了100亩土地。由于招商引资出现困难，加上当地墓地资源紧张，征收的土地空置几年后，现县政府决定将其建成公益性墓地，但当地村民均不同意。以下说法正确的有（ ）

A. 建设单位取得乡村建设规划许可证后，可直接更改村庄规划

B. 建设单位取得乡村建设规划许可证后，方可办理用地审批手续

C. 修建墓地应征求当地村民的意见

D. 建设单位可以直接向县人民政府城乡规划主管部门申请乡村建设规划许可证

【不定项】

6 1701095

某市混凝土公司新建临时搅拌站，在试运行期间通过暗管将污水直接排放到周边，严重破坏当地环境。公司经理还指派员工潜入当地环境监测站内，用棉纱堵塞空气采集器，造成自动监测数据多次出现异常。有关部门对其处罚后，公司生产经营发生严重困难，拟裁员20人以上。关于该临时搅拌站建设，下列说法正确的是？（ ）

A. 如在该市规划区内进行建设的，应经市城管执法部门批准

B. 如该搅拌站影响该市近期建设规划的实施，有关部门不得批准

C. 如该搅拌站系未经批准进行临时建设的，由市政府责令限期拆除

D. 如该搅拌站超过批准时限不拆除的，由市城乡规划部门采取强制拆除措施

二、模拟训练

7 62206225

下列有关临时建设规划管理的说法正确的是？（ ）（多选）

A. 甲公司在A市规划区内建设临时电话亭一座，应当经A市城乡规划主管部门批准

B. 乙公司将规划区内的临时快闪店在批准的使用期限结束后自行拆除

C. C市政府城乡规划主管部门有权制定C市的临时建设和临时用地规划管理的具体办法

D. 丙公司未经批准进行临时建设，当地城乡规划主管部门可处临时建设工程造价一倍以下的罚款

参考答案

[1]C [2]C [3]A [4]D [5]BC
[6]B [7]AD

解析页码
064—065

第十一章 城市房地产管理法

一、历年真题及仿真题

（一）房地产交易

【多选】

1 1501072

甲企业将其厂房及所占划拨土地一并转让给乙企业，乙企业依法签订了出让合同，土地用途为工业用地。5 年后，乙企业将其转让给丙企业，丙企业欲将用途改为商业开发。关于该不动产权利的转让，下列哪些说法是正确的？（　）

A. 甲向乙转让时应报经有批准权的政府审批

B. 乙向丙转让时，应已支付全部土地使用权出让金，并取得国有土地使用权证书

C. 丙受让时改变土地用途，须取得原出让方和有关规划部门的同意

D. 丙取得该土地及房屋时，其土地使用年限应重新计算

（二）房地产开发

【不定项】

2 1201094

甲房地产公司与乙国有工业公司签订《合作协议》，在乙公司原有的仓库用地上开发商品房。双方约定，共同成立“玫园置业有限公司”（以下简称“玫园公司”）。甲公司投入开发资金，乙公司负责将该土地上原有的划拨土地使用权转变为出让土地使用权，然后将出让土地使用权作为出资投入玫园公司。

玫园公司与丙劳务派遣公司签订协议，由其派遣王某到玫园公司担任保洁员。不久，甲、乙产生纠纷，经营停顿。玫园公司以签订派遣协议时所依据的客观情况发生重大变化为由，将王某退回丙公司，丙公司遂以此为由解除王某的劳动合同。

开发期间，由于政府实施商品房限购政策，甲公司因其已开发项目滞销而陷于财务困境，致玫园公司经营陷于停顿，甲乙双方发生纠纷，乙公司主张合同无效。下列理由依法不能成立的是？（　）

A. 该合同为乙公司前任经理所签订，现该经理已被撤换

B. 签订合同时，该土地还是划拨土地使用权

C. 根据《合作协议》，乙公司仅享有玫园公司 40% 的股份，现在因该地段新建地铁导致地价上涨，乙公司所占股份偏低，属于国有资产流失

D. 乙公司无房地产开发资格，无权参与房地产开发

（三）综合知识点

【单选】

3 1902037

甲公司从政府处以出让方式获得一地块的土地使用权，进行商品房开发，楼盘建设过半投入约 2 亿元，甲公司因资金链断裂无以为继，无奈将此土地使用权及地上建筑一并转给乙公司。下列说法正确的是？（　）

A. 乙公司获得土地使用权后需重新与政府签订土地使用权出让合同

B. 政府可向甲公司收取不超过 2 亿元的土地闲置费

C. 乙公司获得土地使用权后可经甲公司同意改变土地用途

D. 甲公司应缴纳全部的土地出让金并获得土地使用权证书

【多选】

4 1701074

在加大房地产市场宏观调控的形势下，某市政府对该市房地产开发的管理现状进行检查，发现以下情况，其中哪些做法是需要纠正的？（　）

A. 房地产建设用地的供应，在充分利用现有建设用地的同时，放宽占用农用地和开发未利用地的条件

B. 土地使用权出让，符合土地利用总体规划、城

解析页码
066—067

市规划或年度建设用地计划之一即可

C. 预售商品房，要求开发商交清全部土地使用权出让金，取得土地使用权证书，并持有建设工程规划许可证等

D. 采取税收减免等方面的优惠措施，鼓励房地产开发企业开发建设商业办公类住宅，方便市民改作居住用途

二、模拟训练

5 62006234

上海市民张某通过划拨方式在静安区取得了国有土地使用权，在该土地上建成了一栋房屋，并将该房屋出租给王某，年租金 10 万。2020 年，张某因儿子结婚需购买婚房，便将该房屋抵押给银行并借此申请贷款，后被土地管理部门发现。下列对张某的行为的说法正确的是？（　）（多选）

A. 土地使用权划拨的，土地使用者必须缴齐安置款项、补偿费等费用后才可以取得该土地的使用权，并且划拨土地使用权一般没有期限限制

B. 房屋租赁合同有效，已取得的租金归张某，但张某应将租金中所含的土地收益上缴国家

C. 根据房地一体主义，若房屋转让给王某，该房屋所占用范围内的土地使用权应当同时转让，并应当报有批准权的人民政府审批

D. 未经土地管理部门和房产管理部门批准，该房屋可以设立抵押，但不得对抗善意第三人

参考答案

［1］ABC　［2］ABCD　［3］D　［4］ABD　［5］BC

第十二章 不动产登记暂行条例

一、历年真题及仿真题

不动产登记

【单选】

1 2202144

申请不动产登记时，下列哪一情形应由当事人双方共同申请？（　）

A. 小姜在农村修建的房屋，申请设立登记

B. 百福公司与债务人张三达成以物抵债协议，约定张三以房屋抵偿借款，法院据此制作执行裁定，申请变更登记

C. 小姜认为登记在小梅名下的房屋属于共同所有，申请更正登记

D. 小何将房屋抵押给银行以获得贷款清偿小姜的购房贷款，申请抵押登记

2 2102077

王某举家自甲市迁往乙市，于是将所购 A 房屋赠与给好友张某，随后，到甲市房地产交易中心为张某办理 A 房屋的变更登记。对此，下列表述正确的是？（　）

A. 应当由王某与张某共同申请变更登记

B. 应当提交赠与公证书

C. 房地产交易中心办理变更登记前应当实地查看

D. 完成登记时，核发不动产登记簿复件

3 1501029

申请不动产登记时，下列哪一情形应由当事人双方共同申请？（　）

A. 赵某放弃不动产权利，申请注销登记

B. 钱某接受不动产遗赠，申请转移登记

C. 孙某将房屋抵押给银行以获得贷款，申请抵押登记

D. 李某认为登记于周某名下的房屋为自己所有，申请更正登记

解析页码
068—069

【多选】

4 2102079

甲要移民，遂将名下的房产赠与好友乙，并去当地的不动产登记机构办理转移登记。对此，下列哪些说法是正确的？（　）

A．应由两人共同申请转移登记

B．赠与公证书是办理登记的必要材料

C．办理登记前，不动产登记机构应当实地看房

D．登记完成时，不动产登记机构应发放不动产权属证书

二、模拟训练

5 62206244

就不动产登记问题，小姜前去某不动产登记中心进行咨询，对此，工作人员的回复正确的是？（　）（多选）

A．宅基地使用权不需要进行登记，所有权需要登记

B．小姜父母赠与其一套房屋，则需要当事人双方共同申请变更登记

C．小姜申请办理预告登记，若其所提交的材料不齐全且无法当场更正的，不动产登记中心应当场书面告知不予受理，并一次性告知需要补正的内容

D．若小姜办理的是在建建筑物抵押登记，不动产登记机构可以实地查看

6 61906167

关于不动产登记，下列表述正确的是？（　）（单选）

A．张三购买了李四的别墅，张三持双方签字的转让合同申请不动产登记，不动产登记机构应当予以登记

B．王五向不动产登记机构申请办理登记后，无权再申请撤回

C．不动产登记机构收到申请登记后，只要发现申请材料存在错误，就应当当场书面告知申请人不予受理

D．不动产登记机构没有当场书面告知申请人不予受理的，视为受理

参考答案

[1]D　[2]A　[3]C　[4]AD　[5]BCD　[6]D

环境资源保护法

第一章 环境保护法

一、历年真题及仿真题

（一）环境纠纷与责任承担

【单选】

1 1802031

国务院环保检察组至某市巡查时，发现该市频发重大环境污染案件，请问责任主体是？（　）

A．该市政府

B．该市生态环境局

C．该市市长

D．该市生态环境局局长

【多选】

2 1501074

某化工厂排放的污水会影响鱼类生长，但其串通某环境影响评价机构获得虚假环评文件从而得以建设。该厂后来又串通某污水处理设施维护机构，使其污水处理设施虚假显示从而逃避监管。该厂长期排污致使周边水域的养殖鱼类大量死亡。面对养殖户的投诉，当地环境保护主管部门一直未采取任何查处措施。对于养殖户的赔偿请求，下列哪些单位应承担连带责任？（　）

A．化工厂

B．环境影响评价机构

C．污水处理设施维护机构

D．当地环境保护主管部门

解析页码
069—071

（二）环境保护制度

【单选】

3 2002103

根据《环境保护法》的规定，下列选项错误的是？（ ）

A. 国务院环境保护主管部门制定国家污染物排放标准

B. 天津市人民政府对国家污染物排放标准中未作规定的项目，可以制定地方污染物排放标准

C. 重庆市人民政府环境保护主管部门对国家污染物排放标准中已作规定的项目，可以制定严于国家污染物排放标准的地方污染物排放标准

D. 地方污染物排放标准应当报国务院环境保护主管部门备案

4 2002104

关于突发环境事件的预警与处置，下列做法错误的是？（ ）

A. 甲县人民政府建立环境污染公共监测预警机制，组织制定预警方案

B. 乙县环境受到污染，可能影响公众健康和环境安全时，乙县人民政府及时公布预警信息，启动应急措施

C. 丙企业在可能发生突发环境事件时，及时通报可能受到危害的单位和居民，并向环境保护主管部门和有关部门报告

D. 丁县人民政府在突发环境事件应急处置工作结束后，立即组织评估事件造成的环境影响和损失，但没有将评估结果向社会公布

5 1501030

某省天洋市滨海区一石油企业位于海边的油库爆炸，泄漏的石油严重污染了近海生态环境。下列哪一主体有权提起公益诉讼（其中所列组织均专门从事环境保护公益活动连续 5 年以上且无违法记录）？（ ）

A. 受损海产养殖户推选的代表赵某

B. 依法在滨海区民政局登记的“海蓝志愿者”组织

C. 依法在邻省的省民政厅登记的环境保护基金会

D. 在国外设立但未在我国民政部门登记的“海洋之友”团体

6 1501031

关于我国生态保护制度，下列哪一表述是正确的？（ ）

A. 国家只在重点生态功能区划定生态保护红线

B. 国家应积极引进外来物种以丰富我国生物的多样性

C. 国家应加大对生态保护地区的财政转移支付力度

D. 国家应指令受益地区对生态保护地区给予生态保护补偿

【多选】

7 1401073

关于环境质量标准和污染物排放标准，下列哪些说法是正确的？（ ）

A. 国家环境质量标准是制定国家污染物排放标准的根据之一

B. 国家污染物排放标准由国务院环境保护行政主管部门制定

C. 国家环境质量标准中未作规定的项目，省级政府可制定地方环境质量标准，并报国务院环境保护行政主管部门备案

D. 地方污染物排放标准由省级环境保护行政主管部门制定，报省级政府备案

（三）环境影响评价

【单选】

8 1401031

某省 A 市和 B 市分别位于同一河流的上下游。A 市欲建农药厂。在环境影响评价书报批时，B 市环境保护行政主管部门认为该厂对本市影响很大，对该环境影响评价结论提出异议。在此情况下，该环境影响评价书应当由下列哪一部门审批？（ ）

A. 省政府发改委

B. 省人大常委会

C. 省农药生产行政监管部门

D. 省生态环境主管部门

解析页码
071—072

9 2402024

市文旅局拟加大旅游项目开发，计划建设一个生态旅游园区，以促进旅游相关产业发展。法律规定，该项目须市政府先行批准，才可施工建设。关于该项目的环境影响评价，下列说法正确的是？（ ）

A．向市生态局提交环评报告表

B．向市政府提交环评报告表

C．向市政府提交环评报告书

D．向市生态局提交环评报告书

【多选】

10 1902066

A公司从甲省承包一条高速公路的修建工程，该高速公路横跨甲乙两省，环境影响评价文件已经审批，准备开工时发现该公路需要延长到丙省。关于该公司的环评文件报批的相关事宜，下列说法正确的是？（ ）

A．该公路的环境影响评价文件应由丙省的生态环境主管部门审批

B．在原环境影响评价文件上做相应补充由丙省的生态环境主管部门审批

C．未经生态环境主管部门审批环评文件该公路不得开工建设

D．应对此公路项目重新进行环境影响评价

11 1501073

某市政府接到省环境保护主管部门的通知：暂停审批该市新增重点污染物排放总量的建设项目环境影响评价文件。下列哪些情况可导致此次暂停审批？（ ）

A．未完成国家确定的环境质量目标

B．超过国家重点污染物排放总量控制指标

C．当地环境保护主管部门对重点污染物监管不力

D．当地重点排污单位未按照国家有关规定和监测规范安装使用监测设备

（四）综合知识点

【单选】

12 1601031

某采石场扩建项目的环境影响报告书获批后，采用的爆破技术发生重大变动，其所生粉尘将导致周边居民的农作物受损。关于此事，下列哪一说法是正确的？（ ）

A．建设单位应重新报批该采石场的环境影响报告书

B．建设单位应组织环境影响的后评价，并报原审批部门批准

C．该采石场的环境影响评价，应当与规划的环境影响评价完全相同

D．居民将来主张该采石场承担停止侵害的侵权责任，受3年诉讼时效的限制

【不定项】

13 1802093

某市林业和草原局与规划局正在编制当地林业远期发展规划，下列说法正确的是？（ ）

A．林业发展规划不是建设规划，不需要进行环境影响评价

B．林业发展规划属于专门性规划，在规划草案上报审批前应进行环境影响评价，并出具环境影响报告书

C．林业经营者依法取得的国有林地和林地上的森林、林木的使用权，不得转让、出租、作价出资

D．应在林业发展规划编制过程中组织环境影响评价，编写有关环境影响的篇章或说明

14 1701096

某市混凝土公司新建临时搅拌站，在试运行期间通过暗管将污水直接排放到周边，严重破坏当地环境。公司经理还指派员工潜入当地环境监测站内，用棉纱堵塞空气采集器，造成自动监测数据多次出现异常。有关部门对其处罚后，公司生产经营发生严重困难，拟裁员20人以上。关于该公司的行为，下列说法正确的是？（ ）

A．如该公司应报批而未报批该搅拌站的环评文件，不得在缴纳罚款后再向审批部门补报

B．该公司将防治污染的设施与该搅拌站同时正式投产使用前，可在搅拌站试运行期间停运治污设施

解析页码
072—074

C．该公司的行为受到罚款处罚时，可由市环保部门自该处罚之日的次日起，按照处罚数额按日连续处罚

D．针对该公司逃避监管的违法行为，市环保部门可先行拘留责任人员，再将案件移送公安机关

二、模拟训练

15 62206228

甲市化工厂通过排污渠排放污水，污水渗入到周围张某承包的鱼塘，致使张某饲养的鱼虾大量中毒死亡。下列说法中正确的是？（　）（单选）

A．张某应证明鱼虾的死亡与化工厂污水之间存在因果关系

B．张某应在知道鱼虾死亡之日起两年内向法院提起诉讼

C．如化工厂的污水符合国家及甲市规定的污水排放标准，可不承担责任

D．如化工厂未取得排污许可证，被责令停止排放污水后拒不执行，可对工厂相关直接责任人员处以拘留

16 62206227

根据《环境保护法》的规定，下列选项中错误的是？（　）（单选）

A．工厂建设单位应将污染防治设施与工厂建设同时施工

B．甲省人民政府可制定低于国家环境质量标准的地方环境质量标准

C．行政机关可按照原处罚数额对违法排放污水且拒不改正的造纸厂按日连续处罚

D．某直辖市政府对国家污染物排放标准中未作规定的项目，可以自行制定本市污染物排放标准

17 62206226

甲省和乙省共同建设一段公路，横接甲省和乙省。关于该公路建设项目的环境影响报告书，下列说法错误的是？（　）（单选）

A．应同时报甲省和乙省生态环境主管部门审批

B．应报国务院生态环境主管部门审批

C．未报送审批，建设单位不得开工建设

D．如该公路建设项目的路段被延长，建设单位应重新报批

18 62106036

在"绿水青山就是金山银山"的理念指导下，我国逐渐开始实行最严格的生态环境保护制度，逐步形成了绿色的发展方式和生活方式。以下关于我国环境保护基本制度的表述正确的是？（　）（单选）

A．尽管甲企业已自建污水集中处理厂将污水处理达标后才排入黄河，但其仍需缴纳环境保护税

B．县级以上地方人民政府环境保护主管部门独立编制本行政区环境保护规划后，报上一级人民政府批准并公布实施

C．县级以上人民政府环境保护主管部门应当建立环境污染公共监测预警机制，依法及时公布预警信息

D．国务院环境保护主管部门统一发布国家环境质量、重点污染源监测信息、环境状况公报及其他重大环境信息

19 61906036

A化工厂排放的污水会影响鱼类生长，但其串通B环境影响评价机构获得虚假的环评文件，从而得以建设。关于本案，下列说法正确的有？（　）（多选）

A．应当追究A化工厂及其相关责任人员的法律责任

B．应当追究B环境影响评价机构及其相关技术人员的法律责任

C．地方各级人民政府生态环境主管部门应当加强对建设项目环境影响报告书编制单位的监督管理和质量考核

D．负责审批建设项目环境影响报告书、环境影响报告表的生态环境主管部门应当将B环境影响评价机构的相关违法信息记入社会诚信档案，并纳入全国信用信息共享平台和国家企业信用信息公示系统向社会公布

20 61806195

根据《环境保护法》，下列关于环境保护法律责任的说法错误的是？（　）（单选）

A．建设单位未依法提交建设项目环境影响评价文

解析页码
075—077

件或者环境影响评价文件未经批准，擅自开工建设的，由负有环境保护监督管理职责的部门责令停止建设，处以罚款，并可以责令恢复原状

B. 企业事业单位和其他生产经营者违法排放污染物，受到罚款处罚，被责令改正，拒不改正的，依法作出处罚决定的行政机关可以自责令改正之日的次日起，按照原处罚数额按日连续处罚

C. 事业单位和其他生产经营者超过污染物排放标准或者超过重点污染物排放总量控制指标排放污染物的，县级以上人民政府环境保护主管部门可以直接责令停业、关闭

D. 建设项目未依法进行环境影响评价被责令停止建设，拒不执行，尚不构成犯罪的，可对企业事业单位和其他生产经营者直接负责的主管人员和其他直接责任人员，处十日以上十五日以下拘留；情节较轻的，处五日以上十日以下拘留

参考答案

[1] A	[2] ABC	[3] C	[4] D	[5] C
[6] C	[7] ABC	[8] D	[9] D	[10] CD
[11] AB	[12] A	[13] B	[14] A	[15] D
[16] B	[17] A	[18] A	[19] ABD	[20] C

第二章 自然资源法

历年真题及仿真题

（一）矿产资源法

【不定项】

1 2102084

海鑫矿业公司经勘察发现了实行保护性开采的特定矿种晶矿，现又在1平方千米内发现了放射性铀矿。海鑫矿业公司要想获得采矿许可证，关于其申请批准的程序，下列说法正确的有？（　）

A. 晶矿应当由省级地质矿产主管部门备案并颁发采矿许可证

B. 晶矿应当由国务院地质矿产主管部门审批并颁发采矿许可证

C. 铀矿可由国务院授权的有关主管部门审批并颁发采矿许可证

D. 铀矿应当由省政府地质矿产主管部门汇总向国务院地质矿产主管部门备案

2 1802094

甲有限公司与乙有限公司签订《合作协议》，约定两方合作对某区域进行煤炭资源勘探，由此所获利益双方平分。对此，下列说法正确的是？（　）

A. 甲公司与乙公司组成的联合勘探主体，在勘探中的投入达到最低比例后，可将探矿权予以转让

B. 甲公司与乙公司完成勘探后，有权优先取得勘查作业区内煤炭资源的采矿权

C. 需县级政府审批

D. 矿区地面归集体所有，地下资源归公司所有

（二）森林法

【单选】

3 2202148

某地甲村种植了10亩沙棘林苗，村民张三放羊时因沉迷于刷短视频导致羊群啃食大量沙棘，造成巨大损失。对此，下列说法正确的是？（　）

A. 甲村村委会可以对张三的行为进行罚款

B. 该地县级政府可以要求张三恢复植被

C. 该地县级以上林业主管部门有义务阻止张三的放羊行为

D. 张三需要补种损失5倍的沙棘

4 2002102

关于林木、林地所有权和使用权争议，下列选项错误的是？（　）

A. 单位之间发生的林木、林地所有权和使用权争议，由县级以上人民政府依法处理

B. 个人与单位之间发生的林木所有权和林地使用权争议，可以由乡镇人民政府依法处理

C. 当事人可以自接到处理决定通知之日起30日内，向人民法院起诉

解析页码
077—078

D. 在林木、林地权属争议解决前，即使因森林防火需要，当事人任何一方也不得砍伐有争议的林木或者改变林地现状

5 1902039

甲公司经营困难，以其所有的经济林地使用权和林木入股乙公司，同时将已取得的《林木采伐许可证》转让给乙公司。后乙公司得知，甲公司以其经济林地使用权向某商业银行抵押，贷款尚未归还，乙公司与甲公司发生争议，要求甲公司尽快解除抵押，以下说法正确的是？（　）

A. 在争议期间，乙公司可以砍伐经济林地上的林木

B. 乙公司与甲公司的争议可请县政府解决

C. 乙公司可以直接向法院起诉

D. 乙公司可以将经济林地改变为建设用地

【多选】

6 2202099

某县村民甲欲将其承包的林地里的枣树砍掉种樱桃树，关于林木采伐许可证，下列说法错误的有？（　）

A. 如果该县今年采伐限额已满，甲明年可自动取得采伐许可证

B. 甲砍伐枣树无需申请林木采伐许可证

C. 县政府林业部门可以委托乡政府核发采伐许可证

D. 如果同村村民乙有采伐许可证，甲能租用

7 2202100

某野生动物保护组织在森林里设立了野生动物保护机构，现为了保护植物，欲将该机构变更为动植物保护机构。变更后的机构欲扩大场所面积，计划扩大后的场所面积会占据保护区总面积的15%，但是当地规定保护机构占地面积只能占用保护区总面积的13%。以下说法正确的有？（　）

A. 该机构用于经营不能申请建设用地

B. 因超出标准需要占用林地，该机构应办理建设用地审批手续

C. 若该动植物保护机构占用林地，应缴纳森林植被恢复费

D. 若该动植物保护机构只需要临时使用林地，使用期限不得超过五年

8 1902045

某高校为美观而更新校园园林景观，向当地林业局申请采伐许可证。许可证许可采伐树木 10 棵，而该高校采伐树木 20 棵。针对该高校的行为，下列说法正确的是？（　）

A. 该高校可以要求林业局补种 10 棵相同树木，高校承担相应费用

B. 林业局可以要求该高校补种 10 棵相同树木，并且处罚该高校额外补种 50 棵相同树木

C. 林业局可以对该高校处滥伐林木价值三倍以上五倍以下的罚款，并责令其补种 10 棵相同树木

D. 该高校申请许可证需要同时提出有关采伐的目的、地点、林种、林况、面积、蓄积、方式和更新措施等内容的文件

（三）综合知识点

【单选】

9 2302045

某矿业公司和某投资公司签订《股权转让协议》，该协议约定，投资公司收购矿业公司的全部股权，并已进行股权变更登记，其中矿业公司的采矿权价值 10 亿元。经查，矿业公司获得采矿权后并未进行开采，在一年内采矿权产生溢价 5 亿元。对此，以下说法正确的是？（　）

A. 股权转让协议应经矿产地质管理机构批准

B. 该股权转让协议有效

C. 该股权转让协议可以达到采矿权转让的效果

D. 矿业公司应持股权转让协议向最初颁发采矿权证的部门备案

参考答案

[1]BC	[2]B	[3]C	[4]D	[5]B
[6]ABD	[7]BC	[8]CD	[9]B	

解析页码
078—080

劳动与社会保障法

第一章 劳动法

一、历年真题及仿真题

（一）劳动者权益保护

【不定项】

1 2102085

甲矿业集团因旧矿的采集量减少，故准备建设新的矿井。甲公司招聘井下作业人员进行新矿井的建设，李某夫妇决定去工作，公司让他们负责井下设备的管理。甲公司的下列做法符合劳动法规定的有？（ ）

A. 甲公司需要对该批职工配备防毒面具并可收取费用

B. 甲公司需要对李某定期进行健康检查

C. 甲公司可以聘用李某夫妇从事矿井下作业的工作

D. 甲公司应当在新建矿井同时安装瓦斯探测器设备

2 1601095

王某，女，1990年出生，于2012年2月1日入职某公司，从事后勤工作，双方口头约定每月工资为人民币3000元，试用期1个月。2012年6月30日，王某因无法胜任经常性的夜间高处作业而提出离职，经公司同意，双方办理了工资结算手续，并于同日解除了劳动关系。同年8月，王某以双方未签书面劳动合同为由，向当地劳动争议仲裁委申请仲裁，要求公司再支付工资12000元。关于女工权益，根据《劳动法》，下列说法正确的是？（ ）

A. 公司应定期安排王某进行健康检查

B. 公司不能安排王某在经期从事高处作业

C. 若王某怀孕6个月以上，公司不得安排夜班劳动

D. 若王某在哺乳婴儿期间，公司不得安排夜班劳动

（二）工时、工资和休息制度

【单选】

3 2202145

2016年，甲和美丽大酒店签订为期三年的劳动合同，约定上一天休一天，工作时间为早上6点到晚上12点。2018年甲感到身体不适，遂提出解除劳动合同，并要求酒店赔偿两年以来的加班费。对此，下列说法正确的是？（ ）

A. 甲可以享受带薪年假

B. 酒店的结薪期限最长不超过15天

C. 酒店规定的上班时间符合法律规定

D. 酒店应当向甲支付200%的加班工资

二、模拟训练

4 62206237

下列选项中，哪些违反了《劳动法》的规定？（ ）（多选）

A. 甲公司为了文艺工作的需要，在保障其接受义务教育权利的情况下招收了一名年仅十四周岁的未成年职工

B. 乙公司安排一名怀孕六个月的女职工在下班时间后进行加班

C. 丙公司在对一名十七周岁的未成年职工进行了严格的有关职业安全卫生教育培训后，安排其进行矿山井下工作

D. 丁公司安排一名正处于经期的女职工从事高处作业

5 61806138

下列哪些选项中形成的关系受《劳动法》调整？（ ）（多选）

A. 学徒小黄与雇用其的个体工商户之间的关系

B. 家庭保姆小周与雇佣家庭之间的关系

C. 大学生小王与其勤工俭学的商场之间的关系

D. 员工小赵与国有企业之间的关系

参考答案

[1] BD [2] B [3] A [4] CD [5] AD

解析页码 081—082

第二章 劳动合同法

一、历年真题及仿真题

（一）劳务派遣

【多选】

1 2402025

某医院打算扩建，扩建工期为一年，扩建期间因缺乏就诊引导人员，医院秩序十分混乱。为规范就医秩序，加强引导措施，医院拟通过劳务派遣方式向社会招聘多名引导工作人员，该工作平时需要加班。对此，下列说法正确的是？（ ）

A．医院应当允许劳务派遣人员加入工会

B．医院应当支付劳务派遣人员加班费

C．医院可设置临时性工作岗位直到扩建工程结束

D．医院可雇佣其股东成立的劳务派遣机构中的劳务人员

【不定项】

2 1201095

甲房地产公司与乙国有工业公司签订《合作协议》，在乙公司原有的仓库用地上开发商品房。双方约定，共同成立"玫园置业有限公司"（以下简称"玫园公司"）。甲公司投入开发资金，乙公司负责将该土地上原有的划拨土地使用权转变为出让土地使用权，然后将出让土地使用权作为出资投入玫园公司。

玫园公司与丙劳务派遣公司签订协议，由其派遣王某到玫园公司担任保洁员。不久，甲、乙产生纠纷，经营停顿。玫园公司以签订派遣协议时所依据的客观情况发生重大变化为由，将王某退回丙公司，丙公司遂以此为由解除王某的劳动合同。根据《劳动合同法》，王某的用人单位是？（ ）

A．甲公司

B．乙企业

C．丙公司

D．玫园公司

（二）非全日制用工

【多选】

3 1902063

甲餐饮公司欲招聘小时工，张三前来应聘，甲餐馆公司人力主管告知张三每周工作7天，每天工作3小时，试用期1个月，工资月付。张三提出乙家政公司要求每周工作6天每天工作2小时且不规定试用期，该家政公司拟录用他。已知两家公司均采取时薪制，甲餐饮公司提出下列什么条件才可以留住张三？（ ）

A．将工资月付改成15天付

B．将每天的工作时间改成每天4小时

C．将试用期由一个月改成15天

D．允许张三在不影响本公司工作完成的情况下可同时在另外两家公司上班

（三）集体合同

【多选】

4 1701073

关于集体劳动合同，根据《劳动合同法》，下列哪些说法是正确的？（ ）

A．甲公司尚未建立工会时，经其2/3以上的职工推举的代表，可直接与公司订立集体合同

B．乙公司系建筑企业，其订立的行业性集体合同，报劳动行政部门备案后即行生效

C．丙公司依法订立的集体合同，对全体劳动者，不论是否为工会会员，均适用

D．因履行集体合同发生争议，丁公司工会与公司协商不成时，工会可依法申请仲裁、提起诉讼

（四）劳动合同的解除和责任

【单选】

5 2302055

甲与A公司签订劳动合同，约定试用期6个月，工作期限3年，每月工资5000元。甲在工作时不慎摔下楼造成工伤，此时试用期还剩一个月。3个月后，甲恢复，但已无法胜任原来的工作，在

解析页码 083—084

单位提议下，甲办理了离职。两个月后，甲的状态大大恢复，同时公司也在招人，希望甲能够回来，于是与甲签订了无固定期限劳动合同。对此，下列说法正确的是？（ ）

A．甲可主张离职补偿金

B．甲的试用期应当重新起算

C．公司应该向甲支付 10000 元经济补偿

D．试用期内甲可以与公司解除劳动合同且无须提前通知

【多选】

6 2002105

关于劳动合同的解除，下列法正确的是？（ ）

A．甲公司拖欠张三工资，张三可以解除劳动合同

B．乙公司未依法为李四缴纳社会保险费，李四可以解除劳动合同

C．王五在试用期间迟到一次，甲公司可以解除劳动合同

D．赵六严重违反规章制度，乙公司可以解除劳动合同

7 1501070

某厂工人田某体检时被初诊为脑瘤，万念俱灰，既不复检也未经请假就外出旅游。该厂以田某连续旷工超过 15 天，严重违反规章制度为由解除劳动合同。对于由此引起的劳动争议，下列哪些说法是正确的？（ ）

A．该厂单方解除劳动合同，应事先将理由通知工会

B．因田某严重违反规章制度，无论是否在规定的医疗期内该厂均有权解除劳动合同

C．如该厂解除劳动合同的理由成立，无需向田某支付经济补偿金

D．如该厂解除劳动合同的理由违法，田某有权要求继续履行劳动合同并主张经济补偿金 2 倍的赔偿金

【不定项】

8 1701097

某市混凝土公司新建临时搅拌站，在试运行期间通过暗管将污水直接排放到周边，严重破坏当地环境。公司经理还指派员工潜入当地环境监测站内，用棉纱堵塞空气采集器，造成自动监测数据多次出现异常。有关部门对其处罚后，公司生产经营发生严重困难，拟裁员 20 人以上。当该公司裁员时，下列说法正确的是？（ ）

A．无须向劳动者支付经济补偿金

B．应优先留用与本公司订立无固定期限劳动合同的职工

C．不得裁减在该公司连续工作满 15 年的女职工

D．不得裁减非因工负伤且在规定医疗期内的劳动者

9 1401087

李某原在甲公司就职，适用不定时工作制。2012 年 1 月，因甲公司被乙公司兼并，李某成为乙公司职工，继续适用不定时工作制。2012 年 12 月，由于李某在年度绩效考核中得分最低，乙公司根据公司绩效考核制度中“末位淘汰”的规定，决定终止与李某的劳动关系。李某于 2013 年 11 月提出劳动争议仲裁申请，主张：原劳动合同于 2012 年 3 月到期后，乙公司一直未与本人签订新的书面劳动合同，应从 4 月起每月支付二倍的工资；公司终止合同违法，应恢复本人的工作。关于乙公司兼并甲公司时李某的劳动合同及工作年限，下列选项正确的是？（ ）

A．甲公司与李某的原劳动合同继续有效，由乙公司继续履行

B．如原劳动合同继续履行，在甲公司的工作年限合并计算为乙公司的工作年限

C．甲公司还可与李某经协商一致解除其劳动合同，由乙公司新签劳动合同替代原劳动合同

D．如解除原劳动合同时甲公司已支付经济补偿，乙公司在依法解除或终止劳动合同计算支付经济补偿金的工作年限时，不再计算在甲公司的工作年限

10 1401090

李某原在甲公司就职，适用不定时工作制。2012 年 1 月，因甲公司被乙公司兼并，李某成为乙公司职工，继续适用不定时工作制。2012 年 12 月，

解析页码
085—086

由于李某在年度绩效考核中得分最低，乙公司根据公司绩效考核制度中“末位淘汰”的规定，决定终止与李某的劳动关系。李某于2013年11月提出劳动争议仲裁申请，主张：原劳动合同于2012年3月到期后，乙公司一直未与本人签订新的书面劳动合同，应从4月起每月支付二倍的工资；公司终止合同违法，应恢复本人的工作。如李某放弃请求恢复工作而要求其他补救，下列选项正确的是？（ ）

A. 李某可主张公司违法终止劳动合同，要求支付赔偿金

B. 李某可主张公司规章制度违法损害劳动者权益，要求辞职及支付经济补偿金

C. 李某可同时获得违法终止劳动合同的赔偿金和辞职的经济补偿金

D. 违法终止劳动合同的赔偿金的数额多于辞职的经济补偿金

（五）有固定期限和无固定期限劳动合同

【单选】

11 2202096

甲公司与乙于2020年1月8日签订为期1年的劳动合同，约定合同期内由乙负责撰写《甲公司发展史》。2020年12月8日，乙外出旅游受伤，后在医院医治了三个月。2021年6月8日，乙向甲公司交付了工作任务成果并办理了离职手续。甲公司与乙的劳动合同到期时间是？（ ）

A. 2021年1月8日

B. 2021年3月8日

C. 2021年6月8日

D. 2020年12月8日

（六）劳动合同的订立与内容

【多选】

12 1301065

同行业的乙厂，并帮助乙厂生产出与甲厂相同技术的发动机。甲厂认为保密义务理应包括竞业限制义务，江某不得到乙厂工作，乙厂和江某共同侵犯其商业秘密。关于此案，下列哪些选项是正确的？（ ）

A. 如保密协议只约定保密义务，未约定支付保密费，则保密义务无约束力

B. 如双方未明确约定江某负有竞业限制义务，则江某有权到乙厂工作

C. 如江某违反保密协议的要求，向乙厂披露甲厂的保密技术，则构成侵犯商业秘密

D. 如乙厂能证明其未利诱江某披露甲厂的保密技术，则不构成侵犯商业秘密

（七）综合知识点

【单选】

13 2302043

甲在某外卖平台当骑手，每周上班0～3天，每天工作约3小时。工作内容由平台随机派发，甲可自主决定是否接单，工资按单结算。对此，该如何认定平台和甲之间的法律关系？（ ）

A. 劳动关系

B. 劳务关系

C. 承揽关系

D. 非全日制用工

14 2302047

上海发生一起“职业薪资诈骗”团伙案件，该团伙利用虚假的国外毕业证书和虚假的个人工作简历，成功进入多家企业骗取高薪。贾某是团伙中的一员，与很多公司签订了劳动合同，但并未真正上班，在试用期时，贾某通过签订虚假合同的方式以达成转正要求并顺利转正。对此，下列说法正确的是？（ ）

A. 公司有权主张劳动合同无效

B. 公司应向贾某支付工资报酬

C. 公司可以解除劳动合同，但需支付经济补偿

D. 公司可要求贾某赔偿其经济损失

15 2202146

A公司在与员工甲建立劳动关系时便一直催促甲签订劳动合同，但甲为了方便跳槽，总是故意拖延。11个月之后，甲向公司提出离职。下列说法正确的是？（ ）

A. A公司可以书面通知甲终止劳动关系

解析页码
086—088

B. 甲与A公司已经形成无固定期限劳动合同

C. A公司应自第二个月起向甲支付10个月的双倍工资

D. 甲离职时，A公司须向其支付1个月的经济补偿金

16 1902047

甲公司的一名金牌销售人员出国培训造成人手短缺，销售压力巨大。甲公司决定请求乙公司派遣一名员工协助分担销售工作。乙公司派遣小李到甲公司工作，但乙公司没有为小李缴纳工伤保险费，小李在一次接客户的途中发生交通事故。下列有关说法正确的是？（ ）

A. 小李可以就任甲公司销售经理

B. 小李在甲公司的业绩很差，经过甲公司就业培训后仍然不见起色，甲公司有权将小李退回

C. 因为乙公司没有为小李缴纳工伤保险费，小李不能享受工伤保险待遇

D. 小李在获得工伤保险待遇后不可向肇事司机索赔

【多选】

17 2202098

张某于2018年2月入职甲公司。甲公司于2019年2月成立乙分公司（未依法取得营业执照），并于当月将张某派至乙分公司工作。2020年2月，乙分公司解除与张某的劳动关系。因甲公司与乙分公司均未与张某签订劳动合同，张某便提起劳动仲裁维护自身权益。以下说法正确的是？（ ）

A. 乙分公司不是独立法人，不能和张某签订劳动合同

B. 就未签订劳动合同事宜，甲公司需要支付张某11个月的双倍工资

C. 就将张某安排至乙分公司事宜，甲公司无需向张某支付经济补偿金

D. 张某可以向乙分公司主张按照两年的工作年限计算经济补偿金

18 1902061

刘某于2017年1月1日起在甲公司工作，从事喷漆工作，但是双方未签订书面劳动合同。因为甲公司拖欠工资，刘某遂于2018年6月1日离职，2018年7月1日，刘某向劳动仲裁委员会提起仲裁。下列说法正确的是？（ ）

A. 应视为双方存在无固定期限劳动合同

B. 刘某有权请求甲公司向其支付17个月的双倍工资

C. 2018年7月1日刘某申请仲裁，尚未超过仲裁时效

D. 甲公司应向刘某支付两个月工资的经济补偿金

19 1902062

甲公司章程规定，本公司的技术总监属于公司的高级管理人员。甲公司与技术总监李某签订保密协议约定，违反保密协议给公司造成损失的应当承担20万元违约金。后李某违反保密协议的约定，自行成立了一家乙公司并将其掌握的甲公司的核心商业信息泄露给乙公司。下列说法正确的是？（ ）

A. 甲公司可向李某主张赔偿

B. 甲公司可向乙公司主张赔偿

C. 甲公司可向乙公司主张约定的20万元违约金

D. 公司章程约定技术总监李某是高级管理人员的内容无效

20 1802075

2017年1月，甲公司因扩大规模，急需客服人员，遂委托乙劳务派遣公司派遣5名员工。随后，乙劳务派遣公司将已签订劳动合同的张某等五人派遣至甲公司。对此，下列说法错误的是？（ ）

A. 甲公司应当为张某缴纳工伤保险

B. 乙公司应当为张某缴纳工伤保险

C. 张某与甲公司形成劳动关系

D. 如果张某在工作中造成他人受伤，应当由甲公司和乙公司承担连带责任

【不定项】

21 1601096

王某，女，1990年出生，于2012年2月1日入职某公司，从事后勤工作，双方口头约定每月工资为人民币3000元，试用期1个月。2012年6月

解析页码
088—091

30日，王某因无法胜任经常性的夜间高处作业而提出离职，经公司同意，双方办理了工资结算手续，并于同日解除了劳动关系。同年8月，王某以双方未签书面劳动合同为由，向当地劳动争议仲裁委申请仲裁，要求公司再支付工资12000元。关于该劳动合同的订立与解除，下列说法正确的是？（ ）

A. 王某与公司之间视作已订立无固定期限劳动合同
B. 该劳动合同期限自2012年3月1日起算
C. 该公司应向王某支付半个月工资的经济补偿金
D. 如王某不能胜任且经培训仍不能胜任工作，公司提前30日以书面形式通知王某，可将其辞退

22 1401088

李某原在甲公司就职，适用不定时工作制。2012年1月，因甲公司被乙公司兼并，李某成为乙公司职工，继续适用不定时工作制。2012年12月，由于李某在年度绩效考核中得分最低，乙公司根据公司绩效考核制度中“末位淘汰”的规定，决定终止与李某的劳动关系。李某于2013年11月提出劳动争议仲裁申请，主张：原劳动合同于2012年3月到期后，乙公司一直未与本人签订新的书面劳动合同，应从4月起每月支付二倍的工资；公司终止合同违法，应恢复本人的工作。关于未签订书面劳动合同期间支付二倍工资的仲裁请求，下列选项正确的是？（ ）

A. 劳动合同到期后未签订新的劳动合同，李某仍继续在公司工作，应视为原劳动合同继续有效，故李某无权请求支付二倍工资
B. 劳动合同到期后应签订新的劳动合同，否则属于未与劳动者订立书面劳动合同的情形，故李某有权请求支付二倍工资
C. 李某的该项仲裁请求已经超过时效期间
D. 李某的该项仲裁请求没有超过时效期间

23 1401089

李某原在甲公司就职，适用不定时工作制。2012年1月，因甲公司被乙公司兼并，李某成为乙公司职工，继续适用不定时工作制。2012年12月，由于李某在年度绩效考核中得分最低，乙公司根据公司绩效考核制度中“末位淘汰”的规定，决定终止与李某的劳动关系。李某于2013年11月提出劳动争议仲裁申请，主张：原劳动合同于2012年3月到期后，乙公司一直未与本人签订新的书面劳动合同，应从4月起每月支付二倍的工资；公司终止合同违法，应恢复本人的工作。关于恢复用工的仲裁请求，下列选项正确的是？（ ）

A. 李某是不定时工作制的劳动者，该公司有权对其随时终止用工
B. 李某不是非全日制用工的劳动者，该公司无权对其随时终止用工
C. 根据该公司末位淘汰的规定，劳动合同应当终止
D. 该公司末位淘汰的规定违法，劳动合同终止违法

二、模拟训练

24 62206236

甲、丁于2013年6月1日入职乙公司从事财务工作。因该公司拖欠半年多的工资，丁又在丙公司从事保洁工作，因身体劳累对完成乙公司工作任务造成了严重影响。乙公司因经营不善需要裁员，于2014年2月1日将甲辞退。2014年7月1日，甲因乙公司欠薪问题向劳动仲裁委员会提起仲裁。下列说法正确的是？（ ）（多选）

A. 乙公司可以解除其与丁的劳动合同
B. 乙公司裁员时应优先留用与本单位订立较长期限的固定期限劳动合同的员工
C. 甲申请仲裁，尚未超过仲裁时效
D. 乙公司应向甲支付0.5个月工资的经济补偿金

25 62206231

甲、乙于2013年6月1日入职某公司，从事软件开发工作。一年后，该公司为开发一款手游需要公派甲、乙前往A国进行培训（费用为每人10万），并要求与甲、乙签署服务期为5年的协议。此时，行政人员才发现公司未与甲订立书面的劳动合同。甲在培训完后2年内离职，乙培训完后晋升成为了该公司的高级技术人员，在服务期满后离职并

解析页码
091—092

签署了竞业限制协议。关于该劳动合同的订立，下列说法正确的是？（　）（单选）

A. 甲与公司之间应视为订立了无固定期限劳动合同外，还应支付 12 个月的双倍工资

B. 公司公派甲前往 A 国进行培训，应是对甲的奖励，不能以此为由签订服务期协议

C. 公司可以要求甲支付 10 万元的违约金

D. 公司应在竞业限制期限内按月给予乙经济补偿

26 62206230

甲于 2013 年 6 月 1 日入职某公司，从事总经理工作。甲入职半年后，甲公司的行政人员才与甲订立书面的劳动合同，并约定了保密条款。甲因身体原因提出离职，公司要求其签署包含其需要履行三年竞业限制条款的离职协议。关于该劳动合同的订立和解除，下列说法正确的是？（　）（单选）

A. 甲可要求公司支付 6 个月的双倍工资

B. 甲是总经理，其不可要求公司支付保密费

C. 甲不属于竞业限制条款的限制对象，其可不签订该协议

D. 甲公司设置的竞业限制条款违法

27 61906201

关于劳务派遣制度，下列说法不正确的是？（　）（不定项）

A. 被派遣劳动者在无工作期间，只能由当地人民政府按照最低工资标准按月支付报酬

B. 劳务派遣单位的劳动者被派遣后，享有同工同酬的权利

C. 用工单位给被派遣劳动者造成损害的，劳务派遣单位无需承担责任

D. 被派遣的工作人员因执行工作任务造成他人损害的，劳务派遣单位无需承担责任

28 61906197

2018 年 5 月，恒泰公司欲解除与下列职工之间的劳动合同，其所提出的解约理由或做法中，哪些是合法的？（　）（多选）

A. 尹某因自身原因患病，在医疗期满后不能从事原工作，也不能从事其他工作，恒泰公司在多支付尹某一个月工资后解雇尹某

B. 何某同时和与恒泰公司有竞争关系的仁和公司签订了劳动合同，现经恒泰公司提出改正，但何某以没有影响本职工作为由拒绝改正

C. 欧某于 1985 年招工进入恒泰公司一直工作至今，后年即将退休，恒泰公司欲额外支付欧某一个月工资，解除与欧某的劳动合同

D. 郭某是恒泰公司的一名司机，非因工受伤住院做了截肢手术，鉴于郭某已不可能继续从事司机工作，恒泰公司送去 3 个月工资并通知其解除劳动合同

29 61806145

关于劳动合同解除后的经济补偿，下列哪一选项是正确的？（　）（单选）

A. 张三严重失职，给用人单位造成重大损害，虽然已经在本单位连续工作满 15 年，且距离法定退休年龄不满 5 年，但用人单位仍然可以与其解除劳动合同，且无需支付经济补偿

B. 如果用人单位生产经营发生严重困难而造成经济性裁员的，无需向劳动者支付经济补偿

C. 公司前台阿欢非因公负伤康复后重新回到公司，无法适应原来的工作。公司将其调整为邮件收发员，但阿欢受伤后反应迟钝，仍然不能胜任该工作。公司决定解除与阿欢的劳动合同，无需支付经济补偿

D. 用人单位可以无任何理由提前三十天书面通知劳动者，单方预告解除劳动合同，且无需支付经济补偿

30 61806140

关于订立书面劳动合同，下列说法中错误的是？（　）（多选）

A. 甲在某公司工作不足一个月，经甲多次要求，公司拒不签订书面劳动合同，则依法终止劳动关系后，该公司不需支付经济补偿

B. 甲在某公司工作不足一个月，经公司书面通知后，甲拒绝签订劳动合同，则依法终止劳动关系后，公司不需要支付经济补偿

C. 甲在某公司工作已满三个月，经甲多次要求，公司拒不签订书面劳动合同，则依法终止劳动

解析页码
093—094

关系后，该公司不需要受到惩罚

D. 甲在某公司工作已满三个月，经公司书面通知后，甲拒绝签订劳动合同，则依法终止劳动关系后，该公司不需支付经济补偿金

参考答案

[1] AB	[2] C	[3] AD	[4] CD	[5] A
[6] ABD	[7] ABC	[8] BD	[9] ABCD	[10] ABD
[11] C	[12] BC	[13] C	[14] AD	[15] A
[16] B	[17] BCD	[18] AC	[19] AB	[20] ACD
[21] D	[22] BD	[23] BD	[24] ABC	[25] D
[26] D	[27] ACD	[28] AB	[29] A	[30] CD

第三章 劳动争议调解仲裁法

一、历年真题及仿真题

（一）劳动争议纠纷的解决

【单选】

1 2202097

关于劳动仲裁中申请先予执行的做法，下列说法正确的是？（　）

A. 仲裁庭应将先予执行的申请移送用人单位住所地法院审查

B. 仲裁庭可以对社会保险纠纷案件裁决先予执行

C. 仲裁庭裁决先予执行的，可由用人单位住所地法院执行

D. 劳动者申请先予执行的，应提供担保

2 2202147

小张因公司无故拖欠其 3000 元劳动报酬，于 2021 年 10 月离职，离职后就工资事宜与公司多次交涉无果，遂于 2022 年 8 月向当地仲裁委提起仲裁。关于仲裁规则，下列说法正确的是？（　）

A. 用人单位保管的打卡记录，单位不提供时应承担不利后果

B. 如果用人单位是小微企业，不需要举证证明劳动合同的解除时间

C. 公司对仲裁裁决不服的，可以自收到裁决书之日起 15 日内向法院起诉

D. 小张的仲裁已超过时效，仲裁委应不予受理

【多选】

3 1802076

邹某系甲公司员工，双方未签订书面劳动合同，后邹某因工受伤，再未到公司工作，公司也未出具解除劳动合同证明。后因解除劳动合同问题，邹某提起仲裁，要求公司支付未签订劳动合同的双倍工资差额，公司不服仲裁裁决提起诉讼。下列选项说法错误的是？（　）

A. 邹某在仲裁时，未提供由甲公司掌握管理的入职资料的，应承担不利后果

B. 邹某在诉讼中，应对提供由甲公司掌握管理的工资清单承担举证责任

C. 甲公司在仲裁时，未及时提供由其掌握管理的邹某工资清单的，应承担不利后果

D. 如甲公司系小微企业，在诉讼时就无需对解除劳动合同时间承担举证责任

4 2402026

甲为某公司员工，现与公司就劳动报酬发生纠纷，后甲向企业劳动争议调解委员会申请调解。在企业劳动争议调解委员会的主持下，双方达成调解协议，企业劳动争议调解委员会为此出具了调解书，但公司拒不履行相关给付义务。对此，甲应如何救济自身合法权益？

A. 向法院提起诉讼

B. 向法院申请强制执行

C. 向劳动争议仲裁委员会申请劳动仲裁

D. 向法院申请支付令

【不定项】

5 1601097

王某，女，1990 年出生，于 2012 年 2 月 1 日入职某公司，从事后勤工作，双方口头约定每月工资为人民币 3000 元，试用期 1 个月。2012 年 6 月 30 日，王某因无法胜任经常性的夜间高处作业而提出离职，经公司同意，双方办理了工资结算手

解析页码
095—097

续，并于同日解除了劳动关系。同年8月，王某以双方未签书面劳动合同为由，向当地劳动争议仲裁委申请仲裁，要求公司再支付工资12000元。如当地月最低工资标准为1500元，关于该仲裁，下列说法正确的是？（ ）

A．王某可直接向劳动争议仲裁委申请仲裁

B．如王某对该仲裁裁决不服，可向法院起诉

C．如公司对该仲裁裁决不服，可向法院起诉

D．如公司有相关证据证明仲裁裁决程序违法时，可向有关法院申请撤销裁决

6 1401086

李某原在甲公司就职，适用不定时工作制。2012年1月，因甲公司被乙公司兼并，李某成为乙公司职工，继续适用不定时工作制。2012年12月，由于李某在年度绩效考核中得分最低，乙公司根据公司绩效考核制度中"末位淘汰"的规定，决定终止与李某的劳动关系。李某于2013年11月提出劳动争议仲裁申请，主张：原劳动合同于2012年3月到期后，乙公司一直未与本人签订新的书面劳动合同，应从4月起每月支付二倍的工资；公司终止合同违法，应恢复本人的工作。关于李某申请仲裁的有关问题，下列选项正确的是？（ ）

A．因劳动合同履行地与乙公司所在地不一致，李某只能向劳动合同履行地的劳动争议仲裁委员会申请仲裁

B．申请时应提交仲裁申请书，确有困难的也可口头申请

C．乙公司对终止劳动合同的主张负举证责任

D．对劳动争议仲裁委员会逾期未作出是否受理决定的，李某可就该劳动争议事项向法院起诉

（二）综合知识点

【多选】

7 1902064

小张是某学校的保安，因为要考研欲辞去保安工作，学校拒绝，学校法援协助小张成功离职，但是学校拒不支付小张最后一个月工资3000元。小张欲申请仲裁来维权，下列说法正确的是？（ ）

A．小张辞职的理由不合理，不能辞职

B．学校工作三年的人事部科员可以做仲裁员

C．小张可以委托学校法援参加仲裁活动

D．仲裁裁决作出后，如有法定情形学校可于法定期限内向法院起诉撤销裁决

8 1501071

友田劳务派遣公司（住所地为甲区）将李某派遣至金科公司（住所地为乙区）工作。在金科公司按劳务派遣协议向友田公司支付所有费用后，友田公司从李某的首月工资中扣减了500元，李某提出异议。对此争议，下列哪些说法是正确的？（ ）

A．友田公司作出扣减工资的决定，应就其行为的合法性负举证责任

B．如此案提交劳动争议仲裁，当事人一方对仲裁裁决不服的，有权向法院起诉

C．李某既可向甲区也可向乙区的劳动争议仲裁机构申请仲裁

D．对于友田公司给李某造成的损害，友田公司和金科公司应承担连带责任

【不定项】

9 1802095

2017年1月1日，张某入职甲科技有限公司，担任总经理。至2018年3月，公司一直未与其签订书面劳动合同。为方便开展业务，公司为张某配置了一辆小轿车，2018年10月，张某离职并要求公司支付双倍工资，遭到拒绝。张某遂将汽车留置，公司要求其返还。对此，下列说法正确的是？（ ）

A．张某可以留置该汽车

B．张某应当向公司返还汽车

C．张某有权主张2017年2月至离职之日的双倍工资

D．张某可直接向法院主张要求公司支付双倍工资

二、模拟训练

10 62206238

根据《劳动争议调解仲裁法》以及相关法律法规的规定，下列情形属于劳动争议范围的是？（ ）（多选）

A．王某帮甲公司做工多年因未签任何协议而发

解析页码
097—099

生争议，王某认为其与甲公司之间存在劳动关系，甲公司认为是劳务关系

B. 李某因自身选择原因从甲公司离职，后发现新工作难找，于是要求回到甲公司工作且工作年限继续计算被甲公司拒绝

C. 张某因工负伤并留下残疾被公司辞退，张某对劳动能力鉴定委员会评定的伤残等级不服要求重新鉴定

D. 刘某在试用期间因不满公司企业文化的培训而与公司发生争议

参考答案

[1]C	[2]A	[3]ABD	[4]ACD	[5]ABD
[6]BCD	[7]CD	[8]AC	[9]B	[10]ABD

第四章 社会保障法

一、历年真题及仿真题

（一）军人保险法

【单选】

1 2302056

张某为军人，去外地出席工作会议途中遭遇车祸致四肢瘫痪，此后其妻李某随军日日照料，未就业。张某向军队咨询到以下相关信息，正确的是？（　）

A. 张某退伍后，李某的基础保险仍然保留在军队后勤处

B. 张某退伍后，其养老保险由军队承担

C. 张某退伍后，李某的保险回归基础保险

D. 张某可以获得军人残疾保险金

【不定项】

2 1802096

根据《军人保险法》的相关规定，下列说法正确的是？（　）

A. 全军的军人保险工作由中国人民解放军军人保险主管部门负责

B. 军人保险基金包括军人伤亡保险基金、军人退役养老保险基金、军人退役医疗保险基金和随军未就业的军人配偶保险基金

C. 军人保险基金由个人缴费、中央财经负担的军人保险资金以及利息收入等资金构成

D. 军人服现役年限视同职工基本医疗保险缴费年限，可以与入伍前和退出现役后参加职工基本医疗保险的缴费年限合并计算

（二）失业保险

【不定项】

3 1301096

某公司聘用首次就业的王某，口头约定劳动合同期限2年，试用期3个月，月工资1200元，试用期满后1500元。2012年7月1日起，王某上班，不久即与同事李某确立恋爱关系。9月，由经理办公会讨论决定并征得工会主席同意，公司公布施行《工作纪律规定》，要求同事不得有恋爱或婚姻关系，否则一方必须离开公司。公司据此解除王某的劳动合同。经查明，当地月最低工资标准为1000元，公司与王某一直未签订书面劳动合同，但为王某买了失业保险。关于王某离开该公司后申请领取失业保险金的问题，下列说法正确的是？（　）

A. 王某及该公司累计缴纳失业保险费尚未满1年，无权领取失业保险金

B. 王某被解除劳动合同的原因与其能否领取失业保险金无关

C. 若王某依法能领取失业保险金，在此期间还想参加职工基本医疗保险，则其应缴纳的基本医疗保险费从失业保险基金中支付

D. 若王某选择跨统筹地区就业，可申请退还其个人缴纳的失业保险费

（三）工伤保险

【不定项】

4 1501097

某商场使用了由东方电梯厂生产、亚林公司销售

解析页码
099—100

的自动扶梯。某日营业时间，自动扶梯突然逆向运行，造成顾客王某、栗某和商场职工薛某受伤，其中栗某受重伤，经治疗半身瘫痪，数次自杀未遂。现查明，该型号自动扶梯在全国已多次发生相同问题，但电梯厂均通过更换零部件、维修进行处理，并未停止生产和销售。职工薛某被认定为工伤且被鉴定为六级伤残。关于其工伤保险待遇，下列选项正确的是？（　）

A．如商场未参加工伤保险，薛某可主张商场支付工伤保险待遇或者承担民事人身损害赔偿责任

B．如商场未参加工伤保险也不支付工伤保险待遇，薛某可主张工伤保险基金先行支付

C．如商场参加了工伤保险，主要由工伤保险基金支付工伤保险待遇，但按月领取的伤残津贴仍由商场支付

D．如电梯厂已支付工伤医疗费，薛某仍有权获得工伤保险基金支付的工伤医疗费

（四）基本养老保险

【单选】

5 2102076

农户甲在网上卖农产品，50 岁开始交基本养老保险，2020 年正好交 10 年，后甲旅游时出车祸，导致完全丧失劳动能力，问哪一项是错的？（　）

A．缴纳的基本养老保险费都应记入个人账户

B．可领伤残津贴

C．再交 5 年后每月可领养老金

D．可转新型农村社会养老保险

（五）社会保险法

【多选】

6 1101069

关于社会保险制度，下列哪些说法是正确的？（　）

A．国家建立社会保险制度，是为了使劳动者在年老、患病、工伤、失业、生育等情况下获得帮助和补偿

B．国家设立社会保险基金，按照保险类型确定资金来源，实行社会统筹

C．用人单位和职工都有缴纳社会保险费的义务

D．劳动者死亡后，其社会保险待遇由遗属继承

（六）综合知识点

【单选】

7 2302054

王某入职甲公司，工作 3 年后公司倒闭，王某一直忘记领取失业金。后来王某在一家保险公司工作 8 年，因业务违规，保险公司被国家强制关停，王某再次失业。1 年后王某确诊乙肝，2 年后王某去世。在工作期间，王某已缴纳医疗保险和失业保险。下列说法正确的是？（　）

A．王某治疗乙肝只能自费

B．王某可以通过医疗保险报销治疗乙肝的费用

C．王某的继承人可以同时领取失业保险金和丧葬救助费

D．王某最多能领 24 个月的失业金

8 1902046

孙某退伍前因一次救灾活动导致Ⅷ级伤残，退伍后到甲公司工作，担任司机。某日，按照公司要求到机场接机。途中遭遇车祸造成Ⅴ级伤残，并且导致在部队的旧伤复发。甲公司没有给孙某缴纳工伤保险费，下列说法正确的是？（　）

A．孙某可以同时申领工伤保险和军人伤亡保险金

B．孙某可以每月向公司申领伤残津贴

C．孙某可以申请退役费的补偿

D．应当从军人保险基金中拨付工伤保险待遇支付给孙某

9 1802101

水浮公司与星龙公司签订合同，由星龙公司为其招聘劳务人员，星龙公司已为卫某投保人身意外险，后卫某在工作中意外死亡，以下说法正确的的是？（　）

A．水浮公司应为卫某缴纳工伤保险费

B．星龙公司应为卫某缴纳工伤保险费

C．星龙公司已为卫某投保人身意外险，无需再缴纳工伤保险费

D．只有卫某自行缴纳了工伤保险费，其父母才能领取相应的工伤保险待遇

解析页码
101—102

【多选】

10 1701072

农民姚某于 2016 年 3 月 8 日进入红海公司工作，双方未签订书面劳动合同，红海公司也未给姚某缴纳基本养老保险，姚某向社保机构缴纳了基本养老保险费。同年 12 月 8 日，姚某以红海公司未为其缴纳社会保险为由申请辞职。经查，姚某的工资属于所在地最低工资标准额。关于此事，下列哪些说法是正确的？（ ）

A. 姚某自 2016 年 3 月 8 日起即与红海公司建立劳动关系

B. 红海公司自 2016 年 4 月 8 日起，应向姚某每月支付两倍的工资

C. 姚某应参加新型农村社会养老保险，而不应参加基本养老保险

D. 姚某就红海公司未缴养老保险费而发生争议的，可要求社保行政部门或社保费征收机构处理

二、模拟训练

11 62106040

根据《社会保险法》的规定，关于社会保险待遇，下列说法正确的是？（ ）（不定项）

A. 因卢某在退休之前参加了职工基本医疗保险，则其在退休后不再缴纳基本医疗保险费即可享受基本医疗保险待遇

B. 钱某在领取失业保险金期间，享受基本养老保险待遇的，不停止领取失业保险金

C. 万某因工致残，但是其所在单位未依法缴纳工伤保险费且拒不支付工伤保险待遇，应从工伤保险基金中先行支付

D. 胡某参加了基本养老保险，其在未达到法定退休年龄时因疾病完全丧失劳动能力，其有权从基本医疗保险基金中领取病残津贴

12 62206242

蒋某是一名中国人民解放军士官，在服役期间因执行任务负伤，被评定为X级伤残，退伍后就职于甲公司，担任保安一职，下列选项中正确是？（ ）（不定项）

A. 蒋某在甲公司任职期间，由于工作强度较大，导致旧伤复发，甲公司认为蒋某是在部队里负的伤，因此不享有工伤待遇

B. 蒋某在下班途中被闯红灯的车辆撞伤，甲公司认为下班途中受到的损害不属于工伤，不享有工伤待遇

C. 蒋某参加军人退役医疗保险，国家按照个人缴纳的军人退役医疗保险费数额的二分之一进行补贴

D. 蒋某在工作中抓捕潜入公司的窃贼，在搏斗中失手将其打成重伤，并且自己也负了伤，经审理后蒋某被判处过失致人重伤罪，蒋某仍应享有工伤待遇

参考答案

[1] D	[2] ABCD	[3] ABC	[4] BC	[5] A
[6] ABC	[7] B	[8] B	[9] B	[10] ABD
[11] C	[12] D			

知识产权法

第一章 著作权法

一、历年真题及仿真题

（一）著作权客体

【单选】

1 1003015

甲无国籍，经常居住地为乙国，甲创作的小说《黑客》在丙国首次出版。我国公民丁在丙国购买了该小说，未经甲同意将其翻译并在我国境内某网站传播。《黑客》要受我国著作权法保护，应当具备下列哪一条件？

A.《黑客》不应当属于我国禁止出版或传播的作品

解析页码
103—104

B. 甲对丁翻译《黑客》并在我国境内网站传播的行为予以追认

C. 乙和丙国均加入了《保护文学艺术作品伯尔尼公约》

D. 乙或丙国加入了《保护文学艺术作品伯尔尼公约》

【多选】

2 1103061

我国《著作权法》不适用于下列哪些选项?

A. 法院判决书

B.《与贸易有关的知识产权协定》的官方中文译文

C.《伯尔尼公约》成员国国民的未发表且未经我国有关部门审批的境外影视作品

D. 奥运会开幕式火炬点燃仪式的创意

(二) 著作权主体

【单选】

3 2402002

某大学委托某文化公司编写招生宣传文案,但对文案的著作权归属没有约定。该公司派员工徐某和张某到校园参观寻找灵感并合作完成文案,同样未约定文案著作权归属。关于该文案的著作权归属,下列选项正确的是?

A. 归大学

B. 归公司

C. 归徐某和张某

D. 大学和公司共有

4 1703021

摄影爱好者李某为好友丁某拍摄了一组生活照,并经丁某同意上传于某社交媒体群中。蔡某在社交媒体群中看到后,擅自将该组照片上传于某营利性摄影网站,获得报酬若干。对蔡某的行为,下列哪一说法是正确的?

A. 侵害了丁某的肖像权和身体权

B. 侵害了丁某的肖像权和李某的著作权

C. 侵害了丁某的身体权和李某的著作权

D. 不构成侵权

5 1203017

某出版社出版了一本学术论文集,专门收集国内学者公开发表的关于如何认定和处理侵犯知识产权行为的有关论文或论文摘要。该论文集收录的论文受我国著作权法保护,其内容选择和编排具有独创性。下列哪一说法是正确的?

A. 被选编入论文集的论文已经发表,故出版社不需征得论文著作权人的同意

B. 该论文集属于学术著作,具有公益性,故出版社不需向论文著作权人支付报酬

C. 他人复制该论文集只需征得出版社同意并支付报酬

D. 如出版社未经论文著作权人同意而将有关论文收录,出版社对该论文集仍享有著作权

【多选】

6 2302061

关于演绎作品、合作作品、汇编作品的著作权,下列哪些表述是正确的?

A. 张甲将小说《五维空间》改编为剧本,其著作权由张甲享有,但张甲行使著作权时不得侵犯原作品的著作权

B. 张甲与王乙两人合作创作小说《异度世界》,其著作权由两者共同享有。李丙没有参加创作,虽然提供了创作资金,但也不能成为合作作者

C.《异度世界》上部由张甲执笔,下部由王乙执笔,两者对各自创作的部分可以单独享有著作权,但行使著作权时不得侵犯《异度世界》整体的著作权

D. 赵丁汇编若干科幻小说,虽然对内容的选择没有体现独创性,编排也没有体现独创性,但由于付出了劳动,可认定为汇编作品

(三) 著作权内容

【单选】

7 2302059

1975 年,甲发表了一个摄影作品,乙写了一篇评论文章,2020 年甲乙二人均去世,2022 年某网站将甲摄影作品和乙的评论文章发布在网上,并按

解析页码
104—106

照规定在作品上署名。关于该网站的行为，下列说法正确的是?

A．只侵犯了甲作品的著作权

B．只侵犯了乙作品的著作权

C．未侵犯甲和乙作品的著作权

D．侵犯了甲和乙作品的著作权

【多选】

8 2302103

清茶美术馆收藏了一幅上世纪90年代的山水画，但不清楚原作者。为举办一场线上展览活动，清茶美术馆邀请摄影师张某对该幅画作进行简单拍摄，以便在网上展出。该画作展出时被添加了鲜明水印“作者：不祥；拍摄者：张某；清茶美术馆收藏。”甲上网浏览看到后下载了该画作图片，并使用技术手段抹去水印，上传至个人网站。对此，下列说法错误的是?

A．甲侵犯了张某的署名权

B．甲侵犯了张某的信息网络传播权

C．甲侵犯了清茶美术馆的信息网络传播权

D．甲侵犯了该画作作者的署名权

（四）著作邻接权

【单选】

9 2302105

陈某颇具音乐天赋，自编自唱了一首歌《天堂没有爱》，甲唱片公司录制了该歌曲的伴奏版。小阳哥是知名的网络主播，在未取得相应许可的情况下，于2022年10月在自己直播间带货时播放了此首歌的伴奏版，并深情模仿陈某唱歌，共收获打赏20万元。对于小阳哥的行为，下列说法正确的是?

A．侵犯了陈某作为著作权人的信息网络传播权

B．侵犯了陈某作为表演者的信息网络传播权

C．该行为已构成侵犯著作权罪

D．侵犯了甲公司的获酬权

（五）著作权及邻接权侵权

【多选】

10 1603062

著作权人Y认为网络服务提供者Z的服务所涉及的作品侵犯了自己的信息网络传播权，向Z提交书面通知要求其删除侵权作品。对此，下列哪些选项是正确的?

A．Y的通知书应当包含该作品构成侵权的初步证明材料

B．Z接到书面通知后，可在合理时间内删除涉嫌侵权作品，同时将通知书转送提供该作品的服务对象

C．服务对象接到Z转送的书面通知后，认为提供的作品未侵犯Y的权利的，可以向Z提出书面说明，要求恢复被删除作品

D．Z收到服务对象的书面说明后应即恢复被删除作品，同时将服务对象的说明转送Y的，则Y不得再通知Z删除该作品

（六）综合知识点

【单选】

11 2202104

甲创作了一首钢琴曲，乙唱片公司经甲同意，将钢琴曲录制为专辑上传到网上。下列哪一情形需要经过甲同意并支付报酬，但无需经乙同意只需支付报酬?

A．在电台黄金时段广播

B．餐厅在营业时间播放

C．用作某电影片尾曲并在电影院中放映

D．某音乐软件提供在线点播

12 2202108

A歌舞团邀请甲舞蹈家编舞，为圆满完成开年首场舞剧表演，A歌舞团安排团内首席舞者苏某领舞，乙在观看时拍了一段苏某的精彩表演发到微博，乙的行为侵犯了哪一权利?

A．甲舞蹈家的发表权

B．苏某的表演者权

C．A歌舞团的表演者权

D．A舞团的表演权

13 2202113

甲公司是《3022》的录音制作者，关于甲公司的权利与义务，下列哪一表述是错误的?

解析页码
106—109

A. 甲公司应当取得著作权人许可，并支付报酬
B. 如果甲公司使用他人已经合法录制为录音制品的音乐作品制作录音制品，可以不经著作权人许可，但应当按照规定支付报酬，著作权人声明不许使用的不得使用
C. 甲公司应该与演唱《3022》的歌手乙订立合同，并支付报酬
D. 广播电台播放《3022》，B 餐厅用收音机在大厅播送，甲公司有权要求广播电台支付报酬，无权要求 B 餐厅支付报酬

14 2102155

A 创作了乐曲《希望》，由钢琴家 B 演奏。A 私自将演奏曲专有使用权许可给甲公司，甲公司将乐曲上传到了其公司的音乐平台，并创设了账户认证；未经注册付费，不能访问该音乐平台。乙公司开发了智能玩具车，指使公司员工 C，利用技术手段避开甲公司的账户认证，下载了包括《希望》在内的一些乐曲，并植入在玩具车内。D 为儿子购买了该玩具车，只要按下启动键，玩具车就能启动并播放《希望》这首歌。下列说法正确的是？
A. 乙公司侵犯了 B 的表演者权
B. 甲公司破坏了 A 的技术措施
C. D 侵犯了 A 的表演权
D. C 对甲公司承担侵权责任

15 1902040

王氏影业将许某编写的剧本《中国好机长》拍摄成电影，赢得了很好的票房和口碑。甲公司经授权获得该电影的网络转播权，某电视台未经许可截取 30 秒的电影情节片段，用于该电视台的电影推荐栏目，下列有关说法正确的是？
A. 甲公司应同时征得许某和王氏影业许可
B. 电视台侵犯了王氏影业的著作权
C. 电视台侵犯了许某的著作权
D. 电视台没有侵犯著作权

16 1902044

A 杂志社出版的《红旗飘飘》是国内知名的时事类期刊，每期内容均精心挑选编排，入选率仅为 10%。甲网站未经许可转载了该期刊每期所有的文章，并且未标明出处和不得转载。后大量网民从甲网站下载了《红旗飘飘》里收录的文章。下列说法正确的是？
A. 该网站侵犯了杂志社和作者的著作权
B. 该网站只侵犯作者的著作权
C. 如果甲网站给作者付费就不侵犯其著作权
D. 如果杂志社未经作者同意收纳文章，则甲网站不侵犯杂志社的著作权

17 1802017

曹某、孟某、刘某三人是司法考试的培训老师，利用业余时间共同完成一幅绘画作品《从头再来》，他们的好朋友李某提供了一些创作上的建议，并提出在署名的时候最好把自己的名字署上，这样可以利用自己的知名度提高作品的影响力，曹某、孟某、刘某三人一致同意。孟某提议要把这个作品公开发表，曹某说最好还是低调一些，自己欣赏就可以了，刘某则不置可否。孟某不顾曹某的反对把作品在招生现场进行了展览，结果被现场咨询报班的学员小芳看中，出价 10000 元予以购买，曹某、孟某、刘某三人均表示同意。小芳购买后随即拍照在微博上进行发布，一时引起热议。请问下列说法正确的是？
A. 李某对作品的完成提出了建议，应是作者
B. 曹某、孟某、刘某三人同意李某在作品上署名，李某也表示同意，该署名行为合法
C. 孟某不顾曹某的反对把该画发表的做法合法
D. 小芳购买后随即拍照在微博上进行发布的行为合法

18 1802018

甲创作歌曲《法考的故事》，乙在某商业场合对其进行了演唱，丙公司将乙的演唱制成唱片，丁酒店把该唱片买回后在酒店大厅作为背景音乐播放，戊广播电台在《法考在路上》栏目中进行了播出，下列说法正确的是？
A. 乙演唱该歌曲需要经过甲的同意并付费
B. 丙公司把乙的演唱制成唱片，不需要经过甲的同意并付费
C. 丁酒店在酒店大厅将该歌曲作为背景音乐播

解析页码
109—111

放，不需要经过甲的同意并付费

D．戊广播电台的播放行为需要经过甲的同意并付费

19 1802123

黄某扫描上传吴某的小说至网站“精品区”，李某下载打印用于出租，学生白某阅读该小说转换为音频，发送至微信群，以下说法正确的是？

A．黄某立即停止侵权行为，无需承担赔偿责任

B．李某侵犯了吴某的出租权

C．学生白某侵犯了吴某的改编权

D．黄某侵犯了吴某的复制权和信息网络传播权

20 1703014

某电影公司委托王某创作电影剧本，但未约定该剧本著作权的归属，并据此拍摄电影。下列哪一未经该电影公司和王某许可的行为，同时侵犯二者的著作权？

A．某音像出版社制作并出版该电影的DVD

B．某动漫公司根据该电影的情节和画面绘制一整套漫画，并在网络上传播

C．某学生将该电影中的对话用方言配音，产生滑稽效果，并将配音后的电影上传网络

D．某电视台在“电影经典对话”专题片中播放30分钟该部电影中带有经典对话的画面

21 1603011

清风艺术馆将其收藏的一批古代名家绘画扫描成高仿品，举办了“古代名画精品展”，并在入场券上以醒目方式提示“不得拍照、摄影”。唐某购票观展时趁人不备拍摄了展品，郑某则购买了该批绘画的纸质高仿版，扫描后将其中“清风艺术馆珍藏、复制必究”的标记清除。事后，唐某、郑某均在某电商网站出售各自制作的该批绘画的高仿品，也均未注明来源于艺术馆。艺术馆发现后，向电商发出通知，要求立即将两人销售的高仿品下架。对此，下列哪一说法是正确的？

A．唐某、郑某侵犯了艺术馆的署名权

B．郑某实施了删除权利管理信息的违法行为

C．唐某未经许可拍摄的行为构成违约

D．电商网站收到通知后如不采取措施阻止唐某、郑某销售该高仿品，应向艺术馆承担赔偿责任

22 1503016

甲、乙合作创作了一部小说，后甲希望出版小说，乙无故拒绝。甲把小说上传至自己博客并保留了乙的署名。丙未经甲、乙许可，在自己博客中设置链接，用户点击链接可进入甲的博客阅读小说。丁未经甲、乙许可，在自己博客中转载了小说。戊出版社只经过甲的许可就出版了小说。下列哪一选项是正确的？

A．甲侵害了乙的发表权和信息网络传播权

B．丙侵害了甲、乙的信息网络传播权

C．丁向甲、乙寄送了高额报酬，但其行为仍然构成侵权

D．戊出版社侵害了乙的复制权和发行权

23 1503017

甲、乙、丙、丁相约勤工俭学。下列未经著作权人同意使用他人受保护作品的哪一行为没有侵犯著作权？

A．甲临摹知名绘画作品后廉价出售给路人

B．乙收购一批旧书后廉价出租给同学

C．丙购买一批正版录音制品后廉价出租给同学

D．丁购买正版音乐CD后在自己开设的小餐馆播放

24 1403017

甲展览馆委托雕塑家叶某创作了一座巨型雕塑，将其放置在公园入口，委托创作合同中未约定版权归属。下列行为中，哪一项不属于侵犯著作权的行为？

A．甲展览馆许可乙博物馆异地重建完全相同的雕塑

B．甲展览馆仿照雕塑制作小型纪念品向游客出售

C．个体户冯某仿照雕塑制作小型纪念品向游客出售

D．游客陈某未经著作权人同意对雕塑拍照纪念

25 1403018

甲电视台经过主办方的专有授权，对篮球俱乐部联赛进行了现场直播，包括在比赛休息时舞蹈演员跳舞助兴的场面。乙电视台未经许可截取电视

解析页码
111—114

信号进行同步转播。关于乙电视台的行为，下列哪一表述是正确的？

A．侵犯了主办方对篮球比赛的著作权

B．侵犯了篮球运动员的表演者权

C．侵犯了舞蹈演员的表演者权

D．侵犯了主办方的广播组织权

26 1303017

甲的画作《梦》于1960年发表。1961年3月4日甲去世。甲的唯一继承人乙于2009年10月发现丙网站长期传播作品《梦》，且未署甲名。2012年9月1日，乙向法院起诉。下列哪一表述是正确的？

A．《梦》的创作和发表均产生于我国《著作权法》生效之前，不受该法保护

B．乙的起诉已超过诉讼时效，其胜诉权不受保护

C．乙无权要求丙网站停止实施侵害甲署名权的行为

D．乙无权要求丙网站停止实施侵害甲对该作品的信息网络传播权的行为

27 1103016

某诗人署名"漫动的音符"，在甲网站发表题为"天堂向左"的诗作，乙出版社的《现代诗集》收录该诗，丙教材编写单位将该诗作为范文编入《语文》教材，丁文学网站转载了该诗。下列哪一说法是正确的？

A．该诗人在甲网站署名方式不合法

B．"天堂向左"在《现代诗集》中被正式发表

C．丙可以不经该诗人同意使用"天堂向左"，但应当按照规定支付报酬

D．丁网站未经该诗人和甲网站同意而转载，构成侵权行为

28 1003016

甲、乙合作完成一部剧本，丙影视公司欲将该剧本拍摄成电视剧。甲以丙公司没有名气为由拒绝，乙独自与丙公司签订合同，以十万元价格将该剧本摄制权许可给丙公司。对此，下列哪一说法是错误的？

A．该剧本版权由甲乙共同享有

B．该剧本版权中的人身权不可转让

C．乙与丙公司签订的许可合同无效

D．乙获得的十万元报酬应当合理分配给甲

【多选】

29 2402004

甲创作一首歌，某人工智能公司使用AI模仿歌手金某的声音对这首歌进行演唱，并将演唱好的作品在网上发布供人付费下载。某机场购买这首歌并在机场大厅进行播放。下列说法正确的是？

A．该人工智能公司侵犯甲的著作权

B．该机场侵犯甲的著作权

C．该人工智能公司侵犯金某的表演者权

D．该机场侵犯金某的表演者权

30 2302099

记者甲被报社外派至A国工作，报社要求甲每天写一篇关于当地人文风情的杂文刊发在报社主办的海闻报上，海闻报每期首版顶部均标注："未经我社许可，禁止任何个人或机构转载、收录本报文章至合集"。下列哪些未经许可的行为侵犯了报社的著作权？

A．某广播电台在节目中朗诵了此杂文，并向报社寄送了费用

B．初中教科书的编写者将该杂文收录并向报社寄送了费用

C．甲离职后，挑选了几篇其在报社发表的杂文收录至作品集并出版

D．某文学期刊转载了该杂文，并向报社寄送了费用

31 2302058

甲创作了舞台剧《冬去来》，乙歌舞团组织演员表演，未约定权利归属。丙电视台录制了演员表演的舞台剧，并在电视节目中播放。丁网站未经同意录制了电视台播放的节目，并上传到网络上供网民付费点播观看。下列哪些说法是正确的？

A．丁网站侵犯了甲的信息网络传播权

B．丁网站侵犯了演员的信息网络传播权

C．丁网站侵犯了电视台作为录像制作者的信息网络传播权

解析页码
114—116

D. 丁网站侵犯了电视台作为广播组织的信息网络传播权

32 2302011

周某是一位厨师，在自己开设的“周记美食”公众号上面上传美食视频，有一期“周氏爆炒龙虾”的视频爆火。李某利用 AI 换脸技术，把视频中周某的脸换成自己的，其他原封不动，并以“李氏爆炒小龙虾”为名上传至自己的公众号，也吸引了较多的点击量。李某侵犯了周某的哪些权利？

A. 姓名权
B. 名誉权
C. 肖像权
D. 著作权

33 2202101

画家甲将一幅知名画作《秋收》赠与乙，乙将该画作放在自己的画展上展示，后乙又让其名下 A 公司的员工丙将该画作拍摄成照片，并上传到 A 公司官网用于自己公司某产品的背景图，以下说法正确的是？

A. 乙侵犯了画家甲的展览权
B. 乙侵犯了画家甲的发表权
C. A 公司侵犯了画家甲的复制权
D. A 公司侵犯了画家甲的信息网络传播权

34 2202109

A 汽车公司委托 B 软件公司开发软件，并约定著作权归属 A 汽车公司，该任务由 B 软件公司的员工甲完成，但是没有约定著作权的归属。后甲从 B 公司离职，离职后将软件卖给了不知情的 C 汽车公司，C 汽车公司将该软件大量安装在其公司生产的汽车上销售，下列说法正确的是？

A. 甲是软件的开发者，是著作权人
B. C 汽车公司侵犯 A 汽车公司的复制权
C. C 汽车公司侵犯 A 汽车公司的发行权
D. C 公司不知情，不构成侵权

35 2102154

知名书法家甲于 1980 年去世，甲有两子乙和丙。2019 年 A 出版社将甲的书法作品汇编为甲书法作品集进行出售，并在网上做广告进行宣传。2022 年 3 月，乙在网上看到 A 出版社的宣传广告，丙在逛书店时看到其父的该本作品集仍在出售。关于上述事实下列说法正确的是？

A. A 出版社侵犯了乙和丙继承的财产利益
B. A 出版社侵犯了甲的信息网络传播权
C. 乙和丙可以在甲书法作品集销售地的法院起诉
D. A 出版社应停止侵权，按侵权作品的全部销售额承担赔偿责任

36 2102082

国画大师李某欲将自己的传奇人生记录下来，遂由李某口述并聘请作家王某执笔，王某以李某的人生经历为素材完成了 20 万字的小说《我的一生》，二人未约定著作权的归属。后李某和王某均在一次旅游途中因车祸去世，王某的儿子小王在整理遗物时发现了原著手稿。小王欲将其出版，李某的儿子小李反对。下列哪些表述是正确的？

A. 小王有权向小李主张支付报酬
B. 因手稿在小王手中，该自传的著作权归小王享有
C. 原著手稿的所有权归小王所有
D. 小李主张其享有自传出版著作权，能够得到法院支持

37 2002098

关于电影、职务委托作品的著作权，下列哪些说法是正确的？

A. 电影《流浪地球》著作权由制片者享有，但编剧享有署名权
B. 如《流浪地球》属于受委托创作的作品，著作权属于委托人大刘
C. 如《流浪地球》属于职务作品，作品完成 2 年内，未经单位同意，大刘不得许可第三人使用该作品
D.《流浪地球》电影剧本的作者大刘有权单独行使其著作权

38 2002099

甲的小说《爱在深秋》于 1969 年 1 月 1 日完成。1969 年 3 月 1 日甲去世，2019 年 12 月 31 日乙网站上传小说《爱在深秋》供网友阅读，署名张三。

解析页码
117—119

2020年1月1日丙网站上传小说《爱在深秋》供网友阅读，未署名。下列哪些选项是正确的？

A. 乙网站侵犯信息网络传播权

B. 丙网站侵犯信息网络传播权

C. 乙网站侵犯署名权

D. 丙网站侵犯署名权

39 1902067

甲学校安排本校刘老师编写一本英语写作教材，双方签订合同，约定该英语教材的著作权归学校所有，后刘老师按时完成了《英语写作手册》。半年后，刘老师辞职到乙学校工作，授权乙学校印刷《英语写作手册》并向学生出售，有一书店向学生收购正版的二手《英语写作手册》后，加价出售。以下选项正确的是？

A. 刘老师对《英语写作手册》享有署名权

B. 乙学校使用该教材应经过甲学校的同意

C. 乙学校的行为没有侵犯著作权

D. 书店的行为侵犯了著作权

40 1902069

甲公司经钟某许可，将其创作的小说改编并拍摄成电影，甲公司聘请了流行歌手王某为电影创作插曲，下列有关说法正确的是？

A. 某剧团希望将该电影改为舞台剧上演，只需甲公司许可并付费

B. 某出版社希望出版该电影的连环画，需同时经钟某和甲公司的许可并付费

C. 某网站未经许可提供该电影的点播同时侵犯了甲公司、钟某和王某的著作权

D. 某唱片公司希望自聘歌手演唱该插曲并制成唱片，只需王某许可并付费

41 1703063

牛博朗研习书法绘画30年，研究出汉字的独特写法牛氏“润金体”。“润金体”借鉴了“瘦金体”，但在布局、线条、勾画、落笔以及比例上自成体系，多出三分圆润，审美价值很高。牛博朗将其成果在网络上发布，并注明“版权所有，未经许可，不得使用”。羊阳洋公司从该网站下载了九个“润金体”字，组成广告词“小绵羊、照太阳、过海洋”，为其从国外进口的羔羊肉做广告。关于“润金体”及羊阳洋公司的行为，下列哪些选项是正确的？

A. 字体不属于著作权保护的范围，故羊阳洋公司不构成侵权

B. “润金体”具有一定的独创性，可认定为美术作品而受著作权法保护

C. 羊阳洋公司只是选取了有限的数个汉字，不构成对“润金体”整体著作权的侵犯

D. 羊阳洋公司未经牛博朗同意，擅自使用“润金体”汉字，构成对牛博朗著作权的侵犯

42 1603063

甲作曲、乙填词，合作创作了歌曲《春风来》。甲拟将该歌曲授权歌星丙演唱，乙坚决反对。甲不顾反对，重新填词并改名为《秋风起》，仍与丙签订许可使用合同，并获报酬10万元。对此，下列哪些选项是正确的？

A.《春风来》的著作权由甲、乙共同享有

B. 甲侵害了《春风来》歌曲的整体著作权

C. 甲、丙签订的许可使用合同有效

D. 甲获得的10万元报酬应合理分配给乙

43 1503062

应出版社约稿，崔雪创作完成一部儿童题材小说《森林之歌》。为吸引儿童阅读，增添小说离奇色彩，作者使用笔名“吹雪”，特意将小说中的狗熊写成三只腿的动物。出版社编辑在核稿和编辑过程中，认为作者有笔误，直接将“吹雪”改为“崔雪”、将狗熊改写成四只腿的动物。出版社将《森林之歌》批发给书店销售。下列哪些说法是正确的？

A. 出版社侵犯了作者的修改权

B. 出版社侵犯了作者的保护作品完整权

C. 出版社侵犯了作者的署名权

D. 书店侵犯了作者的发行权

44 1403062

甲创作了一首歌曲《红苹果》，乙唱片公司与甲签订了专有许可合同，在聘请歌星丙演唱了这首歌曲后，制作成录音制品（CD）出版发行。下列哪些行为属于侵权行为？

解析页码
120—121

A．某公司未经许可翻录该CD后销售，向甲、乙、丙寄送了报酬

B．某公司未经许可自聘歌手在录音棚中演唱了《红苹果》并制作成 DVD 销售，向甲寄送了报酬

C．某商场购买 CD 后在营业时间作为背景音乐播放，经过甲许可并向其支付了报酬

D．某电影公司将 CD 中的声音作为电影的插曲使用，只经过了甲许可

45 1303062

王琪琪在某网站中注册了昵称为“小玉儿”的博客账户，长期以“小玉儿”名义发博文。其中，署名“小玉儿”的《法内情》短文被该网站以写作水平不高为由删除；署名“小玉儿”的《法外情》短文被该网站添加了“作者：王琪琪”字样。关于该网站的行为，下列哪些表述是正确的？

A．删除《法内情》的行为没有侵犯王琪琪的发表权

B．删除《法内情》的行为没有侵犯王琪琪的信息网络传播权

C．添加字样的行为侵犯了王琪琪的署名权

D．添加字样的行为侵犯了王琪琪的保护作品完整权

46 1303063

甲公司委托乙公司开发印刷排版系统软件，付费 20 万元，没有明确约定著作权的归属。后甲公司以高价向善意的丙公司出售了该软件的复制品。丙公司安装使用 5 年后，乙公司诉求丙公司停止使用并销毁该软件。下列哪些表述是正确的？

A．该软件的著作权属于甲公司

B．乙公司的起诉已超过诉讼时效

C．丙公司可不承担赔偿责任

D．丙公司应停止使用并销毁该软件

47 1203062

王某创作歌曲《唱来唱去》，张某经王某许可后演唱该歌曲并由花园公司合法制作成录音制品后发行。下列哪些未经权利人许可的行为属于侵权行为？

A．甲航空公司购买该正版录音制品后在飞机上播放供乘客欣赏

B．乙公司购买该正版录音制品后进行出租

C．丙学生购买正版的录音制品后用于个人欣赏

D．丁学生购买正版录音制品试听后将其上传到网络上传播

48 1203063

居住在 A 国的我国公民甲创作一部英文小说，乙经许可将该小说翻译成中文小说，丙经许可将该翻译的中文小说改编成电影文学剧本，并向丁杂志社投稿。下列哪些说法是错误的？

A．甲的小说必须在我国或 A 国发表才能受我国著作权法保护

B．乙翻译的小说和丙改编的电影文学剧本均属于演绎作品

C．丙只需征得乙的同意并向其支付报酬

D．丁杂志社如要使用丙的作品还应当分别征得甲、乙的同意，但只需向丙支付报酬

49 1103062

甲电视台模仿某境外电视节目创作并录制了一档新娱乐节目，尚未播放。乙闭路电视台贿赂甲电视台工作人员贺某复制了该节目，并将获得的复制品抢先播放。下列哪些说法是正确的？

A．乙电视台侵犯了甲电视台的播放权

B．乙电视台侵犯了甲电视台的复制权

C．贺某应当与乙电视台承担连带责任

D．贺某应承担补充责任

50 1003063

甲影视公司将其摄制的电影《愿者上钩》的信息网络传播权转让给乙网站，乙网站采取技术措施防范未经许可免费播放或下载该影片。丙网站开发出专门规避乙网站技术防范软件，供网民在丙网站免费下载使用，学生丁利用该软件免费下载了《愿者上钩》供个人观看。对此，下列哪些说法是正确的？

A．丙网站的行为侵犯了著作权

B．丁的行为侵犯了著作权

C．甲公司已经丧失著作权人主体资格

D．乙网站可不经甲公司同意以自己名义起诉侵权行为人

解析页码
122—123

二、模拟训练

51 62106044

甲委托乙和丙写一篇小说用来拍电影，丁提供了生活素材，乙和丙创作完成后将小说发表在杂志上。后星星公司准备将该小说改编成电视剧，小河话剧社在一次赈灾募捐演出中表演了该小说中的某个情节。对此，下列说法正确的是？（单选）

A. 乙丙是该小说的作者

B. 星星公司改编小说需要经过甲的许可

C. 若乙不同意星星公司将该小说改编成电视剧，丙不得普通许可星星公司改编

D. 小河话剧社表演小说情节无需经过任何人的许可

52 62206194

何某创作一首歌曲《红墙叹》，由歌手张某演唱，甲公司录制成 CD 发行。红太阳艺术传媒有限公司购买了该 CD，并在其制作演出的舞台剧《宫墙内》中，将该歌曲作为背景音乐播放。李某购买该 CD 后，将该 CD 转成 MP3 上传到自己的手机中供个人随时欣赏。下列说法中正确的有？（单选）

A. 红太阳艺术传媒有限公司侵犯何某的著作权

B. 红太阳艺术传媒有限公司侵犯张某的表演者权

C. 红太阳艺术传媒有限公司应当征得甲公司同意并支付报酬

D. 李某应征得何某同意并支付报酬

53 62106005

甲创作歌曲《法考的故事》，乙在某商业场合演唱了这首歌。丙公司经过甲的同意，与乙签订合同将其演唱制成唱片。丁广播电台在《法考倒计时》栏目中将唱片播放。戊擅自将该唱片上传到网络上并设置付费下载，丙公司发现后将其诉至法院。下列说法正确的是？（单选）

A. 丙公司出租该唱片，不需要经过乙的同意

B. 丁广播电台播放唱片需要向丙公司付费

C. 在丙公司实际损失、戊的违法所得以及权利使用费难以计算时，法院至多可判决戊赔偿 600 万元

D. 戊主张其不承担侵权责任，则应提供证据证明已取得甲、乙、丙公司的许可

54 62206193

甲电视台获得了某场足球赛事的现场直播权，乙电视台未经许可对甲电视台的直播进行转播。该场比赛中，球员丙发挥神勇，带领球队取得胜利。球迷丁激动万分，未经许可把甲电视台的现场直播录制下来并事后上传至某短视频平台。下列说法中，正确的有？（多选）

A. 乙电视台侵犯甲电视台的权利

B. 球迷丁侵犯甲电视台的权利

C. 球迷丁侵犯球员丙的表演者权

D. 甲电视台有权通知短视频平台删除视频

55 61906314

张某于 2015 年 5 月 3 日完成一幅《爱的摩天轮》的画。后张某于 2017 年 3 月 5 日病故，关于这幅画的说法符合《著作权法》的是？（单选）

A. 该画的发表权、署名权、修改权、保护作品完整权的保护期不受限制

B. 张某对该画的著作权全部转移给其继承人

C. 若张某生前将该画赠与其好友李某，该画原件的展览权由李某享有

D. 对该画的展览权终止于 2067 年 3 月 5 日

56 62306047

甲创作了小说《赵氏姐妹》，开心话剧社将该小说改编成话剧，并安排话剧社演员李某和苏某演出，乙公司经许可将演出录制下来，上传到某视频网站，设置仅会员才能观看和下载。下列说法正确的是？（多选）

A. 某电影公司想将话剧改编成电影，只需经过甲的同意并支付报酬

B. 乙公司录制演出，需要经过李某和苏某的同意并支付报酬

C. 丁从视频网站下载演出视频，剪辑高光片段发到微博，需要经过乙公司的同意并支付报酬

D. 戊利用破解软件，未充值会员即观看和下载演出视频，并分享给他人牟利，侵犯了乙公司的权利

解析页码
124—126

57 62306046

知名画家甲为祝福好友乙生日，创作一幅《秋水图》，决定不在画上署名，创作完成即赠送给乙，从未示人。乙将《秋水图》挂在自己经营的店中，编辑丙看到后甚为喜欢，乙同意借给丙欣赏几天，丙偷偷将画扫描成电子版，汇编在自己整理的《西南之秋》画集中出版发行，并在甲的《秋水图》旁增加署名“甲”。画集精心挑选了50幅名家画作，编排独特，匠心独具。丁见《西南之秋》销量好，偷偷印刷了盗版画集在店内出租。下列说法错误的是？（多选）

A．乙侵犯了甲的发表权

B．丙侵犯了甲的署名权

C．丁侵犯了丙的出租权

D．丁侵犯了丙的复制权

参考答案

[1] D	[2] ABD	[3] C	[4] B	[5] D
[6] ABC	[7] D	[8] ABD	[9] D	[10] ACD
[11] B	[12] C	[13] D	[14] A	[15] D
[16] A	[17] C	[18] A	[19] D	[20] B
[21] C	[22] C	[23] B	[24] D	[25] C
[26] D	[27] C	[28] C	[29] AB	[30] CD
[31] ACD	[32] CD	[33] CD	[34] BC	[35] AC
[36] ACD	[37] AD	[38] ACD	[39] AB	[40] BD
[41] BD	[42] AC	[43] ABC	[44] ACD	[45] ABC
[46] CD	[47] ABD	[48] ACD	[49] BC	[50] ABD
[51] A	[52] A	[53] B	[54] ABD	[55] C
[56] CD	[57] AC			

第二章 专利法

一、历年真题及仿真题

（一）专利权客体

【单选】

1 2402001

下列选项可以被授予实用新型专利的是？

A．一个特殊形状的枕头可以缓解颈部压力

B．一个特殊材质制作的晾衣架可以增加承重

C．一种新技术制造的外观新颖奇特的杯子

D．一种快速检测奶牛有没有乳腺炎的新方法

2 2302104

根据《专利法》规定，下列哪项发明创造能够被授予实用新型专利？

A．快速缓解感冒的药物

B．芯片间提升数据传输效率的方法

C．造型新颖好看的壁灯，但未改进技术性能

D．有特定弧度的座椅，有效缓解腰部酸疼

【多选】

3 1303064

范某的下列有关骨科病预防与治疗方面研究成果中，哪些可在我国申请专利？

A．发现了导致骨癌的特殊遗传基因

B．发明了一套帮助骨折病人尽快康复的理疗器械

C．发明了如何精确诊断股骨头坏死的方法

D．发明了一种高效治疗软骨病的中药制品

（二）专利权主体

【多选】

4 1203064

工程师王某在甲公司的职责是研发电脑鼠标。下列哪些说法是错误的？

解析页码
126—128

A. 王某利用业余时间研发的新鼠标的专利申请权属于甲公司

B. 如王某没有利用甲公司物质技术条件研发出新鼠标，其专利申请权属于王某

C. 王某主要利用了单位物质技术条件研发出新型手机，其专利申请权属于王某

D. 如王某辞职后到乙公司研发出新鼠标，其专利申请权均属于乙公司

5 1003062

甲乙丙三人合作开发一项技术，合同中未约定权利归属。该项技术开发完成后，甲、丙想要申请专利，而乙主张通过商业秘密来保护。对此，下列哪些选项是错误的?

A. 甲、丙不得申请专利

B. 甲、丙可申请专利，申请批准后专利权归甲、乙、丙共有

C. 甲、丙可申请专利，申请批准后专利权归甲、丙所有，乙有免费实施的权利

D. 甲、丙不得申请专利，但乙应向甲、丙支付补偿费

6 1003065

甲公司聘请乙专职从事汽车发动机节油技术开发。因开发进度没有达到甲公司的要求，甲公司减少了给乙的开发经费。乙于2007年3月辞职到丙公司，获得了更高的薪酬和更多的开发经费。2008年1月，乙成功开发了一种新型汽车节油装置技术。关于该技术专利申请权的归属，下列哪些选项是错误的?

A. 甲公司

B. 乙

C. 丙公司

D. 甲公司和丙公司共有

（三）专利权的内容和限制

【单选】

7 2302060

陈某申请了一项发明专利并获得授权，2019年与甲公司签订期限5年的专利实施许可合同，甲公司每年需支付10万元的许可使用费。2021年，陈某发现乙公司未经授权制造同样的专利产品，遂起诉乙公司侵权，法院判决乙公司支付20万元赔偿金，乙公司已经赔偿。2022年起甲公司未支付约定的许可使用费。随后，陈某的专利被知识产权局宣告无效，陈某提起行政诉讼，但2023年法院维持了专利无效决定。下列哪一说法是正确的?

A. 甲公司应当支付2022年的10万元许可使用费

B. 甲公司可请求陈某返还已支付的30万元许可使用费

C. 乙公司可请求陈某返还已支付的20万元赔偿金

D. 陈某无需返还甲公司已支付的30万元许可使用费和乙公司已支付的20万元赔偿金

8 2102163

甲有意愿实施专利权人乙开放许可的专利，关于开放许可，下列哪一选项是错误的?

A. 甲以书面方式通知专利权人乙，并依照公告的许可使用费支付方式、标准支付许可使用费后，即获得专利实施许可

B. 开放许可实施期间，对专利权人乙缴纳专利年费相应给予减免

C. 乙可以与甲就许可使用费进行协商后给予普通许可

D. 乙可以就该专利给予甲独占许可

9 1403016

甲研究院研制出一种新药技术，向我国有关部门申请专利后，与乙制药公司签订了专利申请权转让合同，并依法向国务院专利行政主管部门办理了登记手续。下列哪一表述是正确的?

A. 乙公司依法获得药品生产许可证之前，专利申请权转让合同未生效

B. 专利申请权的转让合同自向国务院专利行政主管部门登记之日起生效

C. 专利申请权的转让自向国务院专利行政主管部门登记之日起生效

D. 如该专利申请因缺乏新颖性被驳回，乙公司可以不能实现合同目的为由请求解除专利申请权

解析页码
128—129

转让合同

（四）专利权侵权

【单选】

10 2002097

根据最高人民法院《关于审理侵犯专利权纠纷案件应用法律若干问题的解释（二）》，下列选项不正确的是？

A. 被告构成对专利权的侵犯，权利人请求判令其停止侵权行为的，人民法院应予支持

B. 基于国家利益、公共利益的考量，人民法院可以不判令被告停止被诉行为，而判其支付相应的合理费用

C. 权利人、侵权人依法约定专利侵权的赔偿数额或者赔偿计算方法，并在专利侵权诉讼中主张依据该约定确定赔偿数额的，人民法院应予支持

D. 权利人、侵权人依法约定专利侵权的赔偿数额或者赔偿计算方法，并在专利侵权诉讼中主张依据该约定确定赔偿数额的，人民法院不予支持

11 1902043

甲公司发明了一款车载空调并获得了专利，随后乙公司自己研发出了相同的技术生产了车载空调，并向丙公司销售了一批该空调，丁汽车公司从丙公司购买一批该车载空调安装于其生产的汽车上，戊公司从丁公司购买一辆汽车开展运输业务。关于甲公司获得专利，乙公司的研发销售等行为，丙、丁、戊均不知情。下列说法正确的是？

A. 乙公司自己研发的技术并实施，没有侵犯甲公司的专利权

B. 丙公司不知情且有合法的购货来源，所以没有侵犯甲公司的专利权

C. 丁公司应当承担赔偿责任

D. 戊公司可以不停止使用

12 1603014

甲公司与乙公司签订买卖合同，以市场价格购买乙公司生产的设备一台，双方交付完毕。设备投入使用后，丙公司向法院起诉甲公司，提出该设备属于丙公司的专利产品，乙公司未经许可制造并销售了该设备，请求法院判令甲公司停止使用。经查，乙公司侵权属实，但甲公司并不知情。关于此案，法院下列哪一做法是正确的？

A. 驳回丙公司的诉讼请求

B. 判令甲公司支付专利许可使用费

C. 判令甲公司与乙公司承担连带责任

D. 判令先由甲公司支付专利许可使用费，再由乙公司赔偿甲损失

13 1603016

W 研究所设计了一种高性能发动机，在我国和《巴黎公约》成员国 L 国均获得了发明专利权，并分别给予甲公司在我国、乙公司在 L 国的独占实施许可。下列哪一行为在我国构成对该专利的侵权？

A. 在 L 国购买由乙公司制造销售的该发动机，进口至我国销售

B. 在我国购买由甲公司制造销售的该发动机，将发动机改进性能后销售

C. 在我国未经甲公司许可制造该发动机，用于各种新型汽车的碰撞实验，以测试车身的防撞性能

D. 在 L 国未经乙公司许可制造该发动机，安装在 L 国客运公司汽车上，该客车曾临时通过我国境内

【多选】

14 1802062

根据《专利法》的规定，下列行为中，属于侵犯专利权的行为是？

A. 发明专利权申请公布后，专利局公告授权之前，第三人未经同意实施该技术的行为

B. 专利权人制造的专利产品售出后，使用该产品的行为

C. 专为科学研究而制造有关专利产品的

D. 为生产经营目的使用不知道是未经专利权人许可制造而售出的专利产品，能证明本产品合法来源的

解析页码
129—131

15 1003018

甲是某产品的专利权人，乙于2008年3月1日开始制造和销售该专利产品。甲于2009年3月1日对乙提起侵权之诉。经查，甲和乙销售每件专利产品分别获利为二万元和一万元，甲因乙的侵权行为少销售100台，乙共销售侵权产品300台。关于乙应对甲赔偿的额度，下列哪些选项是正确的？

A．200万元

B．250万元

C．300万元

D．500万元

（五）综合知识点

【单选】

16 2202105

甲对一种兔子造型的酒瓶享有外观设计专利，乙擅自制造同样的酒瓶后销售给丙，丙转售给丁，丁在日常经营中使用该酒瓶存储其自酿酒。现甲起诉乙、丙、丁侵权，乙在答辩期间向专利行政部门申请宣告该专利无效，下列说法正确的是？

A．乙侵犯甲的专利权

B．丁侵犯甲的专利权

C．因乙申请宣告专利无效，法院应当无条件中止诉讼

D．若丙不知道甲享有专利权，且支付了合理价格，丙可以不停止侵权

17 2202194

甲、乙两公司在互不知情的情况下各自独立研发出一款新型节能发动机。2021年5月5日，乙公司在中国政府主办的博览会上展示该技术。2021年8月19日，甲公司在汽车行业协会举办的展览会上展示该技术，同日，乙公司对该发动机提出发明专利申请，8月20日，甲公司提出发明专利申请。对此下列哪一选项是正确的？

A．甲公司在展览会上展示技术的行为，会使其发明创造丧失新颖性

B．乙公司在博览会上展示技术的行为，会使其发明创造丧失新颖性

C．国务院专利行政部门应通知甲、乙协商确定申请人

D．国务院专利行政部门应驳回甲、乙的申请，作为商业秘密保护

18 2102156

A公司委托B公司设计某产品的技术方案，双方没有约定专利权归属，B公司如约交付设计的技术资料给A公司。A公司又委托C公司依据B公司交付的技术方案制造该机器，同时要求C公司确保该机器的驱动软件无权利瑕疵。于是C公司和D公司签订了该驱动软件专利权的独占使用合同，约定使用期限3年。A公司销售该设备4年后，B公司和D公司起诉A公司追究其赔偿责任。据查，B公司已经申请并获得了该产品的发明专利权。下列说法正确的是？

A．该产品的专利权应归A公司

B．A公司应该对B公司承担侵权责任

C．A公司应该对D公司承担侵权责任

D．A可以向法院起诉C公司请求确认对C公司没有侵权

19 2102158

张某是某电脑辅助装置的实用新型专利权人，其在名为东且的网店发现并购买了一款侵犯其专利权的电脑膜，该网店经营者A公司在该电脑膜的商品类别上注册了“东且”商标，后张某收到的该款电脑膜上并无东且商标或其他商标，也没有生产信息，遂向法院提起侵权之诉。经查明，该电脑膜是B公司生产并销售给A公司的，A公司向法院提供了其与B公司的采购合同，但并未提供支付凭证和发票。对A公司的行为，下列哪一选项是正确的？

A．侵犯了制造权和销售权，应停止侵害并赔偿损失

B．侵犯了销售权和许诺销售权，应停止侵害但不赔偿损失

C．侵犯了销售权和许诺销售权，应停止侵害并赔偿损失

D．侵犯了制造权和许诺销售权，应停止侵害并赔

解析页码
131—133

偿损失

20 1902176

A公司先前研发了一款全新的音响设备，并取得专利权。后来，B公司也自主研发了与其相同的音响设备并大量生产。C公司发现该音响设备前景光明，便从B公司大量购入并销售；D公司见状，立即决定从C公司处购买该设备用于其制造的汽车；E公司为发展公司的客运业务，便从D公司购买了一大批安装该音响设备的汽车。实际上，上述四家公司对于A公司享有音响设备专利权这一事项均不知情。现A公司起诉上述四家公司侵权，下列哪一说法是正确的？

A. 在原生产范围内，B公司可继续对该音响设备进行生产、销售
B. E公司对其已购买的汽车，可继续在客运中使用，且不需要支付A公司专利许可费
C. C公司应当立即停止销售，赔偿A公司的损失
D. D公司对于已安装音响设备的汽车，可继续进行销售，但需要支付A公司专利许可费

21 1801103

乙申请获得一项发明专利，甲已销售该专利产品3年，产品外观及使用说明完全相同，乙公司负责人私下承认其购买甲公司产品后研究复制与其完全一样的产品，此处承认被录音，甲公司向法院申请专利权归自己所有，以下说法正确的是？

A. 驳回甲的请求，甲无权获得此专利权
B. 支持甲的请求，因为甲发明在先
C. 驳回甲的请求，应通过行政程序维权
D. 驳回甲的请求，因为乙申请在先

22 1801105

陈某设计的一款花瓶获得了外观设计专利，后发现刘某经营的花店销售相同花瓶，该花瓶的制造和销售均未经陈某许可。陈某起诉刘某侵犯其专利权。对此，下列哪一选项说法是正确的？

A. 如刘某能证明该花瓶是其独立设计的，刘某的行为并不侵权
B. 如刘某从合法渠道以正常价格购入花瓶，且不知道花瓶侵权，应当停止销售，但无需承担赔偿责任
C. 如刘某能证明在陈某申请专利之前就有相同花瓶在市场销售，法院应判决宣告陈某的专利权无效且刘某的行为不侵权
D. 如陈某已连续三年未实施该外观设计专利，刘某应停止销售花瓶，但不承担赔偿责任

23 1703015

关于下列成果可否获得专利权的判断，哪一选项是正确的？

A. 甲设计的新交通规则，能缓解道路拥堵，可获得方法发明专利权
B. 乙设计的新型医用心脏起搏器，能迅速使心脏重新跳动，该起搏器不能被授予专利权
C. 丙通过转基因方法合成一种新细菌，可过滤汽油的杂质，该细菌属动物新品种，不能被授予专利权
D. 丁设计的儿童水杯，其新颖而独特的造型既富美感，又能防止杯子滑落，该水杯既可申请实用新型专利权，也可申请外观设计专利权

24 1603015

奔马公司就其生产的一款高档轿车造型和颜色组合获得了外观设计专利权，又将其设计的“飞天神马”造型注册为汽车的立体商标，并将该造型安装在车头。某车行应车主陶某请求，将陶某低价位的旧车改装成该高档轿车的造型和颜色，并从报废的轿车上拆下“飞天神马”标志安装在改装车上。陶某使用该改装车提供专车服务，收费高于普通轿车。关于上述行为，下列哪一说法是错误的？

A. 陶某的行为侵犯了奔马公司的专利权
B. 车行的行为侵犯了奔马公司的专利权
C. 陶某的行为侵犯了奔马公司的商标权
D. 车行的行为侵犯了奔马公司的商标权

25 1503018

2010年3月，甲公司将其研发的一种汽车零部件向国家有关部门申请发明专利。该专利申请于2011年9月公布，2013年7月3日获得专利权并公告。2011年2月，乙公司独立研发出相同零部件后，立即组织生产并于次月起持续销售给丙公

解析页码
133—135

司用于组装汽车。乙公司在此后一直进行研发生产工作。2012 年 10 月，甲公司发现乙公司的销售行为。2015 年 6 月，甲公司向法院起诉。下列哪一选项是正确的？

A．甲公司可要求乙公司对其在 2013 年 7 月 3 日以前实施的行为支付赔偿费用

B．甲公司要求乙公司支付适当费用的诉讼时效已过

C．乙公司侵犯了甲公司的专利权

D．丙公司没有侵犯甲公司的专利权

26 1303018

甲公司开发了一种汽车节能环保技术，并依法获得了实用新型专利证书。乙公司拟与甲公司签订独占实施许可合同引进该技术，但在与甲公司协商谈判过程中，发现该技术在专利申请日前已经属于现有技术。乙公司的下列哪一做法不合法？

A．在该专利技术基础上继续开发新技术

B．诉请法院判决该专利无效

C．请求国务院专利行政部门宣告该专利无效

D．无偿使用该技术

27 1203016

甲公司与乙公司签订一份专利实施许可合同，约定乙公司在专利有效期限内独占实施甲公司的专利技术，并特别约定乙公司不得擅自改进该专利技术。后乙公司根据消费者的反馈意见，在未经甲公司许可的情形下对专利技术做了改进，并对改进技术采取了保密措施。下列哪一说法是正确的？

A．甲公司有权自己实施该专利技术

B．甲公司无权要求分享改进技术

C．乙公司改进技术侵犯了甲公司的专利权

D．乙公司改进技术属于违约行为

28 1203018

下列哪一选项不属于侵犯专利权的行为？

A．甲公司与专利权人签订独占实施许可合同后，许可其子公司乙公司实施该专利技术

B．获得强制许可实施权的甲公司许可他人实施该专利技术

C．甲公司销售不知道是侵犯他人专利的产品并能证明该产品来源合法

D．为提供行政审批所需要的信息，甲公司未经专利权人的同意而制造其专利药品

29 1103015

甲公司与乙公司签订一份技术开发合同，未约定技术秘密成果的归属。甲公司按约支付了研究开发经费和报酬后，乙公司交付了全部技术成果资料。后甲公司在未告知乙公司的情况下，以普通使用许可的方式许可丙公司使用该技术，乙公司在未告知甲公司的情况下，以独占使用许可的方式许可丁公司使用该技术。下列哪一说法是正确的？

A．该技术成果的使用权仅属于甲公司

B．该技术成果的转让权仅属于乙公司

C．甲公司与丙公司签订的许可使用合同无效

D．乙公司与丁公司签订的许可使用合同无效

30 1103017

甲公司开发出一项发动机关键部件的技术，大大减少了汽车尾气排放。乙公司与甲公司签订书面合同受让该技术的专利申请权后不久，将该技术方案向国家知识产权局同时申请了发明专利和实用新型专利。下列哪一说法是正确的？

A．因该技术转让合同未生效，乙公司无权申请专利

B．因尚未依据该技术方案制造出产品，乙公司无权申请专利

C．乙公司获得专利申请权后，无权就同一技术方案同时申请发明专利和实用新型专利

D．乙公司无权就该技术方案同时获得发明专利和实用新型专利

【多选】

31 2102157

甲公司研发出一种新型培育方法，可以培育出 A 型苹果树，就该培育方法获得了发明专利。乙公司未获得授权，私自采用该方法培育 A 型苹果树，并将产出的苹果卖给丙公司生产苹果酱，丁超市向丙公司批发大量苹果酱用于销售，戊科学研究

解析页码
136—137

院使用甲公司的培育方法进行培育研究试验时发现A型苹果树成活率并不高，于是研究出了新的成活率更高的养殖方法。请问哪些主体侵犯了甲公司的专利权？

A. 乙公司

B. 丙公司

C. 丁超市

D. 戊科学研究院

32 2102164

甲厂将生产中药制剂的配方作为商业秘密予以保护。乙通过反向工程化验方法破解了该配方，并将该配方申请获得了专利。甲厂认为乙侵犯了其商业秘密，诉至法院。下列哪些选项是正确的？

A. 乙侵犯了甲厂的商业秘密

B. 配方不因甲厂的使用行为丧失新颖性

C. 乙可以就该配方申请专利，但应当给甲厂相应的补偿

D. 甲厂有权在原有规模内继续生产该产品

33 2002101

柴某是某大学艺术系学生，平时喜欢金丝猴，恰逢猴年便耗时1个月创作金丝猴图案，欢乐公司是一家灯笼厂公司，为提升灯笼销量，在灯笼上使用高度相似的金丝猴立体造型，但未经柴某许可，后欢乐公司获得外观设计专利权，于是制造、销售该款灯笼。大海幼儿园买入该款灯笼供学生玩耍，但并不知道该款灯笼造型与柴某的绘画近似。下列哪些选项是正确的？

A. 欢乐公司制造、销售行为侵犯了柴某的著作权，应当予以赔偿并停止侵权

B. 大海幼儿园侵犯了柴某的著作权，但无须停止侵权和赔偿

C. 柴某可请求宣告该专利权无效，因为欢乐公司的外观设计侵犯其在先权利

D. 大海幼儿园的行为侵犯了欢乐公司的外观设计专利权，其无须赔偿，但需停止侵权

34 1902070

甲研发出一个芯片获得了专利，乙申请并获得了一项全部以甲的专利技术为核心的新专利。乙授权给丙电脑公司使用此芯片生产电脑并销售，某大学从丙公司购买10台电脑搞科研。下列说法不正确的是？

A. 大学使用电脑用于科研，所以不构成侵权

B. 大学不构成侵权，但需要向甲支付专利使用费

C. 甲可以向法院起诉，确认乙的专利无效

D. 如果乙的专利被宣告无效，丙公司有权要求乙返还专利使用费

35 1902071

冯某绘制了具有新颖性的熊猫图案，甲公司未经冯某许可将该熊猫图案印在垃圾桶上，并申请取得了外观设计专利。乙公司未经许可制造了一批相同的垃圾桶，丙公司对此不知情从乙公司购买垃圾桶若干用于旗下的餐厅，下列说法正确的是？

A. 甲公司侵犯了冯某的著作权，冯某有权申请甲公司的专利无效

B. 如果乙公司对甲公司取得专利权不知情，则不承担赔偿责任

C. 丙公司没有侵犯甲公司专利权，可以不停止使用且不支付费用

D. 丙公司侵犯了甲公司的专利权，但可以不停止使用且不支付费用

36 1703064

甲、乙两公司各自独立发明了相同的节水型洗衣机。甲公司于2013年6月申请发明专利权，专利局于2014年12月公布其申请文件，并于2015年12月授予发明专利权。乙公司于2013年5月开始销售该种洗衣机。另查，本领域技术人员通过拆解分析该洗衣机，即可了解其节水的全部技术特征。丙公司于2014年12月看到甲公司的申请文件后，立即开始制造并销售相同的洗衣机。2016年1月，甲公司起诉乙、丙两公司侵犯其发明专利权。关于甲公司的诉请，下列哪些说法是正确的？

A. 如甲公司的专利有效，则丙公司于2014年12月至2015年11月使用甲公司的发明构成侵权

B. 如乙公司在答辩期内请求国务院专利行政部门宣告甲公司的专利权无效，则法院应中止诉讼

解析页码
137—139

C. 乙公司如能证明自己在甲公司的专利申请日之前就已制造相同的洗衣机且仅在原有制造能力范围内继续制造，则不构成侵权
D. 丙公司如能证明自己制造销售的洗衣机在技术上与乙公司于 2013 年 5 月开始销售的洗衣机完全相同，法院应认定丙公司的行为不侵权

37 1503063

甲公司获得一项智能手机显示屏的发明专利权后，将该技术以在中国大陆独占许可方式许可给乙公司实施。乙公司付完专利使用费并在销售含有该专利技术的手机过程中，发现丙公司正在当地电视台做广告宣传具有相同专利技术的手机，便立即通知甲公司起诉丙公司。法院受理该侵权纠纷后，丙公司在答辩期内请求宣告专利无效。下列哪些说法是错误的?
A. 乙公司获得的专利使用权是债权，在不通知甲公司的情况下不能直接起诉丙公司
B. 专利无效宣告前，丙公司侵犯了专利实施权中的销售权
C. 如专利无效，则专利实施许可合同无效，甲公司应返还专利使用费
D. 法院应中止专利侵权案件的审理

38 1403063

中国甲公司的一项发明在中国和 A 国均获得了专利权。中国的乙公司与甲公司签订了中国地域内的专利独占实施合同。A 国的丙公司与甲公司签订了在 A 国地域内的专利普通实施合同并制造专利产品，A 国的丁公司与乙公司签订了在 A 国地域内的专利普通实施合同并制造专利产品。中国的戊公司、庚公司分别从丙公司和丁公司进口这些产品到中国使用。下列哪些说法是正确的?
A. 甲公司应向乙公司承担违约责任
B. 乙公司应向甲公司承担违约责任
C. 戊公司的行为侵犯了乙公司的专利独占实施权
D. 庚公司的行为侵犯了甲公司的专利权

39 1103063

甲公司获得一项用于自行车雨伞装置的实用新型专利，发现乙公司生产的自行车使用了该技术，遂向法院起诉，要求乙公司停止侵害并赔偿损失10 万元。甲公司的下列哪些做法是正确的?
A. 向乙公司所在地的基层法院起诉
B. 起诉时未向受理法院提交国家知识产权局出具的该专利书面评价报告
C. 将仅在说明书中表述而未在权利要求中记载的技术方案纳入专利权的保护范围
D. 举证期届满后法庭辩论终结前变更其主张的权利要求

【不定项】

40 2202110

甲乙夫妻二人共同设立了 A 公司，2018 年，A 公司取得一项发明专利权。2019 年 1 月，甲乙离婚，双方协议甲获得 A 公司的控制权，而乙获得该专利权，均已办理变更登记。2021 年 5 月，乙将专利权独占许可给丙公司，后丙公司发现丁公司在经营中使用同样的专利产品，后查明丁公司系于 2020 年 6 月从 A 公司处购买。下列说法正确的是?
A. 乙可以起诉丁公司
B. 丙公司可以单独起诉丁公司
C. A 公司侵犯了乙的专利权
D. 丁公司侵犯了乙的专利权

二、模拟题

41 62406002

甲享有一项新型发动机发明专利，存在下列哪些情形时，甲不得对其专利实行开放许可？（多选）
A. 甲已经许可乙在 3 年内独占实施其专利技术
B. 甲的专利权被采取保全措施
C. 甲没有按照规定缴纳年费
D. 甲已经将其专利权质押给乙，乙不同意甲实行开放许可

42 62406005

2023 年 10 月 1 日，甲在中国就其新型发动机提出发明专利申请，但因一定原因将申请撤回。现甲想要再次在中国就同样的发动机提出专利申请并主张优先权，下列说法正确的是？（多选）
A. 甲可以在先专利申请中的附图设计为基础，再

解析页码
140—142

次提出外观设计专利申请并主张优先权

B. 若甲无正当理由 2024 年 11 月 1 日才提出发明专利申请，其可请求恢复优先权

C. 若甲 2024 年 5 月 1 日再次提出发明专利申请并主张优先权，其在 2024 年 9 月 1 日前可以请求改正优先权要求

D. 若甲 2024 年 5 月 1 日再次提出发明专利申请并主张优先权，但其权利要求书存在部分错误，则甲可以 2024 年 7 月 1 日前通过援引在先申请文件的方式来补交

43 62406004

甲潜心研究出一款治疗癌症的药物，并将技术方案交予乙，请乙指点一二。乙偷偷将该技术整理成文件并提出专利申请，谎称自己是发明人。下列说法正确的是？（多选）

A. 若国务院专利行政部门审查过程中发现乙并非实际发明人，应当驳回乙的申请

B. 若乙获得授权，甲可以请求国务院专利行政部门宣告乙的专利权无效

C. 县级以上专利执法部门可对乙予以警告

D. 县级以上专利执法部门可对乙处 10 万元以下的罚款

44 62106016

甲医药企业研发了一款新型药物，提出发明专利申请后获得授权，并经审批上市。乙企业仿制该款药物并销售。甲企业发现后，向法院起诉乙企业侵犯了自己的专利权并要求其赔偿。根据《专利法》相关规定，下列说法正确的是？（单选）

A. 甲企业可以请求国务院专利行政部门给予 7 年的专利权期限补偿

B. 甲企业若对该专利实施开放许可，则不能再发放独占许可

C. 乙企业专利权侵权的赔偿数额应先按照甲企业的实际损失确定

D. 乙企业可以提供行政审批信息为由进行抗辩

45 62206196

甲和乙共同发明了一种智能碎冰机，并共同在我国申请获得发明专利。丙工厂在甲乙申请专利前，已经开始以同样的技术制造相同的碎冰机。丁工厂在甲乙获得专利后，未经同意按照该专利技术制造碎冰机，不知情的戊公司以市价购买后进行销售。某高校材料与机械工程专业的研究生李某购买该智能碎冰机后对其性能进行研究，尝试改进碎冰技术并撰写相关论文。下列说法中正确的是？（单选）

A. 如果甲想授权他人制造智能碎冰机，必须经乙同意

B. 丙工厂如在原有范围内继续制造，不侵犯甲乙的专利权

C. 戊公司应停止侵权并赔偿损失

D. 李某构成侵权，应承担赔偿责任

46 62306041

甲制药公司的研究员李某研发出一款治疗骨质疏松的 A 药品，于 2005 年 2 月 7 日提出发明专利申请，其申请文件于 2007 年 3 月 28 日公布，最终于 2010 年 12 月 8 日获得授权。乙公司在 2007 年 12 月开始制造 A 药品售卖，但因企业发展规划，于 2010 年 2 月 1 日停止生产该药品。2021 年 8 月，丁公司仿制了甲公司的 A 药品，向药监局提出了上市审批申请，声明其仿制药未落入 A 药品的专利权保护范围内。据此，下列说法正确的是？（单选）

A. 李某对 A 药品享有申请专利的权利

B. 甲公司对 A 药品享有申请专利的权利

C. 乙公司侵犯了专利权人的销售权，应当赔偿损失

D. 若 A 药品专利权人认为丁公司的仿制药侵权，其只能向法院起诉，请求法院确认仿制药技术方案是否落入其专利权保护范围

47 62306042

圆圆公司于 2019 年 1 月 23 日对一种音响申请实用新型专利，并于 2019 年 8 月 23 日获得授权。2020 年 2 月，圆圆公司发现方方公司在制造同样的音响，东东公司从方方公司购买音响后在其网络平台上销售。2020 年 5 月，圆圆公司起诉方方公司和东东公司侵犯其专利权。下列说法正确的是？（单选）

解析页码
142—144

A. 该案可以由最高人民法院确定的基层人民法院管辖

B. 若方方公司举证证明其在 2019 年 1 月 23 日前就已经做好制造音响的必要准备，并仅在原范围内继续制造的，方方公司不侵权

C. 若方方公司有证据证明圆圆公司的音响技术属于申请日前就已经公开的技术，则可以向法院申请宣告圆圆公司专利权无效

D. 若东东公司不知道方方公司对音响不享有专利权，并能提供买卖合同、发票等证据的，东东公司不侵权

48 62106015

甲公司设计并生产了一款新型口罩，于 2020 年 6 月 5 日提出发明专利申请后认为本公司没有量产的计划遂停止继续申请。后甲公司发现某二手网购平台有商家在销售同样的口罩，因此于 2020 年 9 月 5 日再次提出了发明专利申请。根据《专利法》相关规定，下列说法中正确的是？（多选）

A. 甲公司可以同时提出发明专利和实用新型专利申请，并最终获得两项授权

B. 甲公司于 2020 年 9 月 5 日提出申请时可以主张优先权

C. 销售口罩的商家侵犯了甲公司的专利权

D. 若甲公司获得授权，其发明专利保护期自 2020 年 9 月 5 日起计算 20 年

参考答案

[1] A	[2] D	[3] BD	[4] BCD	[5] BCD
[6] BCD	[7] D	[8] D	[9] C	[10] D
[11] D	[12] A	[13] C	[14] CD	[15] AC
[16] A	[17] A	[18] C	[19] C	[20] B
[21] C	[22] B	[23] D	[24] A	[25] C
[26] B	[27] B	[28] D	[29] D	[30] D
[31] AB	[32] BD	[33] AC	[34] ABCD	[35] AC
[36] CD	[37] ABCD	[38] BD	[39] BD	[40] ABCD
[41] ABCD	[42] ACD	[43] ABCD	[44] B	[45] B
[46] B	[47] B	[48] BD		

第三章 商标法

一、历年真题及仿真题

（一）商标的注册申请

【单选】

1 1902041

美国甲公司 2018 年 2 月 1 号在我国政府举办的净水器国际展览会上首次在净水器上使用“蓝天”商标，中国的乙公司于同一天独立研发出相同的净水器并使用“蓝天”作为商标。甲公司于 2018 年 7 月 1 号上午向我国商标局申请注册“蓝天”商标并主张优先权。乙公司于 2018 年 7 月 1 号下午向商标局申请注册“蓝天”商标。关于该商标权的归属下列说法正确的是？

A. 甲公司应获得“蓝天”商标，因为其享有优先权

B. 甲公司应获得“蓝天”商标，因为其申请在先

C. 乙公司应获得“蓝天”商标，因为其使用在先

D. 应由甲公司和乙公司协商，协商不成的，抽签决定

2 1603017

营盘市某商标代理机构，发现本市甲公司长期制造销售“实耐”牌汽车轮胎，但一直未注册商标，该机构建议甲公司进行商标注册，甲公司负责人鄢某未置可否。后鄢某辞职新创立了乙公司，鄢某委托该商标代理机构为乙公司进行轮胎类产品的商标注册。关于该商标代理机构的行为，下列哪一选项是正确的？

A. 乙公司委托注册“实耐”商标，该商标代理机构不得接受委托

B. 乙公司委托注册“营盘轮胎”商标，该商标代理机构不得接受委托

C. 乙公司委托注册普通的汽车轮胎图形作为商标，该商标代理机构不得接受委托

D. 该商标代理机构自行注册“捷驰”商标，用于

解析页码
144—146

转让给经营汽车轮胎的企业

3 1203019

如外国企业在我国申请注册商标，下列哪一说法是正确的？

A. 应当委托在我国依法成立的律师事务所代理

B. 所属国必须已加入《保护工业产权巴黎公约》

C. 所属国必须已加入世界贸易组织

D. 如所属国商标注册主管机关曾驳回了其商标注册申请，该申请在我国仍有可能获准注册

【多选】

4 2302101

商标局受理了以下商标注册申请，审查后发现均无在先申请。商标局应当依法驳回哪些注册申请？

A. 甲将饮料商品上“零蔗糖”文字申请注册商标

B. 乙将用于快递跨省配送服务的“一日达”文字申请注册商标

C. 丙将铺满红色的女士高跟鞋鞋底图形申请注册商标

D. 丁将眼睛按摩仪上凸起的形状申请注册商标

5 2102162

“津津 FFF”牌牙膏在中国是知名品牌，甲国、乙国与我国都是 TRIPS 成员国，“津津 FFF”牌牙膏的经营者分别向甲国和乙国申请注册商标，以法语为母语的甲国同意注册，以俄语为母语的乙国因“FFF”在俄语里有辱骂他人的意思，不允许注册。针对上述情况，下列哪些说法是错误的？

A. 商标注册的独立性原则导致商标在乙国注册失败

B. 违反了公平性原则

C. 违反了国民待遇原则

D. 违反了最惠国待遇原则

6 1003064

商标注册申请人自其在某外国第一次提出商标注册申请之日起六个月内，又在中国就相同商品以同一商标提出注册申请的，依据下列哪些情形可享有优先权？

A. 该外国同中国签订的协议

B. 该外国同中国共同参加的国际条约

C. 该外国同中国相互承认优先权

D. 该外国同中国有外交关系

（二）商标权的内容和消灭

【多选】

7 2102083

甲公司从酷酷网站购买了一张徽标图片的著作权，以该徽标作为公司产品的商标，并于 2015 年 8 月获得商标注册。乙公司与甲公司签订了该商标使用许可合同，在销售具有该商标标识的产品 2 年后，于 2018 年 7 月停止使用该商标。2019 年 10 月 11 日，李某在超市中发现甲公司产品使用的商标是自己的画作，遂请求商标评审委员会宣告该注册商标无效。在审理过程中，酷酷网站辩称该商标是自己创作并办理了版权登记，并向法院提起了请求确认该徽标著作权属于自己的诉讼。下列选项正确的是？

A. 如该注册商标被宣告无效，乙公司无权请求甲公司返还商标使用许可费

B. 李某申请宣告该注册商标无效不受 5 年时间限制

C. 商标评审委员会可以中止审查程序

D. 因酷酷网站办理了版权登记，李某无权请求宣告该注册商标无效

（三）商标侵权

【单选】

8 1503019

佳普公司在其制造和出售的打印机和打印机墨盒产品上注册了“佳普”商标。下列未经该公司许可的哪一行为侵犯了“佳普”注册商标专用权？

A. 甲在店铺招牌中标有“佳普打印机专营”字样，只销售佳普公司制造的打印机

B. 乙制造并销售与佳普打印机兼容的墨盒，该墨盒上印有乙的名称和其注册商标“金兴”，但标有“本产品适用于佳普打印机”

C. 丙把购买的“佳普”墨盒装入自己制造的打印

解析页码
146—148

机后销售，该打印机上印有丙的名称和其注册商标“东升”，但标有“本产品使用佳普墨盒”

D. 丁回收墨水用尽的“佳普”牌墨盒，灌注廉价墨水后销售

9 1403019

甲公司在汽车产品上注册了“山叶”商标，乙公司未经许可在自己生产的小轿车上也使用“山叶”商标。丙公司不知乙公司使用的商标不合法，与乙公司签订书面合同，以合理价格大量购买“山叶”小轿车后售出，获利 100 万元以上。下列哪一说法是正确的？

A. 乙公司的行为属于仿冒注册商标

B. 丙公司可继续销售“山叶”小轿车

C. 丙公司应赔偿甲公司损失 100 万元

D. 工商行政管理部门不能对丙公司进行罚款处罚

10 1303019

甲公司为其生产的啤酒申请注册了“冬雨之恋”商标，但在使用商标时没有在商标标识上加注“注册商标”字样或注册标记。下列哪一行为未侵犯甲公司的商标权？

A. 乙公司误认为该商标属于未注册商标，故在自己生产的啤酒产品上也使用“冬雨之恋”商标

B. 丙公司不知某公司假冒“冬雨之恋”啤酒而予以运输

C. 丁饭店将购买的甲公司“冬雨之恋”啤酒倒入自制啤酒桶，自制“侠客”牌散装啤酒出售

D. 戊公司明知某企业生产假冒“冬雨之恋”啤酒而向其出租仓库

【多选】

11 2402003

甲公司在自己的餐饮包装上使用商标“明月馆”时间久且被附近群众所熟知，与甲公司相邻的乙服装店向商标局申请注册“明月馆”商标后将其使用在服装上，乙服装店认为甲使用“明月馆”商标的行为侵犯了自己的商标权，下列说法正确的是？

A. 甲可以在任何时候请求宣告乙服装店的注册商标无效

B. 甲公司可以在 5 年内申请撤销乙服装店的商标权

C. 甲公司应在核准注册之日起 5 年内请求宣告乙服装店的注册商标无效

D. 甲公司在原有范围内使用“明月馆”不侵权

12 2302100

甲时装公司生产并销售“飞羽”牌运动鞋，销售一年后取得一定的影响力。某日，乙贸易公司进行市场调研时发现甲时装公司并未进行商标注册，遂抢先注册“飞羽”商标并进行自产自销。事后，乙贸易公司起诉甲时装公司侵犯其商标专用权。法院经审理得知，乙贸易公司还注册了很多商标，但并未实际使用，而是转让牟利。下列选项正确的是？

A. 任何单位或个人均有权申请“飞羽”注册商标无效

B. 甲时装公司侵犯了乙贸易公司的商标专用权，应停止使用但无需承担赔偿责任

C. 对乙贸易公司未使用的商标，商标局可依职权主动宣告无效

D. 甲时装公司应在乙贸易公司注册之日起 5 年内申请宣告“飞羽”注册商标无效

13 2202107

甲在大米上注册了“璨璨”商标，甲委托乙生产印有“璨璨大米”的包装袋，数量为 1 万个，乙偷偷多生产了 1 万个包装袋，将该多余的 1 万个卖给丙，丙将自己生产的大米装入该口袋，并销售给丁。戊超市不知情，以合理价格从丁的粮油批发店中购买该大米并售卖，下列说法正确的是？

A. 乙侵犯了甲的商标专用权

B. 丙侵犯了甲的商标专用权

C. 丁侵犯了甲的商标专用权

D. 戊超市不知情，可以继续售卖该大米

14 2002096

甲公司在手机产品上注册了“大米”商标，乙公司未经许可在自己生产的手机上也使用“大米”商标。丙公司不知乙公司使用的商标不合法，与

解析页码
148—150

乙公司签订书面合同，以合理价格大量购买“大米”手机后售出，获利 100 万元以上。下列说法正确的是？

A. 市场监督管理部门应责令乙公司立即停止侵权行为

B. 市场监督管理部门应责令丙公司停止销售

C. 如乙公司在 5 年内实施两次以上商标侵权行为，应当从重处罚

D. 丙公司应向甲公司承担赔偿责任

15 2002100

甲汉服公司，于 2016 年注册了“南柯一梦”商标。乙公司作为一家专门经营汉服的公司，认为该商标与其公司完美契合，经协商双方签订了商标独占使用许可合同，但未报商标局备案。后丙公司提出愿出双倍许可费与甲公司签订商标独占使用许可合同，甲公司欣然接受。某汉服店以市场价买入丙公司制造的“南柯一梦”品牌服装后进行销售。某购物中心为装饰需要，购入一件丙公司制作的“南柯一梦”品牌服装，拆掉商标后将其穿在塑料模特上。下列哪些选项是错误的？

A. 乙公司有权向法院起诉要求甲公司承担违约责任

B. 乙公司有权向法院起诉要求丙公司停止使用“南柯一梦”商标，并承担赔偿责任

C. 汉服店应当对乙公司承担赔偿责任

D. 购物中心的行为并未构成对乙公司的侵权

（四）综合知识点

【单选】

16 2202102

甲自 2018 年开始在咖啡上使用 A 商标并产生一定影响，2021 年，甲的竞争对手乙发现甲未注册 A 商标，抢先在咖啡上申请注册 A 商标并获得准许，后丙也开始在其生产销售的咖啡上使用 A 商标，以下说法正确的是？

A. 乙侵犯了甲的商标权

B. 丙侵犯了乙的商标权

C. 甲应当立即停止在其生产销售的咖啡上使用 A 商标

D. 甲有权随时申请宣告乙注册的 A 商标无效

17 1902042

布莱克雷欧是著名足球运动体育明星，提起足球运动，雷欧的名字无人不知。中国的 A 公司注册了“雷欧”商标，B 公司用“雷欧”作为企业名称，并于产品上显著标明公司名称为“雷欧”，A 公司向法院起诉 B 公司侵权，下列有关说法正确的是？

A. B 公司可以 A 公司侵权在先为由抗辩

B. B 公司可以其企业名称系合法工商登记为由抗辩

C. 如果雷欧在 A 公司商标被注册后 5 年内未申请宣告无效，5 年后不能再申请

D. 雷欧无权以姓名权被侵犯为由主张 A 公司的侵权责任

18 1902175

出生于 A 国的 Alice.Wang 因获得世界“英雄盖世”联赛大满贯而名声大噪，甲从中发现了商机，在其所卖的游戏用品上注册了“Alice”的商标，并且销售使用了该商标的游戏用品。乙发现甲没有设立专门的公司来销售游戏用品，于是乙设立了“Alice 游戏用品公司”，并在其销售的游戏用品上突出展示“Alice”的标志。对此，下列说法正确的是哪一选项？

A. 在甲起诉乙侵权时，乙以甲的注册商标侵犯他人权利为由进行抗辩的，甲无法获得赔偿

B. 在甲起诉乙侵权时，乙以公司名称经过合法登记为由抗辩的，甲对乙的使用行为无权禁止

C. 如果 Alice.Wang 想宣告甲的注册商标无效，那么其只能在注册之日起五年内提出申请

D. Alice.Wang 仅对“Alice.Wang”享有姓名权，不能以“Alice”注册商标侵犯其姓名权为由请求宣告该注册商标无效

19 1703016

韦某开设了“韦老四”煎饼店，在当地颇有名气。经营汽车配件的个体户肖某从外地路过，吃过后赞不绝口。当发现韦某尚未注册商标时，肖某就餐饮服务注册了“韦老四”商标。关于上述行为，下列哪一说法是正确的？

解析页码
150—152

A．韦某在外地开设新店时，可以使用“韦老四”标识

B．如肖某注册“韦老四”商标后立即起诉韦某侵权，韦某并不需要承担赔偿责任

C．肖某的商标注册恶意侵犯韦某的在先权利，韦某可随时请求宣告该注册商标无效

D．肖某注册商标核定使用的服务类别超出了肖某的经营范围，韦某可以此为由请求宣告该注册商标无效

20 1103018

个体经营户王小小从事理发服务业，使用“一剪没”作为未注册商标长期使用，享有较高声誉。王小小通过签订书面合同许可其同一城区的表妹张薇薇使用“一剪没”商标从事理发业务。后张薇薇以自己的名义申请“一剪没”商标使用于理发业务并获得注册。下列哪一说法是正确的？

A．该商标使用许可合同自双方签字之日起生效

B．该商标使用许可合同应当报商标局备案

C．王小小有权自“一剪没”注册之日起 5 年内请求商标评审委员会宣告该注册商标无效

D．王小小有权自“一剪没”注册之日起 5 年内请求商标局撤销该注册商标

21 1003017

甲公司注册了商标“霞露”，使用于日用化妆品等商品上，下列哪一选项是正确的？

A．甲公司要将该商标改成“露霞”，应向商标局提出变更申请

B．乙公司在化妆品上擅自使用“露霞”为商标，甲公司有权禁止

C．甲公司因经营不善连续三年停止使用该商标，该商标可能被注销

D．甲公司签订该商标转让合同后，应单独向商标局提出转让申请

【多选】

22 2302102

甲公司以生产销售巧克力为业，为其主打产品申请并注册了三维立体商标“小金人”。后来，甲公司因内部产品结构调整，超过 3 年没有使用该商标，乙公司便以“小金人”申请获得了外观设计专利，用在自己的巧克力产品上。丙公司未经甲乙许可生产了相同造型的“小金人”巧克力。对此，下列说法正确的是？

A．乙公司侵犯了甲公司的商标权，需承担赔偿责任

B．丙公司侵犯了甲公司的商标权，无需承担赔偿责任

C．丙公司不侵犯乙公司的外观设计专利权

D．甲公司可向专利部门申请宣告乙公司的外观设计专利无效

23 2202103

2018 年 2 月 1 日，甲在自己生产的大豆上注册了“晓逗”商标，但其自注册商标后一直在大豆包装袋上使用“晓恒”二字，未使用过“晓逗”商标。2020 年 4 月，甲的竞争对手乙也开始在其大豆包装上使用“晓恒”字样，并委托主播陈某在直播间对外销售，并与陈某约定宣传方案，要求其在直播中使用“晓逗”字样对大豆进行宣传。下列说法正确的是？

A．乙侵犯了甲的商标权

B．陈某侵犯了甲的商标权

C．2022 年 3 月，任何人均可以申请撤销甲的“晓逗”商标

D．甲可以陈某宣传过“晓逗”商标为由，主张自己使用过该商标

24 2202106

佳飞咖啡店经营多年，极具知名度，但“佳飞”商标未申请注册。乙系咖啡店员工，离职后创业开办 B 奶茶店，并注册了“佳飞”商标，使用在奶茶上，5 年后，佳飞公司计划扩展业务时才得知此事，故向法院提起诉讼，在诉讼中“佳飞”商标被认定为驰名商标，对此，下列说法正确的是？

A．佳飞咖啡店有权向法院申请宣告 B 奶茶店注册的商标无效

B．佳飞咖啡店有权要求 B 奶茶店停止使用“佳飞”商标，但不能要求赔偿损失

解析页码
152—154

C. B奶茶店是恶意注册，任何人都有权申请该商标无效

D. 佳飞咖啡店有权随时申请宣告B奶茶店注册的商标无效

25 2102159

A公司专门从事商标代理业务，与B公司签订委托合同，约定由A公司代理B公司在旅游服务业上申请注册“嘀咕咕”商标。A公司在准备提交注册申请时法院受理了B公司的破产重整申请，A公司遂将该商标注册的申请人更换为自己并提交了申请。后B公司破产重整成功，转型从事移动汽车制造的业务。对此下列说法正确的是？

A. 商标局应驳回A公司的商标注册申请

B. B公司的管理人如提出异议，商标局对A公司申请的商标不予注册并禁止使用

C. B公司的管理人无权代表B公司解除与A公司的代理合同

D. 如果B公司获准注册“嘀咕咕”商标，可直接使用于汽车制造商品

26 2102160

国外的A公司在中国注册了“好轻松”商标。用于肠胃药，获得商标注册许可证后，与中国的B公司签订协议，约定由B公司享有“好轻松”商标在中国5年的独占许可使用权。随后B公司发现国内的C公司在生产假冒的“好轻松”肠胃药并进行销售，遂向法院提起诉讼。王某以“好轻松”直接表明肠胃药的功能为由向商标局申请撤销该商标。下列有关说法正确的是？

A. 王某有权向商标局申请撤销该商标

B. C公司有权向商标局申请撤销该商标

C. B公司有权起诉C公司侵权

D. A公司有权起诉C公司侵权

27 1902088

神仙湖市阳光好空气好水质好，当地盛产银鱼，当地渔民成立了神仙湖渔业协会，并申请注册了“神仙湖银鱼”商标，供渔业协会的会员使用。甲公司未加入神仙湖渔业协会，但其在其他地区养殖的鱼销售时也使用了“神仙湖银鱼”商标。下列说法正确的是？

A. “神仙湖银鱼”属于集体商标

B. “神仙湖银鱼”属于证明商标

C. 甲公司未经许可使用“神仙湖银鱼”商标，属于侵权行为

D. 如果甲公司也注册了“神仙湖银鱼”商标，神仙湖渔业协会有权随时申请其商标被宣告无效

28 1802063

下列关于《商标法》的有关规定，说法正确的是？

A. 声音也可被注册为商标

B. 商标注册申请人通过一份申请只能就一个类别的商品申请注册同一商标

C. 同中央国家机关的名称、标志相同的，不得作为商标注册

D. 经营者不得将驰名商标字样用于商品的广告宣传当中

29 1603064

2010年，甲饮料厂开始制造并销售“香香”牌果汁并已产生一定影响。甲在外地的经销商乙发现甲尚未注册“香香”商标，就于2014年在果汁和碳酸饮料两类商品上同时注册了“香香”商标，但未实际使用。2015年，乙与丙饮料厂签订商标转让协议，将果汁类“香香”商标转让给了丙。对此，下列哪些选项是正确的？

A. 甲可随时请求宣告乙注册的果汁类“香香”商标无效

B. 乙应将注册在果汁和碳酸饮料上的“香香”商标一并转让给丙

C. 乙就果汁和碳酸饮料两类商品注册商标必须分别提出注册申请

D. 甲可在果汁产品上附加区别标识，并在原有范围内继续使用“香香”商标

30 1503064

河川县盛产荔枝，远近闻名。该县成立了河川县荔枝协会，申请注册了“河川”商标，核定使用在荔枝商品上，许可本协会成员使用。加入该荔枝协会的农户将有“河川”商标包装的荔枝批发给盛联超市销售。超市在销售该批荔枝时，在荔枝包装上还加贴了自己的注册商标“盛联”。下列

解析页码
154—156

哪些说法是正确的？

A. “河川”商标是集体商标

B. “河川”商标是证明商标

C. “河川”商标使用了县级以上行政区划名称，应被宣告无效

D. 盛联超市的行为没有侵犯商标权

31 1403064

甲公司是《保护工业产权巴黎公约》成员国A国的企业，于2012年8月1日向A国在牛奶产品上申请注册“白雪”商标被受理后，又于2013年5月30日向我国商标局申请注册“白雪”商标，核定使用在牛奶、糕点和食品容器这三类商品上。下列哪些说法是错误的？

A. 甲公司应委托依法设立的商标代理机构代理申请商标注册

B. 甲公司必须提出三份注册申请，分别在三类商品上申请注册同一商标

C. 甲公司可依法享有优先权

D. 如商标局在异议程序中认定“白雪”商标为驰名商标，甲公司可在其牛奶包装上使用“驰名商标”字样

32 1303065

甲公司生产“美多”牌薰衣草保健枕，“美多”为注册商标，薰衣草为该枕头的主要原料之一。其产品广告和包装上均突出宣传“薰衣草”，致使“薰衣草”保健枕被消费者熟知，其他厂商也推出“薰衣草”保健枕。后“薰衣草”被法院认定为驰名商标。下列哪些表述是正确的？

A. 甲公司可在一种商品上同时使用两件商标

B. 甲公司对“美多”享有商标专用权，对“薰衣草”不享有商标专用权

C. 法院对驰名商标的认定可写入判决主文

D. “薰衣草”叙述了该商品的主要原料，不能申请注册

33 1203065

甲公司将其生产的白酒独创性地取名为“逍遥乐”，并在该酒的包装、装潢和广告中突出宣传酒名，致“逍遥乐”被消费者熟知，声誉良好。乙公司知道甲公司没有注册“逍遥乐”后，将其作为自己所产白酒的商标使用并抢先注册。该商标注册申请经商标局初步审定并公告。下列哪些说法是错误的？

A. 甲公司有权在异议期内向商标局提出异议，反对核准乙公司的注册申请

B. 如“逍遥乐”被核准注册，甲公司有权主张先用权

C. 如“逍遥乐”被核准注册，甲公司有权向商标局请求撤销该商标

D. 甲公司有权向法院起诉请求乙公司停止使用并赔偿损失

34 1103064

甲公司通过签订商标普通许可使用合同许可乙公司使用其注册商标“童声”，核定使用的商品为儿童服装。合同约定发现侵权行为后乙公司可以其名义起诉。后乙公司发现个体户萧某销售假冒“童声”商标的儿童服装，萧某不能举证证明该批服装的合法来源。下列哪些说法是正确的？

A. 乙公司必须在“童声”儿童服装上标明乙公司的名称和产地

B. 该商标使用许可合同自备案后生效

C. 乙公司不能以其名义起诉，因为诉权不得约定转移

D. 萧某应当承担停止销售和赔偿损失的法律责任

【不定项】

35 2102161

谷佳农业大学为著名的一所公办高校，长期使用未注册的“谷佳”商标举办种植技术培训班，因此“谷佳”商标具有较高的社会知名度。该校毕业生阿帅于2019年8月成立谷佳有限公司，从事果树种植业务。后阿帅又以其同胞兄弟个体户阿理的名义向商标局申请注册“谷佳”商标，用于教育培训服务项目，实际是拟将注册后的“谷佳”商标转让牟利。对此，下列哪一说法是正确的？

A. 阿帅侵犯了谷佳农业大学的企业名称权

B. 谷佳农业大学有权向法院起诉，仅请求确认“谷佳”为驰名商标

C. 阿帅侵犯了谷佳农业大学的商标专用权

解析页码
157—158

D. 商标局应驳回“谷佳”商标的注册申请

二、模拟训练

36 62406001

甲公司是“辉达”商标的注册人，授权乙公司独占使用该商标。丙公司擅自在其产品上使用与“辉达”商标近似的“辉大”商标，导致乙公司的销售额大幅下降。乙公司发现丙公司的侵权行为后，立即向法院提起诉讼，要求丙公司停止侵权并赔偿损失。对此，下列表述正确的是？（多选）

A. 乙公司必须向相关基层法院提起诉讼

B. 乙公司有权单独提起诉讼

C. 丙公司需停止侵权但不应当承担赔偿责任

D. 若丙公司在 3 年前被法院认定构成商标侵权，对丙公司此次的行为应当从重处罚

37 62206197

2021 年 12 月 1 日，《巴黎公约》成员国 A 国的甲公司就其公司的香氛和香水产品向 A 国申请注册“曲戈”商标，并被受理。2022 年 4 月 1 日下午，甲公司就相同的香氛和香水产品委托商标代理人向我国商标局申请注册“曲戈”商标。同日上午，我国乙公司也就其公司的香氛产品向商标局申请注册“曲戈”商标。下列说法中正确的是？（多选）

A. 甲公司无须就香氛和香水两类商品分别提出商标注册申请

B. 乙公司申请在先，应当驳回甲公司的注册申请

C. 甲公司申请在先，应当驳回乙公司的注册申请

D. 如商标局认定“曲戈”为驰名商标，甲公司可在其生产的香氛产品上使用“驰名商标”字样用于宣传

38 62306040

2018 年 9 月，甲公司在化妆品上申请注册的“千颜”商标获得授权。2021 年 1 月，乙公司开始在自己生产的化妆品上使用“千颜”商标，甲公司的竞争对手丙公司特意为乙公司免费提供了存储化妆品的仓库。2021 年 2 月，不知情的丁公司以市价从乙公司处购买了一批化妆品后在门店里销售。2023 年 5 月，甲公司起诉乙、丙、丁侵权，经查，甲公司取得商标权后未实际使用过该商标。下列说法错误的是？（单选）

A. 乙公司侵犯了甲公司的商标权

B. 丙公司侵犯了甲公司的商标权

C. 丁公司应当停止销售化妆品，并赔偿甲的损失

D. 若甲公司不能证明自己受有损失，则乙、丙不需要承担赔偿责任

39 62306044

安安公司 2006 年 1 月 16 日在厨具上申请注册“朝天椒”文字商标，并于 2008 年 12 月 28 日核准注册。下列说法错误的是？（单选）

A. 假设该商标有效期即将届满，安安公司想继续使用该商标，可在 2019 年 5 月 1 日提出续展申请

B. 生产高端厨具的普普公司低价购买安安公司厨具，将“朝天椒”商标去除后贴上“普普”商标销售的行为侵犯了安安公司商标权

C. 菱菱公司 2004 年开始在厨具上使用“朝天椒”商标，在川渝地区产生一定影响，菱菱公司可继续在原范围内继续使用该商标

D. 七婆火锅店在其招牌上使用“七婆朝天椒火锅”字样，侵犯安安公司的商标权

40 61806261

甲在业务关系中知悉乙在白酒上使用“觉小晓”作为商标，但未注册。甲立即在白酒上申请注册了“觉小晓”商标。获得注册后，甲与丙签订商标使用许可合同约定：“期限 3 年，每年许可费 150 万元，于每年 1 月 31 日之前支付。”甲、丙合同签订后的第 2 年，甲的注册商标被宣告无效。对此，下列表述错误的是？（多选）

A. 任何人均有权申请商标评审委员会宣告“觉小晓”商标无效

B. 乙可以随时申请宣告“觉小晓”商标无效，不受时间限制

C. “觉小晓”商标被宣告无效后，甲应将丙第一年支付的 150 万元返还给丙

D. 甲侵犯了乙的商标权

41 62206079

飞飞奶茶店在其奶茶产品上注册了“飞言飞语”

解析页码 158—161

商标，下列哪些未经飞飞奶茶店许可的行为侵犯其商标专用权？（多选）

A. 甲咖啡店在其咖啡产品上标注“飞言飞语”字样，公众误以为是飞飞奶茶店的新产品

B. 乙购买他人生产仿冒的“飞言飞语”奶茶，在自家店中销售

C. 丙厂家专门制造“飞言飞语”商标标识供其他商家贴牌使用

D. 丁餐厅在招牌上标注专营“飞言飞语”奶茶

42 62306039

李某绘制一幅龙凤图，委托甲知识产权代理机构办理了著作权登记。生产自行车的乙企业未经许可，在网上下载了李某的龙凤图后，委托甲知识产权代理机构将该图形注册为商标。下列说法正确的是？（多选）

A. 甲知识产权代理机构不得接受乙企业的委托

B. 若乙企业想将自行车图形注册为商标，甲知识产权代理机构可以接受委托

C. 若乙企业的申请被初步审定公告，李某可随时提出异议

D. 若乙企业被授予商标权，李某可随时申请宣告乙企业的商标无效

参考答案

[1] A	[2] A	[3] D	[4] ABD	[5] BCD
[6] ABC	[7] AC	[8] D	[9] D	[10] B
[11] CD	[12] CD	[13] ABC	[14] ABC	[15] BC
[16] B	[17] C	[18] C	[19] B	[20] C
[21] B	[22] BCD	[23] ABC	[24] BD	[25] AB
[26] CD	[27] ACD	[28] ACD	[29] BD	[30] AD
[31] BCD	[32] AB	[33] CD	[34] AD	[35] D
[36] BD	[37] AC	[38] C	[39] D	[40] ABCD
[41] ABC	[42] AB			

解析页码
161

觉晓法考

法考题库系列·客观严选 解析

经知环劳法
客观·严选好题

觉晓法考组 编著

中国政法大学出版社
2024·北京

图书在版编目（CIP）数据

客观严选 4000 好题. 经知环劳法客观·严选好题 / 觉晓法考组编著. -- 北京 : 中国政法大学出版社, 2024. 12. --（法考题库系列）. -- ISBN 978-7-5764-1807-1

Ⅰ. D920.4

中国国家版本馆 CIP 数据核字第 2024ZA4612 号

出版者	中国政法大学出版社
地　址	北京市海淀区西土城路 25 号
邮寄地址	北京 100088 信箱 8034 分箱　邮编 100088
网　址	http://www.cuplpress.com (网络实名：中国政法大学出版社)
电　话	010-58908285(总编室) 58908433（编辑部）58908334(邮购部)
承　印	重庆天旭印务有限责任公司
开　本	787mm×1092mm　1/16
印　张	16
字　数	460 千字
版　次	2024 年 12 月第 1 版
印　次	2024 年 12 月第 1 次印刷
定　价	59.00 元（全两册）

KEEP AWAKE

CSER 高效学习模型

觉晓坚持每年组建“名师 + 高分学霸”教学团队，按照 Comprehend（讲考点→理解）→ System（搭体系→不散）→ Exercise（刷够题→会用）→ Review（多轮背→记住）学习模型设计教学产品，让你不断提高学习效果。

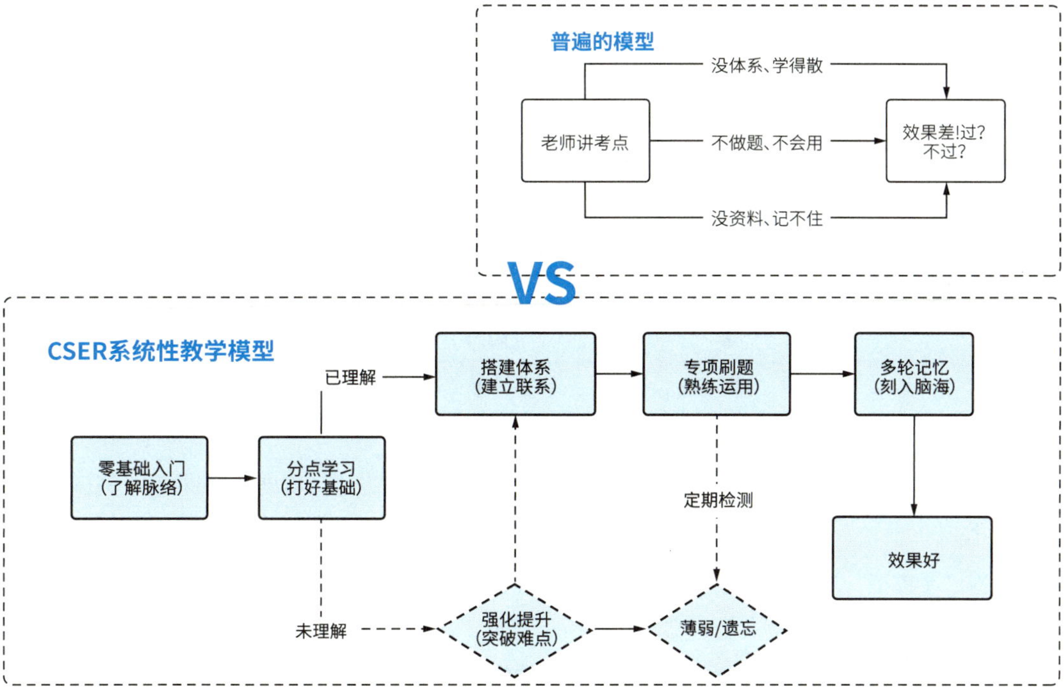

前面理解阶段跟名师，但后面记忆应试阶段，“高分学霸”更擅长，这样搭配既能保证理解，又能应试；时间少的在职考生可以直接跟“学霸”学习高效应试。

同时，知识要成体系性，后期才能记住，否则学完就忘！因此，觉晓有推理背诵图（推背图）、诉讼流程图等产品，辅助你建立知识框架体系，后期可以高效复习！

KEEP AWAKE

坚持数据化学习

“觉晓法考”APP 已经实现“学→练→测→背→评”全程线上化学习。在学习期间，觉晓会进行数据记录，自 2018 年 APP 上线，觉晓已经积累了上百万条数据，并有几十万真实考生的精准学习数据。

觉晓有来自百度、腾讯、京东等大厂的 AI 算法团队，建模分析过线考生与没过线考生的数据差异，建立“过考模型”，指导学员到底要听多少课，做多少题，正确率达到多少才能飘过或者稳过。

过考模型的应用层包括：

1. 完整的过考方案和规划：内部班的过考规划和阶段目标，均按照过考模型稳过或过考标准制定；让学员花更少地时间，更稳得过线。

2. 精准的过考数据指标：让你知道过线每日需要消耗的“热量、卡路里”，有标准，过线才稳！

3. 客观题知识图谱：按往年 180 分、200 分学员学习数据，细化到每个知识点的星级达标标准，并根据考频和考查难度，趋势等维度，将知识点划分为 ABCDE 类。还能筛选“未达标”针对提分。

知识类型	考频	难度	学习说明
A	高	简单	必须掌握
B	高	难	必须掌握（主 + 客）
C	中	简单	必须掌握
D	中	难	时间不够可放弃（主 + 客）
E	考频低或者很难、偏		直接放弃

4. 根据过考模型 + 知识图谱分级教学:BD 类主客观都要考，主客融合一起学，E 类对过考影响不大，可直接放弃，AC 性价比高，简化背诵总结更能应试拿分，一些对过线影响不大的科目就减少知识点，重要的就加强；课时控制，留够做题时间，因为中后期做题比听课更重要！

5. AI 智能推送查缺补漏包：根据你学习的达标情况，精准且有效地推送知识点课程和题目，查漏补缺，让你的时间花得更有价值！

6. 精准预测过考概率（预估分）：实时检测你的数据，对比往年相似考生数据模型，让你知道，你这样学下去，最后会考多少分！明确自己距离过线还差多少分，从而及时调整自己的学习状态。

注：觉晓每年都会分析当年考生数据，出具一份完整的过考模型数据分析报告，包括“客观题版”“主客一体版”“主观题二战版”，可以下载觉晓 APP 领取。

KEEP AWAKE

目录

Contents

经济法

环境资源保护法

劳动与社会保障法

知识产权法

经济法

第一章 反垄断法

参考答案

[1]D	[2]B	[3]BCD	[4]A	[5]D
[6]AC	[7]ABC	[8]ABC	[9]A	[10]B
[11]A	[12]CD	[13]AD	[14]AB	[15]D
[16]D	[17]BC	[18]AB		

一、历年真题及仿真题*

（一）反垄断调查与救济

【单选】

1 1802028

参考答案：D

解析：A 项：《反垄断法》第 56 条第 4 款规定："行业协会违反本法规定，组织本行业的经营者达成垄断协议的，由反垄断执法机构责令改正，可以处三百万元以下的罚款；情节严重的，社会团体登记管理机关可以依法撤销登记。"由此可知，行业协会只有主动组织了本行业的经营者达成垄断协议的，才会被社会团体登记管理机关依法撤销登记。本案中，印章协会是迫于公安局的压力才统一安装软件，不存在组织本行业的经营者达成垄断协议的行为，因此不应被撤销社团资格。因此，A 项错误。

BCD 项：《反垄断法》第 39 条规定："行政机关和法律、法规授权的具有管理公共事务职能的组织不得滥用行政权力，限定或者变相限定单位或者个人经营、购买、使用其指定的经营者提供的商品。"《反垄断法》第 61 条第 1 款规定："行政机关和法律、法规授权的具有管理公共事务职能的组织滥用行政权力，实施排除、限制竞争行为的，由上级机关责令改正；对直接负责的主管人员和其他直接责任人员依法给予处分。反垄断执法机构可以向有关上级机关提出依法处理的建议。行政机关和法律、法规授权的具有管理公共事务职能的组织应当将有关改正情况书面报告上级机关和反垄断执法机构。"本题中，市公安局的行为属于行政机关滥用行政权力，排除限制竞争的行为，其限定单位或者个人购买、使用其指定的经营者提供的商品，排除限制了竞争，应当承担行政责任，由上级机关责令改正。反垄断执法机构不可直接对其作出处罚，而应当是向有关上级机关提出依法处理的建议。因此，BC 项错误，D 项正确。

综上所述，本题答案为 D 项。

（二）经营者集中

【单选】

2 1902030

参考答案：B

解析：AB 项：《反垄断法》第 25 条规定："经营者集中是指下列情形：（一）经营者合并；（二）经营者通过取得股权或者资产的方式取得对其他经营者的控制权；（三）经营者通过合同等方式取得对其他经营者的控制权或者能够对其他经营者施加决定性影响。"《反垄断法》第 26 条第 1、2 款规定："经营者集中达到国务院规定的申报标准的，经营者应当事先向国务院反垄断执法机构申报，未申报的不得实施集中。经营者集中未达到国务院规定的申报标准，但有证据证明该经营者集中具有或者可能具有排除、限制竞争效果的，国务院反垄断执法机构可以要求经营者申报。"A 项中，经营者集中行为的典型特征，是通过集中行为产生经营控制权的转移，而电动车厂商甲公司与太阳能企业达成的信息共享协议并没有导致控制权的转移，不属于经营者集中行为，无需申报。因此，A 项错误。B 项中，甲公司收购电子板公司的股权，取得其控制权，属于经营者集中行为，因其交易规模达到申报标准，所以需要向国务院反垄断执法机构事先申报。因此，B 项正确。

CD 项：《反垄断法》第 27 条规定："经营者集中有下列情形之一的，可以不向国务院反垄断执法机构申报：（一）参与集中的一个经营者拥有其他每个经营者百分之五十以上有表决权的股份或者资

* 注：下列题号对应觉晓 APP 的题号规则。本书中以 18~24 开头的题号均为 2018 年 ~2024 年的仿真题。

产的；（二）参与集中的每个经营者百分之五十以上有表决权的股份或者资产被同一个未参与集中的经营者拥有的。”C项中，甲公司对其控股子公司本来就拥有控制权，即使收购股权增持至80%，也是由甲公司享有该子公司的控制权，所以此收购股权的行为并没有发生控制权的转移，无需申报。因此，C项错误。D项中，乙公司同时拥有甲公司和丙公司的控制权，所以兄弟公司甲公司对丙公司的收购行为并没有改变其被乙公司控制的结果，没有发生控制权的转移，无需申报。因此，D项错误。

综上所述，本题答案为B项。

【多选】

3 2202135

参考答案：B,C,D

解析：A项：《反垄断法》第47条规定：“反垄断执法机构调查涉嫌垄断行为，可以采取下列措施：（一）进入被调查的经营者的营业场所或者其他有关场所进行检查；……采取前款规定的措施，应当向反垄断执法机构主要负责人书面报告，并经批准。”本题中，市场监督管理总局应先向主要负责人书面报告，并经过批准后才能进入现场调查，而不能直接进行现场检查。因此，A项错误。

B项：《反垄断法》第26条第2款规定：“经营者集中未达到国务院规定的申报标准，但有证据证明该经营者集中具有或者可能具有排除、限制竞争效果的，国务院反垄断执法机构可以要求经营者申报。”本题中，选项B并未提到其存在排除、限制竞争效果，因此在未达到申报标准时，不用申报。因此，B项正确。

C项：《反垄断法》第26条第1款规定：“经营者集中达到国务院规定的申报标准的，经营者应当事先向国务院反垄断执法机构申报，未申报的不得实施集中。”本题中，收购股权后，甲公司在乙公司的股权占比已超过51%，属于乙公司的控制股东，符合经营者集中的本质即“控制权的转移”，故甲公司需要进行申报。因此，C项正确。

D项：《反垄断法》第65条第1款规定：“对反垄断执法机构依据本法第三十四条、第三十五条作出的决定不服的，可以先依法申请行政复议；对行政复议决定不服的，可以依法提起行政诉讼。”本题中，若甲公司对处罚决定不服，复议前置，先复议后诉讼。因此，D项正确。

综上所述，本题答案为BCD项。

（三）滥用市场支配地位

【单选】

4 1601028

参考答案：A

解析：AB项：根据《反垄断法》第23条规定：“认定经营者具有市场支配地位，应当依据下列因素：（一）该经营者在相关市场的市场份额，以及相关市场的竞争状况；（二）该经营者控制销售市场或者原材料采购市场的能力；（三）该经营者的财力和技术条件；（四）其他经营者对该经营者在交易上的依赖程度；（五）其他经营者进入相关市场的难易程度；（六）与认定该经营者市场支配地位有关的其他因素。”反垄断执法机构在认定经营者的市场支配地位时，要依据其在相关市场的市场份额，自然要先界定所涉及的相关市场。因此，A项正确；而认定市场支配地位需要依据多种因素，B项的认定太过单一。因此，B项错误。

C项：根据《反垄断法》第22条第1款第5项规定：“禁止具有市场支配地位的经营者从事下列滥用市场支配地位的行为：……（五）没有正当理由搭售商品，或者在交易时附加其他不合理的交易条件；”本题中，燃气公司要求用户缴纳一笔“预付气费款”，但这笔款项无法冲抵燃气费，属于在交易时附加不合理的交易条件。因此，C项错误；

D项：《反垄断法》第8条规定：“国有经济占控制地位的关系国民经济命脉和国家安全的行业以及依法实行专营专卖的行业，国家对其经营者的合法经营活动予以保护，并对经营者的经营行为及其商品和服务的价格依法实施监管和调控，维护消费者利益，促进技术进步。前款规定行业的经营者应当依法经营，诚实守信，严格自律，接受社会公众的监督，不得利用其控制地位或者专营专卖地位损害消费者利益。”本案中，燃气公司作为能源型公共事业，一般都获准实行垄断经营，其经营活动由国家实行监管。但判断经营者是否构成垄断行为不能根据政府规定来认定。即便因为其属于特殊行业，政府规定了独家经营，也不是其滥用该地位的法定理由。因此，D 项错误。
综上所述，本题答案为 A 项。

（四）垄断协议

【单选】

5 1701028

参考答案：D
解析：AB 项：《反垄断法》第 20 条规定："经营者能够证明所达成的协议属于下列情形之一的，不适用本法第 17 条、第 18 条第 1 款、第 19 条的规定：（一）为改进技术、研究开发新产品的；（二）为提高产品质量、降低成本、增进效率，统一产品规格、标准或者实行专业化分工的；（三）为提高中小经营者经营效率，增强中小经营者竞争力的；（四）为实现节约能源、保护环境、救灾救助等社会公共利益的；（五）因经济不景气，为缓解销售量严重下降或者生产明显过剩的；（六）为保障对外贸易和对外经济合作中的正当利益的；（七）法律和国务院规定的其他情形。属于前款第一项至第五项情形，不适用本法第 17 条、第 18 条第 1 款、第 19 条规定的，经营者还应当证明所达成的协议不会严重限制相关市场的竞争，并且能够使消费者分享由此产生的利益。"《反垄断法》第 17 条规定的是横向垄断协议，第 18 条规定的是纵向垄断协议。由此可知，垄断协议的认定存在例外情形，本题中，AB 两项表述"只要……，就违反该法"过于绝对。因此，AB 项错误。
C 项：《反垄断法》第 20 条第 1 款第 3 项规定："经营者能够证明所达成的协议属于下列情形之一的，不适用本法第 17 条、第 18 条第 1 款、第 19 条的规定：……（三）为提高中小经营者经营效率，增强中小经营者竞争力的；……"本题中，重点在于"提高效率"而非"提高效益"。因此，C 项错误。
D 项：《反垄断法》第 16 条规定："本法所称垄断协议，是指排除、限制竞争的协议、决定或者其他协同行为。"本题中，垄断协议以排除、限制竞争为构成要件，如果经营者之间的协议不具备排除、限制竞争的效果，就不满足垄断协议的构成要件。因此，D 项正确。
综上所述，本题答案为 D 项。

【多选】

6 1902060

参考答案：A,C
解析：[命题陷阱] 对垄断协议行为的处罚，并不以实施为条件，即便未实施也可被罚。
AB 项：《反垄断法》第 18 条第 1 款规定："禁止经营者与交易相对人达成下列垄断协议：（一）固定向第三人转售商品的价格；（二）限定向第三人转售商品的最低价格；（三）国务院反垄断执法机构认定的其他垄断协议。"甲企业利用其优势地位，与下游的经销商签署协议限定向第三人转售商品的最低价格，排除限制了竞争，构成了纵向垄断协议，A 项正确；双方虽有真实意思表示，但真实意思表示的合同并不都是合法有效的，双方的协议构成了纵向垄断协议，违反了《反垄断法》，因此，B 项错误。
C 项：《反垄断法》第 46 条第 2 款规定："对涉嫌垄断行为，任何单位和个人有权向反垄断执法机构举报。反垄断执法机构应当为举报人保密。"对于违反《反垄断法》的行为，任何单位或个人均可举报，以便于执法机构及时掌握信息进行调查处理，举报者无需与垄断行为有交易或其他利害关系。因此，C 项正确。
D 项：《反垄断法》第 56 条第 1 款规定："经营者违反本法规定，达成并实施垄断协议的，由反垄断执法机构责令停止违法行为，没收违法所得，并处上一年度销售额百分之一以上百分之十以下的罚款，上一年度没有销售额的，处五百万元以下的罚款；尚未实施所达成的垄断协议的，可以处三百万元以下的罚款。经营者的法定代表人、主要负责人和直接责任人员对达成垄断协议负有个人责任的，可以处一百万元以下的罚款。"对协议行为的处罚不以实施为条件，即使未实施也可被罚款。因此，D 项错误。
综上所述，本题答案为 AC 项。

7 1501067

参考答案：A,B,C

解析：A项：《反垄断法》第56条第1款规定："经营者违反本法规定，达成并实施垄断协议的，由反垄断执法机构责令停止违法行为，没收违法所得，并处上一年度销售额百分之一以上百分之十以下的罚款，上一年度没有销售额的，处五百万元以下的罚款；尚未实施所达成的垄断协议的，可以处三百万元以下的罚款。经营者的法定代表人、主要负责人和直接责任人员对达成垄断协议负有个人责任的，可以处一百万元以下的罚款。"本案中，执法机构应责令三企业停止违法行为，没收违法所得，并处以相应罚款。因此，A项正确。

B项：《反垄断法》第56条第3款规定："经营者主动向反垄断执法机构报告达成垄断协议的有关情况并提供重要证据的，反垄断执法机构可以酌情减轻或者免除对该经营者的处罚。"本案中，丙企业向反垄断执法机构举报并提供重要证据，可以酌情减轻或免除处罚，因此，B项正确。

C项：《反垄断法》第60条第1款规定："经营者实施垄断行为，给他人造成损失的，依法承担民事责任。"本案中，如丁因垄断行为遭受损失的，三企业应依法承担民事责任。因此，C项正确。

D项：《反垄断法》第67条规定："违反本法规定，构成犯罪的，依法追究刑事责任。"本案中，三企业的垄断行为构成犯罪的，才应当追究刑事责任，仅以后果严重不能判断是否构成犯罪。因此，D项错误。

综上所述，本题答案为ABC项。

8 1401064

参考答案：A,B,C

解析：AB项：行业协会应当加强行业自律，引导本行业的经营者依法竞争，而不能组织本行业经营者从事垄断行为，组织垄断行为的，不能以行业自律为由进行抗辩，仍需受到处罚。《反垄断法》第21条规定，"行业协会不得组织本行业的经营者从事本章禁止的垄断行为"。《反垄断法》第17条规定，"禁止具有竞争关系的经营者达成下列垄断协议：（一）固定或者变更商品价格；（二）限制商品的生产数量或者销售数量；（三）分割销售市场或者原材料采购市场；……"。本案中，该省L市旅游协会召集当地旅行社商定对游客统一报价等行为，属于上述法律规定的禁止达成的垄断协议的内容，因此，AB项错误，当选。

CD项：《反垄断法》第13条规定，"国务院反垄断执法机构负责反垄断统一执法工作。国务院反垄断执法机构根据工作需要，可以授权省、自治区、直辖市人民政府相应的机构，依照本法规定负责有关反垄断执法工作"；以及《反垄断法》第56条第1款和第3款规定，"经营者违反本法规定，达成并实施垄断协议的，由反垄断执法机构责令停止违法行为，没收违法所得，并处上一年度销售额百分之一以上百分之十以下的罚款，上一年度没有销售额的，处五百万元以下的罚款；尚未实施所达成的垄断协议的，可以处三百万元以下的罚款。经营者的法定代表人、主要负责人和直接责任人员对达成垄断协议负有个人责任的，可以处一百万元以下的罚款""经营者主动向反垄断执法机构报告达成垄断协议的有关情况并提供重要证据的，反垄断执法机构可以酌情减轻或者免除对该经营者的处罚"。本案中，反垄断执法机构负责反垄断统一执法工作，根据工作的需要可以授权的省、自治区、直辖市对应的机构负责反垄断执法工作，发改委没有资格进行反垄断行为的处罚。因此，C项错误，当选，D项正确，不当选。

综上所述，本题为选非题，答案为ABC项。

（五）综合知识点

【单选】

9 2302049

参考答案：A

解析：A项：《反垄断法》第16条规定："本法所称垄断协议，是指排除、限制竞争的协议、决定或者其他协同行为。"以及《反垄断法》第17条规定："禁止具有竞争关系的经营者达成下列垄断协议：（一）固定或者变更商品价格；……"据此，所谓横向垄断协议即是竞争企业之间达成的排除、限制竞争的协议、决定或者其他协同行为。本题中，各经销商在微信交流群中进行沟通，后实施了集体下调鸽子交易价格的行为，该行为排除、限制了竞争，损害了他人的合法利益，构成横向垄断协议。因此，A 项正确。
B 项:《反垄断法》第 22 条第 2 款规定:“具有市场支配地位的经营者不得利用数据和算法、技术以及平台规则等从事前款规定的滥用市场支配地位的行为。”本题中，王某不具备市场支配地位，且微信群仅起到交流互动的作用，王某亦未利用其平台规则以实施滥用市场支配地位行为。因此，B 项错误。
C 项:《反垄断法》第 25 条规定:“经营者集中是指下列情形:(一)经营者合并;(二)经营者通过取得股权或者资产的方式取得对其他经营者的控制权;(三)经营者通过合同等方式取得对其他经营者的控制权或者能够对其他经营者施加决定性影响。”本题中，王某在群中的言论不会对其他经营者产生控制的效果，也不会对其他经营者产生决定性影响，不应视作经营者集中。因此，C 项错误。
D 项:《反垄断法》第 5 条第 2 款规定:“行政机关和法律、法规授权的具有管理公共事务职能的组织在制定涉及市场主体经济活动的规定时，应当进行公平竞争审查。”本题中，王某组建的微信交流群既非行政机关，亦非具有管理公共事务职能的组织，故无需经过公平竞争审查。因此，D 项错误。
综上所述，本题答案为 A 项。

10 2202081

参考答案: B
解析: ABCD 项:《反垄断法》第 18 条规定:“禁止经营者与交易相对人达成下列垄断协议:(一)固定向第三人转售商品的价格;(二)限定向第三人转售商品的最低价格;……。”《反垄断法》第 21 条规定:“行业协会不得组织本行业的经营者从事本章禁止的垄断行为。”本题中，大米行业协会为统一定价，组织大米的经营者与各经销商达成协议，限定了销售大米的最低价格，应属于《反垄断法》所禁止的纵向垄断行为。因此，ACD 项错误，B 项正确。
综上所述，本题答案为 B 项。

11 1902027

参考答案: A
解析:「命题陷阱」1. 行业协会应当加强行业自律，引导本行业的经营者依法竞争，不能组织本行业经营者从事垄断行为，组织垄断行为的，不能以行业自律为由进行抗辩，仍需受到处罚；2. 协议行为强调的是对竞争有排除、限制、影响的协同行为，并不局限于书面协议形式；3. 对于主动报告并提供重要证据的经营者，反垄断执法机构可以酌情减免处罚，并非必须免除处罚。
AB 项:《反垄断法》第 16 条规定:“本法所称垄断协议，是指排除、限制竞争的协议、决定或者其他协同行为。”《反垄断法》第 21 条规定:“行业协会不得组织本行业的经营者从事本章禁止的垄断行为。”《反垄断法》第 56 条第 4 款规定:“行业协会违反本法规定，组织本行业的经营者达成垄断协议的，由反垄断执法机构责令改正，可以处三百万元以下的罚款；情节严重的，社会团体登记管理机关可以依法撤销登记。”本案中，海鲜水产行业协会组织本行业的水产供应商压缩供货，控制出货节奏，对竞争造成了排除、限制的影响，构成了横向垄断协议行为，且情节严重。所以行业协会已构成违法行为，不能以行业自律来抗辩，民政部门可对其撤销登记。因此，A 项正确，B 项错误。
C 项：协议行为强调的形式要件是协同行为，实质要件是对竞争排除、限制的负面影响，不要求书面协议形式。因此，C 项错误。
D 项:《反垄断法》第 56 条第 3 款规定:“经营者主动向反垄断执法机构报告达成垄断协议的有关情况并提供重要证据的，反垄断执法机构可以酌情减轻或者免除对该经营者的处罚。”本案中，主动报告并提供重要证据者，执法机构可以自由裁量酌情减免处罚，并非法定必须免除处罚。因此，D 项错误。
综上所述，本题答案为 A 项。

【多选】

12 2202080

参考答案: C,D
解析: A 项:《反垄断法》第 17 条规定:“禁止具有竞争关系的经营者达成下列垄断协议:……(二)限制商品的生产数量或者销售数量……。”《反垄断法》第 21 条规定:“行业协会不得组织本行业的经营者从事本章禁止的垄断行为。”本案中，甲行业协会组织具有竞争关系的十个企业达成的协议，限制了商品的生产和销售数量，属于横向垄断协议。对此，反垄断执法机构应责令停止违法行为，而非酌定增加五个企业的补偿金额。因此，A 项错误。

B 项：《反垄断法》第 56 条第 4 款规定："行业协会违反本法规定，组织本行业的经营者达成垄断协议的，由反垄断执法机构责令改正，可以处三百万元以下的罚款；情节严重的，社会团体登记管理机关可以依法撤销登记。"本案中，反垄断执法机构有权责令甲行业协会改正，并处三百万元以下的罚款，但是唯有社会团体登记管理机关在情节严重时才可撤销甲行业协会的登记，反垄断执法机构无此权力。因此，B 项错误。

C 项：《反垄断法》第 46 条第 2 款规定："对涉嫌垄断行为，任何单位和个人有权向反垄断执法机构举报。反垄断执法机构应当为举报人保密。"《反垄断法》第 56 条第 3 款规定："经营者主动向反垄断执法机构报告达成垄断协议的有关情况并提供重要证据的，反垄断执法机构可以酌情减轻或者免除对该经营者的处罚。"本案中，五个企业主动向反垄断执法机构举报，反垄断执法机构应当为五个企业保密，且五个企业已经向反垄断执法机构提交了重要证据即垄断协议，因此，反垄断执法机构在做出行政处罚时可酌情减轻或免除对这五个企业的处罚，C 项正确。

D 项：《反垄断法》第 65 条规定："对反垄断执法机构依据本法第三十四条、第三十五条作出的决定不服的，可以先依法申请行政复议；对行政复议决定不服的，可以依法提起行政诉讼。对反垄断执法机构作出的前款规定以外的决定不服的，可以依法申请行政复议或者提起行政诉讼。"本案中，甲行业协会的行为不涉及经营者集中，因此，甲行业协会对反垄断执法机构的决定不服的，既可以选择行政复议又可以选择行政诉讼。因此，D 项正确。

综上所述，本题答案为 CD 项。

13 1601067

参考答案：A,D

解析：AB 项：《反垄断法》第 16 条规定："本法所称垄断协议，是指排除、限制竞争的协议、决定或者其他协同行为。"本案中，行业自律委员会要求会员补贴的行为构成了垄断协议，限制了竞争，具有违法性。因此，A 项正确，B 项错误。

C 项：《反垄断法》第 46 条第 1 款规定："反垄断执法机构依法对涉嫌垄断行为进行调查。"本案中，反垄断执法机构依职权对反垄断行为进行调查处理，不能由该行业自律委员会自行协商。因此，C 项错误。

D 项：《反垄断法》第 56 条第 1 款规定："经营者违反本法规定……尚未实施所达成的垄断协议的，可以处三百万元以下的罚款。经营者的法定代表人、主要负责人和直接责任人员对达成垄断协议负有个人责任的，可以处一百万元以下的罚款。"本案中，即使垄断协议尚未实施，也可以对该委员会处以三百万元以下罚款。因此，D 项正确。

综上所述，本题答案为 AD 项。

二、模拟训练

14 62206201

参考答案：A,B

解析：A 项：《反垄断法》第 46 条第 2 款规定："对涉嫌垄断行为，任何单位和个人有权向反垄断执法机构举报……"因此，A 项正确。

B 项：《著作权法》第 54 条第 3 款规定："赔偿数额还应当包括权利人为制止侵权行为所支付的合理开支。"因此，B 项正确。

C 项：《反垄断法》第 17 条规定："禁止具有竞争关系的经营者达成下列垄断协议：（一）固定或者变更商品价格；……"本案中，星星数据库和其他数据库签订下载论文需交费 200 元的协议，构成了横向垄断协议行为，而不是纵向垄断协议行为。因此，C 项错误。

D 项：《反垄断法》第 60 条第 2 款规定："经营者实施垄断行为，损害社会公共利益的，设区的市级以上人民检察院可以依法向人民法院提起民事公益诉讼。"本案中，并未体现星星数据库实施的垄断行为是否损害公共利益，因此，D 项错误。

综上所述，本题答案为 AB 项。

15 61806168

参考答案：D

解析：ABD 项：《反垄断法》第 61 条第 1 款规定：

"行政机关和法律、法规授权的具有管理公共事务职能的组织滥用行政权力，实施排除、限制竞争行为的，由上级机关责令改正；对直接负责的主管人员和其他直接责任人员依法给予处分。反垄断执法机构可以向有关上级机关提出依法处理的建议。……"本题中，行政垄断行为由行政机关的上级机关责令改正，并对直接主管人员和其他直接责任人员依法给予处分；反垄断执法机构仅具有向行政机关的上级机关提出依法处理建议的权力，而不能直接对相关行为和直接负责人员作出处罚。因此，AB项错误，D项正确。

C项：《反垄断法》第五章规定的是"滥用行政权力排除、限制竞争"，根据该章内容，行政垄断的主体是"行政机关和法律、法规授权的具有管理公共事务职能的组织"。本题中，省教育厅属于地方政府部门，属于行政垄断的主体范围。因此，C项错误。

综上所述，本题答案为D项。

16 62206200

参考答案：D

解析：AB项：《反垄断法》第18条第1款规定："禁止经营者与交易相对人达成下列垄断协议：……（二）限定向第三人转售商品的最低价格；……"本题中，两企业利用其优势地位，与下游经销商签署协议限定向第三人转售商品的最低价格，排除、限制了竞争，构成纵向垄断协议，而不是横向垄断协议。且无论是否为双方真实自愿，均应受到《反垄断法》的规制，其行为并不合法。因此，AB项错误。

C项：《反垄断法》第24条第1款规定："有下列情形之一的，可以推定经营者具有市场支配地位：……（二）两个经营者在相关市场的市场份额合计达到三分之二的；……"本题中，阳光和爱尚两个企业在相关市场的市场份额合计四分之三，超过了三分之二，可以推断其具有市场支配地位。因此，C项错误。

D项：《反垄断法》第56条第3款规定："经营者主动向反垄断执法机构报告达成垄断协议的有关情况并提供重要证据的，反垄断执法机构可以酌情减轻或者免除对该经营者的处罚。"因此，D项正确。

综上所述，本题答案为D项。

17 61906316

参考答案：B,C

解析：A项：《反垄断法》第24条规定："有下列情形之一的，可以推定经营者具有市场支配地位：（一）一个经营者在相关市场的市场份额达到二分之一的……"本案中，海洋公司在相关市场的市场份额未达到二分之一，不可推定具有市场支配地位。因此，A项错误。

B项：《反垄断法》第24条规定："……被推定具有市场支配地位的经营者，有证据证明不具有市场支配地位的，不应当认定其具有市场支配地位。"江河公司具有市场支配地位的推定可以被相反证据推翻。因此，B项正确。

CD项：《反垄断法》第27条规定："经营者集中有下列情形之一的，可以不向国务院反垄断执法机构申报：（一）参与集中的一个经营者拥有其他每个经营者百分之五十以上有表决权的股份或者资产的；（二）参与集中的每个经营者百分之五十以上有表决权的股份或者资产被同一个未参与集中的经营者拥有的。"即属于母子公司之间的合并、兄弟公司之间的合并不需要申报，本案中，海洋公司持有江河公司50%以上的股权，属于母公司，无需申报；以及海洋公司与江河公司均系善水公司的全资子公司，属于兄弟公司之间的合并，无需申报。因此，C项正确，D项错误。

综上所述，本题答案为BC项。

18 61906252

参考答案：A,B

解析：A项：《反垄断法》第27条规定："经营者集中有下列情形之一的，可以不向国务院反垄断执法机构申报：（一）参与集中的一个经营者拥有其他每个经营者百分之五十以上有表决权的股份或者资产的；（二）参与集中的每个经营者百分之五十以上有表决权的股份或者资产被同一个未参与集中的经营者拥有的。"本案中，乙抗癌疫苗公司持有甲抗癌疫苗公司50%以上有表决权的股份，合并时可以不向国务院反垄断执法机构申报。因此，A项正确。

B项：《反垄断法》第34条规定："经营者集中具有

或者可能具有排除、限制竞争效果的，国务院反垄断执法机构应当作出禁止经营者集中的决定。但是，经营者能够证明该集中对竞争产生的有利影响明显大于不利影响，或者符合社会公共利益的，国务院反垄断执法机构可以作出对经营者集中不予禁止的决定。”本案中，若甲乙公司能够证明集中对竞争利大于弊或者符合公共利益的，国务院反垄断执法机构可以作出准予集中的决定。因此，B 项正确。

C 项：《反垄断法》第 26 条第 1 款规定：“经营者集中达到国务院规定的申报标准的，经营者应当事先向国务院反垄断执法机构申报，未申报的不得实施集中。”据此，经营者应当事先申报，而不得事后申报，C 项错误。

D 项：《反垄断法》第 65 条第 1 款规定：“对反垄断执法机构依据本法第三十四条、第三十五条作出的决定不服的，可以先依法申请行政复议；对行政复议决定不服的，可以依法提起行政诉讼。”据此，当事人对禁止集中或附加条件的决定不服的，应先申请行政复议，对复议决定不服的，再向法院提起行政诉讼，而不能直接提起行政诉讼。因此，D 项错误。

综上所述，本题答案为 AB 项。

第二章 反不正当竞争法

参考答案

[1] AC	[2] D	[3] C	[4] A	[5] B
[6] B	[7] A	[8] C	[9] D	[10] CD
[11] AD	[12] ABC	[13] ABD	[14] B	[15] BD
[16] ABCD	[17] ABC	[18] AB	[19] ABC	[20] ABD
[21] BCD				

一、历年真题及仿真题

（一）不正当竞争的法律责任

【多选】

1 2102080

参考答案：A,C

解析：A 项：“不正当竞争行为”是指经营者在生产经营活动中，采取非法的或者有悖商业道德的手段和方式，与其他经营者相竞争的行为。本案中，甲开发广告屏蔽软件，破坏了网站“广告加免费视频”的完整商业模式，并且还招商播第三方的广告，违反诚信原则和商业道德，构成不正当竞争行为。因此，A 项正确。

B 项：《反不正当竞争法》第 12 条第 2 款第 4 项规定：“经营者不得利用技术手段，通过影响用户选择或者其他方式，实施下列妨碍、破坏其他经营者合法提供的网络产品或者服务正常运行的行为：（四）其他妨碍、破坏其他经营者合法提供的网络产品或者服务正常运行的行为。”本案中，甲以无广告播放为宣传噱头，破坏奇异果网站合法提供的完整的服务正常运行。因此，不得以“技术手段”为名掩盖不正当竞争的事实。因此，B 项错误。

CD 项：《反不正当竞争法》第 17 条第 3 款规定：“因不正当竞争行为受到损害的经营者的赔偿数额，按照其因被侵权所受到的实际损失确定；实际损失难以计算的，按照侵权人因侵权所获得的利益确定……赔偿数额还应当包括经营者为制止侵权行为所支付的合理开支。”本案中，权利人实际损失难以计算的可按照甲获取的利益确定赔偿金额。因此，C 项正确。D 项错在“所有费用”，应当是“合理费用”。因此，D 项错误。

综上所述，本题答案为 AC 项。

（二）不正当竞争行为

【单选】

2 2302046

参考答案：D

解析：A 项：混淆行为是指经营者实施的引人误认为是他人商品或者与他人存在特定联系的行为。本题中，甲公司的电视产品并未与乙公司的产品发生混淆从而引起他人误认，故并非混淆行为。因此，A 项错误。

BC 项：《反不正当竞争法》第 6 条规定：“经营者不得实施下列混淆行为，引人误认为是他人商品或者与他人存在特定联系：（一）擅自使用与他人有一定影响的商品名称、包装、装潢等相同或者近似的标识；……”据此，在判断不正当竞争行为是否为混淆行为时，才需考虑商品是否有影响力以及商业装潢的问题，而本案并不涉及混淆的判断。因此，BC项错误。

D项：《反不正当竞争法》第11条规定：“经营者不得编造、传播虚假信息或者误导性信息，损害竞争对手的商业信誉、商品声誉。”本案中，甲公司员工故意拍摄抹黑小熊图案电视机的视频并获得了极大的关注，且因该图案具有很高的识别度，会使人直接与乙公司的电视机产品进行联系，所以甲公司员工的行为实质上损害了乙公司的商品声誉。因此，D项正确。

综上所述，本题答案为D项。

3 2202137

参考答案：C

解析：ABC项：《反不正当竞争法》第11条规定：“经营者不得编造、传播虚假信息或者误导性信息，损害竞争对手的商业信誉、商品声誉。”本题中，诋毁商誉的主体须为具有竞争关系的经营者，其本质是经营者自己或利用他人，通过编造、传播虚伪事实或误导性信息等不正当手段，对竞争对手的商业信誉、商品信誉进行恶意的诋毁、贬低，以削弱其市场竞争能力，并为自己谋取不正当利益的行为。甲乙同为牛排生产公司，二者是具有竞争关系的经营者，甲公司为占据市场故意实施了散布虚假事实的行为，构成诋毁商誉。而短视频博主刘某因其与乙公司之间不具有竞争关系，并非诋毁商誉的适格主体，其行为仅构成一般的民事侵权。因此，AB项错误，C项正确。

D项：《反不正当竞争法》第12条规定：“经营者利用网络从事生产经营活动，应当遵守本法的各项规定。经营者不得利用技术手段，通过影响用户选择或者其他方式，实施下列妨碍、破坏其他经营者合法提供的网络产品或者服务正常运行的行为：（一）未经其他经营者同意，在其合法提供的网络产品或者服务中，插入链接、强制进行目标跳转；（二）误导、欺骗、强迫用户修改、关闭、卸载其他经营者合法提供的网络产品或者服务；（三）恶意对其他经营者合法提供的网络产品或者服务实施不兼容；（四）其他妨碍、破坏其他经营者合法提供的网络产品或者服务正常运行的行为。”本题中，刘某并非经营者，且其行为也不满足互联网不正当竞争的表现形式。因此，D项错误。

综上所述，本题答案为C项。

4 2202083

参考答案：A

解析：ACD项：《反不正当竞争法》第6条规定：“经营者不得实施下列混淆行为，引人误认为是他人商品或者与他人存在特定联系：（一）擅自使用与他人有一定影响的商品名称、包装、装潢等相同或者近似的标识；（二）擅自使用他人有一定影响的企业名称（包括简称、字号等）、社会组织名称（包括简称等）、姓名（包括笔名、艺名、译名等）；……。”本题中，飞跃公司作为金硕巅峰公司同行业的教育培训机构，擅自使用金硕巅峰公司的企业名称并在其网站展示，会让人误认为其与金硕巅峰公司存在特定联系，构成不正当竞争行为中的商业混淆。因此，A项正确，CD项错误。

B项：《反不正当竞争法》第8条规定，虚假宣传行为是指经营者对商品的性能、功能、质量、销售状况、用户评价、曾获荣誉等作虚假或者引人误解的商业宣传，欺骗、误导消费者的行为。本题中，飞跃公司只是使用了金硕巅峰公司的企业名称，构成商业混淆，不涉及虚假宣传。因此，B项错误。

综上所述，本题答案为A项。

5 2002094

参考答案：B

解析：AB项：《反不正当竞争法》第2条第2款和第3款规定：“本法所称的不正当竞争行为，是指经营者在生产经营活动中，违反本法规定，扰乱市场竞争秩序，损害其他经营者或者消费者的合法权益的行为。本法所称的经营者，是指从事商品生产、经营或者提供服务（以下所称商品包括服务）的自然人、法人和非法人组织。”本案中，A项中乙单位是提供公益服务，不从事经营活动的社会组织，不属于经营者，不是本法所规制的对象，因此不构成商业混淆行为，A项正确，不当选。B项中乙单位作为经营者，其使用的名称中包含有甲单位的简称，属于混淆行为。因此，B项错误，当选。

C项：《反不正当竞争法》第6条规定："经营者不得实施下列混淆行为，引人误认为是他人商品或者与他人存在特定联系……"本案中，商业混淆行为的关键是引人误认为是他人商品或者与他人存在特定联系，既然没有引人误认，当然不构成商业混淆行为。因此，C项正确，不当选。

D项：《反不正当竞争法》第17条第4款规定："经营者违反本法第六条、第九条规定，权利人因被侵权所受到的实际损失、侵权人因侵权所获得的利益难以确定的，由人民法院根据侵权行为的情节判决给予权利人五百万元以下的赔偿。"因此，D项正确，不当选。

综上所述，本题为选非题，答案为B项。

6 1902031

参考答案：B

解析：A项：互联网不正当竞争的核心是经营者利用自有的技术手段，妨碍、破坏其他经营者合法提供的网络产品或服务的正常运行。本题中，文具公司并不存在此行为。因此，A项错误。

B项：《反不正当竞争法》第8条规定："经营者不得对其商品的性能、功能、质量、销售状况、用户评价、曾获荣誉等作虚假或者引人误解的商业宣传，欺骗、误导消费者。经营者不得通过组织虚假交易等方式，帮助其他经营者进行虚假或者引人误解的商业宣传。"本题中，文具公司通过让自己员工下单、邮寄空包裹等行为实际构成了对销售状况的虚假宣传，欺骗误导消费者，属于虚假宣传行为。因此，B项正确。

C项：商业贿赂强调经营者为了谋取交易机会或者竞争优势，而采用财物或者其他手段贿赂相关单位或个人。本题中，文具公司并未实施此类行为。因此，C项错误。

D项：混淆行为强调经营者擅自使用他人有一定影响的名称、包装、装潢、名称、域名、网站、网址等，足以引人误以为是他人商品或者与他人存在特定联系。本题中，文具公司并未擅自使用他人的任何元素，没有混淆行为。因此，D项错误。

综上所述，本题答案为B项。

7 1802029

参考答案：A

解析：AB项：《反不正当竞争法》第12条规定："经营者利用网络从事生产经营活动，应当遵守本法的各项规定。经营者不得利用技术手段，通过影响用户选择或者其他方式，实施下列妨碍、破坏其他经营者合法提供的网络产品或者服务正常运行的行为：（一）未经其他经营者同意，在其合法提供的网络产品或者服务中，插入链接、强制进行目标跳转……"本案中，甲公司未经搜房网运营方同意，在搜房网中插入链接，强制植入广告，属于互联网领域的不正当竞争行为。因此，A项正确，B项错误。

C项：《反不正当竞争法》第11条规定："经营者不得编造、传播虚假信息或者误导性信息，损害竞争对手的商业信誉、商品声誉。"由此可知，诋毁商誉的构成要件包括：1. 行为人是具有竞争关系的经营者；2. 行为手段是编造、传播虚假信息或者误导性信息；3. 行为人出于主观故意；4. 针对特定竞争对手或整个行业。本案中，甲公司并未涉及到诋毁行为。因此，C项错误。

D项：《广告法》第56条规定："……广告经营者、广告发布者不能提供广告主的真实名称、地址和有效联系方式的，消费者可以要求广告经营者、广告发布者先行赔偿。关系消费者生命健康的商品或者服务的虚假广告，造成消费者损害的，其广告经营者、广告发布者、广告代言人应当与广告主承担连带责任。前款规定以外的商品或者服务的虚假广告，造成消费者损害的，其广告经营者、广告发布者、广告代言人，明知或者应知广告虚假仍设计、制作、代理、发布或者作推荐、证明的，应当与广告主承担连带责任。"由此可知，广告发布者在以下情形承担责任：一是如果不能提供广告主的真实信息时要先行赔偿；二是关系消费者生命健康且造成损害时承担连带责任；三是明知应知虚假广告仍推荐造成消费者损害时承担连带责任。本案中，从题目给出的信息，不能判断甲公司是否存在《广告法》第56条规定的需要承担连带责任的情形，故在题目没有明确前提时，甲公司作为广告发布者不承担连带责任。因此，D 项错误。
综上所述，本题答案为 A 项。

8 1701029

参考答案：C

解析：A 项：不正当竞争行为是指经营者在生产经营活动中，违反《反不正当竞争法》规定，扰乱市场竞争秩序，损害其他经营者或者消费者的合法权益的行为。本案中，蛋糕店雇人排队抢购，造成商品供不应求的假象，属于虚假宣传行为，并不是正当的营销行为。因此，A 项错误。

B 项：《反不正当竞争法》第 6 条规定，混淆行为强调经营者擅自使用他人有一定影响的商品名称、包装、装潢、名称、域名、网站、网址等，引人误认为是他人商品或者与他人存在特定联系，从而获得交易机会，损害同业竞争者利益及消费者利益的行为。本案中，并不存在《反不正当竞争法》第 6 条规定的情形，因而不属于混淆行为。因此，B 项错误。

C 项：《反不正当竞争法》第 8 条第 1 款规定："经营者不得对其商品的性能、功能、质量、销售状况、用户评价、曾获荣誉等作虚假或者引人误解的商业宣传，欺骗、误导消费者。"《反不正当竞争法司法解释》第 17 条规定："经营者具有下列行为之一，欺骗、误导相关公众的，人民法院可以认定为反不正当竞争法第八条第一款规定的'引人误解的商业宣传'：（一）对商品作片面的宣传或者对比；（二）将科学上未定论的观点、现象等当作定论的事实用于商品宣传；（三）使用歧义性语言进行商业宣传；（四）其他足以引人误解的商业宣传行为。人民法院应当根据日常生活经验、相关公众一般注意力、发生误解的事实和被宣传对象的实际情况等因素，对引人误解的商业宣传行为进行认定。"本案中，蛋糕店为扩大影响、增加销售，出钱雇人排队抢购，并将销售盛况的照片投放到网络等媒体上，借助媒体的力量对商品作出与实际情况不符的公开宣传，引起消费者对商品或服务产生错误认识，导致附近同类店家生意清淡，损害了同业竞争者的利益，构成虚假宣传。因此，C 项正确。

D 项：《反不正当竞争法》第 7 条第 1 款规定："经营者不得采用财物或者其他手段贿赂下列单位或者个人，以谋取交易机会或者竞争优势：（一）交易相对方的工作人员；（二）受交易相对方委托办理相关事务的单位或者个人；（三）利用职权或者影响力影响交易的单位或者个人。"由此可知，商业贿赂行为指经营者采用财物或其他手段进行贿赂，暗中给予交易相对人或其有关人员好处以获得交易机会，或暗中接受回扣的行为。本案中，蛋糕店虽然花钱雇人排队，但支付费用的对象是顾客，并不属于交易的相对方，因此不构成商业贿赂。因此，D 项错误。

综上所述，本题答案为 C 项。

9 1401027

参考答案：D

解析：AB 项：《反不正当竞争法》第 8 条第 1 款规定："经营者不得对其商品的性能、功能、质量、销售状况、用户评价、曾获荣誉等作虚假或者引人误解的商业宣传，欺骗、误导消费者。"本案中，红心地板公司将在国内加工而成的实木地板对外称为"原装进口"，是一种虚假宣传的行为。因此，AB 项错误。

CD 项：《反不正当竞争法》第 11 条规定："经营者不得编造、传播虚假信息或者误导性信息，损害竞争对手的商业信誉、商品声誉。"本案中，诋毁商誉的行为的要点之一是经营者实施了诋毁商誉的行为，如以广告、新闻发布会等形式捏造、散布虚假事实，使用户、消费者不明真相产生怀疑心理，不敢或不再与受诋毁的经营者进行交易活动。红心地板称"强化木地板甲醛高、不耐用"，诋毁了所有强化木地板类经营者的商誉，因此，D 项正确，C 项错误。

综上所述，本题答案为 D 项。

【多选】

10 1902134

参考答案：C,D

解析：ABC 项：《反不正当竞争法》第 2 条第 3 款规定："本法所称的经营者，是指从事商品生产、经营或者提供服务（以下所称商品包括服务）的自然人、法人和非法人组织。”自然人从事了商品的生产、经营或提供了服务，就属于经营者的范畴。本案中，张某利用此软件进行招商，属于经营者。因此，B 项错误。经营者在生产经营活动中，应当遵循自愿、平等、公平、诚信的原则，遵守法律和商业道德。所以“公平、诚信、法律和商业道德”是区分不正当竞争和正当经营的关键。本案中，张某的行为损害了甲公司产品的正常运营，且谋取了自身的经济利益，不能以“有利于消费者”来掩盖这一不诚信的行为，所以张某的行为已经构成了不正当竞争，而非合法行为。因此，A 项错误，C 项正确。

D 项:《反不正当竞争法》第 17 条第 3 款规定:“因不正当竞争行为受到损害的经营者的赔偿数额，按照其因被侵权所受到的实际损失确定；实际损失难以计算的，按照侵权人因侵权所获得的利益确定……”本案中，不正当竞争行为的民事赔偿数额确定的依据是被害者的实际损失，难以确定的按照侵权人因侵权所得利益来确定。所以当甲公司的实际损失难以计算的时候，可按张某的侵权所得，即向乙公司收取的报酬确定赔偿金额。因此，D 项正确。

综上所述，本题答案为 CD 项。

11 1601068

参考答案：A,D

解析：A 项:《中华人民共和国商标法》第 7 条规定:“申请注册和使用商标，应当遵循诚实信用原则。商标使用人应当对其使用商标的商品质量负责。各级工商行政管理部门应当通过商标管理，制止欺骗消费者的行为。”本案中，陈某注册甲公司是继承祖业，并规范使用其商业标识，符合诚实信用原则。因此，A 项正确。

B 项:《中华人民共和国反不正当竞争法》第 11 条规定:“经营者不得编造、传播虚假信息或者误导性信息，损害竞争对手的商业信誉、商品声誉。”本案中，乙公司的登载行为并没有捏造散布关于甲公司的虚伪事实，损害甲公司的商誉，乙公司的该行为属于虚假宣传，而非诋毁商誉。因此，B 项错误。

C 项：本案中，陈某注册甲公司是继承祖业，并规范使用其商业标识，且乙公司持有的是“善福100”商标，甲公司注册“善福公司”没有侵害其商标权。因此，C 项错误。

D 项:《中华人民共和国反不正当竞争法》第 8 条第 1 款规定:“经营者不得对其商品的性能、功能、质量、销售状况、用户评价、曾获荣誉等作虚假或者引人误解的商业宣传，欺骗、误导消费者。”本案中，乙公司登载不属于自己所有的善福铺的历史及荣誉，引人误解，构成了虚假宣传。因此，D 项正确。

综上所述，本题答案为 AD 项。

12 1501068

参考答案：A,B,C

解析：AD 项:《最高人民法院关于审理商标民事纠纷案件适用法律若干问题的解释》第 1 条第 1 项规定:“下列行为属于商标法第五十七条第(七)项规定的给他人注册商标专用权造成其他损害的行为:(一)将与他人注册商标相同或者相近似的文字作为企业的字号在相同或者类似商品上突出使用，容易使相关公众产生误认的。”本案中，乙公司成立在后，特意将与甲公司注册商标相同“飞鸿”登记为企业字号，并在广告、企业厂牌、商品上突出使用，侵犯了甲公司的注册商标专用权。因此，A 项正确。甲公司作为被侵权人，没有理由“应当允许”乙公司继续使用，D 项说法于法无据。因此，D 项错误。

B 项:《反不正当竞争法解释》第 13 条第 2 项规定:“经营者实施下列混淆行为之一，足以引人误认为是他人商品或者与他人存在特定联系的，人民法院可以依照反不正当竞争法第六条第四项予以认定:(二)将他人注册商标、未注册的驰名商标作为企业名称中的字号使用，误导公众。”《反不正当竞争法》第 6 条第(四)项则规定的是混淆行为。本案中，乙公司将与甲公司注册商标相同的文字“飞鸿”登记为企业字号并突出使用的行为构成不正当竞争中的混淆行为。因此，B 项正确。

C 项:《反不正当竞争法》第 17 条第 1 款、第 3 款规定:“经营者违反本法规定，给他人造成损害的，应当依法承担民事责任。”“因不正当竞争行为受到损害的经营者的赔偿数额，按照其因被侵权所受到的实际损失确定；实际损失难以计算的，按照侵权人因侵权所获得的利益确定。经营者恶意实施侵犯商业秘密行为，情节严重的，可以在按照上述方法确定数额的一倍以上五倍以下确定赔偿数额。赔偿数额还应当包括经营者为制止侵权行为所支付的合理开支。”本案中，甲公司因调查乙公司不正当竞争行为所支付的合理费用应由乙公司赔偿。因此，C 项正确。
综上所述，本题答案为 ABC 项。

13 1401065

参考答案：A,B,D
解析：《反不正当竞争法》第 6 条规定：“经营者不得实施下列混淆行为，引人误认为是他人商品或者与他人存在特定联系：（一）擅自使用与他人有一定影响的商品名称、包装、装潢等相同或者近似的标识；（二）擅自使用他人有一定影响的企业名称（包括简称、字号等）、社会组织名称（包括简称等）、姓名（包括笔名、艺名、译名等）；（三）擅自使用他人有一定影响的域名主体部分、网站名称、网页等；（四）其他足以引人误认为是他人商品或者与他人存在特定联系的混淆行为。”
AB 项：乙酒厂的包装即使未获得专利，不妨碍认定甲酒厂搭便车、蹭热度的混淆行为。因此，A 项错误，当选。同理，甲酒厂虽然将自己的厂名、厂址、商标印在包装上，但其精心摹仿乙酒厂的包装，足以引起他人的误认，已经构成混淆行为。因此，B 项错误，当选。
CD 项：混淆行为的要件之一是经营者的行为足以使消费者产生错误认识，。因此，如果不足以使消费者误认，则不构成混淆行为。对于消费者的界定，一般是以普通消费者为衡量标准，并非以该商品的长期消费者为衡量标准。因此，C 项正确，不当选；D 项错误，当选。
综上所述，本题为选非题，答案为 ABD 项。

【不定项】

14 2202084

参考答案：B
解析：ABCD 项：《反不正当竞争法》第 9 条第 4 款规定：“本法所称的商业秘密，是指不为公众所知悉、具有商业价值并经权利人采取相应保密措施的技术信息、经营信息等商业信息。”《最高人民法院关于审理侵犯商业秘密民事案件适用法律若干问题的规定》第 1 条第 2、3 款规定：“与经营活动有关的创意、管理、销售、财务、计划、样本、招投标材料、客户信息、数据等信息，人民法院可以认定构成反不正当竞争法第九条第四款所称的经营信息。”“前款所称的客户信息，包括客户的名称、地址、联系方式以及交易习惯、意向、内容等信息。”《最高人民法院关于审理侵犯商业秘密民事案件适用法律若干问题的规定》第 2 条第 2 款规定：“客户基于对员工个人的信赖而与该员工所在单位进行交易，该员工离职后，能够证明客户自愿选择与该员工或者该员工所在的新单位进行交易的，人民法院应当认定该员工没有采用不正当手段获取权利人的商业秘密。”本案中，甲仅读取了乙公司客户的联系方式，不涉及客户的地址、交易习惯、意向等其他重要且深度的信息，因此甲仅读取客户联系方式的行为并未侵犯乙公司的商业秘密。此外，相关客户是基于对甲的信任选择继续与甲合作，故也可认定甲没有采用不正当手段。因此，B 项正确，ACD 项错误。
综上所述，本题答案为 B 项。

（三）综合知识点

【多选】

15 2202082

参考答案：B,D
解析：A 项：《电子商务法》第 9 条规定：“本法所称电子商务经营者，是指通过互联网等信息网络从事销售商品或者提供服务的经营活动的自然人、法人和非法人组织，包括电子商务平台经营者、平台内经营者以及通过自建网站、其他网络服务销售商品或者提供服务的电子商务经营者。……本法所称平台内经营者，是指通过电子商务平台销售商品或者提供服务的电子商务经营者。”本案中，甲公司与某网红签订营销服务合同，由该网红直播带货。该网红对外具有销售获利的主观目的，应当视为具有经营者身份，其出售速冻食品的行为构成经营行为。因此，A 项错误。

B 项：《反不正当竞争法》第 8 条第 1 款规定："经营者不得对其商品的性能、功能、质量、销售状况、用户评价、曾获荣誉等作虚假或者引人误解的商业宣传，欺骗、误导消费者。"本案中，该网红用虚假的销售额数据进行宣传，属于虚假宣传。因此，B 项正确。

C 项：网红因直播带货所获得的收入，属于个人所得，应当根据《个人所得税法》的规定如实申报，缴纳个人所得税。因此，网红隐匿收入的行为属于违法行为，而非合法的避税行为，C 项错误。

D 项：《电子商务法》第 28 条第 2 款规定："电子商务平台经营者应当依照税收征收管理法律、行政法规的规定，向税务部门报送平台内经营者的身份信息和与纳税有关的信息，并应当提示依照本法第十条规定不需要办理市场主体登记的电子商务经营者依照本法第十一条第二款的规定办理税务登记。"本案中，网络直播平台应主动向税务机关报送相关数据。因此，D 项正确。

综上所述，本题答案为 BD 项。

16 2202136

参考答案：A,B,C,D

解析：AB 项：《反不正当竞争法》第 6 条第 1 项规定："经营者不得实施下列混淆行为，引人误认为是他人商品或者与他人存在特定联系：（一）擅自使用与他人有一定影响的商品名称、包装、装潢等相同或者近似的标识……"《反不正当竞争法》第 17 条第 1 款规定："经营者违反本法规定，给他人造成损害的，应当依法承担民事责任。"《反不正当竞争法解释》第 4 条第 1 款规定："具有一定的市场知名度并具有区别商品来源的显著特征的标识，人民法院可以认定为反不正当竞争法第六条规定的'有一定影响的'标识。"本题中，百万公司主张小姜的行为构成混淆并要求赔偿，应先证明自己的标识"有一定影响"，即在相关市场上具有一定的知名度，其次证明"玫瑰花牌"护手霜的特有名称和装潢是百万公司特有的，最后证明小姜的不正当经营行为给自己造成了损害。因此，AB 项正确。

C 项：《反不正当竞争法解释》第 14 条第 2 款规定："销售不知道是前款规定的侵权商品，能证明该商品是自己合法取得并说明提供者，经营者主张不承担赔偿责任的，人民法院应予支持。"本题中，小姜只要能证明自己不知道销售的是侵权商品，且系合法取得并能说明提供者的，可不承担赔偿责任。因此，C 项正确。

D 项：《反不正当竞争法》第 17 条第 1、3 款规定："经营者违反本法规定，给他人造成损害的，应当依法承担民事责任……因不正当竞争行为受到损害的经营者的赔偿数额，按照其因被侵权所受到的实际损失确定；实际损失难以计算的，按照侵权人因侵权所获得的利益确定……赔偿数额还应当包括经营者为制止侵权行为所支付的合理开支。"本题中，百万公司因调查所支付的合理费用应由小姜赔偿。因此，D 项正确。

综上所述，本题答案为 ABCD 项。

17 2202138

参考答案：A,B,C

解析：AB 项：《反不正当竞争法》第 6 条第 1、2 项规定："经营者不得实施下列混淆行为，引人误认为是他人商品或者与他人存在特定联系：（一）擅自使用与他人有一定影响的商品名称、包装、装潢等相同或者近似的标识；（二）擅自使用他人有一定影响的企业名称（包括简称、字号等）、社会组织名称（包括简称等）、姓名（包括笔名、艺名、译名等）……"本题中，李某擅自使用陈某有一定影响的商标作为其公司名称，属于混淆行为；刘某在"陈金麻"店铺旁销售"陈金麻公司"生产的面条，并委托张某仿造"陈金麻"商标的包装袋，属于擅自使用他人有一定影响的包装，同样构成商业混淆。因此，AB 项正确。

C 项：《反不正当竞争法解释》第 15 条规定："故意为他人实施混淆行为提供仓储、运输、邮寄、印制、隐匿、经营场所等便利条件，当事人请求依据民法典第一千一百六十九条第一款予以认定的，人民法院应予支持。"《民法典》第 1169 条第 1 款规定："教唆、帮助他人实施侵权行为的，应当与行为人承担连带责任。"本题中，张某为刘某提供仿造"陈金麻"商标包装袋的便利条件，属于帮助他人实施侵权行为，故陈某可要求其与刘某承担连带责任。因此，C 项正确。
D 项：《反不正当竞争法解释》第 24 条规定："对于同一侵权人针对同一主体在同一时间和地域范围实施的侵权行为，人民法院已经认定侵害著作权、专利权或者注册商标专用权等并判令承担民事责任，当事人又以该行为构成不正当竞争为由请求同一侵权人承担民事责任的，人民法院不予支持。"因此，D 项错误。
综上所述，本题答案为 ABC 项。

二、模拟训练

18 62206205

参考答案：A,B

解析：A 项：《反不正当竞争法》第 12 条第 2 款第 1 项规定："经营者不得利用技术手段，通过影响用户选择或者其他方式，实施下列妨碍、破坏其他经营者合法提供的网络产品或者服务正常运行的行为：（一）未经其他经营者同意，在其合法提供的网络产品或者服务中，插入链接、强制进行目标跳转。"《反不正当竞争法解释》第 21 条规定："未经其他经营者和用户同意而直接发生的目标跳转，人民法院应当认定为反不正当竞争法第十二条第二款第一项规定的'强制进行目标跳转'。"本案中，小花网站在未取得用户的同意的情况下，在用户玩游戏时自动跳转某购物网站网页，构成不正当竞争的行为。因此，A 项正确。
BC 项：《计算机软件保护条例》第 24 条规定："……本条例或者其他法律、行政法规另有规定外，未经软件著作权人许可，有下列侵权行为的，应当根据情况，承担停止侵害、消除影响、赔礼道歉、赔偿损失等民事责任；……（二）向公众发行、出租、通过信息网络传播著作权人的软件的；……"小姜盗用并销售小花网站开发能屏蔽自动跳转链接的软件，不仅侵犯了小花网站的著作权，还破坏了小花网站完整的商业模式，违反诚信原则和商业道德，构成不正当竞争。因此，B 项正确，C 项错误。
D 项：《反不正当竞争法解释》第 24 条规定："对于同一侵权人针对同一主体在同一时间和地域范围实施的侵权行为，人民法院已经认定侵害著作权、专利权或者注册商标专用权等并判令承担民事责任，当事人又以该行为构成不正当竞争为由请求同一侵权人承担民事责任的，人民法院不予支持。"因此，D 项错误。
综上所述，本题答案为 AB 项。

19 61906272

参考答案：A,B,C

解析：A 项：《反不正当竞争法》第 9 条第 1 款第 1 项规定："经营者不得实施下列侵犯商业秘密的行为：（一）以盗窃、贿赂、欺诈、胁迫、电子侵入或者其他不正当手段获取权利人的商业秘密；……"本题中，乙公司通过贿赂张三获取了甲公司的技术，该行为侵犯了甲公司的商业秘密。因此，A 项正确。
B 项：《反不正当竞争法》第 8 条第 1 款规定："经营者不得对其商品的性能、功能、质量、销售状况、用户评价、曾获荣誉等作虚假或者引人误解的商业宣传，欺骗、误导消费者。"本题中，乙公司虚构销售状况的行为属于虚假宣传。因此，B 项正确。
C 项：《反不正当竞争法》第 11 条规定："经营者不得编造、传播虚假信息或者误导性信息，损害竞争对手的商业信誉、商品声誉。"本题中，乙公司编造虚假事实，损害了甲公司声誉，构成商业诋毁。因此，C 项正确。
D 项：《反不正当竞争法》第 10 条第 3 项规定："经营者进行有奖销售不得存在下列情形：……（三）抽奖式的有奖销售，最高奖的金额超过五万元。"本题中，最高金额为 8888 元在法律允许的限度内，不构成非法有奖销售。因此，D 项错误。
综上所述，本题答案为 ABC 项。

20 62206203

参考答案：A,B,D

解析：AD 项：《反不正当竞争法》第 6 条规定："经营者不得实施下列混淆行为，引人误认为是他人商品或者与他人存在特定联系：（一）擅自使用与他人有一定影响的商品名称、包装、装潢等相同或者近似的标识……"。因此，A 项正确。另外，根据"谁主张，谁举证"的原则，阳光公司要求爱尚公司赔偿的，需证明其确因该仿冒行为遭受了损害。因此，D 项正确。

B项：《反不正当竞争法解释》第12条第3款规定："在相同商品上使用相同或者视觉上基本无差别的商品名称、包装、装潢等标识，应当视为足以造成与他人有一定影响的标识相混淆。"因此，B项正确。

C项：《反不正当竞争法》第6条规定："经营者不得实施下列混淆行为，引人误认为是他人商品或者与他人存在特定联系：……（四）其他足以引人误认为是他人商品或者与他人存在特定联系的混淆行为。"《反不正当竞争法解释》第13条规定："经营者实施下列混淆行为之一，足以引人误认为是他人商品或者与他人存在特定联系的，人民法院可以依照反不正当竞争法第六条第四项予以认定：……（二）将他人注册商标、未注册的驰名商标作为企业名称中的字号使用，误导公众。"本题中，爱上美容茶企业将阳光公司注册的"美容茶"商标作为其字号使用，误导了消费者，该行为构成混淆。因此，C项错误。

综上所述，本题答案为ABD项。

21 62206204

参考答案：B,C,D

解析：AC项：《反不正当竞争法》第8条第1款规定："经营者不得对其商品的性能、功能、质量、销售状况、用户评价、曾获荣誉等作虚假或者引人误解的商业宣传，欺骗、误导消费者。"以及《反不正当竞争法》第11条规定："经营者不得编造、传播虚假信息或者误导性信息，损害竞争对手的商业信誉、商品声誉。"本题中，小美化妆品店雇人排队抢购，构成对商品销售状况的虚假宣传；散播附近同类店家销售商品的不真实信息，构成商业诋毁。因此，A项错误，C项正确。

B项：《反不正当竞争法解释》第15条规定："故意为他人实施混淆行为提供仓储、运输、邮寄、印制、隐匿、经营场所等便利条件，当事人请求依据民法典第一千一百六十九条第一款予以认定的，人民法院应予支持。"《民法典》第1169条第1款规定："教唆、帮助他人实施侵权行为的，应当与行为人承担连带责任。"因此，B项正确。

D项：《反不正当竞争法解释》第14条第2款规定："销售不知道是前款规定的侵权商品，能证明该商品是自己合法取得并说明提供者，经营者主张不承担赔偿责任的，人民法院应予支持。"因此，D项正确。

综上所述，本题答案为BCD项。

第三章 消费者权益保护法

参考答案

[1]B	[2]ACD	[3]ABC	[4]ABCD	[5]A
[6]AB	[7]ACD	[8]ABD	[9]ABCD	[10]AC
[11]AB	[12]BC	[13]BC	[14]BD	[15]AC
[16]AB	[17]ACD	[18]AD	[19]D	[20]CD

一、历年真题及仿真题

（一）消费纠纷的解决

【单选】

1 1902032

参考答案：B

解析：[命题陷阱] 1. 展销会上售出商品质量不合格，如果展销会举办期间，由销售者承担责任；如果展销会结束，由展销会的举办者承担责任。2. 营业执照出租出借的，营业执照使用者及所有者均应承担经营者应该负担的责任。

AC项：《消费者权益保护法》第43条规定："消费者在展销会、租赁柜台购买商品或者接受服务，其合法权益受到损害的，可以向销售者或者服务者要求赔偿。展销会结束或者柜台租赁期满后，也可以向展销会的举办者、柜台的出租者要求赔偿。展销会的举办者、柜台的出租者赔偿后，有权向销售者或者服务者追偿。"本题中，消费者是在展销会上购买此瑕疵产品，展销会举办期间，经营者仍在展销会上开展经营活动，消费者可以向经营者请求赔偿。展销会举办者负有基本的审查和注意义务，确保其招募的经营者在展销会上销售的商品质量合格，并收集经营者的相关信息。如果在展销会上售出的商品质量不合格，被发现时展销会已经结束，经营者不知所踪，则消费者难以向经营者主张责任。因此，展销会结束后应由展销会举办者、柜台出租者承担“期后连带”的责任，举办者、出租者承担责任后再向经营者追偿。本案中，发生纠纷时，展销会尚未结束，应该排除展销会的举办者玩具协会和柜台的出租者丙公司的责任，消费者应直接向销售者甲公司主张责任。因此，AC 项错误。

B 项:《消费者权益保护法》第 42 条规定:“使用他人营业执照的违法经营者提供商品或者服务，损害消费者合法权益的，消费者可以向其要求赔偿，也可以向营业执照的持有人要求赔偿。”本题中，销售者甲公司借乙公司营业执照实施销售活动，营业执照的持有人乙公司和借用人甲公司应承担连带责任，故乙公司作为营业执照的持有人应承担责任。因此，B 项正确。

D 项:《产品质量法》第 40 条第 1 款规定:“售出的产品有下列情形之一的，销售者应当负责修理、更换、退货；给购买产品的消费者造成损失的，销售者应当赔偿损失：……（三）不符合以产品说明、实物样品等方式表明的质量状况的。”本案中，拼图玩具少了一片的质量问题，应认定为产品瑕疵，瑕疵产品属于违约责任，消费者王某应向销售者甲公司主张责任，与生产者丁公司无直接法律关系。因此，D 项错误。

综上所述，本题答案为 B 项。

（二）侵犯消费者权益的法律责任

【多选】

2　2102081

参考答案：A,C,D

解析：AB 项:《消费者权益保护法》第 40 条第 2 款规定:“消费者或者其他受害人因商品缺陷造成人身、财产损害的，可以向销售者要求赔偿，也可以向生产者要求赔偿。属于生产者责任的，销售者赔偿后，有权向生产者追偿。属于销售者责任的，生产者赔偿后，有权向销售者追偿。”本案中，汽车生产者和销售者“花生二手车”应当对受害人承担连带赔偿责任（不真正连带责任），而非承担按份责任。因此，A 选项正确。B 选项错误。

C 项:《民法典》第 1183 条第 1 款规定:“侵害自然人人身权益造成严重精神损害的，被侵权人有权请求精神损害赔偿。”本案中，甲身受重伤导致残疾，人身权益遭受重大损害，已经造成精神损害，受害人可以要求精神损害赔偿。因此，C 选项正确。

D 项:《消费者权益保护法》第 55 条第 2 款规定:“经营者明知商品或者服务存在缺陷，仍然向消费者提供，造成消费者或者其他受害人死亡或者健康严重损害的，受害人有权要求经营者依照本法第四十九条、第五十一条等法律规定赔偿损失，并有权要求所受损失二倍以下的惩罚性赔偿。”本案中，该款电动汽车在全国已多次发生相同问题表明经营者明知商品存在缺陷，受害人甲因此造成健康严重损害，有权要求所受损失 2 倍以下的惩罚性赔偿。因此，D 选项正确。

综上所述，本题答案为 ACD 项。

【不定项】

3　1501095

参考答案：A,B,C

解析：A 项:《消费者权益保护法》第 18 条规定:“经营者应当保证其提供的商品或者服务符合保障人身、财产安全的要求。对可能危及人身、财产安全的商品和服务，应当向消费者作出真实的说明和明确的警示，并说明和标明正确使用商品或者接受服务的方法以及防止危害发生的方法。宾馆、商场、餐馆、银行、机场、车站、港口、影剧院等经营场所的经营者，应当对消费者尽到安全保障义务。”《民法典》第 1198 条第 1 款规定:“宾馆、商场、银行、车站、机场、体育场馆、娱乐场所等经营场所、公共场所的经营者、管理者或者群众性活动的组织者，未尽到安全保障义务，造成他人损害的，应当承担侵权责任。”本案中，商场使用已多次发生逆行的某型号自动扶梯，未尽到安全保障义务，造成王某、栗某损害，商场应当承担侵权责任，王某、栗某可以请求该商场承担赔偿责任。因此，A 项正确。

BCD 项:《消费者权益保护法》第 40 条第 2、3 款规定:“消费者或者其他受害人因商品缺陷造成人身、财产损害的，可以向销售者要求赔偿，也可以向生产者要求赔偿。属于生产者责任的，销售者赔偿后，有权向生产者追偿。属于销售者责任的，生产者赔偿后，有权向销售者追偿。”“消费者在接受服务时，其合法权益受到损害的，可以向服务者要求赔偿。”本案中，电梯厂和亚林公司是缺陷电梯的生产者和销售者，受害人有权请求电梯厂和亚林公司承担赔偿责任。因此，B项正确。对于C项的表述，可能有人会纠结生产者与销售者承担的是不真正连带责任，选项却表述的是连带赔偿责任，似乎不太准确。这是因为不真正连带责任是一种学术上的分类表述，对外与连带责任没有区别，故而用“连带赔偿责任”表达也可以。因此，C项正确。商场赔偿后，可向缺陷产品生产者电梯厂全部追偿，即商场承担的不是按份赔偿责任。因此，D项错误。

综上所述，本题答案为ABC项。

4 1501096

参考答案：A,B,C,D

解析：AB项：《消费者权益保护法》第49条规定：“经营者提供商品或者服务，造成消费者或者其他受害人人身伤害的，应当赔偿医疗费、护理费、交通费等为治疗和康复支出的合理费用，以及因误工减少的收入。造成残疾的，还应当赔偿残疾生活辅助具费和残疾赔偿金。造成死亡的，还应当赔偿丧葬费和死亡赔偿金。”本案中，为治疗支出的合理费用及因误工减少的收入，都在上述规定范围内。因此，AB项正确。

C项：《民法典》第1183条第1款规定：“侵害自然人人身权益造成严重精神损害的，被侵权人有权请求精神损害赔偿。”本案中，栗某因人身权遭受损害而造成的精神损害，可以主张精神损害赔偿。因此，C项正确。

D项：《消费者权益保护法》第55条第2款规定：“经营者明知商品或者服务存在缺陷，仍然向消费者提供，造成消费者或者其他受害人死亡或者健康严重损害的，受害人有权要求经营者依照本法第四十九条、第五十一条等法律规定赔偿损失，并有权要求所受损失二倍以下的惩罚性赔偿。”本案中，经营者明知电梯存在缺陷，仍然向消费者提供，造成栗某健康严重损害，应当承担故意侵权的加重责任，即受害者栗某可以主张所受损失2倍以下的惩罚性赔偿。因此，D项正确。

综上所述，本题答案为ABCD项。

（三）经营者义务

【单选】

5 2202139

参考答案：A

解析：ABC项：《消费者权益保护法》第24条规定：“经营者提供的商品或者服务不符合质量要求的，消费者可以依照国家规定、当事人约定退货，或者要求经营者履行更换、修理等义务。没有国家规定和当事人约定的，消费者可以自收到商品之日起七日内退货；七日后符合法定解除合同条件的，消费者可以及时退货，不符合法定解除合同条件的，可以要求经营者履行更换、修理等义务。依照前款规定进行退货、更换、修理的，经营者应当承担运输等必要费用。”《消费者权益保护法》第25条规定：“经营者采用网络、电视、电话、邮购等方式销售商品，消费者有权自收到商品之日起七日内退货，且无需说明理由，但下列商品除外：（一）消费者定作的；（二）鲜活易腐的；（三）在线下载或者消费者拆封的音像制品、计算机软件等数字化商品；（四）交付的报纸、期刊……消费者退货的商品应当完好。经营者应当自收到退回商品之日起七日内返还消费者支付的商品价款。退回商品的运费由消费者承担；经营者和消费者另有约定的，按照约定。”本题中，音像制品CD并无质量问题，且已经拆封，因此不能退货；书籍因存在质量问题可以退货，且所发生的运费应由书店老板承担。对于质量问题产生的退货，法律并未限定所支付款项在一个月后才能返还。因此，A项正确，BC项错误。

D项：《消费者权益保护法》第26条第2、3款规定：“经营者不得以格式条款、通知、声明、店堂告示等方式，作出排除或者限制消费者权利、减轻或者免除经营者责任、加重消费者责任等对消费者不公平、不合理的规定，不得利用格式条款并借助技术手段强制交易。格式条款、通知、声明、店堂告示等含有前款所列内容的，其内容无效。”本题中，网店提示“一经拆封，概不退货”，属于排除消费者权利、免除经营者责任的告示，违反了上述规定，故已拆封不构成不予退货的理由。因此，D 项错误。

综上所述，本题答案为 A 项。

【多选】

6 2202140

参考答案：A,B

解析：ACD 项：《消费者权益保护法》第 25 条规定：“经营者采用网络、电视、电话、邮购等方式销售商品，消费者有权自收到商品之日起七日内退货，且无需说明理由，但下列商品除外：（一）消费者定作的；（二）鲜活易腐的；（三）在线下载或者消费者拆封的音像制品、计算机软件等数字化商品；（四）交付的报纸、期刊。除前款所列商品外，其他根据商品性质并经消费者在购买时确认不宜退货的商品，不适用无理由退货。消费者退货的商品应当完好。经营者应当自收到退回商品之日起七日内返还消费者支付的商品价款。退回商品的运费由消费者承担；经营者和消费者另有约定的，按照约定。”本题中，甲网购的衣服适用 7 天无理由退货，而丙购买的水果属于鲜活易腐的商品，不适用七天无理由退货。另外，消费者主张退货时应自行承担相关运费。因此，A 项正确，CD 项错误。

B 项：《消费者权益保护法》第 23 条第 3 款规定：“经营者提供的机动车、计算机、电视机、电冰箱、空调器、洗衣机等耐用商品或者装饰装修等服务，消费者自接受商品或者服务之日起六个月内发现瑕疵，发生争议的，由经营者承担有关瑕疵的举证责任。”本题中，乙收到冰箱后 5 个月发现质量问题，应由经营者承担有关瑕疵的举证责任。因此，B 项正确。

综上所述，本题答案为 AB 项。

（四）消费者权利

【多选】

7 2302048

参考答案：A,C,D

解析：A 项：知情权是指知悉、获取信息的自由与权利。本案中，充电宝使用价格属于供应者必须提供的信息，而其要求用户同意《使用协议》后才可获取价格信息，会导致消费者无法充分了解产品信息，侵害了消费者的知情权。因此，A 项正确。

B 项：自主选择权是指消费者自主选择经营者、商品品种或服务方式；自主决定是否购买商品、接受服务；对商品或服务进行比较、鉴别和挑选。本案中，并未涉及到挑选、对比、选择不同商品的内容，故不涉及该权利。因此，B 项错误。

C 项：公平交易权是指消费者有权获得质量保障、价格合理、计量正确等公平交易条件；有权拒绝经营者的强制交易行为。本案中，在消费者不同意使用其个人信息的情况下，充电宝公司仍向其投放广告的行为属于强迫消费者接受交易的内容，侵犯了消费者的公平交易权。因此，C 项正确。

D 项：本题中，消费者不同意使用其个人信息，但充电宝公司仍利用其信息进行广告投放，该行为侵犯了消费者的个人信息权。因此，D 项正确。

综上所述，本题答案为 ACD 项。

8 1401066

参考答案：A,B,D

解析：AB 项：《消费者权益保护法》第 25 条第 1 款和第 2 款规定：“经营者采用网络、电视、电话、邮购等方式销售商品，消费者有权自收到商品之日起七日内退货，且无需说明理由，但下列商品除外：（一）消费者定作的；（二）鲜活易腐的；（三）在线下载或者消费者拆封的音像制品、计算机软件等数字化商品；（四）交付的报纸、期刊。除前款所列商品外，其他根据商品性质并经消费者在购买时确认不宜退货的商品，不适用无理由退货。”《消费者权益保护法》第 26 条第 2 款、第 3 款规定：“经营者不得以格式条款、通知、声明、店堂告示等方式，作出排除或者限制消费者权利、减轻或者免除经营者责任、加重消费者责任等对消费者不公平、不合理的规定，不得利用格式条款并借助技术手段强制交易。格式条款、通知、声明、店堂告示等含有前款所列内容的，其内容无效。”本案中，网店提示“一经拆封，概不退货”，属于排除消费者权利、免除经营者责任的告示，违法了上述第 25 条的规定，因此 A 选项的说法违法。已拆封和无质量问题不构成不予退货的理由，因此 B 选项说法违法。因此，AB 项表述错误，当选。

CD 项:《消费者权益保护法》第 25 条第 3 款规定:“消费者退货的商品应当完好。经营者应当自收到退回商品之日起七日内返还消费者支付的商品价款。退回商品的运费由消费者承担；经营者和消费者另有约定的，按照约定。”因此，C 项表述正确，不当选；本案中，网店应当在收到退回商品之日起七日内返还货款，而不是一个月后。因此，D 项表述错误，当选。

综上所述，本题为选非题，答案为 ABD 项。

9 1401068

参考答案：A,B,C,D

解析：A 项:《消费者权益保护法》第 9 条规定：“消费者享有自主选择商品或者服务的权利。消费者有权自主选择提供商品或者服务的经营者，自主选择商品品种或者服务方式，自主决定购买或者不购买任何一种商品、接受或者不接受任何一项服务。消费者在自主选择商品或者服务时，有权进行比较、鉴别和挑选。”本案中，甲方要求钱某不得利用其信息撇开甲公司直接与房主签约，是正常的商业行为。防跳单条款在日常生活中很常见，主要是为了保密，不损害中介的利益，并没有损害消费者的利益，所以是允许的。自主选择权，主要强调消费者选择上的自愿、非强制，本案中，因为该条款并没有强制消费者必须买这套房屋，消费者完全可以拒绝，故并未损害消费者的自主选择权。因此，A 项错误，当选。

B 项:《消费者权益保护法》第 10 条规定:“消费者享有公平交易的权利。消费者在购买商品或者接受服务时，有权获得质量保障、价格合理、计量正确等公平交易条件，有权拒绝经营者的强制交易行为。”本案中，单凭甲公司房价明显高于乙公司房价这一点，并不能认定甲公司侵害了钱某的公平交易权，因为价格波动本身是市场的正常现象，况且甲公司并没有强制钱某按其价格进行交易。因此甲公司抬高房价并未侵害消费者的公平交易权。因此，B 项错误，当选。

C 项:《反不正当竞争法》第 2 条第 2 款规定:“本法所称的不正当竞争行为，是指经营者在生产经营活动中，违反本法规定，扰乱市场竞争秩序，损害其他经营者或者消费者的合法权益的行为。”本案中，彦某将同一处房屋分别委托甲乙两个中介出售，甲公司抬高房价，乙公司房价比甲公司低，属于正常的市场竞争行为，不属于不正当竞争行为。因此，C 项错误，当选。

D 项:《反不正当竞争法》第 9 条规定:“经营者不得实施下列侵犯商业秘密的行为:（一）以盗窃、贿赂、欺诈、胁迫、电子侵入或者其他不正当手段获取权利人的商业秘密;（二）披露、使用或者允许他人使用以前项手段获取的权利人的商业秘密;（三）违反保密义务或者违反权利人有关保守商业秘密的要求，披露、使用或者允许他人使用其所掌握的商业秘密……”本案中，乙公司通过委托正当获得房源消息，钱某并没有披露、使用、允许他人使用其所获得的保密信息。因此，D 项错误，当选。

综上所述，本题为选非题，答案为 ABCD 项。

10 2402021

参考答案：A,C

解析：AC 项:《消费者权益保护法》第 37 条第 1 款规定:“消费者协会履行下列公益性职责：……（四）就有关消费者合法权益的问题，向有关部门反映、查询，提出建议;（五）受理消费者的投诉，并对投诉事项进行调查、调解；……”本题中，A 项和 C 项分别对应着前述法条中的第（四）项和第（五）项。因此，AC 项正确。

B 项：消费者协会和其他消费者组织是依法成立的对商品和服务进行社会监督的保护消费者合法权益的社会组织，无罚款权力。因此，B 项错误。

D 项:《消费者权益保护法》第 47 条规定:“对侵害众多消费者合法权益的行为，中国消费者协会以及在省、自治区、直辖市设立的消费者协会，可以向人民法院提起诉讼。”据此，仅中国消费者协会和省级消费者协会才能够提起公益诉讼。本案中的消费者协会系市级消费者协会，不能提起公益诉讼。因此，D 项错误。

综上所述，本题答案为 AC 项。

（五）综合知识点

【多选】

11 2302050

参考答案：A,B

解析：A 项：《消费者权益保护法》第 44 条第 1 款规定："消费者通过网络交易平台购买商品或者接受服务，其合法权益受到损害的，可以向销售者或者服务者要求赔偿。网络交易平台提供者不能提供销售者或者服务者的真实名称、地址和有效联系方式的，消费者也可以向网络交易平台提供者要求赔偿；……" 本题中，因商家销售的商品存在质量瑕疵问题，平台应向消费者提供销售者的真实名称、地址等信息。因此，A 项正确。

B 项：《消费者权益保护法》第 24 条规定："经营者提供的商品或者服务不符合质量要求的，消费者可以依照国家规定、当事人约定退货，或者要求经营者履行更换、修理等义务。没有国家规定和当事人约定的，消费者可以自收到商品之日起七日内退货；七日后符合法定解除合同条件的，消费者可以及时退货，不符合法定解除合同条件的，可以要求经营者履行更换、修理等义务。" 本题中，若因买家的过错导致商品质量出现问题，卖家不承担退货义务。因此，B 项正确。

C 项：《消费者权益保护法》第 25 条第 1 款、第 2 款规定："经营者采用网络、电视、电话、邮购等方式销售商品，消费者有权自收到商品之日起七日内退货，且无需说明理由，但下列商品除外：（一）消费者定作的；（二）鲜活易腐的；（三）在线下载或者消费者拆封的音像制品、计算机软件等数字化商品；（四）交付的报纸、期刊。除前款所列商品外，其他根据商品性质并经消费者在购买时确认不宜退货的商品，不适用无理由退货。" 本题中，小张购买的商品并非法定的不适用七天无理由退货的商品类型，商家对于店铺会员支持七天无理由退货的承诺实质上属于剥夺消费者合法权利的格式条款，应属无效。因此，C 项错误。

D 项：《消费者权益保护法》第 23 条第 3 款规定："经营者提供的机动车、计算机、电视机、电冰箱、空调器、洗衣机等耐用商品或者装饰装修等服务，消费者自接受商品或者服务之日起六个月内发现瑕疵，发生争议的，由经营者承担有关瑕疵的举证责任。" 本题中，耐用商品瑕疵检测的义务主体为经营者，而不是消费者，即应由商家负有检测义务而不是要求小张进行检测。因此，D 项错误。

综上所述，本题答案为 AB 项。

12 1902135

参考答案：B,C

解析：［命题陷阱］本案融合了大宗耐用商品维权的举证责任倒置制度和网购无理由退货制度。1. 网购等远程非现场购物的方式中，消费者自收到货后 7 日内有无理由退货的权利；2. 电视机等大宗耐用商品自消费者接受商品后六个月内发现瑕疵，发生争议的，由经营者承担举证责任。

AC 项：《消费者权益保护法》第 25 条规定："经营者采用网络、电视、电话、邮购等方式销售商品，消费者有权自收到商品之日起七日内退货，且无需说明理由……消费者退货的商品应当完好。经营者应当自收到退回商品之日起七日内返还消费者支付的商品价款。退回商品的运费由消费者承担；经营者和消费者另有约定的，按照约定。" 本案中，甲通过网络购物的方式购买电视机一台，无论电视机有无质量问题，均享受 7 天内无理由退货的权利。7 天的期限自收到货物之日起开始起算。甲 1 月 1 号收到货，1 月 3 号主张退货，符合七天的期限要求。因此，A 项错误。本案中产品检验报告显示电视机质量合格，但使用时出现了漏光的现象，电视机是否存在质量瑕疵需要进一步印证，根据上述法律规定，甲依旧可以主张无理由退货。甲主张无理由退货时，在买卖双方没有约定的情形下，应由承担退回商品的运费。因此，C 项正确。

B 项：《消费者权益保护法》第 23 条第 3 款规定："经营者提供的机动车、计算机、电视机、电冰箱、空调器、洗衣机等耐用商品或者装饰装修等服务，消费者自接受商品或者服务之日起六个月内发现瑕疵，发生争议的，由经营者承担有关瑕疵的举证责任。" 本案中，大宗耐用商品的技术门槛较高，短期内发现瑕疵且瑕疵是由于产品本身质量有问题的可能性较大，但消费者很难提供证明。因此，大宗耐用商品于消费者接受之日起 6 个月内发现瑕疵，引发争议的，举证责任倒置，由店家承担有关瑕疵的举证责任。因此，B 项正确。

D 项:《消费者权益保护法》第 55 条第 2 款规定:“经营者明知商品或者服务存在缺陷，仍然向消费者提供，造成消费者或者其他受害人死亡或者健康严重损害的，受害人有权要求经营者依照本法第四十九条、第五十一条等法律规定赔偿损失，并有权要求所受损失二倍以下的惩罚性赔偿。”本案中，只有当店家“明知”存在缺陷，仍向甲提供缺陷商品，且引发甲或其他受害人“死、伤、残”等严重后果时，才会承担两倍以下损失的惩罚性赔偿。本案中并没有产品缺陷的确认，也没有引发严重后果，不符合惩罚性赔偿的条件，且即使能够要求惩罚性赔偿，也应当是不多于 2 倍损失，而非“不少于”。因此，D 项错误。

综上所述，本题答案为 BC 项。

13 1902136

参考答案: B,C

解析: [命题陷阱]1. 食品药品关乎消费者的生命健康，对经营者的安保要求更为严格，所以食品药品中赠品的质量要求与正品相同; 2. 冰箱等大宗耐用商品，自消费者收到货物后 6 个月内出现质量瑕疵，发生争议的，由经营者承担有关瑕疵的证明责任; 3. 经营者明知商品有缺陷仍向消费者提供，消费者或其他受害人受到死亡或严重健康损害的，才会有实际损失两倍以下的惩罚性赔偿。

AB 项:《最高人民法院关于审理食品药品纠纷案件适用法律若干问题的规定》第 4 条规定:“食品、药品生产者、销售者提供给消费者的食品或者药品的赠品发生质量安全问题，造成消费者损害，消费者主张权利，生产者、销售者以消费者未对赠品支付对价为由进行免责抗辩的，人民法院不予支持。”本案中，食品、药品关乎消费者的健康，无论是赠品还是正品，无论约定与否，发生质量问题的，经营者均应承担责任，故张某可向饭店主张赔偿。因此，A 项错误，B 项正确。

C 项:《消费者权益保护法》第 23 条第 3 款规定:“经营者提供的机动车、计算机、电视机、电冰箱、空调器、洗衣机等耐用商品或者装饰装修等服务，消费者自接受商品或者服务之日起六个月内发现瑕疵，发生争议的，由经营者承担有关瑕疵的举证责任。”本案中，大宗耐用商品的技术门槛较高，短期内发现瑕疵且瑕疵是由于产品本身质量问题导致的可能性较大，消费者很难提供证明。因此，大宗耐用商品于消费者接受商品或服务之日起 6 个月内发现瑕疵，引发争议的，举证责任倒置，由经营者承担有关瑕疵的举证责任。因此，C 项正确。

D 项:《消费者权益保护法》第 55 条第 2 款规定:“经营者明知商品或者服务存在缺陷，仍然向消费者提供，造成消费者或者其他受害人死亡或者健康严重损害的，受害人有权要求经营者依照本法第四十九条、第五十一条等法律规定赔偿损失，并有权要求所受损失二倍以下的惩罚性赔偿。”本案中，只有当甲商场“明知”商品存在缺陷，仍向张某提供了缺陷商品，且引发张某或其他受害人“死、伤、残”等严重后果时，才需承担两倍以下损失的惩罚性赔偿。本案中冰箱不制冷为质量瑕疵，而非商品缺陷，且张某腹泻也没有达到法定的“死亡或健康严重损害”的程度，不符合惩罚性赔偿的条件。因此，D 项错误。

综上所述，本题答案为 BC 项。

14 1902137

参考答案: B,D

解析: [命题陷阱]1. 食品药品关乎消费者的生命健康，对经营者的安保要求更为严格，所以食品药品中赠品的质量要求与正品相同; 2. 食品质量不达标，损害消费者的人身健康，应认定为产品缺陷，对于缺陷产品责任，属于侵权责任，生产者和经营者承担连带责任。

A 项:《最高人民法院关于审理食品药品纠纷案件适用法律若干问题的规定》第 4 条规定:“食品、药品生产者、销售者提供给消费者的食品或者药品的赠品发生质量安全问题，造成消费者损害，消费者主张权利，生产者、销售者以消费者未对赠品支付对价为由进行免责抗辩的，人民法院不予支持。”本案中，食品、药品关乎消费者的健康，经营者的安保职责更大，无论是赠品还是正品发生质量问题，超市均应承担责任，而不是由张奶奶自行承担损失。因此，A 项错误。

BCD 项：《消费者权益保护法》第 40 条第 2 款规定："消费者或者其他受害人因商品缺陷造成人身、财产损害的，可以向销售者要求赔偿，也可以向生产者要求赔偿。属于生产者责任的，销售者赔偿后，有权向生产者追偿。属于销售者责任的，生产者赔偿后，有权向销售者追偿。"本案中，奶粉质量不达标，造成了张奶奶的人身损害，应认定为产品缺陷，张奶奶既可以向奶粉的销售者超市，也可以向奶粉的生产者竹园奶粉生产厂家主张赔偿，并非"只能"向超市主张违约责任。因此，BD 项正确，C 项错误。

综上所述，本题答案为 BD 项。

15 1902138

参考答案：A,C

解析：[命题陷阱] 消协作为公益性的社会团体，不能谋利不能处罚。对于消费者个人的诉讼行为可以提供支持但不能直接代表。对于众多消费者受损害的行为，中消协和省级消协可以提起公益诉讼。

BCD 项：《消费者权益保护法》第 37 条第 1 款规定："消费者协会履行下列公益性职责：（一）向消费者提供消费信息和咨询服务，提高消费者维护自身合法权益的能力，引导文明、健康、节约资源和保护环境的消费方式；（二）参与制定有关消费者权益的法律、法规、规章和强制性标准；（三）参与有关行政部门对商品和服务的监督、检查；（四）就有关消费者合法权益的问题，向有关部门反映、查询，提出建议；（五）受理消费者的投诉，并对投诉事项进行调查、调解；（六）投诉事项涉及商品和服务质量问题的，可以委托具备资格的鉴定人鉴定，鉴定人应当告知鉴定意见；（七）就损害消费者合法权益的行为，支持受损害的消费者提起诉讼或者依照本法提起诉讼；（八）对损害消费者合法权益的行为，通过大众传播媒介予以揭露、批评。"本案中，依据上述第（七）项，对于该大学生个人的维权诉讼，市消协可以支持，但不能代表其进行诉讼。因此，B 项错误。依据上述第（一）项，市消协作为一线的消费者组织，能够接触到消费者维权保障中的现实需求，所以能够参与制定有关消费者权益的法律、法规、规章和强制性标准。因此，C 项正确。市消协作为公益性的社会团体，没有行政权力，不能做出行政处罚，所以 D 项中的"警告、罚款"于法无据。因此，D 项错误。

A 项：《消费者权益保护法》第 47 条规定："对侵害众多消费者合法权益的行为，中国消费者协会以及在省、自治区、直辖市设立的消费者协会，可以向人民法院提起诉讼。"本案中，动物园以身高作为评判未成年人的唯一标准，对于身高在 150CM 以上，但未成年的众多消费者的合法权益都有侵害，中消协和省一级消协有权提起公益诉讼，所以市消协提请省消协提起公益诉讼是合法的。因此，A 项正确。

综上所述，本题答案为 AC 项。

16 1601069

参考答案：A,B

解析：AB 项：《消费者权益保护法》第 8 条规定："消费者享有知悉其购买、使用的商品或者接受的服务的真实情况的权利。消费者有权根据商品或者服务的不同情况，要求经营者提供商品的价格、产地、生产者、用途、性能、规格、等级、主要成份、生产日期、有效期限、检验合格证明、使用方法说明书、售后服务，或者服务的内容、规格、费用等有关情况。"《消费者权益保护法》第 26 条第 1 款规定："经营者在经营活动中使用格式条款的，应当以显著方式提请消费者注意商品或者服务的数量和质量、价款或者费用、履行期限和方式、安全注意事项和风险警示、售后服务、民事责任等与消费者有重大利害关系的内容，并按照消费者的要求予以说明。"格式条款指当事人为了重复使用而预先拟定、并在订立合同时未与对方协商的条款。本案中，乙公司关于"话费有效期满暂停服务"的规定属于格式条款，在使用格式条款时乙公司应当按照法律规定以显著方式提请消费者注意，但签订合同时乙公司并未提醒甲注意该格式条款的内容，侵犯了甲的知情权。因此，AB 项正确。

C 项：《消费者权益保护法》第 53 条规定："经营者以预收款方式提供商品或者服务的，应当按照约定提供。未按照约定提供的，应当按照消费者的要求履行约定或者退回预付款；并应当承担预付款的利息、消费者必须支付的合理费用。”本案中，乙公司提供了服务，只是没有提醒甲有关暂停服务的特殊规定，甲有权要求乙公司承担继续履行、采取补救措施或赔偿损失等违约责任，但甲毕竟在1年内进行了消费，无权请求返还全部预付款。因此，C项错误。

D项：《消费者权益保护法》第55条第1款规定：“经营者提供商品或者服务有欺诈行为的，应当按照消费者的要求增加赔偿其受到的损失，增加赔偿的金额为消费者购买商品的价款或者接受服务的费用的三倍；增加赔偿的金额不足五百元的，为五百元。法律另有规定的，依照其规定。”本案中经营者乙公司不存在欺诈的行为，只是未以显著方式提请消费者注意其格式条款，不适用惩罚性赔偿。因此，D项错误。

综上所述，本题答案为AB项。

二、模拟训练

17 61906256

参考答案：A,C,D

解析：A项：《消费者权益保护法》第24条第1款规定：“经营者提供的商品或者服务不符合质量要求的，消费者可以依照国家规定、当事人约定退货，或者要求经营者履行更换、修理等义务。没有国家规定和当事人约定的，消费者可以自收到商品之日起七日内退货；七日后符合法定解除合同条件的，消费者可以及时退货，不符合法定解除合同条件的，可以要求经营者履行更换、修理等义务。”因此，A项正确。

BC项：《消费者权益保护法》第23条第3款规定：“经营者提供的机动车、计算机、电视机、电冰箱、空调器、洗衣机等耐用商品或者装饰装修等服务，消费者自接受商品或者服务之日起六个月内发现瑕疵，发生争议的，由经营者承担有关瑕疵的举证责任。”原则上，对于商品的瑕疵采取谁主张谁举证的原则，但对于机动车、洗衣机等耐用商品或者装饰装修等服务，举证责任倒置，在购买后6个月内出现瑕疵由经营者承担举证责任。因此，B项错误，C项正确。

D项：《消费者权益保护法》第37条第1款第5项规定：“消费者协会履行下列公益性职责：……（五）受理消费者的投诉，并对投诉事项进行调查、调解。”因此，D项正确。

综上所述，本题答案为ACD项。

18 62006172

参考答案：A,D

解析：A项：《食品安全法》第148条第2款规定：“生产不符合食品安全标准的食品或者经营明知是不符合食品安全标准的食品，消费者除要求赔偿损失外，还可以向生产者或者经营者要求支付价款十倍或者损失三倍的赔偿金；增加赔偿的金额不足一千元的，为一千元。但是，食品的标签、说明书存在不影响食品安全且不会对消费者造成误导的瑕疵的除外。”本题中，欧耶超市销售的过期香肠属于不符合食品安全标准的食品，消费者杨某有权要求经营者欧耶超市支付价款十倍的赔偿金。因此，A项正确。

B项：《消费者权益保护法》第25条第1款第1项规定：“经营者采用网络、电视、电话、邮购等方式销售商品，消费者有权自收到商品之日起七日内退货，且无需说明理由，但下列商品除外：（一）消费者定作的；”本题中，谢某购买的杯子为专属定制，不适用网购的七天无理由退货规则。因此，B项错误。

C项：《消费者权益保护法》第29条第3款规定：“经营者未经消费者同意或者请求，或者消费者明确表示拒绝的，不得向其发送商业性信息。”本题中，欧耶公司网上旗舰店的促销信息属于商业性信息，未经消费者同意的，不得发送。因此，C项错误。

D项：《消费者权益保护法》第43条规定：“消费者在展销会、租赁柜台购买商品或者接受服务，其合法权益受到损害的，可以向销售者或者服务者要求赔偿。展销会结束或者柜台租赁期满后，也可以向展销会的举办者、柜台的出租者要求赔偿。展销会的举办者、柜台的出租者赔偿后，有权向销售者或者服务者追偿。”本题中，展销会已经结束，龙某可以要求腾达公司赔偿，腾达公司赔偿后可以向欧耶公司追偿。因此，D项正确。

综上所述，本题答案为AD项。

19 62406032

参考答案：D

解析：A 项：《消费者权益保护法实施条例》第 7 条第 2 款规定："经营者向消费者提供商品或者服务（包括以奖励、赠送、试用等形式向消费者免费提供商品或者服务），应当保证商品或者服务符合保障人身、财产安全的要求……"本题中，经营者不得以香肠是免费赠送为由推卸责任。因此，A 项错误。

B 项：《消费者权益保护法实施条例》第 14 条第 2 款规定："直播营销平台经营者应当建立健全消费者权益保护制度，明确消费争议解决机制。发生消费争议的，直播营销平台经营者应当根据消费者的要求提供直播间运营者、直播营销人员相关信息以及相关经营活动记录等必要信息。"本题中，平台不能以保护个人信息为由拒绝提供直播间运营者、直播营销人员的相关信息。因此，B 项错误。

C 项：《消费者权益保护法实施条例》第 11 条规定："消费者享有自主选择商品或者服务的权利。经营者不得以暴力、胁迫、限制人身自由等方式或者利用技术手段，强制或者变相强制消费者购买商品或者接受服务，或者排除、限制消费者选择其他经营者提供的商品或者服务。经营者通过搭配、组合等方式提供商品或者服务的，应当以显著方式提请消费者注意。"本题中，经营者可以通过搭配、组合等方式提供商品或者服务，只是应当以显著方式提请消费者注意。因此，C 项错误。

D 项：《消费者权益保护法实施条例》第 19 条第 2 款规定："经营者应当以显著方式对不适用无理由退货的商品进行标注，提示消费者在购买时进行确认，不得将不适用无理由退货作为消费者默认同意的选项。未经消费者确认，经营者不得拒绝无理由退货。"因此，D 项正确。

综上所述，本题答案为 D 项。

20 62406033

参考答案：C,D

解析：A 项：《消费者权益保护法实施条例》第 22 条第 1 款规定："经营者以收取预付款方式提供商品或者服务的，应当与消费者订立书面合同，约定商品或者服务的具体内容、价款或者费用、预付款退还方式、违约责任等事项。"本题中，服装店以收取预付款方式提供商品，应当与王某订立书面合同。因此，A 项错误。

B 项：《消费者权益保护法实施条例》第 22 条第 3 款规定："经营者出现重大经营风险，有可能影响经营者按照合同约定或者交易习惯正常提供商品或者服务的，应当停止收取预付款。经营者决定停业或者迁移服务场所的，应当提前告知消费者，并履行本条例第二十一条规定的义务。消费者依照国家有关规定或者合同约定，有权要求经营者继续履行提供商品或者服务的义务，或者要求退还未消费的预付款余额。"本题中，服装店无法继续履行提供商品的义务，王某有权要求退还未消费的预付款余额，而非全部预付款。因此，B 项错误。

C 项：《消费者权益保护法实施条例》第 22 条第 2 款规定："经营者收取预付款后，应当按照与消费者的约定提供商品或者服务，不得降低商品或者服务质量，不得任意加价。经营者未按照约定提供商品或者服务的，应当按照消费者的要求履行约定或者退还预付款。"因此，C 项正确。

D 项：《消费者权益保护法实施条例》第 22 条第 3 款规定："经营者出现重大经营风险，有可能影响经营者按照合同约定或者交易习惯正常提供商品或者服务的，应当停止收取预付款。经营者决定停业或者迁移服务场所的，应当提前告知消费者，并履行本条例第二十一条规定的义务。消费者依照国家有关规定或者合同约定，有权要求经营者继续履行提供商品或者服务的义务，或者要求退还未消费的预付款余额。"《消费者权益保护法实施条例》第 21 条规定："经营者决定停业或者迁移服务场所的，应当提前 30 日在其经营场所、网站、网店首页等的醒目位置公告经营者的有效联系方式等信息。"因此，D 项正确。

综上所述，本题答案为 CD 项。

第四章 产品质量法

参考答案

[1]C [2]A [3]A [4]CD [5]AB
[6]ABCD [7]BD [8]ABC [9]ABD

一、历年真题及仿真题

（一）质量瑕疵担保责任与产品责任

【单选】

1 2202141

参考答案：C

解析：AB 项：《产品质量法》第 43 条规定："因产品存在缺陷造成人身、他人财产损害的，受害人可以向产品的生产者要求赔偿，也可以向产品的销售者要求赔偿。属于产品的生产者的责任，产品的销售者赔偿的，产品的销售者有权向产品的生产者追偿。属于产品的销售者的责任，产品的生产者赔偿的，产品的生产者有权向产品的销售者追偿。"本题中，因汽车存在缺陷造成损害，小姜既可以向生产者百福公司索赔，也可以向销售者长福 4s 店索赔。因此，A 项错误。属于销售者责任的，生产者承担责任后有权向销售者追偿，本题未明确是销售者责任，故生产者百福公司无权向销售者长福 4s 店追偿。因此，B 项错误。

CD 项：产品缺陷责任中，销售者承担过错推定责任，生产者承担无过错责任。故长福 4s 店若能证明该车质量缺陷与其无关，即可免责。因此，C 项正确。小姜不需要证明百福公司存在过错。因此，D 项错误。

综上所述，本题答案为 C 项。

2 1802030

参考答案：A

解析：ABCD 项：《产品质量法》第 43 条规定："因产品存在缺陷造成人身、他人财产损害的，受害人可以向产品的生产者要求赔偿，也可以向产品的销售者要求赔偿。属于产品的生产者的责任，产品的销售者赔偿的，产品的销售者有权向产品的生产者追偿。属于产品的销售者的责任，产品的生产者赔偿的，产品的生产者有权向产品的销售者追偿。"本题中，作为受害人的张三、李四、王五均可请求生产者或销售者赔偿。张三、李四、王五对于本次电视爆炸没有过错，电视爆炸也不是因张三、李四和王五的行为导致的，其相互之间不构成侵权，不承担赔偿责任。因此，A 项正确，BCD 项错误。

综上所述，本题答案为 A 项。

3 1701030

参考答案：A

解析：AB 项：《产品质量法》第 46 条规定："本法所称缺陷，是指产品存在危及人身、他人财产安全的不合理的危险；产品有保障人体健康和人身、财产安全的国家标准、行业标准的，是指不符合该标准。"本题中，气囊电脑不符合产品说明所述质量，只是不具备产品应当具备的使用性能且事先未作说明，并没有导致人身、他人财产损害，因此属于违约责任。免费更换属于违约责任承担方式的一种，基于合同的相对性原理，只能是消费者找销售者索赔，不能找生产商主张违约责任。因此，A 项正确，B 项错误。

CD 项：《产品质量法》第 43 条规定："因产品存在缺陷造成人身、他人财产损害的，受害人可以向产品的生产者要求赔偿，也可以向产品的销售者要求赔偿。属于产品的生产者的责任，产品的销售者赔偿的，产品的销售者有权向产品的生产者追偿。属于产品的销售者的责任，产品的生产者赔偿的，产品的生产者有权向产品的销售者追偿。"本题中，承担产品侵权责任的前提条件之一是造成他人损害，气囊电脑不符合产品说明所述质量，并没有导致人身、他人财产损害的情形，不属于产品侵权责任，故不能向靓顺公司主张侵权责任，也不能找生产商主张侵权责任。因此，CD 项错误。

综上所述，本题答案为 A 项。

【多选】

4 2302053

参考答案：C,D

解析：A 项：《产品质量法》第 46 条规定："本法所称缺陷，是指产品存在危及人身、他人财产安全的不合理的危险；产品有保障人体健康和人身、财产安全的国家标准、行业标准的，是指不符合该标准。"本题中，涉案产品是否存在产品缺陷不应仅仅依靠鉴定结论认定，如果根据查明的事实及证据能够认定产品存在危及人身、他人财产安全的不合理的危险，在缺乏鉴定结论的情况下，同样可以认定产品存在缺陷。因此，A 项错误。

B 项：《产品质量法》第 13 条第 1 款规定："可能危及人体健康和人身、财产安全的工业产品，必须符合保障人体健康和人身、财产安全的国家标准、行业标准；未制定国家标准、行业标准的，必须符合保障人体健康和人身、财产安全的要求。"本题中，即使没有国家标准，也可能存在行业标准，即使没有国家标准和行业标准，产品质量也应满足"保障人体健康和人身安全"的一般标准。因此，B 项错误。

C 项：《产品质量法》第 40 条："售出的产品有下列情形之一的，销售者应当负责修理、更换、退货；……"据此，若产品出现质量问题，销售者应承担修理、更换、退货的责任，但究竟采取何种责任方式则应视具体情形而定。本题中，甲使用该床已逾三年，已超过商家承诺的三年退换期，故甲无权主张退换，但仍有权要求商家进行修理以解决床的质量瑕疵问题。因此，C 项正确。

D 项：《产品质量法》第 41 条第 2 款规定："生产者能够证明有下列情形之一的，不承担赔偿责任：……（二）产品投入流通时，引起损害的缺陷尚不存在的；……"本题中，商家可以以商品投入市场时缺陷不存在为由进行抗辩，主张不承担赔偿责任。因此，D 项正确。

综上所述，本题答案为 CD 项。

（二）综合知识点

【多选】

5 1601070

参考答案：A,B

解析：A 项：《产品质量法》第 13 条规定："可能危及人体健康和人身、财产安全的工业产品，必须符合保障人体健康和人身、财产安全的国家标准、行业标准；未制定国家标准、行业标准的，必须符合保障人体健康和人身、财产安全的要求……"本案中，该柜的质量应当符合产品安全标准，符合产品安全性要求。因此，A 项正确。

B 项：《产品质量法》第 27 条第 1 款第 5 项规定："产品或者其包装上的标识必须真实，并符合下列要求：……（五）使用不当，容易造成产品本身损坏或者可能危及人身、财产安全的产品，应当有警示标志或者中文警示说明。"本案中，该柜使用不当可能发生致人伤亡的危险，所以应当有警示标志或者中文警示说明。因此，B 项正确。

C 项：《产品质量法》第 15 条第 3 款规定："根据监督抽查的需要，可以对产品进行检验。检验抽取样品的数量不得超过检验的合理需要，并不得向被检查人收取检验费用。监督抽查所需检验费用按照国务院规定列支。"本案中，质检部门抽查柜子不得向该店收取检验费用。因此，C 项错误。

D 项：《消费者权益保护法》第 19 条规定："……采取召回措施的，经营者应当承担消费者因商品被召回支出的必要费用。"本案中，如果该柜被召回，经营者应当承担召回的必要费用而不是全部费用。因此，D 项错误。

综上所述，本题答案为 AB 项。

二、模拟训练

6 62206208

参考答案：A,B,C,D

解析：A 项：《产品质量法》第 40 条第 1 款第 1 项规定："售出的产品有下列情形之一的，销售者应当负责修理、更换、退货；给购买产品的消费者造成损失的，销售者应当赔偿损失："（一）不具备产品应当具备的使用性能而事先未作说明的；……"本案中，美容仪器不具有所宣称的功能，符合上述情形，小美有权要求美容院修理、更换、退货。因此，A 项正确。

BD 项：《产品质量法》第 43 条规定："因产品存在缺陷造成人身、他人财产损害的，受害人可以向产品的生产者要求赔偿，也可以向产品的销售者要求赔偿。属于产品的生产者的责任，产品的销售者赔偿的，产品的销售者有权向产品的生产者追偿。属于产品的销售者的责任，产品的生产者赔偿的，产品的生产者有权向产品的销售者追偿。”本案中，阳光美容院为销售者，爱尚公司为生产者。现小姜因产品缺陷而受到损害，其既可要求阳光美容院亦可要求爱尚公司承担赔偿责任。若阳光美容院已向小姜承担了赔偿责任，其可向爱尚公司追偿。因此，BD项正确。

C项:《消费者权益保护法》第10条第2款规定:“消费者在购买商品或者接受服务时，有权获得质量保障、价格合理、计量正确等公平交易条件，有权拒绝经营者的强制交易行为。”本案中，阳光美容院强制交易，侵犯了小美的公平交易权。因此，C项正确。

综上所述，本题答案为ABCD项。

7 62206048

参考答案:B,D

解析:A项:《产品质量法》第14条第1款规定:“……企业根据自愿原则可以向国务院市场监督管理部门认可的或者国务院市场监督管理部门授权的部门认可的认证机构申请企业质量体系认证……”本题中，企业根据自愿原则向认证机构申请企业质量体系认证，而不是“应该”申请。因此，A项错误。

B项:《产品质量法》第15条第1款规定:“国家对产品质量实行以抽查为主要方式的监督检查制度……”因此，B项正确。

C项:《产品质量法》第15条第2款规定:“国家监督抽查的产品，地方不得另行重复抽查；上级监督抽查的产品，下级不得另行重复抽查。”本题中，国家监督抽查的产品，地方不得重复抽查，不能进行二次抽查。因此，C项错误。

D项:《产品质量法》第20条规定:“从事产品质量检验、认证的社会中介机构必须依法设立，不得与行政机关和其他国家机关存在隶属关系或者其他利益关系。”因此，D项正确。

综上所述，本题答案为BD项。

8 62006176

参考答案:A,B,C

解析:AB项:《产品质量法》第27条第1款第3项规定:“产品或者其包装上的标识必须真实，并符合下列要求:(三)根据产品的特点和使用要求，需要标明产品规格、等级、所含主要成份的名称和含量的，用中文相应予以标明；需要事先让消费者知晓的，应当在外包装上标明，或者预先向消费者提供有关资料；”《消费者权益保护法》第55条第1款规定:“经营者提供商品或者服务有欺诈行为的，应当按照消费者的要求增加赔偿其受到的损失，增加赔偿的金额为消费者购买商品的价款或者接受服务的费用的三倍……”本案中，大华公司销售的蜂蜜的标签上标注“一级品”，但卫生部发布的《食品安全国家标准蜂蜜》(GB14963-2011)中无“一级品”等级，因此，该商品的标识不合格。大华公司作为该产品的销售者未尽合理审查义务，销售标识内容虚假的商品，误导消费者购买，已构成欺诈，陈某作为消费者有权要求“退一赔三”。因此，AB项正确。

C项:《产品质量法》第33条规定:“销售者应当建立并执行进货检查验收制度，验明产品合格证明和其他标识。”本案中，大华公司作为商品的销售者，在进货时具有验明所销售商品标注的“产品质量为一级品”是否属实的义务。因此，C项正确。

D项:《产品质量法》第8条第2款规定:“县级以上地方市场监督管理部门主管本行政区域内的产品质量监督工作。县级以上地方人民政府有关部门在各自的职责范围内负责产品质量监督工作。”由此可知，县级以上地方市场监督管理部门主管本行政区域内的产品质量监督工作，陈某应当向县级以上地方市场监督管理部门投诉。因此，D项错误。

综上所述，本题答案为ABC项。

9 61906276

参考答案:A,B,D

解析:ABCD项:《产品质量法》第45条规定:“因产品存在缺陷造成损害要求赔偿的诉讼时效期间为二年，自当事人知道或者应当知道其权益受到损害时起计算。因产品存在缺陷造成损害要求赔偿的请求权，在造成损害的缺陷产品交付最初消费者满十年丧失；但是，尚未超过明示的安全使用期的除外。”据此可知，产品缺陷致人损害的损害赔偿请求权时效为 10 年，自缺陷产品交付最初用户、消费者之日起算。所以，张女士在 2026 年 5 月 1 日前享有对护肤品生产者和销售者的损害赔偿请求权。因此，ABD 项错误，当选；C 项正确，不当选。
综上所述，本题为选非题，答案为 ABD 项。

第五章 食品安全法

参考答案

[1]B	[2]A	[3]AC	[4]ABCD	[5]BCD
[6]CD	[7]CD	[8]ACD	[9]A	[10]BC
[11]BCD	[12]ACD	[13]C	[14]ABD	[15]CD
[16]AD	[17]BCD	[18]B	[19]ACD	[20]C
[21]AD	[22]BD	[23]ABC		

一、历年真题及仿真题

（一）食品安全法律责任

【单选】

1 1902033

参考答案：B
解析：[命题陷阱]1. 对于不合格食品的责任，生产者和经营者实行首负责任制，由消费者选择；2. 销售者善意的，不受行政处罚，但不能免除民事责任；3. 食品关乎消费者身体健康，经营者承担更严格的责任，即使消费者“知假买假”，经营者也不能以此作为其不承担责任的抗辩理由；4. 食品质量不达标，生产经营者应承担 10 倍价款的责任，但如果仅仅是食品包装有瑕疵且不影响食品安全且不会对消费者造成误导的，不承担此责任。
A 项：《食品安全法》第 136 条规定：“食品经营者履行了本法规定的进货查验等义务，有充分证据证明其不知道所采购的食品不符合食品安全标准，并能如实说明其进货来源的，可以免予处罚，但应当依法没收其不符合食品安全标准的食品；造成人身、财产或者其他损害的，依法承担赔偿责任。”本案中，食品经营者对于食品的质量问题能够证明其“善意”的，可以免予行政处罚，但不能免除应当承担的民事责任，A 项“不承担责任”的说法不正确。因此，A 项错误。
BC 项：《食品安全法》第 148 条规定：“消费者因不符合食品安全标准的食品受到损害的，可以向经营者要求赔偿损失，也可以向生产者要求赔偿损失。接到消费者赔偿要求的生产经营者，应当实行首负责任制，先行赔付，不得推诿；属于生产者责任的，经营者赔偿后有权向生产者追偿；属于经营者责任的，生产者赔偿后有权向经营者追偿。生产不符合食品安全标准的食品或者经营明知是不符合食品安全标准的食品，消费者除要求赔偿损失外，还可以向生产者或者经营者要求支付价款十倍或者损失三倍的赔偿金；增加赔偿的金额不足一千元的，为一千元。但是，食品的标签、说明书存在不影响食品安全且不会对消费者造成误导的瑕疵的除外。”本案中，食品质量不符合食安标准，消费者李某既可以向生产者甲公司索赔也可以向经营者乙超市索赔，生产者和经营者实行首负责任制。因此，C 项错误。如果仅仅是饼干的包装有瑕疵，但饼干质量合格且该瑕疵不会对消费者造成误导的，甲公司不承担 10 倍价款的罚则。因此，B 项正确。
D 项：《最高人民法院关于审理食品药品纠纷案件适用法律若干问题的规定》第 3 条规定：“因食品、药品质量问题发生纠纷，购买者向生产者、销售者主张权利，生产者、销售者以购买者明知食品、药品存在质量问题而仍然购买为由进行抗辩的，人民法院不予支持。”本案中，食品关乎消费者生命健康，即使消费者李某“知假买假”，甲公司和乙超市也应承担相应责任，以李某明知为由进行抗辩不会得到法院支持。因此，D 项错误。
综上所述，本题答案为 B 项。

2 2402015

参考答案：A
解析：ABCD 项：《食品安全法》第 148 条第 2 款

规定："生产不符合食品安全标准的食品或者经营明知是不符合食品安全标准的食品，消费者除要求赔偿损失外，还可以向生产者或者经营者要求支付价款十倍或者损失三倍的赔偿金；增加赔偿的金额不足一千元的，为一千元。……"《最高人民法院关于审理食品药品惩罚性赔偿纠纷案件适用法律若干问题的解释》第 12 条规定："购买者明知所购买食品不符合食品安全标准，依照食品安全法第一百四十八条第二款规定请求生产者或者经营者支付价款十倍的惩罚性赔偿金的，人民法院应当在合理生活消费需要范围内依法支持购买者诉讼请求。人民法院可以综合保质期、普通消费者通常消费习惯等因素认定购买者合理生活消费需要的食品数量。生产者或者经营者主张购买者明知所购买食品不符合食品安全标准仍然购买索赔的，应当提供证据证明其主张。"本题中，超市售卖超过保质期的鸭蛋，构成《食品安全法》规定的"经营明知是不符合食品安全标准的食品"的行为，消费者赵某可以要求超市赔偿损失并且支付赔偿金。针对损失数额：赵某为购买鸭蛋支付价款 20 元，其有价款损失，除此之外，并未提及其还存在其他人身或财产损失，故赵某遭受的实际损失仅为 20 元，对此赵某可以要求超市退还该 20 元。针对赔偿金数额：从最高人民法院发布的典型案例与司法解释来看，应从保护正常消费的角度出发，即以合理生活消费需要范围内的总价款为基数计算赔偿金。本题中，赵某要求超市赔偿的金额，计算基数应当是总价款 20 元，而不能以单价 2 元且有 10 张小票为由就分 10 次分别计算赔偿金进而索赔 1 万元（1000*10）。换言之，赵某仅可以要求超市支付总价款 10 倍即 200 元或损失的 3 倍即 60 元的赔偿金，而无论哪种赔偿金，金额均不足 1000 元，则赔偿金额应直接定为保底的 1000 元。因此，A 项正确，BCD 项错误。

综上所述，本题答案为 A 项。

【多选】

3 2202085

参考答案：A,C

解析：AC 项：《食品安全法》第 131 条第 1 款规定："违反本法规定，网络食品交易第三方平台提供者未对入网食品经营者进行实名登记、审查许可证，或者未履行报告、停止提供网络交易平台服务等义务的，……使消费者的合法权益受到损害的，应当与食品经营者承担连带责任。"《食品安全法》第 131 条第 2 款规定："消费者通过网络食品交易第三方平台购买食品，其合法权益受到损害的，可以向入网食品经营者或者食品生产者要求赔偿。网络食品交易第三方平台提供者不能提供入网食品经营者的真实名称、地址和有效联系方式的，由网络食品交易第三方平台提供者赔偿……"本案中，圆源公司系食品生产者，陈某系食品经营者，好快迪直播平台系网络食品交易第三方平台。在合法权益遭受损害的情况下，消费者凯某可以向食品生产者圆源公司或者食品经营者陈某要求赔偿。因此，AC 项正确。

BD 项：本案中，并未提及好快迪直播平台存在未对入网食品经营者的食品经营资质进行审核，或者不能提供入网食品经营者的真实名称、地址和有效联系方式的情形。并且一经举报，好快迪直播平台即关停了陈某的直播间，已经履行了相应义务。因此，凯某不可向好快迪直播平台要求赔偿。因此，BD 项错误。

综上所述，本题答案为 AC 项。

4 2202086

参考答案：A,B,C,D

解析：A 项：《食品安全法》第 140 条第 3 款规定："社会团体或者其他组织、个人在虚假广告或者其他虚假宣传中向消费者推荐食品，使消费者的合法权益受到损害的，应当与食品生产经营者承担连带责任。"本案中，当地食品工业协会应当与食品生产经营者承担连带责任。因此，A 项正确。

B 项：《食品安全法》第 148 条第 1 款规定："消费者因不符合食品安全标准的食品受到损害的，可以向经营者要求赔偿损失，也可以向生产者要求赔偿损失……。"本案中，消费者可以要求经营者乙公司承担赔偿责任。因此，B 项正确。

C 项：《食品安全法》第 130 条规定："违反本法规定，集中交易市场的开办者、柜台出租者、展销会的举办者允许未依法取得许可的食品经营者进入市场销售食品，或者未履行检查、报告等义务的……使消费者的合法权益受到损害的，应当与食品经营者承担连带责任。”本案中，甲公司作为集中交易市场的开办者，在未履行任何检查义务的前提下，允许乙公司在该市场上销售苗苗公司的奶粉，致使消费者的合法权益受到损害，应当与乙公司承担连带责任。因此，C 项正确。

D 项：《食品安全法》第 138 条第 3 款规定：“食品检验机构出具虚假检验报告，使消费者的合法权益受到损害的，应当与食品生产经营者承担连带责任。”本案中，奶粉中添加了有害物质，但食品检测机构仍出具了虚假的检测合格报告，因此，应当与食品生产经营者承担连带赔偿责任。因此，D 项正确。

综上所述，本题答案为 ABCD 项。

5 1902098

参考答案：B,C,D

解析：ABCD 项：《最高人民法院关于审理食品药品纠纷案件适用法律若干问题的规定》第 4 条规定：“食品、药品生产者、销售者提供给消费者的食品或者药品的赠品发生质量安全问题，造成消费者损害，消费者主张权利，生产者、销售者以消费者未对赠品支付对价为由进行免责抗辩的，人民法院不予支持。”《最高人民法院关于审理食品药品纠纷案件适用法律若干问题的规定》第 5 条规定：“消费者举证证明所购买食品、药品的事实以及所购食品、药品不符合合同的约定，主张食品、药品的生产者、销售者承担违约责任的，人民法院应予支持。消费者举证证明因食用食品或者使用药品受到损害，初步证明损害与食用食品或者使用药品存在因果关系，并请求食品、药品的生产者、销售者承担侵权责任的，人民法院应予支持，但食品、药品的生产者、销售者能证明损害不是因产品不符合质量标准造成的除外。”本案中，李老太可以向商场主张侵权或者违约，奶粉生产者有赔偿义务。因此，A 项错误，BCD 项正确。

综上所述，本题答案为 BCD 项。

6 1902171

参考答案：C,D

解析：A 项：《食品安全法》第 131 条第 2 款规定：“消费者通过网络食品交易第三方平台购买食品，其合法权益受到损害的，可以向入网食品经营者或者食品生产者要求赔偿。网络食品交易第三方平台提供者不能提供入网食品经营者的真实名称、地址和有效联系方式的，由网络食品交易第三方平台提供者赔偿……”《最高人民法院关于审理食品药品纠纷案件适用法律若干问题的规定》第 7 条规定：“食品、药品虽在销售前取得检验合格证明，且食用或者使用时尚在保质期内，但经检验确认产品不合格，生产者或者销售者以该食品、药品具有检验合格证明为由进行抗辩的，人民法院不予支持。”本案中，乙店铺出售给甲的减肥茶质量不符合约定，具有农药超标的情形，该减肥茶的缺陷给甲造成人身损害，依据上述规制，甲有权要求乙店铺承担赔偿责任，乙店铺以该产品具有检验合格证明为由进行抗辩的，法院不予支持。因此，A 项错误。

B 项：《最高人民法院关于审理食品药品纠纷案件适用法律若干问题的规定》第 11 条第 2 款规定：“其他民事主体在虚假广告中向消费者推荐食品、药品，使消费者遭受损害，消费者依据消费者权益保护法等法律相关规定请求其与食品、药品的生产者、销售者承担连带责任的，人民法院应予支持。”本案中，因减肥茶存在农药超标的食品缺陷给甲造成损害，在虚假广告中代言的丙须承担无过错责任，并与生产者、销售者承担连带责任。因此，B 项错误。

C 项：《最高人民法院关于审理食品药品纠纷案件适用法律若干问题的规定》第 9 条第 1 款规定：“消费者通过网络交易第三方平台购买食品、药品遭受损害，网络交易第三方平台提供者不能提供食品、药品的生产者或者销售者的真实名称、地址与有效联系方式，消费者请求网络交易第三方平台提供者承担责任的，人民法院应予支持。”本案中，若该网络平台不能提供该店铺的名称、联系方式、详细地址，则应承担赔偿责任。因此，C 项正确。

D 项：《最高人民法院关于审理食品药品纠纷案件适用法律若干问题的规定》第 3 条规定：“因食品、药品质量问题发生纠纷，购买者向生产者、销售者主张权利，生产者、销售者以购买者明知食品、药品存在质量问题而仍然购买为由进行抗辩的，人民法院不予支持。”本案中，可知，在食品、药品领域中，法律允许消费者知假买假。因此，D项正确。
综上所述，本题答案为CD项。

7 1802072

参考答案：C,D
解析：A项：《食品安全法》第63条第1、2款规定："国家建立食品召回制度。食品生产者发现其生产的食品不符合食品安全标准或者有证据证明可能危害人体健康的，应当立即停止生产，召回已经上市销售的食品……。由于食品经营者的原因造成其经营的食品有前款规定情形的，食品经营者应当召回。"本案中，土特产超市作为经营者，只有因自身的原因造成其经营的食品有问题的，才承担召回职责，而蘑菇世家作为生产者，需承担召回的法定职责。因此，A项错误。
B项：《食品安全法》第148条第1款规定："消费者因不符合食品安全标准的食品受到损害的，可以向经营者要求赔偿损失，也可以向生产者要求赔偿损失。接到消费者赔偿要求的生产经营者，应当实行首负责任制，先行赔付，不得推诿；属于生产者责任的，经营者赔偿后有权向生产者追偿；属于经营者责任的，生产者赔偿后有权向经营者追偿。"本案中，曹某因不符合食品安全标准的食品受到损害的，可以向土特产超市要求赔偿损失，也可以向蘑菇世家要求赔偿损失。故土特产超市作为经营者无权以无过错为由拒绝赔偿。因此，B项错误。
C项：《食品安全法》第148条第2款规定："生产不符合食品安全标准的食品或者经营明知是不符合食品安全标准的食品，消费者除要求赔偿损失外，还可以向生产者或者经营者要求支付价款十倍或者损失三倍的赔偿金；增加赔偿的金额不足一千元的，为一千元。但是，食品的标签、说明书存在不影响食品安全且不会对消费者造成误导的瑕疵的除外。"本案中，蘑菇不符合食品标准，已经多次导致食物中毒，应认定土特产超市为明知，若曹某主张价款10倍的赔偿，为500元，不足1000元，可以最多要求赔偿1000元；若曹某主张损失3倍的赔偿，损失为医疗费5000元，则可以最多要求赔偿15000元。因此，C项正确。
D项：《食品安全法》第147条规定："违反本法规定，造成人身、财产或者其他损害的，依法承担赔偿责任。生产经营者财产不足以同时承担民事赔偿责任和缴纳罚款、罚金时，先承担民事赔偿责任。"本案中，若蘑菇世家财产不足以同时支付行政罚款和民事赔偿，应当先行支付民事赔偿。因此，D项正确。
综上所述，本题答案为CD项。

8 1401067

参考答案：A,C,D
解析：A项：《食品安全法》第34条第3项规定："禁止生产经营下列食品、食品添加剂、食品相关产品：（三）用超过保质期的食品原料、食品添加剂生产的食品、食品添加剂。"本案中，销售超过保质期的食品属于违反法律禁止性规定的行为。因此，A项正确。
B项：《食品安全法》第148条第2款规定："生产不符合食品安全标准的食品或者经营明知是不符合食品安全标准的食品，消费者除要求赔偿损失外，还可以向生产者或者经营者要求支付价款十倍或者损失三倍的赔偿金；增加赔偿的金额不足一千元的，为一千元。但是，食品的标签、说明书存在不影响食品安全且不会对消费者造成误导的瑕疵的除外。"本案中，即使曾某在购买时未仔细查看商品上的生产日期，也可以要求该超市赔偿。因此，B项错误。
C项：《消费者权益保护法》第52条规定："经营者提供商品或者服务，造成消费者财产损害的，应当依照法律规定或者当事人约定承担修理、重作、更换、退货、补足商品数量、退还货款和服务费用或者赔偿损失等民事责任。"本案中，曾某有权要求超市退还货款。因此，C项正确。
D项：《食品安全法》第148条第2款规定："生产不符合食品安全标准的食品或者经营明知是不符合食品安全标准的食品，消费者除要求赔偿损失外，还可以向生产者或者经营者要求支付价款十倍或者损失三倍的赔偿金；增加赔偿的金额不足一千元的，为一千元。但是，食品的标签、说明书存在不影响食品安全且不会对消费者造成误导的瑕疵的除外。"本案中，过期食品属于不符合食品安全标准的食品，超市明知已过保质期而仍然销售，曾某不仅有权要求赔偿医疗费800元的损失，还有权主张价款10倍的赔偿金，即80x10=800元；或者主张损失的3倍赔偿，即800x3=2400元。故曾某要求增加赔偿800元的做法完全符合法条的规定，即主张价款10倍的赔偿金。因此，D项正确。

【注意：有的同学会纠结于该法条关于增加赔偿金一千元的兜底条款，认为曾某应该要求赔偿1000元，而非仅仅800元。请注意，法条规定“增加赔偿的金额不足一千元的，为一千元”的意思是，如果按法律的规定，曾某原则上可以获得的赔偿金最终都小于1000元，则以1000元为赔偿金。但是，本题中，曾某最高可以获得2400元的赔偿金，已然超过了1000元，故不再适用该最低标准。只不过曾某自主选择了价款10倍的赔偿金，这是他的权利，当然是可以的。】

综上所述，本题的正确答案为ACD项。

（二）食品安全事故处置

【单选】

9 1201065

参考答案：A

解析：A项：《食品安全法》103条第1款规定：“发生食品安全事故的单位应当立即采取措施，防止事故扩大。事故单位和接收病人进行治疗的单位应当及时向事故发生地县级人民政府食品安全监督管理、卫生行政部门报告。”因此，A项正确。

B项：《食品安全法》103条第3款规定：“发生食品安全事故，接到报告的县级人民政府食品安全监督管理部门应当按照应急预案的规定向本级人民政府和上级人民政府食品安全监督管理部门报告。县级人民政府和上级人民政府食品安全监督管理部门应当按照应急预案的规定上报。”本案中，应该由S县的食品安全监督管理部门及时向S县政府和D市食品安全监督管理部门报告，而不是由S县卫生局报告，报告的对象也不包括D市卫生局。因此，B项错误。

C项：《食品安全法》105条第2款规定：“发生食品安全事故需要启动应急预案的，县级以上人民政府应当立即成立事故处置指挥机构，启动应急预案，依照前款和应急预案的规定进行处置。”本案中，应当由S县政府成立食品安全事故处置指挥部，而不是由S县卫生局成立。因此，C项错误。

D项：《食品安全法》第119条第1款规定：“县级以上地方人民政府食品安全监督管理、卫生行政、农业行政部门获知本法规定需要统一公布的信息，应当向上级主管部门报告，由上级主管部门立即报告国务院食品安全监督管理部门；必要时，可以直接向国务院食品安全监督管理部门报告。”本案中，S县卫生局必要时应当向国务院食品安全监督管理部门报告，而不是卫生部。因此，D项错误。

综上所述，本题答案为A项。

【多选】

10 1301067

参考答案：B,C

解析：AB项：《食品安全法》第2条第2款规定：“供食用的源于农业的初级产品（以下称食用农产品）的质量安全管理，遵守《中华人民共和国农产品质量安全法》的规定。但是，食用农产品的市场销售、有关质量安全标准的制定、有关安全信息的公布和本法对农业投入品作出规定的，应当遵守本法的规定。”《农产品质量安全法》第2条第1款规定：“本法所称农产品，是指来源于种植业、林业、畜牧业和渔业等的初级产品，即在农业活动中获得的植物、动物、微生物及其产品。”本案中，大米、米制品属于源于农业初级产品，因而其质量安全管理应该遵守《农产品质量安全法》的规定。因此，A项错误。但大米、米制品相关的食品安全信息，应当依照《食品安全法》的有关规定进行公布。因此，B项正确。

【注意：A项对应的是《食品安全法》第2条规定的前半部分内容，其质量安全管理应该遵守《农产品质量安全法》。而B项对应考查的是该条规定的后半部分内容，即“但是”之后的内容，有关安全信息的公布依然应当遵守《食品安全法》的规定。】

C项：《食品安全法》第110条第1项规定：“县级

以上人民政府食品安全监督管理部门履行食品安全监督管理职责，有权采取下列措施，对生产经营者遵守本法的情况进行监督检查：（一）进入生产经营场所实施现场检查；”本案中，县有关部门有权对辖区内的工厂进行检查。因此，C 项正确。

D 项：《食品安全法》第 105 条第 1 款第 4 项规定：“县级以上人民政府食品安全监督管理部门接到食品安全事故的报告后，应当立即会同同级卫生行政、农业行政等部门进行调查处理，并采取下列措施，防止或者减轻社会危害：（四）做好信息发布工作，依法对食品安全事故及其处理情况进行发布，并对可能产生的危害加以解释、说明。”《食品安全法》第 106 条第 2 款规定：“涉及两个以上省、自治区、直辖市的重大食品安全事故由国务院食品安全监督管理部门依照前款规定组织事故责任调查。”本案中，对于影响仅限于该省的重大食品安全事故，相关食品安全信息的公布主体应为食品安全监督管理部门，而非卫生行政部门。因此，D 项错误。

综上所述，本题答案为 BC 项。

（三）食品安全法的适用

【多选】

11 2202088

参考答案：B,C,D

解析：A 项：《食品安全法》第 29 条规定：“对地方特色食品，没有食品安全国家标准的，省、自治区、直辖市人民政府卫生行政部门可以制定并公布食品安全地方标准，报国务院卫生行政部门备案。食品安全国家标准制定后，该地方标准即行废止。”据此，地方标准在食品安全国家标准制定后即行废止，而不是继续适用。因此，A 项错误。

B 项：《食品安全法》第 30 条规定：“国家鼓励食品生产企业制定严于食品安全国家标准或者地方标准的企业标准，在本企业适用，并报省、自治区、直辖市人民政府卫生行政部门备案。”因此，B 项正确。

CD 项：《关于审理食品药品纠纷案件适用法律若干问题的规定》第 6 条规定：“食品的生产者与销售者应当对于食品符合质量标准承担举证责任。认定食品是否安全，应当以国家标准为依据；对地方特色食品，没有国家标准的，应当以地方标准为依据。没有前述标准的，应当以食品安全法的相关规定为依据。”本案中，甲企业作为食品的生产者，应当对食品符合质量标准承担举证责任。在没有食品安全国家标准的情况下，法院在判定地方特色食品是否安全时，应以地方标准为依据。因此，CD 项正确。

综上所述，本题答案为 BCD 项。

（四）食品召回制度

【多选】

12 1801104

参考答案：A,C,D

解析：AD 项：《食品安全法》第 71 条规定：“食品和食品添加剂的标签、说明书，不得含有虚假内容，不得涉及疾病预防、治疗功能。生产经营者对其提供的标签、说明书的内容负责。食品和食品添加剂的标签、说明书应当清楚、明显，生产日期、保质期等事项应当显著标注，容易辨识。食品和食品添加剂与其标签、说明书的内容不符的，不得上市销售。”本案中，葡萄酒的标签应当清楚明确，不能含有虚假内容误导消费者。同时，保质期是食品标签必须显著标注的项目。因此，AD 项正确。

BC 项：《食品安全法》第 125 条第 2 款规定：“生产经营的食品、食品添加剂的标签、说明书存在瑕疵但不影响食品安全且不会对消费者造成误导的，由县级以上人民政府食品安全监督管理部门责令改正；拒不改正的，处二千元以下罚款。”《食品安全法》第 148 条第 2 款规定：“生产不符合食品安全标准的食品或者经营明知是不符合食品安全标准的食品，消费者除要求赔偿损失外，还可以向生产者或者经营者要求支付价款十倍或者损失三倍的赔偿金；增加赔偿的金额不足一千元的，为一千元。但是，食品的标签、说明书存在不影响食品安全且不会对消费者造成误导的瑕疵的除外。”本案中，葡萄酒标签虽有瑕疵但在合理误差范围内，不影响食品安全且不会对消费者造成误导。葡萄酒不是不符合食品安全标准的食品，甲主张的十倍价款的惩罚性赔偿责任不能得到支持。因此，B 项错误，C 项正确。
综上所述，本题答案为 ACD 项。

（五）食品安全风险监测和评估

【单选】

13 1101028

参考答案：C

解析：A 项：《食品安全法》第 37 条规定："利用新的食品原料生产食品，或者生产食品添加剂新品种、食品相关产品新品种，应当向国务院卫生行政部门提交相关产品的安全性评估材料。国务院卫生行政部门应当自收到申请之日起六十日内组织审查；对符合食品安全要求的，准予许可并公布；对不符合食品安全要求的，不予许可并书面说明理由。"本案中，应当是持有由国务院卫生行政部门发放的特别许可证，而不是省级卫生行政部门的许可证。因此，A 项错误。

B 项：《食品安全法》第 39 条第 1 款规定："国家对食品添加剂生产实行许可制度……"可知，只有在食品添加剂的生产环节才实习许可制度，对于销售环节并未实行。因此，B 项错误。

C 项：《食品安全法》第 70 条规定："食品添加剂应当有标签、说明书和包装。标签、说明书应当载明本法第六十七条第一款第一项至第六项、第八项、第九项规定的事项，以及食品添加剂的使用范围、用量、使用方法，并在标签上载明'食品添加剂'字样。"因此，C 项正确。

D 项：《食品安全法》第 72 条规定："食品经营者应当按照食品标签标示的警示标志、警示说明或者注意事项的要求销售食品。"可知，法律并没有要求销售者应当销售场所设置特定专柜。因此，D 项错误。

综上所述，本题答案为 C 项。

（六）综合知识点

【多选】

14 2202087

参考答案：A,B,D

解析：A 项：《食品安全法》第 150 条第 3 款规定："预包装食品，指预先定量包装或者制作在包装材料、容器中的食品。"本案中，该牛肉肠系王某手工制作，而非工厂加工，且王某只会对牛肉肠进行简易包装，而非预先定量包装。因此，该牛肉肠并非预包装食品，A 项错误，当选。

B 项：《食品安全法》第 131 条第 2 款规定："消费者通过网络食品交易第三方平台购买食品，其合法权益受到损害的，可以向入网食品经营者或者食品生产者要求赔偿。网络食品交易第三方平台提供者不能提供入网食品经营者的真实名称、地址和有效联系方式的，由网络食品交易第三方平台提供者赔偿……。"本案中，某电商平台作为网络服务提供者，只有在其不能提供食品经营者真实名称、地址和有效联系方式的情况下，才需要承担赔偿责任，而本案并不涉及这种情况。因此，B 项错误，当选。

CD 项：《食品安全法》第 68 条规定："食品经营者销售散装食品，应当在散装食品的容器、外包装上标明食品的名称、生产日期或者生产批号、保质期以及生产经营者名称、地址、联系方式等内容。"《食品安全法》第 148 条规定："消费者因不符合食品安全标准的食品受到损害的，可以向经营者要求赔偿损失，也可以向生产者要求赔偿损失……生产不符合食品安全标准的食品或者经营明知是不符合食品安全标准的食品，消费者除要求赔偿损失外，还可以向生产者或者经营者要求支付价款十倍或者损失三倍的赔偿金；增加赔偿的金额不足一千元的，为一千元。但是，食品的标签、说明书存在不影响食品安全且不会对消费者造成误导的瑕疵的除外。"《最高人民法院关于审理食品药品纠纷案件适用法律若干问题的规定》第 3 条规定："因食品、药品质量问题发生纠纷，购买者向生产者、销售者主张权利，生产者、销售者以购买者明知食品、药品存在质量问题而仍然购买为由进行抗辩的，人民法院不予支持。"因此，在食品领域，法律上不禁止消费者知假买假的行为。本案中，商家卖的牛肉肠没有标明生产日期等产品信息，不符合食品安全标准，即使邵某知假买假，其也有权向商家主张十倍的惩罚性赔偿责任。因此，C 项正确，不当选；D 项错误，当选。

综上所述，本题为选非题，答案为 ABD 项。

15 2202089

参考答案：C,D

解析：ABC项：《食品安全法》第68条规定："食品经营者销售散装食品，应当在散装食品的容器、外包装上标明食品的名称、生产日期或者生产批号、保质期以及生产经营者名称、地址、联系方式等内容。"《食品安全法》第148条规定："消费者因不符合食品安全标准的食品受到损害的，可以向经营者要求赔偿损失，也可以向生产者要求赔偿损失……生产不符合食品安全标准的食品或者经营明知是不符合食品安全标准的食品，消费者除要求赔偿损失外，还可以向生产者或者经营者要求支付价款十倍或者损失三倍的赔偿金；增加赔偿的金额不足一千元的，为一千元。但是，食品的标签、说明书存在不影响食品安全且不会对消费者造成误导的瑕疵的除外。"本案中，香肠属于散装食品应当在其包装上标明产品名称、生产时间、生产经营者名称和地址、保质期等必要的产品信息，而A经营部未在其生产的香肠外包装上标识上述必要的产品信息，不符合食品安全标准。即使其证照齐全且生产的食品没有质量问题，消费者仍有权主张价款10倍的赔偿。因此，AB项错误，C项正确。

D项：《消费者权益保护法》第25条规定："经营者采用网络、电视、电话、邮购等方式销售商品，消费者有权自收到商品之日起七日内退货，且无需说明理由，但下列商品除外：（一）消费者定作的；（二）鲜活易腐的；（三）在线下载或者消费者拆封的音像制品、计算机软件等数字化商品；（四）交付的报纸、期刊。除前款所列商品外，其他根据商品性质并经消费者在购买时确认不宜退货的商品，不适用无理由退货……。"本案中，香肠系甲通过网络购买，且不属于法律规定的不可退货的特殊商品。因此，甲有权在七日内主张退货退款，D项正确。

综上所述，本题答案为CD项。

16 1701067

参考答案：A,D

解析：A项：《食品安全法》第148条第2款规定："生产不符合食品安全标准的食品或者经营明知是不符合食品安全标准的食品，消费者除要求赔偿损失外，还可以向生产者或者经营者要求支付价款十倍或者损失三倍的赔偿金；增加赔偿的金额不足一千元的，为一千元。但是，食品的标签、说明书存在不影响食品安全且不会对消费者造成误导的瑕疵的除外。"本案中，M公司生产的苦茶不符合食品安全标准，消费者李某可以选择要求价款十倍的惩罚性赔偿。因此，A项正确。

B项：《食品安全法》第27条第1款规定："食品安全国家标准由国务院卫生行政部门会同国务院食品安全监督管理部门制定、公布，国务院标准化行政部门提供国家标准编号。"本案中，国家卫健委不可以单独制定、公布食品安全国家标准。因此，B项错误。

C项：《食品安全法》第29条规定："对地方特色食品，没有食品安全国家标准的，省、自治区、直辖市人民政府卫生行政部门可以制定并公布食品安全地方标准，报国务院卫生行政部门备案。食品安全国家标准制定后，该地方标准即行废止。"本案中，在食品安全国家标准制定后，该地方标准即行废止，并不是酌情存废。因此，C项错误。

D项：《食品安全法》第30条规定："国家鼓励食品生产企业制定严于食品安全国家标准或者地方标准的企业标准，在本企业适用，并报省、自治区、直辖市人民政府卫生行政部门备案。"因此，D项正确。

综上所述，本题答案为AD项。

17 1601071

参考答案：B,C,D

解析：A项：《食品安全法》第2条第2款规定："供食用的源于农业的初级产品（以下称食用农产品）的质量安全管理，遵守《中华人民共和国农产品质量安全法》的规定。但是，食用农产品的市场销售、有关质量安全标准的制定、有关安全信息的公布和本法对农业投入品作出规定的，应当遵守本法的规定。"初级农产品是指种植业、畜牧业、渔业未经过加工的产品。本案中，该橄榄调和油不属于源于农业的初级产品。因此，A项错误。

B项：《食品安全法》第71条规定："食品和食品添加剂的标签、说明书，不得含有虚假内容，不得涉及疾病预防、治疗功能。生产经营者对其提供的标签、说明书的内容负责。食品和食品添加剂的标签、说明书应当清楚、明显，生产日期、保质期等事项应当显著标注，容易辨识。食品和食品添加剂与其标签、说明书的内容不符的，不得上市销售。"最高人民法院60号指导性案例规定：食品标签上特别强调有价值、有特性配料的，应标示所强调配料的添加量，否则属于违反《食品安全法》的行为，应予以处罚。所谓"强调"，是指通过名称、色差、字体、字号、图形、排列顺序、文字说明、同一内容反复出现或多个内容都指向同一事物等形式进行着重标识。该调和油的标签、配料和吊牌上均强调该产品添加了橄榄油的配料，应当标明添加橄榄油的用量，但该油却并未标明，故不符合食品安全标准要求。因此，B项正确。

C项：《消费者权益保护法》第40条规定："消费者在购买、使用商品时，其合法权益受到损害的，可以向销售者要求赔偿。销售者赔偿后，属于生产者的责任或者属于向销售者提供商品的其他销售者的责任的，销售者有权向生产者或者其他销售者追偿。消费者或者其他受害人因商品缺陷造成人身、财产损害的，可以向销售者要求赔偿，也可以向生产者要求赔偿。属于生产者责任的，销售者赔偿后，有权向生产者追偿。属于销售者责任的，生产者赔偿后，有权向销售者追偿。消费者在接受服务时，其合法权益受到损害的，可以向服务者要求赔偿。"本案中，如果消费者李某只向超市索赔，超市有义务先行赔付。因此，C项正确。

D项：《最高人民法院关于审理食品药品纠纷案件适用法律若干问题的规定》第3条规定："因食品、药品质量问题发生纠纷，购买者向生产者、销售者主张权利，生产者、销售者以购买者明知食品、药品存在质量问题而仍然购买为由进行抗辩的，人民法院不予支持。"本案中，超市以李某"知假买假"为理由抗辩的，法院不予支持。因此，D项正确。

综上所述，本题答案为BCD项。

18 2402018

参考答案：B

解析：A项：《反不正当竞争法》第12条规定："经营者利用网络从事生产经营活动，应当遵守本法的各项规定。经营者不得利用技术手段，通过影响用户选择或者其他方式，实施下列妨碍、破坏其他经营者合法提供的网络产品或者服务正常运行的行为：（一）未经其他经营者同意，在其合法提供的网络产品或者服务中，插入链接、强制进行目标跳转；（二）误导、欺骗、强迫用户修改、关闭、卸载其他经营者合法提供的网络产品或者服务；（三）恶意对其他经营者合法提供的网络产品或者服务实施不兼容；（四）其他妨碍、破坏其他经营者合法提供的网络产品或者服务正常运行的行为。"本题中，A公司并未实施上述妨碍、破坏其他经营者合法提供的网络产品或者服务正常运行的行为，不构成互联网不正当竞争。因此，A项错误。

B项：《反不正当竞争法》第10条规定："经营者进行有奖销售不得存在下列情形：……（三）抽奖式的有奖销售，最高奖的金额超过五万元。"本题中，主播张某宣称奖品为10万元的小汽车，该奖品价值已超过法律规定的最高限额5万元，A公司构成不正当有奖销售。因此，B项正确。

C项：《广告法》第28条规定："广告以虚假或者引人误解的内容欺骗、误导消费者的，构成虚假广告。广告有下列情形之一的，为虚假广告：……（二）商品的性能、功能、产地、用途、质量、规格、成分、价格、生产者、有效期限、销售状况、曾获荣誉等信息，或者服务的内容、提供者、形式、质量、价格、销售状况、曾获荣誉等信息，以及与商品或者服务有关的允诺等信息与实际情况不符，对购买行为有实质性影响的；……"《广告法》第56条第2款规定："关系消费者生命健康的商品或者服务的虚假广告，造成消费者损害的，其广告经营者、广告发布者、广告代言人应当与广告主承担连带责任。"本题中，啤酒已过保质期半年，其真实有效限期与带货主播即广告代言人张某宣传的有效期限严重不符，张某及A公司的行为已构成虚假广告。因此，就李某因过期啤酒而遭受的损害，广告代言人张某应当与广告主A公司承担连带责任，C项错误。

D项：《消费者权益保护法实施条例》第14条第2款规定："直播营销平台经营者应当建立健全消费者权益保护制度，明确消费争议解决机制。发生消费争议的，直播营销平台经营者应当根据消费者的要求提供直播间运营者、直播营销人员相关信息以及相关经营活动记录等必要信息。"本题中，消费争议已发生，故直播平台经营者B公司应当为消费者李某提供A公司直播营销人员即张某的相关必要信息，而不可拒绝。因此，D项错误。

综上所述，本题答案为B项。

19 2402016

答案：A,C,D

解析：A项：《反不正当竞争法》第8条第1款规定："经营者不得对其商品的性能、功能、质量、销售状况、用户评价、曾获荣誉等作虚假或者引人误解的商业宣传，欺骗、误导消费者。"以及《消费者权益保护法》第20条规定："经营者向消费者提供有关商品或者服务的质量、性能、用途、有效期限等信息，应当真实、全面，不得作虚假或者引人误解的宣传。"本题中，天华教育机构所宣传的"本机构有国内外知名高校的名师，报名加入本机构即可获得进入知名高校内部学习交流的机会"等为虚假事实，目的是为了欺骗、误导消费者报名加入，其行为构成虚假宣传。因此，A项正确。

B项：《反不正当竞争法》第6条规定："经营者不得实施下列混淆行为，引人误认为是他人商品或者与他人存在特定联系：（一）擅自使用与他人有一定影响的商品名称、包装、装潢等相同或者近似的标识；（二）擅自使用他人有一定影响的企业名称（包括简称、字号等）、社会组织名称（包括简称等）、姓名（包括笔名、艺名、译名等）；（三）擅自使用他人有一定影响的域名主体部分、网站名称、网页等；（四）其他足以引人误认为是他人商品或者与他人存在特定联系的混淆行为。"据此，混淆行为是指经营者通过使用与他人相同或近似的商业标识，使消费者误认为是他人商品或者与他人存在特定联系的行为。本题中，天华教育机构并未实施前述混淆行为，因此，B项错误。

C项：《消费者权益保护法》第48条第1款规定："经营者提供商品或者服务有下列情形之一的，除本法另有规定外，应当依照其他有关法律、法规的规定，承担民事责任：……（七）服务的内容和费用违反约定的；……"本题中，天华教育机构对外宣传"本机构有国内外知名高校的名师，报名加入本机构即可获得进入知名高校内部学习交流的机会"，然而实际上既没名师也没学习交流的机会，属于"服务的内容违反约定"，故应当对消费者承担退还报名费的违约责任，即应当向李某退还报名费2万元。因此，C项正确。

D项：《消费者权益保护法》第55条第1款规定："经营者提供商品或者服务有欺诈行为的，应当按照消费者的要求增加赔偿其受到的损失，增加赔偿的金额为消费者购买商品的价款或者接受服务的费用的三倍；增加赔偿的金额不足五百元的，为五百元。法律另有规定的，依照其规定。"本题中，天华教育机构对其服务进行虚假宣传，已对消费者构成欺诈，故消费者李某有权要求天华教育机构增加赔偿其受到的损失，赔偿数额为服务费用的三倍，即6万元。因此，D项正确。

综上所述，本题答案为ACD项。

二、模拟训练

20 62206210

参考答案：C

解析：A项：《食品安全法》第63条第1、2款规定："国家建立食品召回制度。食品生产者发现其生产的食品不符合食品安全标准或者有证据证明可能危害人体健康的，应当立即停止生产，召回已经上市销售的食品，通知相关生产经营者和消费者，并记录召回和通知情况。食品经营者发现其经营的食品有前款规定情形的，应当立即停止经营，通知相关生产经营者和消费者，并记录停止经营和通知情况。食品生产者认为应当召回的，应当立即召回。由于食品经营者的原因造成其经营的食品有前款规定情形的，食品经营者应当召回。"由此可知，只有因为常来肉铺的原因造成其经营的食品有问题的，其才承担召回职责。本题中，无法得知是否是因常来肉铺的原因造成食品质量问题，故不能直接由常来肉铺召回。因此，A项错误。

B项：《食品安全法》第148条第1款规定："消费者因不符合食品安全标准的食品受到损害的，可以向经营者要求赔偿损失，也可以向生产者要求赔偿损失。接到消费者赔偿要求的生产经营者，应当实行首负责任制，先行赔付，不得推诿……"本题中，小姜有权要求阳光公司赔偿。因此，B项错误。

C项：《食品安全法》第148条第2款规定："生产不符合食品安全标准的食品或者经营明知是不符合食品安全标准的食品，消费者除要求赔偿损失外，还可以向生产者或者经营者要求支付价款十倍或者损失三倍的赔偿金；增加赔偿的金额不足一千元的，为一千元。但是，食品的标签、说明书存在不影响食品安全且不会对消费者造成误导的瑕疵的除外。"本题中，肉脯不符合食品标准，常来肉铺和阳光公司多次被诉，应认定常来肉铺为明知，若小姜主张价款10倍的赔偿，只有500元，不足1000元，最多要求赔到1000元；若小姜主张损失3倍的赔偿，损失为医疗费2000元，则可以最多要求赔到6000元。因此，C项正确。

D项：《最高人民法院关于审理食品药品纠纷案件适用法律若干问题的规定》第3条规定："因食品、药品质量问题发生纠纷，购买者向生产者、销售者主张权利，生产者、销售者以购买者明知食品、药品存在质量问题而仍然购买为由进行抗辩的，人民法院不予支持。"因此，D项错误。

综上所述，本题答案为C项。

21 62206209

参考答案：A,D

解析：A项：《食品安全法》第2条第2款规定："供食用的源于农业的初级产品（以下称食用农产品）的质量安全管理，遵守《中华人民共和国农产品质量安全法》的规定。但是，食用农产品的市场销售、有关质量安全标准的制定、有关安全信息的公布和本法对农业投入品作出规定的，应当遵守本法的规定。"初级农产品是指种植业、畜牧业、渔业未经过加工的产品，大米便属于此类。因此，A项正确。

B项：《最高人民法院关于审理食品药品纠纷案件适用法律若干问题的规定》第4条规定："食品、药品生产者、销售者提供给消费者的食品或者药品的赠品发生质量安全问题，造成消费者损害，消费者主张权利，生产者、销售者以消费者未对赠品支付对价为由进行免责抗辩的，人民法院不予支持。"所以，商场不能以赠品为由进行抗辩。因此，B项错误。

C项：《食品安全法》第35条第1款规定："……销售食用农产品和仅销售预包装食品的，【不需要取得许可】……"因此，C项错误。

D项：《最高人民法院关于审理食品药品纠纷案件适用法律若干问题的规定》第3条规定："因食品、药品质量问题发生纠纷，购买者向生产者、销售者主张权利，生产者、销售者以购买者明知食品、药品存在质量问题而仍然购买为由进行抗辩的，人民法院不予支持。"超市以小姜"知假买假"为理由抗辩的，法院不予支持。因此，D项正确。

综上所述，本题答案为AD项。

22 62206049

参考答案：B,D

解析：A项：《食品安全法》第102条第1、2款规定："国务院组织制定国家食品安全事故应急预案。县级以上地方人民政府应当根据有关法律、法规的规定和上级人民政府的食品安全事故应急预案以及本行政区域的实际情况，制定本行政区域的食品安全事故应急预案，并报上一级人民政府备案。"本题中，甲市A区政府制定的食品安全事故应急预案应该报上一级人民政府备案。因此，A项错误。

B项：《食品安全法》第103条第1款规定："发生食品安全事故的单位应当立即采取措施，防止事故扩大。事故单位和接收病人进行治疗的单位应当及时向事故发生地县级人民政府食品安全监督管理、卫生行政部门报告。"由此可知，发生食品安全事故的单位应及时向事故发生地的食品安全监督管理、卫生行政部门报告。因此，B项正确。

C项：《食品安全法》105条第2款规定："发生食

品安全事故需要启动应急预案的，县级以上人民政府应当立即成立事故处置指挥机构，启动应急预案，依照前款和应急预案的规定进行处置。”本题中，应当由A区政府成立食品安全事故处置指挥部。因此，C项错误。

D项：《食品安全法》第108条第1款规定：“食品安全事故调查部门有权向有关单位和个人了解与事故有关的情况，并要求提供相关资料和样品。有关单位和个人应当予以配合，按照要求提供相关资料和样品，不得拒绝。”因此，D项正确。

综上所述，本题答案为BD项。

23 51906411

参考答案：A,B,C

解析：A项：《食品安全法》第2条第2款规定：“供食用的源于农业的初级产品（以下称食用农产品）的质量安全管理，遵守《中华人民共和国农产品质量安全法》的规定。但是，食用农产品的市场销售、有关质量安全标准的制定、有关安全信息的公布和本法对农业投入品作出规定的，应当遵守本法的规定。”因此，A项正确。

B项：《食品安全法》第2条第1款规定：“在中华人民共和国境内从事下列活动，应当遵守本法：（一）食品生产和加工（以下称食品生产），食品销售和餐饮服务（以下称食品经营）；（二）食品添加剂的生产经营；（三）用于食品的包装材料、容器、洗涤剂、消毒剂和用于食品生产经营的工具、设备（以下称食品相关产品）的生产经营；（四）食品生产经营者使用食品添加剂、食品相关产品；（五）食品的贮存和运输；（六）对食品、食品添加剂、食品相关产品的安全管理。”B选项与《食品安全法》第2条第1款第（二）项、第（四）项、第（六）项相对应。因此，B项正确。

C项：《食品安全法》第74条规定：“国家对保健食品、特殊医学用途配方食品和婴幼儿配方食品等特殊食品实行严格监督管理。”并且《食品安全法》中第74条至79条都是对保健食品的相关规定，所以具有特定保健功能的食品也在《食品安全法》的调整范围内。因此，C项正确。

D项：《食品安全法》第5条第2款规定：“国务院食品安全监督管理部门依照本法和国务院规定的职责，对食品生产经营活动实施监督管理。”由此可知，是国务院食品安全监督管理部门对食品经营活动实施监督管理，而不是国务院卫生行政部门。因此，D项错误。

综上所述，本题答案为ABC项。

第六章 商业银行法

参考答案

[1]B	[2]C	[3]BD	[4]AC	[5]BD
[6]C	[7]C	[8]AB	[9]ABD	

一、历年真题及仿真题

（一）商业银行的业务规则

【单选】

1 2202090

参考答案：B

解析：AB项：《商业银行法》第40条规定：“商业银行不得向关系人发放信用贷款；向关系人发放担保贷款的条件不得优于其他借款人同类贷款的条件。前款所称关系人是指：（一）商业银行的董事、监事、管理人员、信贷业务人员及其近亲属……。”本题中，乙作为A商业银行的董事，属于《商业银行法》中的关系人，故任何情况下银行均不能向乙提供信用贷款。但该规定不属于效力性强制性规定，违反该规定并不必然导致甲乙之间的合同无效。因此，A项错误，B项正确。

C项：《商业银行法》第67条规定：“接管期限届满，国务院银行业监督管理机构可以决定延期，但接管期限最长不得超过二年。”因此，C项错误。

D项：《商业银行法》第71条规定：“商业银行不能支付到期债务，经国务院银行业监督管理机构同意，由人民法院依法宣告其破产……。”本题中，必须经国务院银行业监督管理机构同意后，法院才能宣告A商业银行破产。因此，D项错误。

综上所述，本题答案为B项。

2 1401028

参考答案：C

解析：《商业银行法》第46条规定："同业拆借，应当遵守中国人民银行的规定。禁止利用拆入资金发放固定资产贷款或者用于投资。拆出资金限于交足存款准备金、留足备付金和归还中国人民银行到期贷款之后的闲置资金。拆入资金用于弥补票据结算、联行汇差头寸的不足和解决临时性周转资金的需要。"

ABD项：弥补票据结算的不足、弥补联行汇差头寸的不足和解决临时性周转资金的需要属于上述拆入资金的用途。因此，ABD项正确，不当选。

C项：发放有担保的短期固定资产贷款不属于上述拆入资金的用途。因此，C项错误，当选。

综上所述，本题为选非题，答案为C项。

【多选】

3 1802074

参考答案：B,D

解析：A项：《商业银行法》第39条规定："商业银行贷款，应当遵守下列资产负债比例管理的规定：……（二）流动性资产余额与流动性负债余额的比例不得低于百分之二十五；……"由此可知，商业银行流动性资产余额与流动性负债余额的比例的最低限度是不得低于25%，但可以高于25%，银行规定了更严格的比例，利于保持商业银行的稳健经营，当然是法律允许的。故A项正确，不当选。

B项：《商业银行法》第19条第2款规定："商业银行在中华人民共和国境内设立分支机构，应当按照规定拨付与其经营规模相适应的营运资金额。拨付各分支机构营运资金额的总和，不得超过总行资本金总额的百分之六十。"故B项错误，当选。

C项：《商业银行法》第42条规定："借款人应当按期归还贷款的本金和利息。借款人到期不归还担保贷款的，商业银行依法享有要求保证人归还贷款本金和利息或者就该担保物优先受偿的权利。商业银行因行使抵押权、质权而取得的不动产或者股权，应当自取得之日起2年内予以处分……"故C项正确，不当选。

D项：《商业银行法》第46条第1款规定："同业拆借，应当遵守中国人民银行的规定。禁止利用拆入资金发放固定资产贷款或者用于投资。"由此可知，规定可以利用拆入资金用于发放固定资产贷款的行为是不合法的。故D项错误，当选。

综上所述，本题为选非题，答案为BD项。

4 1401069

参考答案：A,C

解析：AB项：《商业银行法》第42条第2款规定："借款人到期不归还担保贷款的，商业银行依法享有要求保证人归还贷款本金和利息或者就该担保物优先受偿的权利。商业银行因行使抵押权、质权而取得的不动产或者股权，应当自取得之日起2年内予以处分。"因此，该商业银行2010年通过实现抵押权可以取得某大楼的所有权，应在2012年处分而不应在2013年出售。因此，A项正确，B项错误。

CD项：《商业银行法》第43条规定，商业银行在中华人民共和国境内不得从事信托投资和证券经营业务，不得向非自用不动产投资或者向非银行金融机构和企业投资，但国家另有规定的除外。因此，该商业银行2014年修建自用办公大楼符合法律规定，但是根据上述法律规定，不得向非银行金融机构和企业投资，即2014年入股某房地产企业的做法不符合法律规定。因此，C项正确，D项错误。

综上所述，本题答案为AC项。

（二）商业银行法概述

【多选】

5 1802071

参考答案：B,D

解析：A项：《商业银行法》第11条第2款规定："未经国务院银行业监督管理机构批准，任何单位和个人不得从事吸收公众存款等商业银行业务，任何单位不得在名称中使用'银行'字样。"因此，李某作为个人不可以开展银行贷款业务。故A选项错误。

B项：《商业银行法》第9条规定："商业银行开展业务，应当遵守公平竞争的原则，不得从事不正当竞争。”在市场经济中，商业银行之间不可避免地会发生竞争，通过竞争能够促进银行业不断地提高管理水平，提高信贷资产质量，增强服务意识，为社会提供高质量的服务。商业银行的竞争，应当遵守公平竞争的原则。经营者在经营中应当遵守国家法律，遵守诚实信用等原则进行正当竞争。本题中，该银行为实现业务的快速扩张，违反审慎经营原则，违法与个人开展合作，没有遵守公平竞争的原则，系不正当竞争行为。故 B 选项正确。

CD 项：《商业银行法》第 4 条第 1 款规定：“商业银行以安全性、流动性、效益性为经营原则，实行自主经营，自担风险，自负盈亏，自我约束。”一般情况下，资产流动性越强，其安全性越高，流动性与安全性呈正比关系，故 C 选项错误。效益性越高，则风险性也就越高，安全性越低，安全性与收益性呈反比关系，故 D 选项正确。

综上所述，本题答案为 BD 项。

二、模拟训练

6 62206212

参考答案：C

解析：A 项：《商业银行法》第 19 条第 2 款规定：“商业银行在中华人民共和国境内设立分支机构，应当按照规定拨付与其经营规模相适应的营运资金额。拨付各分支机构营运资金额的总和，不得超过总行资本金总额的 60%。”因此，A 项错误。

B 项：《商业银行法》第 35 条第 2 款规定：“商业银行贷款，应当实行审贷分离、分级审批的制度。”对于该笔贷款，要实行审贷分离、分级审批的制度，李某不能负责该笔贷款的审查和放贷。因此，B 项错误。

C 项：《商业银行法》第 36 条第 1 款规定：“商业银行贷款，借款人应当提供担保……”因此，C 项正确。

D 项：《商业银行法》第 40 条规定：“商业银行不得向关系人发放【信用贷款】；……前款所称关系人是指：（一）商业银行的董事、监事、管理人员、信贷业务人员及其近亲属；……。”阳光房地产公司的贷款不是信用贷款，即使小美是关系人，也不受限制。故 D 项错误。

综上所述，本题答案为 C 项。

7 62206211

参考答案：C

解析：A 项：《商业银行法》第 39 条第 1 款规定：“商业银行贷款，应当遵守下列资产负债比例管理的规定……（三）对同一借款人的贷款余额与商业银行资本余额的比例不得超过百分之十；……”因此，A 项错误。

B 项：《商业银行法》第 9 条规定：“商业银行开展业务，应当遵守公平竞争的原则，不得从事不正当竞争。”本题中，该银行不得为实现业务的快速扩张，默许其工作人员进行不正当竞争，违反审慎经营原则。因此，B 项错误。

C 项：《商业银行法》第 42 条第 2 款规定：“借款人到期不归还担保贷款的，商业银行依法享有要求保证人归还贷款本金和利息或者就该担保物优先受偿的权利。商业银行因行使抵押权、质权而取得的不动产或者股权，应当自取得之日起二年内予以处分。”因此，C 项正确。

D 项：《商业银行法》第 46 条规定：“……禁止利用拆入资金发放固定资产贷款或者用于投资。拆出资金限于交足存款准备金、留足备付金和归还中国人民银行到期贷款之后的闲置资金。拆入资金用于弥补票据结算、联行汇差头寸的不足和解决临时性周转资金的需要。”因此，D 项错误。

综上所述，本题答案为 C 项。

8 61906282

参考答案：A,B

解析：A 项：《商业银行法》第 22 条规定：“商业银行对其分支机构实行全行统一核算，统一调度资金，分级管理的财务制度。商业银行分支机构不具有法人资格，在总行授权范围内依法开展业务，其民事责任由总行承担。”由此可知，尽管商业银行分支机构可以作为诉讼主体，但是其不具有法人资格。因此，A 项错误，当选。

B 项：《银行业监督管理法》第 37 条第 1 款规定：“银行业金融机构违反审慎经营规则的，国务院银行业监督管理机构或者其省一级派出机构应当责令限期改正；逾期未改正的，或者其行为严重危及该银行业金融机构的稳健运行、损害存款人和其他客户合法权益的，经国务院银行业监督管理机构或者其省一级派出机构负责人批准，可以区别情形，采取下列措施：……（五）责令调整董事、高级管理人员或者限制其权利……”由此可知，商业银行违反审慎经营规则的，国家金融监督管理总局不能直接采取监管措施，应当先责令其限期改正，逾期未改正或者具有严重危害性的经负责人批准后才能采取监管措施。因此，B项错误，当选。

C项:《商业银行法》第3条第2、3款规定:“经营范围由商业银行章程规定，报国务院银行业监督管理机构批准。商业银行经中国人民银行批准，可以经营结汇、售汇业务。”由此可知，国家金融监督管理总局批准商业银行的经营范围，中国人民银行批准商业银行的结汇、售汇业务。因此，C项正确，不当选。

D项:《银行业监督管理法》第40条第2款第1项规定:“在接管、机构重组或者撤销清算期间，经国务院银行业监督管理机构负责人批准，对直接负责的董事、高级管理人员和其他直接责任人员，可以采取下列措施:(一)直接负责的董事、高级管理人员和其他直接责任人员出境将对国家利益造成重大损失的，通知出境管理机关依法阻止其出境……”由此可知，在甲银行重组期间，董事孙某将涉嫌甲银行的巨额资产转移出境的行为可能对国家利益造成巨大损失，故国家金融监督管理总局可以通知出境管理机关阻止其出境。因此，D项正确，不当选。

综上所述，本题为选非题，答案为AB项。

9 62006182

参考答案:A,B,D

解析:A项:《商业银行法》第28条规定:“任何单位和个人购买商业银行股份总额百分之五以上的，应当事先经国务院银行业监督管理机构批准。”本案中，因为金鼎公司原本持有营口银行4%的股份，若其购买大力公司持有的营口商业银行1.8%的股份，则合计股份总额将超出5%，应当报经国务院银行业监督管理机构批准。因此，A项错误，当选。

B项:《商业银行法》第43条规定:“商业银行在中华人民共和国境内不得从事信托投资和证券经营业务，不得向非自用不动产投资或者向非银行金融机构和企业投资，但国家另有规定的除外。”本案中，营口银行作为商业银行，不得向企业投资。因此，B项错误，当选。

C项:《商业银行法》第39条第1款第1项规定:“商业银行贷款，应当遵守下列资产负债比例管理的规定:(一)资本充足率不得低于百分之八。”因此，C项正确，不当选。

D项:《商业银行法》第64条第2款规定:“接管的目的是对被接管的商业银行采取必要措施，以保护存款人的利益，恢复商业银行的正常经营能力。被接管的商业银行的债权债务关系不因接管而变化。”因此，D项错误，当选。

综上所述，本题为选非题，答案为ABD项。

第七章 银行业监督管理法

参考答案

[1]B	[2]ABCD	[3]ABD	[4]BCD	[5]ABD
[6]A	[7]B	[8]BC	[9]ABCD	[10]ABD
[11]C				

一、历年真题及仿真题

(一)银行业的监管

【单选】

1 2302051

参考答案:B

解析:A项:《银行业监督管理法》第41条规定:“经国务院银行业监督管理机构或者其省一级派出机构负责人批准，银行业监督管理机构有权查询涉嫌金融违法的银行业金融机构及其工作人员以及关联行为人的账户；对涉嫌转移或者隐匿违法资金的，经银行业监督管理机构负责人批准，可以申请司法机关予以冻结。”本题中，马某违规放贷且违法转移资金，金融监管部门可以申请司法机关对其账户予以冻结，但牛某未参与违法放贷，故不能冻结牛某账户。因此，A 项错误。

B 项：《银行业监督管理法》第 37 条第 1 款第 2 项规定：“银行业金融机构违反审慎经营规则的，国务院银行业监督管理机构或者其省一级派出机构应当责令限期改正；逾期未改正的，或者其行为严重危及该银行业金融机构的稳健运行、损害存款人和其他客户合法权益的，经国务院银行业监督管理机构或者其省一级派出机构负责人批准，可以区别情形，采取下列措施：……（二）限制分配红利和其他收入；……”本题中，银行信贷经理马某违规放贷，违反了审慎经营规则，故金融监管部门可以限制银行股东的利润分配。因此，B 项正确。

CD 项：《银行业监督管理法》第 40 条第 2 款规定：“在接管、机构重组或者撤销清算期间，经国务院银行业监督管理机构负责人批准，对直接负责的董事、高级管理人员和其他直接责任人员，可以采取下列措施：（一）直接负责的董事、高级管理人员和其他直接责任人员出境将对国家利益造成重大损失的，通知出境管理机关依法阻止其出境；（二）申请司法机关禁止其转移、转让财产或者对其财产设定其他权利。”本题中，银行已进入清算程序，马某作为信贷经理属于直接责任人员，金融监管部门应当通知出境管理机关依法阻止其出境，而不能直接做出决定。因此，D 项错误。对于马某处分个人财产的行为，金融监管部门应当向司法机关申请禁止马某行使该权利，也不能直接做出决定。因此，C 项错误。

综上所述，本题答案为 B 项。

【多选】

2 2202142

参考答案：A,B,C,D

解析：ABCD 项：《银行业监管法》第 37 条规定：“银行业金融机构违反审慎经营规则的，国务院银行业监督管理机构或者其省一级派出机构应当责令限期改正；逾期未改正的，或者其行为严重危及该银行业金融机构的稳健运行、损害存款人和其他客户合法权益的，经国务院银行业监督管理机构或者其省一级派出机构负责人批准，可以区别情形，采取下列措施：……（三）限制资产转让；（四）责令控股股东转让股权或者限制有关股东的权利；（五）责令调整董事、高级管理人员或者限制其权利；（六）停止批准增设分支机构……”。本案中，A 项符合第（三）项，B 项符合第（六）项，C 项符合第（五）项，D 项符合第（四）项。因此，ABCD 项正确。

综上所述，本题答案为 ABCD 项。

3 1902133

参考答案：A,B,D

解析：[命题陷阱] 本题以 2019 年包商银行被接管的实务案例为原型，针对商业银行接管展开考查。1. 商业银行被接管后，主体资格不变，债权债务关系不变，只是营业事务被接管组接管；2. 为了实现更好的接管效果，帮助被接管银行尽快恢复运营能力，接管组可以将其业务托管给有能力的商业银行实施，比如包商银行的业务被托管给建设银行；3. 接管期限一般是一年，接管期间内，如果被接管商业银行恢复经营能力或被合并、破产等，接管会终止。

AB 项：《商业银行法》第 64 条第 2 款规定：“接管的目的是对被接管的商业银行采取必要措施，以保护存款人的利益，恢复商业银行的正常经营能力。被接管的商业银行的债权债务关系不因接管而变化。”商业银行被接管，只是由接管组接管其经营管理权，商业银行的主体资格不丧失，债权债务关系没变化，所以储户的存款利息不变。因此，A 项正确。接管组为了实现更好的接管效果，帮助商业银行恢复经营能力，可以将其业务托管给其他商业银行，故可以托管给建设银行。因此，B 项正确。

CD 项：《商业银行法》第 68 条规定：“有下列情形之一的，接管终止：（一）接管决定规定的期限届满或者国务院银行业监督管理机构决定的接管延期届满；（二）接管期限届满前，该商业银行已恢复正常经营能力；（三）接管期限届满前，该商业银行被合并或者被依法宣告破产。”如果接管期限内商业银行恢复运营能力，说明接管的目的已经提前达成，可以终止接管而无需等到接管期限届满。因此，C 项错误。接管期限届满前，商业银行被宣告破产，接管的目的已经无法实现，拖延无益，应接管终止而无需等到接管期限届满。因此，D 项正确。

综上所述，本题答案为 ABD 项。

4 1701068

参考答案：B,C,D

解析：A 项：《银行业监督管理法》第 18 条规定，“银行业金融机构业务范围内的业务品种，应当按照规定经国务院银行业监督管理机构审查批准或者备案。……”故 A 项正确。

B 项：《商业银行法》第 36 条规定，“商业银行贷款，借款人应当提供担保。商业银行应当对保证人的偿还能力，抵押物、质物的权属和价值以及实现抵押权、质权的可行性进行严格审查。经商业银行审查、评估，确认借款人资信良好，确能偿还贷款的，可以不提供担保。”本题中，B 选项称“无论资信如何，都必须提供担保”，说法过于绝对，故 B 项错误。

C 项：《商业银行法》第 35 条第 1 款规定，“商业银行贷款，应当对借款人的借款用途、偿还能力、还款方式等情况进行严格审查。”恋爱经历与偿还能力无关，并不是银行审查的范围，故 C 项错误。

D 项：《商业银行法》第 35 条第 2 款规定，“商业银行贷款，应当实行审贷分离、分级审批的制度。”所以，银行发放贷款，审查人员和放贷人员不可以为同一个人，故 D 项错误。

综上所述，本题为选非题，答案为 BCD 项。

5 1601072

参考答案：A,B,D

解析：A 项：《银行业监督法》第 21 条规定：“银行业金融机构的审慎经营规则，由法律、行政法规规定，也可以由国务院银行业监督管理机构依照法律、行政法规制定。前款规定的审慎经营规则，包括风险管理、内部控制、资本充足率、资产质量、损失准备金、风险集中、关联交易、资产流动性等内容。银行业金融机构应当严格遵守审慎经营规则。”信托公司未按照金融企业会计制度和公司财务规则严格管理和审核资金使用，违法开展信托业务，造成公司重大损失，严重违反审慎经营规则，A 项正确。

BC 项：《银行业监督法》第 46 条规定：“银行业金融机构有下列情形之一，由国务院银行业监督管理机构责令改正，并处二十万元以上五十万元以下罚款；情节特别严重或者逾期不改正的，可以责令停业整顿或者吊销其经营许可证；构成犯罪的，依法追究刑事责任：（一）未经任职资格审查任命董事、高级管理人员的；（二）拒绝或者阻碍非现场监管或者现场检查的；（三）提供虚假的或者隐瞒重要事实的报表、报告等文件、资料的；（四）未按照规定进行信息披露的；（五）严重违反审慎经营规则的；（六）拒绝执行本法第三十七条规定的措施的。”国家金融监督管理总局在该公司严重违反审慎经营规则的情况下，可以责令停业整顿或者吊销其经营许可证，所以 B 项正确。《银行业监督管理法》第 21 条第 2 款规定：“审慎经营规则包括风险管理、内部控制、资本充足率、资产质量、损失准备金、风险集中、关联交易、资产流动性等内容。”“该信托公司未按照金融企业会计制度和公司财务规则严格管理和审核资金使用。”由此可见，该信托公司的内部控制制度并没有起到效果，反而导致公司资产流失，因此，信托公司严重违反审慎经营规则。应由银行业监督管理机构负责吊销其经营许可证，故不应当由“国家市场监督管理总局”吊销该公司的金融许可证，而应由“银行业监督管理机构”即国家金融监督管理总局吊销其金融许可证。因此，C 项错误。

D 项：《银行业监督法》第 48 条规定：“银行业金融机构违反法律、行政法规以及国家有关银行业监督管理规定的，银行业监督管理机构除依照本法第四十四条至第四十七条规定处罚外，还可以区别不同情形，采取下列措施：（一）责令银行业金融机构对直接负责的董事、高级管理人员和其他直接责任人员给予纪律处分；（二）银行业金融机构的行为尚不构成犯罪的，对直接负责的董事、高级管理人员和其他直接责任人员给予警告，处五万元以上五十万元以下罚款；（三）取消直接负责的董事、高级管理人员一定期限直至终身的任职资格，禁止直接负责的董事、高级管理人员和其他直接责任人员一定期限直至终身从事银行业工作。”信托公司未按照金融企业会计制度和公司财务规则严格管理和审核资金使用，违法开展信托业务，造成公司重大损失，国家金融监督管理总局可以据此取消总经理陈某一定期限直至终身的任职资格，所以 D 项正确。
综上所述，本题答案为 ABD 项。

（二）综合知识点

【单选】

6 1902034

参考答案：A
解析：[命题陷阱] 1.“债转股”本质为以债权换股权，即以债权出资；2. 鉴于银行的资金运营限制，银行不可向非银行金融机构投资，所以银行的债转股不可直接进行，需要经由金融资产管理公司转手，即银行将债权转移给金融资产管理公司，再由金融资产管理公司将此债权出资至债务人的公司换回股权。
A 项：银行清理不良贷款的方式往往是设立资产管理公司，将银行的不良贷款转移给资产管理公司，资产管理公司再用此债权出资至债务人的公司中，转为股权。因此，A 项正确。
C 项：债转股的过程并非通过资产管理公司购买债务人股权来实现。如果这样操作，首先，资产管理公司需要大笔资金；其次，如果该笔资金进入债务人账户被挪作他用而没有归还给银行，会有诸多不可控的后果。因此，C 项错误。
BD 项：《商业银行法》第 43 条规定：“商业银行在中华人民共和国境内不得从事信托投资和证券经营业务，不得向非自用不动产投资或者向非银行金融机构和企业投资，但国家另有规定的除外。”由此可见，为了确保银行资金的安全，银行不得向非银行的金融机构或企业投资。本案中，乙银行不能直接向甲公司投资，而债转股本质上是以债权作为出资，所以乙银行不得直接对甲公司债转股。因此，B 项错误。乙银行也不能直接购买甲公司的股份，否则相当于乙银行直接对甲公司投资。因此，D 项错误。
综上所述，本题答案为 A 项。

7 1902035

参考答案：B
解析：AD 项：《商业银行法》第 71 条规定：“商业银行不能支付到期债务，经国务院银行业监督管理机构同意，由人民法院依法宣告其破产。商业银行被宣告破产的，由人民法院组织国务院银行业监督管理机构等有关部门和有关人员成立清算组，进行清算。商业银行破产清算时，在支付清算费用、所欠职工工资和劳动保险费用后，应当优先支付个人储蓄存款的本金和利息。”商业银行破产清算中，清偿顺序应该是破产费用＞共益债务＞职工债权＞个人储蓄的存款本金和利息＞其他社保和税款＞普通债权。所以本案中，税款并不能被优先清偿。因此，A 项错误。且企业破产时，资产不足以清偿全部债权，而罚款并不属于债权，不能进行债权申报，所以在破产清算中，罚款无法得到清偿。因此，D 项错误。
B 项：《银行业监督管理法》第 40 条第 2 款规定：“在接管、机构重组或者撤销清算期间，经国务院银行业监督管理机构负责人批准，对直接负责的董事、高级管理人员和其他直接责任人员，可以采取下列措施：（一）直接负责的董事、高级管理人员和其他直接责任人员出境将对国家利益造成重大损失的，通知出境管理机关依法阻止其出境；（二）申请司法机关禁止其转移、转让财产或者对其财产设定其他权利。”本案中，商业银行在撤销清算期间，其董事长张某可被限制资产处分，但此措施需要申请司法机关采取。因此，B 项正确。
C 项：《税收征收管理法》第 52 条第 2 款规定：“因纳税人、扣缴义务人计算错误等失误，未缴或者少缴税款的，税务机关在三年内可以追征税款、滞纳金；有特殊情况的，追征期可以延长到五年。”本案中，因为纳税人即该商业银行因自身的计算错误未缴税款，一般情况税务机关三年内可以追征税款并加收滞纳金。因此，C 项错误。
综上所述，本题答案为 B 项。

【多选】

8 2302042

参考答案：B,C
解析：AB 项：《商业银行法》第 64 条规定：“商业银行已经或者可能发生信用危机，严重影响存款人的利益时，国务院银行业监督管理机构可以对该银行实行接管……。”据此，接管由国务院银行业监督管理机构（即国家金融监督管理总局）决定，A 项错误，B 项正确。
CD 项：《商业银行法》第 46 条第 2 款规定：“……拆入资金用于弥补票据结算、联行汇差头寸的不足和解决临时性周转资金的需要。”以及该法第 76 条第 3 项规定：“商业银行有下列情形之一，由中国人民银行责令改正，有违法所得的，没收违法所得，违法所得五十万元以上的，并处违法所得一倍以上五倍以下罚款；没有违法所得或者违法所得不足五十万元的，处五十万元以上二百万元以下罚款；情节特别严重或者逾期不改正的，中国人民银行可以建议国务院银行业监督管理机构责令停业整顿或者吊销其经营许可证；构成犯罪的，依法追究刑事责任：……（三）违反规定同业拆借的。”本题中，甲银行将拆入资金贷给房地产商还息的行为严重违法违规，故中国人民银行可对其进行罚款，C 项正确。而至于暂停部分业务这一处罚措施，于法无据，D 项错误。
综上所述，本题答案为 BC 项。

二、模拟训练

9 51906445

参考答案：A,B,C,D

解析：A 项：《银行业监督管理法》第 41 条规定：“经国务院银行业监督管理机构或者其省一级派出机构负责人批准，银行业监督管理机构有权查询涉嫌金融违法的银行业金融机构及其工作人员以及关联行为人的账户；对涉嫌转移或者隐匿违法资金的，经银行业监督管理机构负责人批准，可以申请司法机关予以冻结。”由此可知，A 项正确。
BCD 项：《银行业监督管理法》第 37 条第 1 款规定：“银行业金融机构违反审慎经营规则的，国务院银行业监督管理机构或者其省一级派出机构应当责令限期改正；逾期未改正的，或者其行为严重危及该银行业金融机构的稳健运行、损害存款人和其他客户合法权益的，经国务院银行业监督管理机构或者其省一级派出机构负责人批准，可以区别情形，采取下列措施：（一）责令暂停部分业务、停止批准开办新业务；（二）限制分配红利和其他收入；（三）限制资产转让；（四）责令控股股东转让股权或者限制有关股东的权利；（五）责令调整董事、高级管理人员或者限制其权利；（六）停止批准增设分支机构。”据此，B 选项符合前述规定；C 选项符合第（二）项的规定；D 选项符合第（四）项的规定，故 BCD 项正确。
综上所述，本题答案为 ABCD 项。

10 51906444

参考答案：A,B,D

解析：A 项：《银行业监督管理法》第 33 条规定：“银行业监督管理机构根据履行职责的需要，有权要求银行业金融机构按照规定报送资产负债表、利润表和其他财务会计、统计报表、经营管理资料以及注册会计师出具的审计报告。”由此可知，A 项正确。
BC 项：《银行业监督管理法》第 34 条规定：“银行业监督管理机构根据审慎监管的要求，可以采取下列措施进行现场检查：……（三）查阅、复制银行业金融机构与检查事项有关的文件、资料，对可能被转移、隐匿或者毁损的文件、资料予以封存；（四）检查银行业金融机构运用电子计算机管理业务数据的系统。进行现场检查，应当经银行业监督管理机构负责人批准。现场检查时，检查人员不得少于二人，并应当出示合法证件和检查通知书；检查人员少于二人或者未出示合法证件和检查通知书的，银行业金融机构有权拒绝检查。”B 选项符合第（三）项的规定，故 B 项正确。但是，检查银行业金融机构运用电子计算机管理业务数据的系统为现场检查，根据前述规定，现场检查要求检查人员不少于 2 人，故 C 项错误。
D 项：《银行业监督管理法》第 35 条规定：“银行业监督管理机构根据履行职责的需要，可以与银行业金融机构董事、高级管理人员进行监督管理谈话，要求银行业金融机构董事、高级管理人员就银行业金融机构的业务活动和风险管理的重大事项作出说明。”由此可知，D 项正确。
综上所述，本题答案为 ABD 项。

11 61906283

参考答案：C

解析：ABC 项：《银行业监督管理法》第 22 条规定：“国务院银行业监督管理机构应当在规定的期

限，对下列申请事项作出批准或者不批准的书面决定；决定不批准的，应当说明理由：（一）银行业金融机构的设立，自收到申请文件之日起六个月内；（二）银行业金融机构的变更、终止，以及业务范围和增加业务范围内的业务品种，自收到申请文件之日起三个月内；（三）审查董事和高级管理人员的任职资格，自收到申请文件之日起三十日内。”由此可知，AB项正确，不当选。对于董事和高级管理人员的审查，应当在收到文件之日起的30日内作出决定，而不是3个月。因此，C项错误，当选。

D项：《银行业监督管理法》第26条规定：“国务院银行业监督管理机构对中国人民银行提出的检查银行业金融机构的建议，应当自收到建议之日起三十日内予以回复。”因此，D项正确，不当选。

综上所述，本题为选非题，答案为C项。

第八章 财税法

参考答案

[1]C	[2]B	[3]BC	[4]ABC	[5]ACD
[6]AD	[7]D	[8]B	[9]ACD	[10]ABC
[11]AB	[12]BC	[13]ABCD	[14]D	[15]D
[16]B	[17]AB	[18]AB	[19]CD	[20]ABCD
[21]A	[22]A	[23]A	[24]A	[25]AD
[26]BC	[27]ABD	[28]ABD	[29]C	[30]ABD
[31]D	[32]BCD			

一、历年真题及仿真题

（一）审计法

【单选】

1 1701031

参考答案：C

解析：AB项：《审计法》第20条规定：“审计署对中央银行的财务收支，进行审计监督。”第22条第1款规定：“审计机关对国有企业、国有金融机构和国有资本占控股地位或者主导地位的企业、金融机构的资产、负债、损益以及其他财务收支情况，进行审计监督。”本题中，扶贫资金属于与国家财政收支有关的特定事项，县级以上审计机关均有权进行专项审计，不需要银监机构的同意，同时审计署只对中央银行的财务收支进行审计监督，不对商业银行进行审计监督。因此，AB项错误。

C项：《审计法》第37条第2、3款规定：“审计机关经县级以上人民政府审计机关负责人批准，有权查询被审计单位在金融机构的账户。审计机关有证据证明被审计单位违反国家规定将公款转入其他单位、个人在金融机构账户的，经县级以上人民政府审计机关主要负责人批准，有权查询有关单位、个人在金融机构与审计事项相关的存款。”本题中，C项中上一级审计局副职领导属于本条第2款规定的县级以上人民政府审计机关负责人，故“县审计局经上一级审计局副职领导批准，有权查询当地扶贫办在银行的账户”符合本条第2款的规定。因此，C项正确。

D项：《审计法》第21条规定：“审计机关对国家的事业组织和使用财政资金的其他事业组织的财务收支，进行审计监督。”本题中，使用财政贴息资金的银行和企业均需要接受审计监督，与该企业是否是国有企业没有关系。因此，D项错误。

综上所述，本题答案为C项。

2 1501028

参考答案：B

解析：A项：《审计法》第23条规定：“审计机关对政府投资和以政府投资为主的建设项目的预算执行情况和决算，对其他关系国家利益和公共利益的重大公共工程项目的资金管理使用和建设运营情况，进行审计监督。”本题中，该高速公路投资公司由市政府出资设立，在审计局的审计范围内。因此，A项错误。

B项：《审计法》第42条第1款规定：“审计机关根据经批准的审计项目计划确定的审计事项组成审计组，并应当在实施审计三日前，向被审计单位送达审计通知书……”因此，B项正确。

C项：《审计法》第37条第2款规定：“审计机关经县级以上人民政府审计机关负责人批准，有权查询被审计单位在金融机构的账户。”本题中，审计机关的行为已经市审计局局长批准，有权直接查询该公司在金融机构的账户，无需委托人民法院查询。因此，C 项错误。

D 项:《审计法》第 36 条规定:“审计机关进行审计时，有权检查被审计单位的财务、会计资料以及与财政收支、财务收支有关的业务、管理等资料和资产，有权检查被审计单位信息系统的安全性、可靠性、经济性，被审计单位不得拒绝。”本题中，审计局有权直接检查该公司与财政收支有关的资料和资产，无需委托税务局检查。因此，D 项错误。

综上所述，本题答案为 B 项。

【多选】

3 2202091

参考答案:B,C

解析:AB 项:《审计法》第 31 条第 2 款规定:“审计机关之间对审计管辖范围有争议的，由其共同的上级审计机关确定。”本案中，K 市和 L 市的审计机关对审计管辖范围产生争议，应由共同上级审计机关即 M 省审计机关决定管辖。因此，A 项错误，B 项正确。

C 项:《审计法》第 32 条第 2 款规定:“审计机关应当对被审计单位的内部审计工作进行业务指导和监督。”因此，C 项正确。

D 项:《审计法》第 9 条规定:“地方各级审计机关对本级人民政府和上一级审计机关负责并报告工作，审计业务以上级审计机关领导为主。”本案中，审计机关接受本级人民政府和上一级审计机关领导，向本级人民政府和上一级审计机关报告甲银行的审计调查结果。因此，D 项错误。

综上所述，本题答案为 BC 项。

4 2002095

参考答案:A,B,C

解析:A 项:《审计法》第 9 条规定:“地方各级审计机关对本级人民政府和上一级审计机关负责并报告工作，审计业务以上级审计机关领导为主。”审计机关虽然实行的是双重领导制，但审计业务以上级审计机关领导为主。因此，A 项正确。

B 项:《审计法》第 11 条规定:“审计机关履行职责所必需的经费，应当列入预算予以保证。”因此，B 项正确。

C 项:《审计法》第 15 条规定:“审计人员办理审计事项，与被审计单位或者审计事项有利害关系的，应当回避。”回避是审计人员进行审计时应遵守的义务。因此，C 项正确。

D 项:《审计法》第 16 条规定:“审计机关和审计人员对在执行职务中知悉的国家秘密、工作秘密、商业秘密、个人隐私和个人信息，应当予以保密，不得泄露或者向他人非法提供。”审计人员应该遵守保密义务，不得随意披露。因此，D 项错误。

综上所述，本题答案为 ABC 项。

5 1601065

参考答案:A,C,D

解析:A 项:《审计法》第 1 条规定:“为了加强国家的审计监督，维护国家财政经济秩序，提高财政资金使用效益，促进廉政建设，保障国民经济和社会健康发展，根据宪法，制定本法。”《审计法》的制定与执行是在实施宪法的相关规定，因为《审计法》本身就是根据宪法制定的，因此，A 项正确。

B 项:《审计法》第 9 条规定:“地方各级审计机关对本级人民政府和上一级审计机关负责并报告工作，审计业务以上级审计机关领导为主。”B 项中地方各级审计机关对“本级人大常委会”负责的说法错误。因此，B 项错误。

C 项:《审计法》第 18 条规定:“审计机关对本级各部门（含直属单位）和下级政府预算的执行情况和决算以及其他财政收支情况，进行审计监督。”第 19 条第 1 款规定:“审计署在国务院总理领导下，对中央预算执行情况、决算草案以及其他财政收支情况进行审计监督，向国务院总理提出审计结果报告。”国务院各部门和地方各级政府的财政收支应当依法接受审计监督，因此，C 项正确。

D 项:《审计法》第 20 条规定:“审计署对中央银行的财务收支，进行审计监督。”第 21 条规定:“审计机关对国家的事业组织和使用财政资金的其他事业组织的财务收支，进行审计监督。”第 22

条第 1 款规定："审计机关对国有企业、国有金融机构和国有资本占控股地位或者主导地位的企业、金融机构的资产、负债、损益以及其他财务收支情况，进行审计监督。"国有的金融机构和企业事业组织的财务收支应当依法接受审计监督，因此，D 项正确。

综上所述，本题答案为 ACD 项。

6 1601074

参考答案：A,D

解析：A 项：《审计法》第 23 条规定："审计机关对政府投资和以政府投资为主的建设项目的预算执行情况和决算，对其他关系国家利益和公共利益的重大公共工程项目的资金管理使用和建设运营情况，进行审计监督。"本案中，污水处理厂系扶贫项目，由地方财政投资，审计机关应当对污水处理厂的项目依法进行审计监督。因此，A 项正确。

B 项：《审计法》第 37 条第 2 款规定："审计机关经县级以上人民政府审计机关负责人批准，有权查询被审计单位在金融机构的账户。"第 38 条第 2 款规定："审计机关对被审计单位违反前款规定的行为，有权予以制止；必要时，经县级以上人民政府审计机关负责人批准，有权封存有关资料和违反国家规定取得的资产；对其中在金融机构的有关存款需要予以冻结的，应当向人民法院提出申请。"本案中，不是经银保监会批准，而是经上级审计机关的负责人批准；且审计机关没有直接冻结存款的权力，如需冻结存款必须向人民法院提出申请。因此，B 项错误。

C 项：《审计法》第 44 条规定："……审计组的审计报告报送审计机关前，应当征求被审计单位的意见。被审计单位应当自接到审计组的审计报告之日起十日内，将其书面意见送交审计组。审计组应当将被审计单位的书面意见一并报送审计机关。"本案中，审计组征求该公司意见的时间应当在报送前，而不是报送后。因此，C 项错误。

D 项：《审计法》第 46 条规定："上级审计机关认为下级审计机关作出的审计决定违反国家有关规定的，可以责成下级审计机关予以变更或者撤销，必要时也可以直接作出变更或者撤销的决定。"本案中，上级审计机关认为审计机关的审计决定违反国家规定，可直接作出变更或撤销决定。因此，D 项正确。

综上所述，本题答案为 AD 项。

（二）税收征收管理

【单选】

7 2302044

参考答案：D

解析：商品房代理销售合同是指房地产开发商把开发的商品房委托于中介机构代理销售，并向中介机构支付酬金的合同。结合最高人民法院《民事案件案由规定》及最高院司法观点来看，将商品房代理销售合同纠纷列入房屋买卖合同纠纷下，是由于该合同纠纷与房屋买卖合同具有较强的关联性，但其法律关系应当依据实体法认定为特殊的委托合同关系。

ABD 项：《税收征收管理法》第 51 条规定："纳税人超过应纳税额缴纳的税款，税务机关发现后应当立即退还；纳税人自结算缴纳税款之日起三年内发现的，可以向税务机关要求退还多缴的税款并加算银行同期存款利息，税务机关及时查实后应当立即退还；……"据此，该条适用于税款缴纳之时就存在多缴税款的情形。而房地产开发公司在签订商品房代理销售合同时，依法预缴各项税款，并不存在多缴税款的情形，故房地产开发公司于纳税之日退税事由尚不成立，不能直接适用前述规定。之后，因房地产开发公司解除商品房代理销售合同，导致建立在该合同上的纳税义务不复存在。也就是说，在商品房代理销售合同解除之日，房地产开发公司始不负有相应的纳税义务，而因其已经缴纳相关税款，故在商品房代理销售合同解除之日，房地产开发公司多缴税款的事实才成立。因此，应当自商品房代理销售合同解除之日适用前述规定，即自商品房代理销售合同解除之日起开始计算退税申请期限，AB 项错误，D 项正确。

C 项：《契税法》第 1 条规定："在中华人民共和国境内转移土地、房屋权属，承受的单位和个人为契税的纳税人，应当依照本法规定缴纳契税。"据此，购房者才需缴纳契税，房地产开发公司并不缴纳契税，C 项错误。
综上所述，本题答案为 D 项。

8 1401029

参考答案：B

解析：ABD 项：《税收征收管理法》第 45 条第 1 款规定："税务机关征收税款，税收优先于无担保债权，法律另有规定的除外；纳税人欠缴的税款发生在纳税人以其财产设定抵押、质押或者纳税人的财产被留置之前的，税收应当先于抵押权、质权、留置权执行。"本案中，该企业拖欠的税款发生在办公楼抵押给银行之前。根据上述规定，拖欠的税款应当优先于银行贷款获得清偿。因此，B 项正确，AD 项错误。

C 项：《税收征收管理法》第 45 条第 2 款规定："纳税人欠缴税款，同时又被行政机关决定处以罚款、没收违法所得的，税收优先于罚款、没收违法所得。"本案中，该企业在欠缴税款的同时，因排污超标被生态环境部门罚款，根据上述规定，税款应当优先于罚款清偿。因此，C 项错误。

综上所述，本题答案为 B 项。

【多选】

9 1701071

参考答案：A,C,D

解析：A 项：《税收征收管理法》第 5 条规定："国务院税务主管部门主管全国税收征收管理工作。各地国家税务局和地方税务局应当按照国务院规定的税收征收管理范围分别进行征收管理……"本案中，县地税局有权按照国务院规定的税收征收管理范围进行征收管理，具有独立执法主体资格。因此，A 项正确。

B 项：《税收征收管理法》第 35 条第 1 款规定："纳税人有下列情形之一的，税务机关有权核定其应纳税额：……（六）纳税人申报的计税依据明显偏低，又无正当理由的。"本案中，纳税人必须同时具备申报的计税依据明显偏低和无正当理由两个条件，税务机关才有权核定其应纳税额，而该公司仅是申报的房产拍卖价（计税依据）明显偏低，并未说明是否有正当理由，因此税务机关无权直接核定。因此，B 项错误。

C 项：《税收征收管理法》第 32 条规定："纳税人未按照规定期限缴纳税款的，扣缴义务人未按照规定期限解缴税款的，税务机关除责令限期缴纳外，从滞纳税款之日起，按日加收滞纳税款万分之五的滞纳金。"本案中，该公司所涉拍卖行为合法有效，按成交价向税务部门缴纳了相关税款，并取得了完税凭证，不存在逃税、抗税、骗税等行为，故加收滞纳金行为违法。因此，C 项正确。

D 项：《税收征收管理法》第 88 条规定："纳税人、扣缴义务人、纳税担保人同税务机关在纳税上发生争议时，必须先依照税务机关的纳税决定缴纳或者解缴税款及滞纳金或者提供相应的担保，然后可以依法申请行政复议；对行政复议决定不服的，可以依法向人民法院起诉。当事人对税务机关的处罚决定、强制执行措施或者税收保全措施不服的，可以依法申请行政复议，也可以依法向人民法院起诉。当事人对税务机关的处罚决定逾期不申请行政复议也不向人民法院起诉、又不履行的，作出处罚决定的税务机关可以采取本法第四十条规定的强制执行措施，或者申请人民法院强制执行。"本案中，针对的是纳税争议，必须经过复议前置程序，对复议决定不服的，才能提起行政诉讼。因此，D 项正确。

综上所述，本题答案为 ACD 项。

10 1401070

参考答案：A,B,C

解析：ABC 项：《税收征收管理法》第 52 条第 2 款规定："因纳税人、扣缴义务人计算错误等失误，未缴或者少缴税款的，税务机关在三年内可以追征税款、滞纳金；有特殊情况的，追征期可以延长到五年。"本案中，企业属于计算错误未缴税款，税务机关可以追征税款、滞纳金，有特殊情况，可延长至五年。因此，ABC 项正确。

D 项：《税收征收管理法》第 52 条第 3 款规定："对偷税、抗税、骗税的，税务机关追征其未缴或者少缴的税款、滞纳金或者所骗取的税款，不受前款规定期限的限制。"本案中，不存在偷税、抗税、骗税的情况，不满足追征时不受追征期的限制需满足的规定条件。因此，D 项错误。

综上所述，本题答案为 ABC 项。

（三）企业所得税

【多选】

11 1902090

参考答案：A,B

解析：[命题陷阱]本题针对企业所得税的应纳税所得额的范围及扣除项进行考查，考查得非常细致，故难度较大。1.企业实际发生的与取得收入有关的、合理的支出，包括成本、费用、税金、损失和其他支出，准予在计算应纳税所得额时扣除。所以原材料费、设备租赁费、专利使用费作为合理的成本应予以扣除；2.公益性捐赠实行税前扣除制度，但其他赞助不允许扣除。

AB项：《企业所得税法》第5条规定："企业每一纳税年度的收入总额，减除不征税收入、免税收入、各项扣除以及允许弥补的以前年度亏损后的余额，为应纳税所得额。"第8条规定："企业实际发生的与取得收入有关的、合理的支出，包括成本、费用、税金、损失和其他支出，准予在计算应纳税所得额时扣除。"本案中，甲公司所支出的"①购买原材料5000万元、⑤设备租赁费500万元、⑦支付专利使用费1000万元"，应属于上述第8条规定中，企业实际发生的与取得收入有关的成本、费用等合理支出，可扣除。因此，B项正确。第9条规定："企业发生的公益性捐赠支出，在年度利润总额12%以内的部分，准予在计算应纳税所得额时扣除；超过年度利润总额12%的部分，准予结转以后三年内在计算应纳税所得额时扣除。"本案中，甲公司的利润为1000万元，可扣除的公益性捐赠的额度是120万元，所以，甲公司所支出的"④贫困地区捐赠扶贫资金100万元"可扣除。因此，A项正确。

CD项：《企业所得税法》第10条第2项及第6项规定："在计算应纳税所得额时，下列支出不得扣除：（二）企业所得税税款；（六）赞助支出；"本案中，甲公司支出的"③补缴上年度的企业所得税"，符合上述规定，不得扣除。因此，C项错误。甲公司支出的"⑥演唱会赞助"，符合上述规定，不能扣除。第11条规定："在计算应纳税所得额时，企业按照规定计算的固定资产折旧，准予扣除。下列固定资产不得计算折旧扣除：……（三）以融资租赁方式租出的固定资产……"所以，甲公司支出的"②以融资租赁方式租出厂房的折旧费100万"，不能扣除。因此，D项错误。

综上所述，本题答案为AB项。

12 1802073

参考答案：B,C

解析：ABC项：《企业所得税法》第26条规定："企业的下列收入为免税收入：（一）国债利息收入；（二）符合条件的居民企业之间的股息、红利等权益性投资收益；（三）在中国境内设立机构、场所的非居民企业从居民企业取得与该机构、场所有实际联系的股息、红利等权益性投资收益；（四）符合条件的非营利组织的收入。"由此可知，A选项不符合，不选。B选项符合第（一）项的情况；C选项符合第（二）项的规定，故BC两项当选。

D项：《企业所得税法》第7条规定："收入总额中的下列收入为不征税收入：（一）财政拨款；（二）依法收取并纳入财政管理的行政事业性收费、政府性基金；（三）国务院规定的其他不征税收入。"由此可知，财政拨款属于不征税收入，并不属于免税收入。故D项不选。

综上所述，本题答案为BC项。

13 1701070

参考答案：A,B,C,D

解析：AB项：《企业所得税法》第2条规定："企业分为居民企业和非居民企业。本法所称居民企业，是指依法在中国境内成立，或者依照外国（地区）法律成立但实际管理机构在中国境内的企业。本法所称非居民企业，是指依照外国（地区）法律成立且实际管理机构不在中国境内，但在中国境内设立机构、场所的，或者在中国境内未设立机构、场所，但有来源于中国境内所得的企业。"本案中，A基金在我国境外某群岛注册，依照外国法律成立，且实际管理机构不在中国境内，属于非居民企业；D公司设立在杭州，依照中国法律在中国境内成立，属于居民企业。因此，AB项正确。

C项：《企业所得税法》第3条规定："居民企业应当就其来源于中国境内、境外的所得缴纳企业所得税。非居民企业在中国境内设立机构、场所的，应当就其所设机构、场所取得的来源于中国境内的所得，以及发生在中国境外但与其所设机构、场所有实际联系的所得，缴纳企业所得税。非居民企业在中国境内未设立机构、场所的，或者虽设立机构、场所但取得的所得与其所设机构、场所没有实际联系的，应当就其来源于中国境内的所得缴纳企业所得税。”本案中，A 基金属于非居民企业，在中国境内未设立机构、场所，但 A 基金通过认购新股方式获得了 F 公司 26% 的股权，间接地掌握了香港 B 公司和杭州 D 公司的股权，即 A 基金的股权与 B 公司和 D 公司均有关，其股权转让行为也与 B 公司和 D 公司产生了实际联系，所以 A 基金股权转让所得属于来源于中国境内的所得，应当就其来源于中国境内的所得缴纳企业所得税。因此，C 项正确。

D 项:《企业所得税法》第 41 条规定:“企业与其关联方之间的业务往来，不符合独立交易原则而减少企业或者其关联方应纳税收入或者所得额的，税务机关有权按照合理方法调整。企业与其关联方共同开发、受让无形资产，或者共同提供、接受劳务发生的成本，在计算应纳税所得额时应当按照独立交易原则进行分摊。”第 44 条规定:“企业不提供与其关联方之间业务往来资料，或者提供虚假、不完整资料，未能真实反映其关联业务往来情况的，税务机关有权依法核定其应纳税所得额。”第 47 条规定:“企业实施其他不具有合理商业目的的安排而减少其应纳税收入或者所得额的，税务机关有权按照合理方法调整。”以上三个法条均规定了特别纳税调整的情形，在满足条件的情况下，税务机关有权对企业的应纳税收入进行调整。因此，D 项正确。

综上所述，本题答案为 ABCD 项。

（四）个人所得税

【单选】

14 2302041

参考答案: D

解析: A 项:《个人所得税法》第 1 条第 1 款规定:“……居民个人从中国境内和境外取得的所得，依照本法规定缴纳个人所得税。”本题中，张某系居民纳税人，应就其从中国境内和境外取得的全部所得（包括直播收入与拍卖款项）缴纳个人所得税。因此，A 项错误。

BC 项：就个人而言，仅工资薪金、劳务报酬、稿酬、特许权使用费等四项综合所得需汇算清缴。本题中，张某的直播收入系劳务报酬，属于综合所得，应进行汇算清缴；但资料拍卖款系财产转让所得，非综合所得，不进行汇算清缴。因此，BC 项错误。

D 项:《个人所得税法》第 9 条第 1 款规定:“个人所得税以所得人为纳税人，以支付所得的单位或者个人为扣缴义务人。”《国家税务总局关于加强和规范个人取得拍卖收入征收个人所得税有关问题的通知》第 7 条规定:“个人财产拍卖所得应纳的个人所得税税款，由拍卖单位负责代扣代缴，并按规定向拍卖单位所在地主管税务机关办理纳税申报。”据此，直播平台作为扣缴义务人需为张某预扣预缴税款，D 项正确。

综上所述，本题答案为 D 项。

15 2102078

参考答案: D

解析: A 项:《个人所得税法》第 9 条第 2 款规定:“……扣缴义务人扣缴税款时，纳税人应当向扣缴义务人提供纳税人识别号。”本题中，甲只是被公司派往外国工作并定居，但并未提及住所问题，仍应认定为居民个人。扣缴义务人扣缴税款时应由甲提供纳税人识别号，而不是无需提供。因此，A 项错误。

B 项:《个人所得税法》第 13 条第 5 款规定:“纳税人因移居境外注销中国户籍的，应当在注销中国户籍前办理税款清算。”本题中，只有移居境外并注销中国户籍的才需要办理税款清算，甲并未提及注销中国户籍，无需清税。因此，B 项错误。

C 项:《个人所得税法》第 7 条规定:“居民个人从中国境外取得的所得，可以从其应纳税额中抵免已在境外缴纳的个人所得税税额，但抵免额不得超过该纳税人境外所得依照本法规定计算的应纳税额。”本题中，为避免重复征税，我国税法规定了抵免已在境外缴纳的个人所得税，抵免额应当根据境外缴纳数额进行计算，而不是每月 5000

元。因此，C 项错误。

D 项:《个人所得税法》第 11 条第 1 款规定:“……需要办理汇算清缴的，应当在取得所得的次年三月一日至六月三十日内办理汇算清缴。预扣预缴办法由国务院税务主管部门制定。”本题中，汇算清缴的办理应该在次年三月一日至六月三十日内，甲于 2020 年 6 月 1 日被公司派往 A 国工作，因此，清缴的办理时间应在 2021 年 3 月 1 日至 6 月 30 日之间。因此，D 项正确。

综上所述，本题答案为 D 项。

16 1601029

参考答案:B

解析:A 项:《个人所得税法》第 3 条第 3 项规定:“个人所得税的税率:(三)利息、股息、红利所得，财产租赁所得，财产转让所得和偶然所得，适用比例税率，税率为百分之二十。”彩票所得属于偶然所得，适用的是比例税制，不实行加成征收。因此，A 项错误。

B 项:《个人所得税法》第 17 条规定:“对扣缴义务人按照所扣缴的税款，付给百分之二的手续费。”因此，B 项正确。

C 项:《个人所得税法》第 4 条第 1 款第 5 项规定:“下列各项个人所得，免征个人所得税:(五)保险赔款;”保险赔款免纳个人所得税。因此，C 项错误。

D 项:《个人所得税法》第 6 条第 1 款第 1 项规定:“应纳税所得额的计算:(一)居民个人的综合所得，以每一纳税年度的收入额减除费用六万元以及专项扣除、专项附加扣除和依法确定的其他扣除后的余额，为应纳税所得额。”居民个人所得税是按个人年收入扣除相应费用后的余额进行缴纳的，不存在 D 项所称“夫妻双方每月取得工资薪金合并计算”的说法，减除费用也非 7000 元。因此，D 项错误。

综上所述，本题答案为 B 项。

【多选】

17 2302052

参考答案:A,B

解析:A 项:《个人所得税法》第 1 条第 1 款规定:“在中国境内有住所，或者无住所而一个纳税年度内在中国境内居住累计满一百八十三天的个人，为居民个人。居民个人从中国境内和境外取得的所得，依照本法规定缴纳个人所得税。”本题中，袁某 2022 年在北京和上海累计居住了 222 天，已超过 183 天，应属居民纳税人。因此，A 项正确。

B 项:《个人所得税法》第 11 条第 1 款规定:“居民个人取得综合所得，按年计算个人所得税;有扣缴义务人的，由扣缴义务人按月或者按次预扣预缴税款;需要办理汇算清缴的，应当在取得所得的次年三月一日至六月三十日内办理汇算清缴。预扣预缴办法由国务院税务主管部门制定。”本题中，袁某系居民纳税人，对于其个人综合所得，需要办理汇算清缴。袁某通过演艺所得收入即使计入甲公司经营所得，也应当将其还原为个人劳务报酬所得，因为演艺工作有极强的人身专属性，纳入公司收入有虚假转换收入性质之嫌。所以对袁某的演艺收入应当算作其劳务报酬所得，属于综合所得，需要进行汇算清缴。因此，B 项正确。

C 项:《个人所得税法》第 8 条第 1 款规定:“有下列情形之一的，税务机关有权按照合理方法进行纳税调整:……(二)居民个人控制的，或者居民个人和居民企业共同控制的设立在实际税负明显偏低的国家(地区)的企业，无合理经营需要，对应当归属于居民个人的利润不作分配或者减少分配;……”据此，在没有开展实际经营活动的情况下，乙公司将所有利润计入资本金而不作利润分配，缺乏合理根据，税务机关有权对其进行纳税调整。但《个人所得税法实施条例》第 4 条规定:“在中国境内无住所的个人，在中国境内居住累计满 183 天的年度连续不满六年的，经向主管税务机关备案，其来源于中国境外且由境外单位或者个人支付的所得，免予缴纳个人所得税;在中国境内居住累计满 183 天的任一年度中有一次离境超过 30 天的，其在中国境内居住累计满 183 天的年度的连续年限重新起算。”据此，鉴于袁某并未连续六年均在中国境内居住累计满 183 天，故袁某自境外的乙公司获得的收入经过备案即可免予缴纳个人所得税，而无需进行纳税调整。因此，C 项错误。

D 项:《个人所得税法》第 2 条第 1 款所规定的前

四项属于综合所得，包括（一）工资、薪金所得；（二）劳务报酬所得；（三）稿酬所得；（四）特许权使用费所得。因此，袁某的投资收益并不属于综合所得，D 项错误。
综上所述，本题答案为 AB 项。

18 1902089

参考答案：A,B

解析：A 项：《个人所得税法》第 2 条规定："下列各项个人所得，应当缴纳个人所得税：……（二）劳务报酬所得；（三）稿酬所得……居民个人取得前款第一项至第四项所得（以下称综合所得），按纳税年度合并计算个人所得税……"本案中，劳务所得和稿酬作为综合所得可以合并计税。因此，A 项正确。

BC 项：《个人所得税法》第 4 条规定："下列各项个人所得，免征个人所得税：（一）省级人民政府、国务院部委和中国人民解放军军以上单位，以及外国组织、国际组织颁发的科学、教育、技术、文化、卫生、体育、环境保护等方面的奖金……"只有上述单位发放的奖金可免纳个税，其他级别的单位发放的奖金不能免税。在本案中，教育部作为国务院部委发放的 10 万元科研奖金可以免税，但学校发放的 2000 元奖金不能免税。因此，B 项正确，C 项错误。

D 项：《个人所得税法》第 3 条规定："个人所得税的税率：……（三）利息、股息、红利所得，财产租赁所得，财产转让所得和偶然所得，适用比例税率，税率为百分之二十。"本案中，彩票中奖奖金属于偶然所得，适用 20% 的比例税率，没有加成征收。因此，D 项错误。

综上所述，本题答案为 AB 项。

19 1501069

参考答案：C,D

解析：A 项："动态财产税"是指因无偿转移而发生所有权变动的财产按其价值所课征的财产税，遗产税就属于典型的动态税，个人所得税属于典型的所得税而不是财产税。因此，A 项错误。

BC 项：《个人所得税法》第 1 条规定："在中国境内有住所，或者无住所而一个纳税年度内在中国境内居住累计满一百八十三天的个人，为居民个人。居民个人从中国境内和境外取得的所得，依照本法规定缴纳个人所得税。在中国境内无住所又不居住，或者无住所而一个纳税年度内在中国境内居住累计不满一百八十三天的个人，为非居民个人。非居民个人从中国境内取得的所得，依照本法规定缴纳个人所得税……"我国《个人所得税法》将纳税人分为居民个人和非居民个人，区分标准为按住所或居住时间，而并非国籍，对于居民个人，要求其对境内外所有所得均缴纳个人所得税。因此，B 项错误，C 项正确。

D 项：《个人所得税法》第 2 条规定："下列各项个人所得，应当缴纳个人所得税：（一）工资、薪金所得；（二）劳务报酬所得；（三）稿酬所得；（四）特许权使用费所得……。居民个人取得前款第一项至第四项所得（以下称综合所得），按纳税年度合并计算个人所得税；非居民个人取得前款第一项至第四项所得，按月或者按次分项计算个人所得税……"可知，劳务报酬属于综合所得。第 3 条第 1 项规定："个人所得税的税率：（一）综合所得，适用百分之三至百分之四十五的超额累进税率（税率表附后）；"因此，D 项正确。

综上所述，本题答案为 CD 项。

20 1401071

参考答案：A,B,C,D

解析：《个人所得税法》第 1 条第 1 款规定："在中国境内有住所，或者无住所而一个纳税年度内在中国境内居住累计满一百八十三天的个人，为居民个人。居民个人从中国境内和境外取得的所得，依照本法规定缴纳个人所得税。"第 2 条第 1 款规定："下列各项个人所得，应当缴纳个人所得税：（一）工资、薪金所得；（二）劳务报酬所得；（三）稿酬所得；（四）特许权使用费所得；（五）经营所得；（六）利息、股息、红利所得；（七）财产租赁所得；（八）财产转让所得；（九）偶然所得。"

本案中，约翰自从 2012 年来到中国，一直居住在北京，属于中国内有住所或者无住所而一个纳税年度内在中国境内居住累计满一百八十三天的个人，是居民个人。因此，约翰从中国境内和境外取得的所得，都应当按照上述规定缴纳个人所得税。

A 项：约翰从合伙企业领取的薪资属于《个人所得税法》第 2 条第 1 款规定的第 1 项情形，应缴纳个人所得税。因此，A 项正确。

B 项：约翰出租房屋所的租金属于《个人所得税法》第 2 条第 1 款规定的第 7 项情形，应缴纳个人所得税。因此，B 项正确。

C 项：《个人所得税法实施条例》第 6 条第 1 款第 2 项规定："个人所得税法规定的各项个人所得的范围：（二）劳务报酬所得，是指个人从事劳务取得的所得，包括从事设计、装潢、安装、制图、化验、测试、医疗、法律、会计、咨询、讲学、翻译、审稿、书画、雕刻、影视、录音、录像、演出、表演、广告、展览、技术服务、介绍服务、经纪服务、代办服务以及其他劳务取得的所得。"本案中，约翰在某大学开设讲座获得的酬金属于上述法律规定情形，应缴纳个人所得税。因此，C 项正确。

D 项：约翰在美国杂志发表文章所得稿酬属于《个人所得税法》第 2 条第 1 款规定的第 3 项情形，应缴纳个人所得税。因此，D 项正确。

综上所述，本题答案为 ABCD 项。

（五）增值税、车船税、消费税

【单选】

21 **1701069**

参考答案：A

解析：A 项：税收法定原则是指由立法者决定全部税收问题的税法基本原则，即如果没有相应法律作前提，则政府不能征税，公民也没有纳税的义务。税收主体必须且仅依法律的规定征税。税收法定原则的具体内容包括三个部分：（1）税种法定。（2）税收要素法定。（3）程序法定。本题中，税收法定原则要求严格按照法律规定征税，禁止类推方法的适用。因此，A 项正确。

B 项：《增值税暂行条例》第 12 条规定："小规模纳税人增值税征收率为 3%，国务院另有规定的除外。"本题中，B 选项称小规模纳税人的适用税率统一为 3%，过于绝对。因此，B 项错误。（由于法条已修改，B 项属于旧法的规定，答案也随之改变，当年 B 项正确，但现在 B 项不当选）

C 项：《消费税暂行条例》第 1 条规定："在中华人民共和国境内生产、委托加工和进口本条例规定的消费品的单位和个人，以及国务院确定的销售本条例规定的消费品的其他单位和个人，为消费税的纳税人，应当依照本条例缴纳消费税。"消费税的征税对象为应税消费品，具体包括 14 类：…… 12. 木制一次性筷子 13. 实木地板 ……从 2006 年 4 月 1 日起，高尔夫球及球具、高档手表、游艇、木制一次性筷子、实木地板等应征收消费税。本题中，消费税的征税对象为木制一次性筷子、实木地板，而不是一次性竹制筷子和复合地板。因此，C 项错误。

D 项：《车船税法》第 8 条规定："车船税纳税义务发生时间为取得车船所有权或者管理权的当月。"本题中，缴税义务发生时间应当是"当月"而不是"当年"。因此，D 项错误。

综上所述，本题正确答案为 A 项。（以前的答案为 AB）

（六）综合知识点

【单选】

22 **2202093**

参考答案：A

解析：A 项：《车船税法》第 4 条规定："对节约能源、使用新能源的车船可以减征或者免征车船税……"另外，《关于节约能源使用新能源车船车船税优惠政策的通知》规定，免征车船税的使用新能源汽车是指纯电动商用车、插电式（含增程式）混合动力汽车、燃料电池商用车。纯电动乘用车和燃料电池乘用车不属于车船税征税范围，对其不征车船税。本题中，电动轿车即纯电动乘用车不属于车船税征税范围。因此，A 项正确。

B 项：《企业所得税法》第 6 条规定，接受捐赠的收入属于企业收入总额，须缴纳企业所得税。因此，B 项错误。

C 项：《增值税暂行条例》第 1 条规定："在中华人民共和国境内销售货物或者提供加工、修理修配劳务以及进口货物的单位和个人，为增值税的纳税人，应当依照本条例缴纳增值税。"本题中，进口货物应当征收增值税，且进口电动车不属于

《增值税暂行条例》第 15 条规定的免征增值税项目。因此，C 项错误。

D 项：《企业所得税法》第 18 条规定："企业纳税年度发生的亏损，准予向以后年度结转，用以后年度的所得弥补，但结转年限最长不得超过五年。"因此，D 项错误。

综上所述，本题答案为 A 项。

23 2202094

参考答案：A

解析：A 项：《个人所得税法》第 4 条规定："下列各项个人所得，免征个人所得税：（一）省级人民政府、国务院部委和中国人民解放军军以上单位，以及外国组织、国际组织颁发的科学、教育、技术、文化、卫生、体育、环境保护等方面的奖金……"本题中，国际组织颁发的科学方面的奖金免征个人所得税。因此，A 项正确。

B 项：《企业所得税法》第 7 条规定："收入总额中的下列收入为不征税收入：（一）财政拨款；（二）依法收取并纳入财政管理的行政事业性收费、政府性基金；（三）国务院规定的其他不征税收入。"本题中，企业获得的财政拨款属于不征税收入，而非免税收入。因此，B 项错误。

C 项：《企业所得税法》第 28 条规定："符合条件的小型微利企业，减按 20% 的税率征收企业所得税。国家需要重点扶持的高新技术企业，减按 15% 的税率征收企业所得税。"本题中，国家重点扶持的高新技术企业，减按 15% 的税率征收企业所得税，而不是 20%。因此，C 项错误。

D 项：《个人所得税法》第 3 条规定："个人所得税的税率：……（三）利息、股息、红利所得，财产租赁所得，财产转让所得和偶然所得，适用比例税率，税率为百分之二十。"本题中，个人炒股所得股息适用 20% 的比例税率，而非超额累进税率。因此，D 项错误。

综上所述，本题答案为 A 项。

24 1902036

参考答案：A

解析：［命题陷阱］本题针对个税的征缴及优惠进行综合设题，而且融入了车船税的内容，增加了题目的难度。1. 甲作为我国作家，没有其他特别说明，应认定为居民个人，取得的境内外所得中不是免税范围的收入均应缴纳个人所得税，比如本案中在国内获得的稿酬、国外获得的特许权使用费，但是国际组织发放的奖金作为法定的免税范围不用缴纳个税；2. 新能源车船不属于法定免税的范围，只是根据国务院规定可减征或免征。

A 项：《个人所得税法》第 4 条第 1 款第 1 项规定："下列各项个人所得，免征个人所得税：（一）省级人民政府、国务院部委和中国人民解放军军以上单位，以及外国组织、国际组织颁发的科学、教育、技术、文化、卫生、体育、环境保护等方面的奖金；"本题中，外国组织发放的文化方面的奖金，属于法定免税范围，无需缴纳个人所得税。因此，A 项正确。

B 项：《车船税法》第 4 条规定："对节约能源、使用新能源的车船可以减征或者免征车船税……"另外，《关于节约能源使用新能源车船车船税优惠政策的通知》规定，免征车船税的使用新能源汽车是指纯电动商用车、插电式（含增程式）混合动力汽车、燃料电池商用车。纯电动乘用车和燃料电池乘用车不属于车船税征税范围，对其不征车船税。本题中，电动轿车即纯电动乘用车不属于车船税征税范围。因此，B 项错误。

C 项：《个人所得税法》第 1 条第 1 款规定："在中国境内有住所，或者无住所而一个纳税年度内在中国境内居住累计满一百八十三天的个人，为居民个人。居民个人从中国境内和境外取得的所得，依照本法规定缴纳个人所得税。"第 2 条规定："下列各项个人所得，应当缴纳个人所得税：……（三）稿酬所得；（四）特许权使用费所得……"本题中，甲作为我国作家，没有特别说明的情况下应认定为居民个人，就其取得的境内外所得缴纳个人所得税，所以甲在国内获得的稿酬、国外获得的特许权使用费应缴纳个税。因此，C 项错误。

D 项：《个人所得税法》第 2 条规定："下列各项个人所得，应当缴纳个人所得税：…… （三）稿酬所得……"第 3 条规定："个人所得税的税率：（一）综合所得，适用百分之三至百分之四十五的超额累进税率（税率表附后）……"本题中，稿酬属于综合所得之一，合并计算个人所得税，适用 3%—45% 的超额累进税率，并非比例税率。因此，D项错误。
综上所述，本题答案为A项。

【多选】

25 2202092

参考答案：A,D
解析：AB项：《个人所得税法》第4条规定："下列各项个人所得，免征个人所得税：（一）省级人民政府、国务院部委和中国人民解放军军以上单位，以及外国组织、国际组织颁发的科学、教育、技术、文化、卫生、体育、环境保护等方面的奖金……。"本题中，5万元美金属于国际组织颁发的奖金，按照规定可以免征个人所得税，而县政府奖励的商品房不属于免征个人所得税的范围。因此，A项正确，B项错误。
C项：《个人所得税法》第5条第1款规定："有下列情形之一的，可以减征个人所得税，具体幅度和期限，由省、自治区、直辖市人民政府规定，并报同级人民代表大会常务委员会备案：（一）残疾、孤老人员和烈属的所得；（二）因自然灾害遭受重大损失的。"本题中，某企业奖励的10万元不属于可减征个人所得税的范围。因此，C项错误。
D项：《企业所得税法》第9条规定："企业发生的公益性捐赠支出，在年度利润总额12%以内的部分，准予在计算应纳税所得额时扣除；超过年度利润总额12%的部分，准予结转以后三年内在计算应纳税所得额时扣除。"本题中，该企业的上一年度利润为50万元，因此，12%以内的部分即6万元准予在计算应纳税所得额时扣除，超过12%的部分即4万元准予结转以后三年内在计算应纳税所得额时扣除，D项正确。
综上所述，本题答案为AD项。

26 1601073

参考答案：B,C
解析：A项：《消费税暂行条例》第12条第2款规定："个人携带或者邮寄进境的应税消费品的消费税，连同关税一并计征。具体办法由国务院关税税则委员会会同有关部门制定。"本题中，根据消费税税目税率表，化妆品属于应税消费品。因此，A项错误。
B项：《车船税法》第3条第2项规定："下列车船免征车船税：（二）军队、武装警察部队专用的车船；"本题中，武警部队专用的巡逻车属于第3条第2项，免征车船税。因此，B项正确。
C项：《企业所得税法》第27条第1项规定："企业的下列所得，可以免征、减征企业所得税：（一）从事农、林、牧、渔业项目的所得；"本题中，企业从事渔业项目所得属于第27条第1项，可免征、减征企业所得税。因此，C项正确。
D项：《增值税暂行条例》第15条第1项规定："下列项目免征增值税：（一）农业生产者销售的自产农产品；"本题中，张某销售的是从其他农户处收购的农产品，不属于自产农产品的范围，不符合第15条第1项的情形。因此，D项错误。
综上所述，本题答案为BC项。

二、模拟训练

27 62206047

参考答案：A,B,D
解析：A项：《审计法》第19条第2款规定："地方各级审计机关分别在省长、自治区主席、市长、州长、县长、区长和上一级审计机关的领导下，对本级预算执行情况、决算草案以及其他财政收支情况进行审计监督……"本案中，A市审计机关应该对本级预算执行情况、决算草案进行审计监督，而不是预算草案、决算执行情况。因此，A项错误，当选。
B项：《审计法》第22条第2款规定："遇有涉及国家财政金融重大利益情形，为维护国家经济安全，经国务院批准，审计署可以对前款规定（国有企业、国有金融机构）以外的金融机构进行专项审计调查或者审计。"特殊情况下经批准审计署可以对非国有金融机构进行审计，但是地方审计机关无此权限。因此，B项错误，当选。
C项：《审计法》第28条规定："审计机关可以对被审计单位依法应当接受审计的事项进行全面审计，也可以对其中的特定事项进行专项审计。"因此，C项正确，不当选。
D项：《审计法》第42条第1款规定："审计机关根据经批准的审计项目计划确定的审计事项组成

审计组，并应当在实施审计三日前，向被审计单位送达审计通知书；遇有特殊情况，经县级以上人民政府审计机关负责人批准，可以直接持审计通知书实施审计。”本案中，直接审计无需提前3日通知。因此，D项错误，当选。

综上所述，本题为选非题，答案为ABD项。

28 62206217

参考答案：A,B,D

解析：A项：《企业所得税法》第2条第3款规定：“本法所称非居民企业，是指依照外国（地区）法律成立且实际管理机构不在中国境内，但在中国境内设立机构、场所的，或者在中国境内未设立机构、场所，但有来源于中国境内所得的企业。”据此，在中国设立分销机构的张三公司属于非居民企业。《企业所得税法》第3条第2款规定：“非居民企业在中国境内设立机构、场所的，应当就其所设机构、场所取得的来源于中国境内的所得，以及发生在中国境外但与其所设机构、场所有实际联系的所得，缴纳企业所得税。”据此，只有当境外所得与分销机构有实际联系时，张三公司才需要就境外所得缴纳企业所得税，故A项错误，当选。

B项：《企业所得税法》第4条规定：“企业所得税的税率为25%。非居民企业取得本法第三条第三款规定的所得，适用税率为20%。”以及第3条第3款规定：“非居民企业在中国境内未设立机构、场所的，或者虽设立机构、场所但取得的所得与其所设机构、场所没有实际联系的，应当就其来源于中国境内的所得缴纳企业所得税。”据此，若所得与分销机构有实际联系，张三公司应适用25%的税率，故B项错误，当选。

C项：《企业所得税法》第30条第1项规定：“企业的下列支出，可以在计算应纳税所得额时加计扣除：（一）开发新技术、新产品、新工艺发生的研究开发费用。”因此，C项正确，不当选。

D项：《企业所得税法》第9条规定：“企业发生的公益性捐赠支出，在年度利润总额12%以内的部分，准予在计算应纳税所得额时扣除；超过年度利润总额12%的部分，准予结转以后三年内在计算应纳税所得额时扣除。”因此，D项错误，当选。

综上所述，本题为选非题，答案为ABD项。

29 62206218

参考答案：C

解析：AC项：《企业所得税法》第26条规定：“企业的下列收入为免税收入：（一）国债利息收入；（二）符合条件的居民企业之间的股息、红利等权益性投资收益；（三）在中国境内设立机构、场所的非居民企业从居民企业取得与该机构、场所有实际联系的股息、红利等权益性投资收益；（四）符合条件的非营利组织的收入。”根据上述第（三）项的规定，非居民企业从居民企业取得的股息、红利等权益性投资收益才属于免税收入，从其他非居民企业取得不属于。因此，A项错误。根据上述第（一）项的规定，国债利息属于免税收入。因此，C项正确。

B项：《企业所得税法》第7条第1项规定：“收入总额中的下列收入为不征税收入：（一）财政拨款。”由此可知，财政拨款属于不征税收入，不是免税收入。因此，B项错误。

D项：《企业所得税法》第27条第4项规定：“企业的下列所得，可以免征、减征企业所得税：……（四）符合条件的技术转让所得。”由此可知，技术转让所得属于可以免征、减征收入，而不是免税收入。因此，D项错误。

综上所述，本题答案为C项。

30 62206215

参考答案：A,B,D

解析：A项：《个人所得税法》第1条第2款规定：“在中国境内无住所又不居住，或者无住所而一个纳税年度内在中国境内居住累计不满一百八十三天的个人，为非居民个人……”大周在国内居住不满一百八十三天也没有住所，应认定为非居民个人。又根据该法第2条第2款的规定：“……非居民个人取得前款第一项至第四项所得（劳务报酬所得），按月或者按次分项计算个人所得税……”大周获得的3次劳务报酬应按次分项计算个人所得税，而不是按纳税年度合并计算。因此，A项错误，当选。

BC项：《个人所得税法》第2条第2款规定：“居民个人取得前款第一项至第四项所得（以下称综

觉晓法考 KEEP AWAKE 财税法

合所得),按纳税年度合并计算个人所得税;……纳税人取得前款第五项至第九项所得(偶然所得),依照本法规定分别计算个人所得税。”小周属于居民纳税人,其取得的劳务报酬所得(奖金2万元)与工资(1万元)应该按纳税年度合并计算个人所得税,偶然所得(1万元)则分别计算个人所得税。因此,B项错误,当选,C项正确,不当选。

D项:《个人所得税法》第9条第2款规定:“纳税人有中国公民身份号码的,以中国公民身份号码为纳税人识别号;纳税人没有中国公民身份号码的,由税务机关赋予其纳税人识别号。扣缴义务人扣缴税款时,纳税人应当向扣缴义务人提供纳税人识别号。”大周是甲国人,没有身份号码,由税务机关赋予其纳税人识别号,而不是不需要纳税人识别号。因此,D项错误,当选。

综上所述,本题为选非题,答案为ABD项。

31 51906455

参考答案:D

解析:AB项:《消费税暂行条例》第5条第1款规定,可知,消费税的税基主要有销售额和销售数量两种。“从量定额”是指根据商品销售数量和税法规定的单位税额计算征税,实行从量定额办法计算的应纳税额=销售数量×定额税率。“从价定率”是指根据商品销售价格和税法规定的税率计算征税,实行从价定率办法计算的应纳税额=销售额×比例税率。因此,AB选项的说法正确,不当选。

C项:实木地板为消费税的征收对象。对实木地板征收消费税,体现了国家保护木材资源的政策导向。因此,C选项的说法正确,不当选。

D项:《消费税暂行条例》第11条规定:“对纳税人出口应税消费品,免征消费税;国务院另有规定的除外。出口应税消费品的免税办法,由国务院财政、税务主管部门规定。”可知,国务院可以另外规定,D选项没有考虑到另外情形。因此,D选项的说法错误,当选。

综上所述,本题为选非题,答案为D项。

32 62206216

参考答案:B,C,D

解析:AD项:《个人所得税法》第4条第1款第1项规定:“下列各项个人所得,免征个人所得税:(一)省级人民政府、国务院部委和中国人民解放军军以上单位,以及外国组织、国际组织颁发的科学、教育、技术、文化、卫生、体育、环境保护等方面的奖金。”本题中,外国组织颁发的环境保护奖金属于免征个人所得税范围。因此,A项正确,不当选。教育部奖励的10万元属于国务院部委的奖金,可以免征个人所得税,但是大学颁发的奖金不在此类中,不能免征。因此,D项错误,当选。

B项:《个人所得税法》第4条第1款第10项以及第2款规定:“……(十)国务院规定的其他免税所得。前款第十项免税规定,由国务院报全国人民代表大会常务委员会备案。”由此可知,国务院才有权规定其他免税情形,B省生态环境厅无权规定。因此,B项错误,当选。

C项:《个人所得税法》第5条第1款规定:“有下列情形之一的,可以减征个人所得税,具体幅度和期限,由省、自治区、直辖市人民政府规定,并报同级人民代表大会常务委员会备案:……”本题中,C直辖市政府规定的可以申请减征个人所得税的情形应该报同级常委会备案而不是批准。因此,C项错误,当选。

综上所述,本题为选非题,答案为BCD项。

第九章 土地管理法

参考答案

[1]ABC [2]C [3]AC [4]ABCD [5]C [6]ABCD

一、历年真题及仿真题

(一)土地争议处理

【多选】

1 1401072

参考答案:A,B,C

解析：A 项：《城市房地产管理法》第 15 条规定："土地使用权出让，应当签订书面出让合同。土地使用权出让合同由市、县人民政府土地管理部门与土地使用者签订。"本案中，土地使用权出让合同是典型的民事合同而非行政合同，因此关于土地使用权出让合同产生的争议为民事争议。但是，该公司提出的第一项请求是撤销收回土地使用权的决定，针对的是市政府的具体行政行为而不是土地使用权出让合同本身，因此，第一项请求是行政争议。因此，A 项正确。
BD 项：《城市房地产管理法》第 17 条规定："土地使用者按照出让合同约定支付土地使用权出让金的，市、县人民政府土地管理部门必须按照出让合同约定，提供出让的土地；未按照出让合同约定提供出让的土地的，土地使用者有权解除合同，由土地管理部门返还土地使用权出让金，土地使用者并可以请求违约赔偿。"本案中，关于赔偿金的争议为民事争议，该公司可以直接提起民事诉讼请求市政府赔偿损失，无需依据《行政赔偿案件若干问题的规定》第 4 条规定的由赔偿机关先行处理再提起诉讼的程序。因此，B 项正确，D 项错误。
C 项：《行政复议法》第 23 条第 1 款第 2 项规定："有下列情形之一的，申请人应当先向行政复议机关申请行政复议，对行政复议决定不服的，可以再依法向人民法院提起行政诉讼：……（二）对行政机关作出的侵犯其已经依法取得的自然资源的所有权或者使用权的决定不服；……"本案中，对于撤销收回土地使用权决定的行政争议，应当遵循复议前置的程序。因此，C 项正确。
综上所述，本题答案为 ABC 项。

（二）建设用地管理制度

【单选】

2 1301030

参考答案：C

解析：ABCD 项：《城乡规划法》第 66 条规定："建设单位或者个人有下列行为之一的，由所在地城市、县人民政府城乡规划主管部门责令限期拆除，可以并处临时建设工程造价一倍以下的罚款：……（三）临时建筑物、构筑物超过批准期限不拆除的。"本题中，该临时建筑超过期限仍未拆除，该市城乡规划行政主管部门有权责令拆除。因此，C 项正确，ABD 项错误。
综上所述，本题答案为 C 项。

（三）土地使用权

【多选】

3 2202143

参考答案：A,C

解析：A 项：《土地管理法》第 62 条规定："……农村村民出卖、出租、赠与住宅后，再申请宅基地的，不予批准……"本题中，小姜将自己房屋及宅基地使用权一并转让给同村农户小美后再申请宅基地的，政府不予批准。因此，A 项错误，当选。
BD 项：《土地管理法》第 15 条规定："……农民集体所有的土地由本集体经济组织以外的单位或者个人承包经营的，必须经村民会议三分之二以上成员或者三分之二以上村民代表的同意，并报乡（镇）人民政府批准。"本题中，小康非向阳村村民，其要承包该村土地必须经村民会议三分之二以上成员或者三分之二以上村民代表的同意，还要报乡（镇）人民政府批准。因此，BD 项正确，不当选。
C 项：农村宅基地可以在集体成员内部流转。国家允许进城落户的农村村民依法自愿有偿退出宅基地，鼓励农村集体经济组织及其成员盘活利用闲置宅基地和闲置住宅。村民可以将宅基地使用权转让给本集体经济组织成员，不需要有关部门批准，转让合同有效。因此，C 项错误，当选。
综上所述，本题为选非题，答案为 AC 项。

（四）综合知识点

【多选】

4 1101070

参考答案：A,B,C,D

解析：A 项：《土地管理法》第 54 条规定："建设单位使用国有土地，应当以出让等有偿使用方式取得；但是，下列建设用地，经县级以上人民政府依法批准，可以以划拨方式取得：（一）国家机关用地和军事用地；（二）城市基础设施用地和公益事业用地；（三）国家重点扶持的能源、交通、水利等基础设施用地；（四）法律、行政法规规定的其他用地。”本题中，使用国有土地修建经营性墓地不符合前述土地的使用目的，不可通过划拨方式取得，而应当以出让等有偿使用方式取得。因此，A项错误，当选。

B项：《土地管理法》第55条第1款规定：“以出让等有偿使用方式取得国有土地使用权的建设单位，按照国务院规定的标准和办法，缴纳土地使用权出让金等土地有偿使用费和其他费用后，方可使用土地。”本题中，市政府同意其在房屋建成销售后缴纳土地出让金的做法不合法，应当在使用土地前缴纳出让金。因此，B项错误，当选。

C项：《土地管理法》第56条规定：“……确需改变该幅土地建设用途的，应当经有关人民政府自然资源主管部门同意，报原批准用地的人民政府批准。其中，在城市规划区内改变土地用途的，在报批前，应当先经有关城市规划行政主管部门同意。”本题中，未征得市规划局同意改变土地用途的做法不合法。因此，C项错误，当选。

D项：《土地管理法》第57条第2、3款规定：“临时使用土地的使用者应当按照临时使用土地合同约定的用途使用土地，并不得修建永久性建筑物。临时使用土地期限一般不超过二年。”本题中，临时土地使用6年并修建永久性建筑的做法不合法。因此，D项错误，当选。

综上所述，本题为选非题，答案为ABCD项。

二、模拟训练

5 62006202

参考答案：C

解析：A项：《土地管理法》第35条第1款规定：“永久基本农田经依法划定后，任何单位和个人不得擅自占用或者改变其用途。国家能源、交通、水利、军事设施等重点建设项目选址确实难以避让永久基本农田，涉及农用地转用或者土地征收的，必须经国务院批准。”因此，A项正确，不当选。

B项：《土地管理法》第34条第1款规定：“永久基本农田划定以乡（镇）为单位进行，由县级人民政府自然资源主管部门会同同级农业农村主管部门组织实施。永久基本农田应当落实到地块，纳入国家永久基本农田数据库严格管理。”因此，B项正确，不当选。

C项：《土地管理法》第33条第2款规定：“各省、自治区、直辖市划定的永久基本农田一般应当占本行政区域内耕地的百分之八十以上，具体比例由国务院根据各省、自治区、直辖市耕地实际情况规定。”因此，C项错误，当选。

D项：《土地管理法》第37条第3款规定：“禁止占用永久基本农田发展林果业和挖塘养鱼。”因此，D项正确，不当选。

综上所述，本题为选非题，答案为C项。

6 62206223

参考答案：A,B,C,D

解析：A项：《土地管理法》第62条第3款规定：“农村村民建住宅，应当符合乡（镇）土地利用总体规划、村庄规划，不得占用永久基本农田……”由此可知，村民住宅不得占用永久基本农田，宅基地是农村村民用于建造住宅及其附属设施的集体建设用地，也不得占用永久基本农田。因此，A项正确。

B项：农村宅基地只能在集体成员内部流通，不能转让给外村人丙。因此，B项正确。

C项：《土地管理法》第62条第1款及第5款规定：“农村村民一户只能拥有一处宅基地，……农村村民出卖、出租、赠与住宅后，再申请宅基地的，不予批准。”因此，甲的儿子再次申请宅基地的，政府不予批准，C项正确。

D项：《土地管理法》第14条第1款及第3款规定：“土地所有权和使用权争议，由当事人协商解决；协商不成的，由人民政府处理。……当事人对有关人民政府的处理决定不服的，可以自接到处理决定通知之日起三十日内，向人民法院起诉。”由此可知，土地使用权争议，政府处理前置，对政府决定不服的，再向法院起诉。因此，D项正确。

综上所述，本题答案为ABCD项。

第十章 城乡规划法

参考答案

[1]C	[2]C	[3]A	[4]D	[5]BC
[6]B	[7]AD			

一、历年真题及仿真题

城乡规划的实施

【单选】

1 1902038

参考答案：C

解析：[命题陷阱]对于违规建筑，因不符合规划而不能保留。所以处理流程为规划部门责令限期拆除并处以罚款，逾期不拆的，由县级以上人民政府责成有关部门采取查封施工现场、强制拆除等措施。

AC项：《城乡规划法》第66条规定："建设单位或者个人有下列行为之一的，由所在地城市、县人民政府城乡规划主管部门责令限期拆除，可以并处临时建设工程造价一倍以下的罚款：（一）未经批准进行临时建设的；（二）未按照批准内容进行临时建设的；（三）临时建筑物、构筑物超过批准期限不拆除的。"本案中，仓库楼顶的临时工棚属于未经批准进行临时建设的建筑，系违规建筑，应由规划部门责令限期拆除并处以工程造价一倍以内的罚款，甲公司不能补办该工棚的临时建设规划许可证。因此，A项错误，C项正确。

BD项：《城乡规划法》第68条规定："城乡规划主管部门作出责令停止建设或者限期拆除的决定后，当事人不停止建设或者逾期不拆除的，建设工程所在地县级以上地方人民政府可以责成有关部门采取查封施工现场、强制拆除等措施。"本案中，甲公司为了存放货物私自挖掘地下室，说明该建筑违反了规划的实施，属于违规建筑，不能补办许可证让违规建筑得以保留。填埋地下室属于强制拆除行为，应该在当事人甲公司逾期不拆除的前提下由县级以上政府责令进行，城乡规划部门并无此职权。因此，BD项错误。

综上所述，本题答案为C项。

2 1902048

参考答案：C

解析：[命题陷阱]本题针对划拨用地规划许可进行考查，非常细致，增加了题目的难度。建设项目能否顺利进行，首先应该判断是否符合规划，由规划部门核发选址意见书，之后再报经项目的审批机关进行项目审批，且这应该是流程的最开端。所以①和③的顺序应该是③①，且位于流程的前端。本题中，以划拨方式取得土地使用权进行开发建设的建设项目的规划许可步骤为：（1）申请规划部门核发选址意见书（2）有关部门批准、备案、核准建设项目（3）提出建设用地规划许可申请（4）规划部门核发建设用地规划许可证（5）向自然资源主管部门申请用地（6）县级以上政府审批，自然资源主管部门划拨土地。

ABCD项：《城乡规划法》第36条规定："按照国家规定需要有关部门批准或者核准的建设项目，以划拨方式提供国有土地使用权的，建设单位在报送有关部门批准或者核准前，应当向城乡规划主管部门申请核发选址意见书。前款规定以外的建设项目不需要申请选址意见书。"第37条规定："在城市、镇规划区内以划拨方式提供国有土地使用权的建设项目，经有关部门批准、核准、备案后，建设单位应当向城市、县人民政府城乡规划主管部门提出建设用地规划许可申请，由城市、县人民政府城乡规划主管部门依据控制性详细规划核定建设用地的位置、面积、允许建设的范围，核发建设用地规划许可证。建设单位在取得建设用地规划许可证后，方可向县级以上地方人民政府土地主管部门申请用地，经县级以上人民政府审批后，由土地主管部门划拨土地。"

因此，本题顺序应当为：③①②④⑤。因此，C项正确，ABD项错误。

综上所述，本题答案为C项。

3 1601030

参考答案：A

解析：A项：《城乡规划法》第17条第2款规定："规划区范围、规划区内建设用地规模、基础设施和公共服务设施用地、水源地和水系、基本农田和绿化用地、环境保护、自然与历史文化遗产保护以及防灾减灾等内容，应当作为城市总体规划、镇总体规划的强制性内容。"本题中，防灾减灾在强制性内容的范围之内，因此，A项正确。

B项：《城乡规划法》第30条第2款规定："在城市总体规划、镇总体规划确定的建设用地范围以外，不得设立各类开发区和城市新区。"本题中，在镇总体规划确定的建设用地范围外，不得再设立经济开发区，因此，B项错误。

C项：《城乡规划法》第16条第2款规定："镇人民政府组织编制的镇总体规划，在报上一级人民政府审批前，应当先经镇人民代表大会审议，代表的审议意见交由本级人民政府研究处理。"本题中，先报上一级政府审批再经镇人大审议的表述是错误的。因此，C项错误。

D项：《城乡规划法》第36条第1款规定："按照国家规定需要有关部门批准或者核准的建设项目，以划拨方式提供国有土地使用权的，建设单位在报送有关部门批准或者核准前，应当向城乡规划主管部门申请核发选址意见书。"本题中，建设单位报批公共垃圾填埋场项目，应当向城乡规划主管部门而不是国土部门申请核发选址意见书。因此，D项错误。

综上所述，本题答案为A项。

4 1401030

参考答案：D

解析：ABD项：《土地管理法》第77条规定："未经批准或者采取欺骗手段骗取批准，非法占用土地的，由县级以上人民政府自然资源主管部门责令退还非法占用的土地……对符合土地利用总体规划的，没收在非法占用的土地上新建的建筑物和其他设施，可以并处罚款……超过批准的数量占用土地，多占的土地以非法占用土地论处。"

《城乡规划法》第64条规定："未取得建设工程规划许可证或者未按照建设工程规划许可证的规定进行建设的，由县级以上地方人民政府城乡规划主管部门责令停止建设；尚可采取改正措施消除对规划实施的影响的，限期改正，处建设工程造价百分之五以上百分之十以下的罚款；无法采取改正措施消除影响的，限期拆除，不能拆除的，没收实物或者违法收入，可以并处建设工程造价百分之十以下的罚款。"本案中，该房地产开发公司实际占用土地的面积，超出其依法获得的出让土地使用权面积，属于非法占用土地的情形，应当由县级以上土地行政主管部门责令退还非法占用土地；该大楼的实际建筑面积也超出了建设工程规划许可证规定的面积，属于《未按照建设工程规划许可证的规定进行建设的情形，应当由县级以上地方人民政府城乡规划主管部门予以处罚。因此，D项正确，AB项错误。

C项：《行政处罚法》第29条规定："对当事人的同一个违法行为，不得给予两次以上罚款的行政处罚……"本题中，该房地产公司实施了非法占用土地、未按照建设工程规划许可证的规定进行建设两个违法行为，不符合"一事不再罚"的适用原则。因此，C项错误。

综上所述，本题答案为D项。

【多选】

5 2202095

参考答案：B,C

解析：A项：《城乡规划法》第43条规定："建设单位应当按照规划条件进行建设；确需变更的，必须向城市、县人民政府城乡规划主管部门提出申请。"本题中，建设单位更改村庄规划，须向城市、县人民政府城乡规划主管部门提出申请。因此，A项错误。

B项：《城乡规划法》第41条第4款规定："建设单位或者个人在取得乡村建设规划许可证后，方可办理用地审批手续。"因此，B项正确。

C项：《城乡规划法》第48条规定："修改控制性详细规划的，组织编制机关应当对修改的必要性进行论证，征求规划地段内利害关系人的意见，并向原审批机关提出专题报告，经原审批机关同意后，方可编制修改方案。"本题中，建设单位修建墓地会对当地村民的生活产生影响，村民属于利害关系人范畴，故应征求当地村民的意见。因此，C项正确。

D 项:《城乡规划法》第 41 条第 1 款规定:“在乡、村庄规划区内进行乡镇企业、乡村公共设施和公益事业建设的,建设单位或者个人应当向乡、镇人民政府提出申请,由乡、镇人民政府报城市、县人民政府城乡规划主管部门核发乡村建设规划许可证。”本题中,建设单位须向乡、镇人民政府提出申请,再由乡、镇人民政府向县人民政府城乡规划主管部门申请核发乡村建设规划许可证,而非建设单位直接申请核发。因此,D 项错误。

综上所述,本题答案为 BC 项。

【不定项】

6 1701095

参考答案:B

解析:AB 项:《城乡规划法》第 44 条第 1 款规定:“在城市、镇规划区内进行临时建设的,应当经城市、县人民政府城乡规划主管部门批准。临时建设影响近期建设规划或者控制性详细规划的实施以及交通、市容、安全等的,不得批准。”本案中,在该市规划区内进行建设的,应当经城市、县人民政府城乡规划主管部门批准,而非应经市城管执法部门批准,且临时建设影响近期建设规划实施的,不得批准。因此,A 项错误,B 项正确。

C 项:《城乡规划法》第 66 条规定:“建设单位或者个人有下列行为之一的,由所在地城市、县人民政府城乡规划主管部门责令限期拆除,可以并处临时建设工程造价一倍以下的罚款:(一)未经批准进行临时建设的;(二)未按照批准内容进行临时建设的;(三)临时建筑物、构筑物超过批准期限不拆除的。”本案中,未经批准进行临时建设的,由所在地城市、县人民政府城乡规划主管部门责令限期拆除,而非由市政府责令限期拆除。因此,C 项错误。

D 项:《城乡规划法》第 68 条规定:“城乡规划主管部门作出责令停止建设或者限期拆除的决定后,当事人不停止建设或者逾期不拆除的,建设工程所在地县级以上地方人民政府可以责成有关部门采取查封施工现场、强制拆除等措施。”本案中,该搅拌站超过批准时限不拆除的,由建设工程所在地县级以上地方人民政府责成有关部门采取强制拆除措施,而非由市城乡规划部门采取强制拆除措施。因此,D 项错误。

综上所述,本题答案为 B 项。

二、模拟训练

7 62206225

参考答案:A,D

解析:A 项:《城乡规划法》第 44 条第 1 款规定:“在城市、镇规划区内进行临时建设的,应当经城市、县人民政府城乡规划主管部门批准……”规划区内进行临时建设的,需要城乡规划主管部门批准。因此,A 项正确。

B 项:《城乡规划法》第 44 条第 2 款规定:“临时建设应当在批准的使用期限内自行拆除。”应在使用期限内拆除而不是使用期限结束后。因此,B 项错误。

C 项:《城乡规划法》第 44 条第 3 款规定:“临时建设和临时用地规划管理的具体办法,由省、自治区、直辖市人民政府制定。”省、自治区、直辖市人民政府才有权制定具体办法,C 市政府城乡规划主管部门没有权限。因此,C 项错误。

D 项:《城乡规划法》第 66 条第 1 项规定:“建设单位或者个人有下列行为之一的,由所在地城市、县人民政府城乡规划主管部门责令限期拆除,可以并处临时建设工程造价一倍以下的罚款:(一)未经批准进行临时建设的;”因此,D 项正确。

综上所述,本题答案为 AD 项。

第十一章 城市房地产管理法

参考答案

[1] ABC [2] ABCD [3] D [4] ABD [5] BC

一、历年真题及仿真题

（一）房地产交易

【多选】

1 1501072

参考答案：A,B,C

解析：A 项：《城市房地产管理法》第 40 条规定：“以划拨方式取得土地使用权的，转让房地产时，应当按照国务院规定，报有批准权的人民政府审批……”本案中，甲通过划拨方式取得土地，其向乙转让划拨土地时应报经有批准权的政府审批。因此，A 项正确。

B 项：《城市房地产管理法》第 39 条第 1 项规定：“以出让方式取得土地使用权的，转让房地产时，应当符合下列条件：（一）按照出让合同约定已经支付全部土地使用权出让金，并取得土地使用权证书；”本案中，第一次土地流转时，甲将划拨地转让给乙，是需要经有关政府部门批准，将划拨地改为出让地，且这一步是需要受让方办理土地使用权出让手续，并缴纳土地使用权出让金，因此，第二次流转时，即乙将土地转给丙时，乙应当是已经支付了全部的出让金，并取得国有土地使用权证书。故，B 项正确。

C 项：《城市房地产管理法》第 44 条规定：“以出让方式取得土地使用权的，转让房地产后，受让人改变原土地使用权出让合同约定的土地用途的，必须取得原出让方和市、县人民政府城市规划行政主管部门的同意，签订土地使用权出让合同变更协议或者重新签订土地使用权出让合同，相应调整土地使用权出让金。”本案中，丙受让时改变土地用途，须取得原出让方和有关城市规划行政主管部门的同意。因此，C 项正确。

D 项：《城市房地产管理法》第 43 条规定：“以出让方式取得土地使用权的，转让房地产后，其土地使用权的使用年限为原土地使用权出让合同约定的使用年限减去原土地使用者已经使用年限后的剩余年限。”可知，土地使用年限并非重新计算。因此，D 项错误。

综上所述，本题答案为 ABC 项。

（二）房地产开发

【不定项】

2 1201094

参考答案：A,B,C,D

解析：A 项：本题中，公司经理的变更不会影响原经理作为公司代表签订合同的效力。因此，A 项错误，当选。

B 项：《最高人民法院关于审理涉及国有土地使用权合同纠纷案件适用法律问题的解释》第 10 条规定：“土地使用权人与受让方订立合同转让划拨土地使用权，起诉前经有批准权的人民政府同意转让，并由受让方办理土地使用权出让手续的，土地使用权人与受让方订立的合同可以按照补偿性质的合同处理。”本题中，B 项仅说明签订合同时该土地还是划拨土地使用权，并未说明在起诉前是否经有批准权的人民政府同意转让。如果在起诉前能够办理批准手续，该合同就有效。该选项以偏概全，因此，B 项错误，当选。

C 项：国有资产的流失是指国有资产的出资者、管理者、经营者，因主观故意或过失，违反法律、行政法规和规章，造成国有资产的损失的现象。本题中，新建地铁是协议签订后，由于其他原因导致地价上涨或下降，属于正常的市场情况的变动，不属于国有资产流失的现象。因此，C 项错误，当选。

D 项：《最高人民法院关于审理涉及国有土地使用权合同纠纷案件适用法律问题的解释》第 13 条规定：“合作开发房地产合同的当事人一方具备房地产开发经营资质的，应当认定合同有效。当事人双方均不具备房地产开发经营资质的，应当认定合同无效。但起诉前当事人一方已经取得房地产开发经营资质或者已依法合作成立具有房地产开发经营资质的房地产开发企业的，应当认定合同有效。”本题中，乙公司虽然不具有开发资质，但甲房地产公司具备房地产开发资质，乙公司不能仅以自己不具备资质为由，否定《合作协议》的效力。因此，D项错误，当选。
综上所述，本题为选非题，答案为ABCD项。

（三）综合知识点

【单选】

3 1902037

参考答案：D
解析：[命题陷阱] 1. 建设单位以出让方式获得土地使用权的，有权转让，受让人承继原出让合同中转让方的权利和义务，如果没有土地用途的变更则无需重新签订合同；2. 土地用途变更需要同时获得出让方和规划部门双重审批；3. 建设单位无故闲置土地一年以上才会被政府收取土地闲置费。
A项：《城市房地产管理法》第42条规定：“房地产转让时，土地使用权出让合同载明的权利、义务随之转移。”本案中，土地使用权转让后，如果没有变更用途，那么原出让合同中的权利义务由受让人乙公司概括承受，无需签订新的土地使用权出让合同。因此，A项错误。
B项：《土地管理法》第38条第1款规定：“……一年以上未动工建设的，应当按照省、自治区、直辖市的规定缴纳闲置费……”本案中，为了更好地保护耕地，禁止任何单位或个人无故闲置土地，建设单位无故闲置一年以上会被征收土地闲置费，本案中甲公司并不存在此情形。因此，B项错误。
C项：《城市房地产管理法》第44条规定：“以出让方式取得土地使用权的，转让房地产后，受让人改变原土地使用权出让合同约定的土地用途的，必须取得原出让方和市、县人民政府城市规划行政主管部门的同意，签订土地使用权出让合同变更协议或者重新签订土地使用权出让合同，相应调整土地使用权出让金。”本案中，出让地转让后，如果发生土地用途变更，既涉及地上建筑又涉及地面使用年限变化的，就需要原出让方和规划部门双审批，不能仅由买卖双方协商进行。因此，C项错误。
D项：《城市房地产管理法》第39条规定：“以出让方式取得土地使用权的，转让房地产时，应当符合下列条件：（一）按照出让合同约定已经支付全部土地使用权出让金，并取得土地使用权证书；（二）按照出让合同约定进行投资开发，属于房屋建设工程的，完成开发投资总额的百分之二十五以上，属于成片开发土地的，形成工业用地或者其他建设用地条件。转让房地产时房屋已经建成的，还应当持有房屋所有权证书。”本案中，建设单位以出让方式获得的土地使用权，在满足上述第39条的“一金两证一投资”的条件下可以转让，所以D项中的土地出让金和土地使用权证书是转让的必要条件。因此，D项正确。
综上所述，本题答案为D项。

【多选】

4 1701074

参考答案：A,B,D
解析：A项：《土地管理法》第21条第1款规定：“城市建设用地规模应当符合国家规定的标准，充分利用现有建设用地，不占或者尽量少占农用地。”本案中，“放宽占用农用地和开发未利用地的条件”做法错误，需要纠正。因此，A项错误，当选。
B项：《城市房地产管理法》第10条规定：“土地使用权出让，必须符合土地利用总体规划、城市规划和年度建设用地计划。”本案中，土地使用权出让必须同时符合土地利用总体规划、城市规划和年度建设用地计划这三个要求，B项称只需符合其中之一，做法错误，需要纠正。因此，B项错误，当选。
C项：《城市房地产管理法》第45条第1款规定：“商品房预售，应当符合下列条件：（一）已交付全部土地使用权出让金，取得土地使用权证书；（二）持有建设工程规划许可证；（三）按提供预售的商品房计算，投入开发建设的资金达到工程建设总投资的百分之二十五以上，并已经确定施工进度和竣工交付日期；（四）向县级以上人民政府房产管理部门办理预售登记，取得商品房预售许可证明。”本案中，预售商品房需要交付全部土地使用权出让金，同时取得土地使用权证、建设工程规划许可证、商品房预售许可证等证书，投入开发建设的资金达到工程建设总投资的25%以上，故C项做法合法，不需要纠正。因此，C项正确，不当选。

D项:《城市房地产管理法》第29条规定:“国家采取税收等方面的优惠措施鼓励和扶持房地产开发企业开发建设居民住宅。”本案中，鼓励建设的是居民住宅，D项称“鼓励开发建设商业办公类住宅”，做法错误，需要纠正。因此，D项错误，当选。

综上所述，本题为选非题，答案为ABD项。

二、模拟训练

5 62006234

参考答案:B,C

解析:A项:《房地产管理法》第23条规定:“土地使用权划拨，是指县级以上人民政府依法批准，在土地使用者缴纳补偿、安置等费用后将该幅土地交付其使用，或者将土地使用权无偿交付给土地使用者使用的行为。依照本法规定以划拨方式取得土地使用权的，除法律、行政法规另有规定外，没有使用期限的限制。”据此，土地使用权也可以无偿交付给土地使用者使用，并非必须缴纳费用。因此，A项错误。

B项:《房地产管理法》第56条规定:“以营利为目的，房屋所有权人将以划拨方式取得使用权的国有土地上建成的房屋出租的，应当将租金中所含土地收益上缴国家。具体办法由国务院规定。”本题中，房屋租赁合同并不存在合同无效事由，因此该租赁合同有效，且按照租赁合同已取得的租金应当归张某，但该国有土地使用权是以划拨的方式取得的，故应当将租金中所含土地收益上缴国家。因此，B项正确。

C项:《房地产管理法》第32条规定:“房地产转让、抵押时，房屋的所有权和该房屋占用范围内的土地使用权同时转让、抵押。”同时，该法第40条第1款规定:“以划拨方式取得土地使用权的，转让房地产时，应当按照国务院规定，报有批准权的人民政府审批……”根据房地一体主义，房屋在转让时其所占的土地使用权应该一并转让，且应当报有批准权的政府审批。因此，C项正确。

D项:《城镇国有土地使用权出让和转让暂行条例》第45条规定:“符合下列条件的，经市、县人民政府土地管理部门和房产管理部门批准，其划拨土地使用权和地上建筑物、其他附着物所有权可以转让、出租、抵押……”本题中，张某是通过划拨方式取得的国有土地使用权，抵押上附房地产需要经土地管理部门和房产管理部门批准。因此，D项错误。

综上所述，本题答案为BC项。

第十二章 不动产登记暂行条例

参考答案

[1]D　[2]A　[3]C　[4]AD　[5]BCD
[6]D

一、历年真题及仿真题

不动产登记

【单选】

1 2202144

参考答案:D

解析:ABCD项:《不动产登记暂行条例》第14条规定:“因买卖、设定抵押权等申请不动产登记的，应当由当事人双方共同申请。属于下列情形之一的，可以由当事人单方申请:（一）尚未登记的不动产首次申请登记的；……（三）人民法院、仲裁委员会生效的法律文书或者人民政府生效的决定等设立、变更、转让、消灭不动产权利的；……（六）申请更正登记或者异议登记的；……”本题中，ABC项符合《不动产登记暂行条例》第14条第（一）、（三）、（六）项，属于单方申请的情形。设定抵押权，属于双方共同申请的情形。因此，D项正确，ABC项错误。

综上所述，本题答案为D项。

2 2102077

参考答案：A

解析：A 项：《不动产登记暂行条例》第 14 条规定："因买卖、设定抵押权等申请不动产登记的，应当由当事人双方共同申请。属于下列情形之一的，可以由当事人单方申请：（一）尚未登记的不动产首次申请登记的；（二）继承、接受遗赠取得不动产权利的；（三）人民法院、仲裁委员会生效的法律文书或者人民政府生效的决定等设立、变更、转让、消灭不动产权利的；（四）权利人姓名、名称或者自然状况发生变化，申请变更登记的；（五）不动产灭失或者权利人放弃不动产权利，申请注销登记的；（六）申请更正登记或者异议登记的；（七）法律、行政法规规定可以由当事人单方申请的其他情形。"本案中，赠与不符合可以单方申请的条件，应由双方当事人王某与张某共同前往申请变更登记。因此，A 项正确。

B 项：《不动产登记暂行条例实施细则》第 38 条第 1 款第 2 项规定："申请国有建设用地使用权及房屋所有权转移登记的，应当根据不同情况，提交下列材料：……（二）买卖、互换、赠与合同……"本案中，相关的不动产权属来源证明材料、登记原因证明文件，不限于赠与公证书，还可以是赠与合同。因此，B 项错误。

C 项：《不动产登记暂行条例》第 19 条第 1 款规定："属于下列情形之一的，不动产登记机构可以对申请登记的不动产进行实地查看：（一）房屋等建筑物、构筑物所有权首次登记；（二）在建建筑物抵押权登记；（三）因不动产灭失导致的注销登记；（四）不动产登记机构认为需要实地查看的其他情形。"本案中，不存在需要实地查看的情形，房地产交易中心办理变更登记前无需实地查看。此外，即使存在上述情形，不动产登记机关也是"可以"实地查看，而非"应当/必须"实地查看。因此，C 项错误。

D 项：《不动产登记暂行条例》第 21 条第 2 款规定："不动产登记机构完成登记，应当依法向申请人核发不动产权属证书或者登记证明。"本案中，应当发放不动产权属证书原件而非复印件。因此，D 项错误。

综上所述，本题答案为 A 项。

3 1501029

参考答案：C

解析：ABCD 项：《不动产登记暂行条例》第 14 条规定："因买卖、设定抵押权等申请不动产登记的，应当由当事人双方共同申请。属于下列情形之一的，可以由当事人单方申请：……（二）继承、接受遗赠取得不动产权利的……（五）不动产灭失或者权利人放弃不动产权利，申请注销登记的；（六）申请更正登记或者异议登记的……"本题中，ABD 符合《不动产登记暂行条例》第 14 条第（五）、（二）、（六）项，属于可以由当事人单方申请的情形，只有 C 选项设定抵押权，属于双方共同申请的情形。因此，C 项正确，ABD 项错误。

综上所述，本题答案为 C 项。

【多选】

4 2102079

参考答案：A,D

解析：A 项：《不动产登记暂行条例》第 14 条第 1 款规定："因买卖、设定抵押权等申请不动产登记的，应当由当事人双方共同申请。"本案中，房屋赠与应由两人共同申请登记。因此，A 项正确。

B 项：《不动产登记暂行条例实施细则》第 38 条第 1 款第 2 项规定："申请国有建设用地使用权及房屋所有权转移登记的，应当根据不同情况，提交下列材料：（二）买卖、互换、赠与合同。"本案中，只需要赠与合同即可，无需赠与公证书即可办理。因此，B 项错误。

C 项：《不动产登记暂行条例》第 19 条第 1 款规定："属于下列情形之一的，不动产登记机构可以对申请登记的不动产进行实地查看：（一）房屋等建筑物、构筑物所有权首次登记；（二）在建建筑物抵押权登记；（三）因不动产灭失导致的注销登记；（四）不动产登记机构认为需要实地查看的其他情形。"本案中，实地查看并不属于不动产登记机构必须履行的义务，本案也不存在需要实地查看的情形。因此，C 项错误。

D 项：《不动产登记暂行条例》第 21 条第 2 款规定："不动产登记机构完成登记，应当依法向申请人核发不动产权属证书或者登记证明。"本案中，登记完成时，不动产登记机构应发放不动产权属证书。因此，D 项正确。

综上所述，本题答案为 AD 项。

二、模拟训练

5 62206244

参考答案：B,C,D

解析：A 项：《不动产登记暂行条例》第 5 条规定："下列不动产权利，依照本条例的规定办理登记：……（六）宅基地使用权……"因此，A 项错误。

B 项：《不动产登记暂行条例》第 14 条第 1 款规定："因买卖、设定抵押权等申请不动产登记的，应当由当事人双方共同申请。"本题中，同买卖、设定抵押权一样，赠与亦为双方法律行为，故应由双方当事人共同申请变更登记。因此，B 项正确。

C 项：《不动产登记暂行条例》第 17 条第 1 款第 3 项规定："不动产登记机构收到不动产登记申请材料，应当分别按照下列情况办理：……（三）申请材料不齐全或者不符合法定形式的，应当当场书面告知申请人不予受理并一次性告知需要补正的全部内容……"因此，C 项正确。

D 项：《不动产登记暂行条例》第 19 条第 1 款第 2 项规定："属于下列情形之一的，不动产登记机构可以对申请登记的不动产进行实地查看：……（二）在建建筑物抵押权登记……"因此，D 项正确。

综上所述，本题答案为 BCD 项。

6 61906167

参考答案：D

解析：A 项：《不动产登记暂行条例》第 14 条第 1 款规定："因买卖、设定抵押权等申请不动产登记的，应当由当事人双方共同申请。"据此可知，张三不能一人去申请不动产变更登记，应当和李四一同申请。因此，A 项错误。

B 项：《不动产登记暂行条例》第 15 条规定："当事人或者其代理人应当向不动产登记机构申请不动产登记。不动产登记机构将申请登记事项记载于不动产登记簿前，申请人可以撤回登记申请。"据此可知，在记载于不动产登记簿前，申请人可以申请撤回。因此，B 项错误。

CD 项：《不动产登记暂行条例》第 17 条第 1 款第 2 项、第 2 款规定："不动产登记机构收到不动产登记申请材料，应当分别按照下列情况办理：（二）申请材料存在可以当场更正的错误的，应当告知申请人当场更正，申请人当场更正后，应当受理并书面告知申请人；不动产登记机构未当场书面告知申请人不予受理的，视为受理。"据此可知，申请材料的错误可以当场更正的，应当告知申请人当场更正，当场更正后，应当受理并书面告知申请人，所以并不是发现材料存在错误，就告知不予受理。因此，C 项错误，D 项正确。

综上所述，本题答案为 D 项。

环境资源保护法

第一章 环境保护法

参考答案

[1] A	[2] ABC	[3] C	[4] D	[5] C
[6] C	[7] ABC	[8] D	[9] D	[10] CD
[11] AB	[12] A	[13] B	[14] A	[15] D
[16] B	[17] A	[18] A	[19] ABD	[20] C

一、历年真题及仿真题

（一）环境纠纷与责任承担

【单选】

1 1802031

参考答案：A

解析：ABCD 项：《环境保护法》第 6 条第 1、2 款规定："一切单位和个人都有保护环境的义务。地方各级人民政府应当对本行政区域的环境质量负责。"由此可知，该市政府为责任主体。因此，A 项正确，BCD 项错误。

综上所述，本题答案为 A 项。

【多选】

2 1501074

参考答案：A,B,C

解析：A 项：《环境保护法》第 64 条规定："因污染环境和破坏生态造成损害的，应当依照《中华人民共和国侵权责任法》（现《民法典》侵权编）的有关规定承担侵权责任。"因此，排放污水造成养殖户损失的化工厂应当承担赔偿责任。因此，A 项正确。

BC 项：《环境保护法》第 65 条规定："环境影响评价机构、环境监测机构以及从事环境监测设备和防治污染设施维护、运营的机构，在有关环境服务活动中弄虚作假，对造成的环境污染和生态破坏负有责任的，除依照有关法律法规规定予以处罚外，还应当与造成环境污染和生态破坏的其他责任者承担连带责任。"因此，环境影响评价机构和污水处理设施维护机构应当和化工厂承担连带责任。因此，BC 项正确。

D 项：《环境保护法》第 67 条规定："上级人民政府及其环境保护主管部门应当加强对下级人民政府及其有关部门环境保护工作的监督。发现有关工作人员有违法行为，依法应当给予处分的，应当向其任免机关或者监察机关提出处分建议。依法应当给予行政处罚，而有关环境保护主管部门不给予行政处罚的，上级人民政府环境保护主管部门可以直接作出行政处罚的决定。"对于监管不力的环境保护主管部门，我国环境保护法并未规定其应承担连带责任，因此 D 项说法于法无据。因此，D 项错误。

综上所述，本题答案为 ABC 项。

（二）环境保护制度

【单选】

3 2002103

参考答案：C

解析：A 项：《环境保护法》第 16 条第 1 款规定："国务院环境保护主管部门根据国家环境质量标准和国家经济、技术条件，制定国家污染物排放标准。"因此，A 项正确，不当选。

BCD 项：《环境保护法》第 16 条第 2 款规定："省、自治区、直辖市人民政府对国家污染物排放标准中未作规定的项目，可以制定地方污染物排放标准；对国家污染物排放标准中已作规定的项目，可以制定严于国家污染物排放标准的地方污染物排放标准。地方污染物排放标准应当报国务院环境保护主管部门备案。"国标中未作规定的项目才可以制定地标，天津市政府的做法是正确的，重庆市政府环境保护主管部门的做法错误；地标制定后应报国务院环境保护主管部门备案。因此，BD 项正确，不当选，C 项错误，当选。

综上所述，本题为选非题，答案为 C 项。

4 2002104

参考答案：D

解析：AB 项：《环境保护法》第 47 条第 2 款规定："县级以上人民政府应当建立环境污染公共监测预警机制，组织制定预警方案；环境受到污染，可能影响公众健康和环境安全时，依法及时公布预警信息，启动应急措施。"本题中，甲县、乙县人民政府的做法正确。因此，AB 项正确，不当选。

C 项：《环境保护法》第 47 条第 3 款规定："……在发生或者可能发生突发环境事件时，企业事业单位应当立即采取措施处理，及时通报可能受到危害的单位和居民，并向环境保护主管部门和有关部门报告。"本题中，丙企业的做法正确。因此，C 项正确，不当选。

D 项：《环境保护法》第 47 条第 4 款规定："突发环境事件应急处置工作结束后，有关人民政府应当立即组织评估事件造成的环境影响和损失，并及时将评估结果向社会公布。"本题中，丁县应该将评估结果向社会公布。因此，D 项错误，当选。

综上所述，本题为选非题，答案为 D 项。

5 1501030

参考答案：C

解析：ABCD 项：《环境保护法》第 58 条规定："对污染环境、破坏生态，损害社会公共利益的行为，符合下列条件的社会组织可以向人民法院提起诉讼：（一）依法在设区的市级以上人民政府民政部门登记；（二）专门从事环境保护公益活动连续五年以上且无违法记录。符合前款规定的社会组织向人民法院提起诉讼，人民法院应当依法受理。提起诉讼的社会组织不得通过诉讼牟取经济利益。”

可知，只有 C 项属于依法在设区的市级以上人民政府民政部门登记的社会组织，ABD 项均不符合《环境保护法》第 58 条的规定。因此，C 项正确，ABD 项错误。

综上所述，本题答案为 C 项。

6 1501031

参考答案：C

解析：A 项：《环境保护法》第 29 条第 1 款规定：“国家在重点生态功能区、生态环境敏感区和脆弱区等区域划定生态保护红线，实行严格保护。”本题中，划定生态保护红线的区域还有生态环境敏感区和脆弱区等区划。因此，A 项错误。

B 项：《环境保护法》第 30 条第 2 款规定：“引进外来物种以及研究、开发和利用生物技术，应当采取措施，防止对生物多样性的破坏。”本题中，引进外来物种应受到限制。因此，B 项错误。

C 项：《环境保护法》第 31 条规定：“国家建立、健全生态保护补偿制度。国家加大对生态保护地区的财政转移支付力度。有关地方人民政府应当落实生态保护补偿资金，确保其用于生态保护补偿。国家指导受益地区和生态保护地区人民政府通过协商或者按照市场规则进行生态保护补偿。”因此，C 项正确。

D 项：《环境保护法》第 31 条第 3 款规定：“国家指导受益地区和生态保护地区人民政府通过协商或者按照市场规则进行生态保护补偿。”本题中，应为国家“指导”补偿，而非“指令”补偿。因此，D 项错误。

综上所述，本题答案为 C 项。

【多选】

7 1401073

参考答案：A,B,C

解析：AB 项：《环境保护法》第 16 条规定：“国务院环境保护主管部门根据国家环境质量标准和国家经济、技术条件，制定国家污染物排放标准。省、自治区、直辖市人民政府对国家污染物排放标准中未作规定的项目，可以制定地方污染物排放标准；对国家污染物排放标准中已作规定的项目，可以制定严于国家污染物排放标准的地方污染物排放标准。地方污染物排放标准应当报国务院环境保护主管部门备案。”因此，AB 项正确。

CD 项：《环境保护法》第 15 条第 1、2 款规定：“国务院环境保护主管部门制定国家环境质量标准。省、自治区、直辖市人民政府对国家环境质量标准中未作规定的项目，可以制定地方环境质量标准；对国家环境质量标准中已作规定的项目，可以制定严于国家环境质量标准的地方环境质量标准。地方环境质量标准应当报国务院环境保护主管部门备案。”因此，C 项正确；D 项中应报国务院环境保护主管部门备案，而不是省级政府，因此，D 项错误。

综上所述，本题答案为 ABC 项。

（三）环境影响评价

【单选】

8 1401031

参考答案：D

解析：ABCD 项《环境影响评价法》第 23 条规定：“国务院生态环境主管部门负责审批下列建设项目的环境影响评价文件：（一）核设施、绝密工程等特殊性质的建设项目；（二）跨省、自治区、直辖市行政区域的建设项目；（三）由国务院审批的或者由国务院授权有关部门审批的建设项目。前款规定以外的建设项目的环境影响评价文件的审批权限，由省、自治区、直辖市人民政府规定。建设项目可能造成跨行政区域的不良环境影响，有关生态环境主管部门对该项目的环境影响评价结论有争议的，其环境影响评价文件由共同的上一级生态环境主管部门审批。”因此，D 项正确，ABC 项错误。

综上所述，本题答案为 D 项。（由于法条修改，对 D 选项机构名称作出相应的修改）

9 2402024

参考答案：D

解析：AB 项：《环境影响评价法》第 16 条规定：“国家根据建设项目对环境的影响程度，对建设项目的环境影响评价实行分类管理。建设单位应当按照下列规定组织编制环境影响报告书、环境影响报告表或者填报环境影响登记表（以下统称环境影响评价文件）：（一）可能造成重大环境影响的，应当编制环境影响报告书，对产生的环境影响进行全面评价；（二）可能造成轻度环境影响的，应当编制环境影响报告表，对产生的环境影响进行分析或者专项评价；（三）对环境影响很小、不需要进行环境影响评价的，应当填报环境影响登记表。建设项目的环境影响评价分类管理名录，由国务院生态环境主管部门制定并公布。”本案中，市文旅局拟建设的生态旅游园区，属于可能造成重大环境影响的建设项目，故市文旅局应提交环评报告书，而非环评报告表。因此，AB项错误。

CD项：《环境影响评价法》第22条第1款规定：“建设项目的环境影响报告书、报告表，由建设单位按照国务院的规定报有审批权的生态环境主管部门审批。”本案中，有审批权的生态环境主管部门应为市生态局，故市文旅局应向市生态局提交环评报告书。因此，C项错误，D项正确。

综上所述，本题答案为D项。

【多选】

10 1902066

参考答案：C,D

解析：[命题陷阱]本题的关键是需要确认该公路项目属于跨省的建设项目，环评文件应由国务院生态环境主管部门审批，无论甲省、乙省还是丙省的生态环境主管部门都无权进行审批；另外，建设项目的环评文件审批之后，项目开始之前发生重大变动，应重新组织环评，编制环评文件，并对环评文件重新报批，而并非简单的补充。

A项：《环境影响评价法》第23条规定：“国务院生态环境主管部门负责审批下列建设项目的环境影响评价文件：（一）核设施、绝密工程等特殊性质的建设项目；（二）跨省、自治区、直辖市行政区域的建设项目；（三）由国务院审批的或者由国务院授权有关部门审批的建设项目。前款规定以外的建设项目的环境影响评价文件的审批权限，由省、自治区、直辖市人民政府规定。建设项目可能造成跨行政区域的不良环境影响，有关生态环境主管部门对该项目的环境影响评价结论有争议的，其环境影响评价文件由共同的上一级生态环境主管部门审批。”该公路项目跨了甲、乙、丙三个省，所以其环评文件应该报送国务院生态环境主管部门审批，而非甲乙丙中任何一个省的生态环境主管部门。因此，A项错误。

BD项：《环境影响评价法》第24条第1款规定：“建设项目的环境影响评价文件经批准后，建设项目的性质、规模、地点、采用的生产工艺或者防治污染、防止生态破坏的措施发生重大变动的，建设单位应当重新报批建设项目的环境影响评价文件。”该公路项目的环评文件被审批后，开工前，其建设规模要发生重大变化即需要延长至丙省，所以此项目需要重新进行环评，而非简单补充。因此，B项错误，D项正确。

C项：《环境影响评价法》第25条规定：“建设项目的环境影响评价文件未依法经审批部门审查或者审查后未予批准的，建设单位不得开工建设。”对于建设项目而言，需先环评后开工。因此，C项正确。

综上所述，本题答案为CD项。

11 1501073

参考答案：A,B

解析：ABCD项：《环境保护法》第44条规定：“国家实行重点污染物排放总量控制制度。重点污染物排放总量控制指标由国务院下达，省、自治区、直辖市人民政府分解落实。企业事业单位在执行国家和地方污染物排放标准的同时，应当遵守分解落实到本单位的重点污染物排放总量控制指标。对超过国家重点污染物排放总量控制指标或者未完成国家确定的环境质量目标的地区，省级以上人民政府环境保护主管部门应当暂停审批其新增重点污染物排放总量的建设项目环境影响评价文件。”因此，AB项正确，CD项错误。

综上所述，本题答案为AB项。

（四）综合知识点

【单选】

12 1601031

参考答案：A

解析：A 项：《环境影响评价法》第 24 条第 1 款规定："建设项目的环境影响评价文件经批准后，建设项目的性质、规模、地点、采用的生产工艺或者防治污染、防止生态破坏的措施发生重大变动的，建设单位应当重新报批建设项目的环境影响评价文件。"本题中，爆破技术发生重大变动，应当重新报批环境影响报告书。因此，A 项正确。

B 项：《环境影响评价法》第 27 条规定："在项目建设、运行过程中产生不符合经审批的环境影响评价文件的情形的，建设单位应当组织环境影响的后评价，采取改进措施，并报原环境影响评价文件审批部门和建设项目审批部门备案；原环境影响评价文件审批部门也可以责成建设单位进行环境影响的后评价，采取改进措施。"本题中，后评价针对的是不符合经审批的环境影响评价文件的情形，本题不存在此种情形，无须组织后评价。因此，B 项错误。

C 项：《环境影响评价法》第 18 条第 1 款规定："建设项目的环境影响评价，应当避免与规划的环境影响评价相重复。"本题中，与规划的环境影响评价完全相同是错误的。因此，C 项错误。

D 项：《环境保护法》第 66 条规定："提起环境损害赔偿诉讼的时效期间为三年，从当事人知道或者应当知道其受到损害时起计算。"本题中，居民主张停止侵害的侵权责任，不受 3 年诉讼时效的限制，只有提起损害赔偿诉讼才受该诉讼时效限制。因此，D 项错误。

综上所述，本题答案为 A 项。

【不定项】

13 1802093

参考答案：B

解析：ABD 项：《环境影响评价法》第 8 条规定："国务院有关部门、设区的市级以上地方人民政府及其有关部门，对其组织编制的工业、农业、畜牧业、林业、能源、水利、交通、城市建设、旅游、自然资源开发的有关专项规划（以下简称专项规划），应当在该专项规划草案上报审批前，组织进行环境影响评价，并向审批该专项规划的机关提出环境影响报告书……"本题中，林业发展规划作为专项规划，也需要进行环境影响评价，并且是先环评再上报审批。因此，AD 项错误，B 项正确。

C 项：《森林法》第 16 条第 1 款规定："国家所有的林地和林地上的森林、林木可以依法确定给林业经营者使用。林业经营者依法取得的国有林地和林地上的森林、林木的使用权，经批准可以转让、出租、作价出资等。具体办法由国务院制定。"本题中，林业经营者可以经批准转让、出租、作价出资等。因此，C 项错误。

综上所述，本题答案为 B 项。

14 1701096

参考答案：A

解析：A 项：《环境影响评价法》第 25 条规定："建设项目的环境影响评价文件未依法经审批部门审查或者审查后未予批准的，建设单位不得开工建设。"本题中，按照"环评先行，未环评，不得开工"的规定，该公司应先报批环评文件，不得在缴纳罚款后再向审批部门补报。因此，A 项正确。

B 项：《环境保护法》第 41 条规定："建设项目中防治污染的设施，应当与主体工程同时设计、同时施工、同时投产使用。防治污染的设施应当符合经批准的环境影响评价文件的要求，不得擅自拆除或者闲置。"本题中，防治污染的设施，应当与主体工程同时设计、同时施工、同时投产使用不得在搅拌站试运行期间停运治污设施。因此，B 项错误。

C 项：《环境保护法》第 59 条第 1 款规定："企业事业单位和其他生产经营者违法排放污染物，受到罚款处罚，被责令改正，拒不改正的，依法作出处罚决定的行政机关可以自责令改正之日的次日起，按照原处罚数额按日连续处罚。"本题中，按日连续处罚以环保部门责令改正而公司拒不改正为前提，并且是从责令改正之日的次日起，按照原处罚数额按日连续处罚，而不是自该处罚之日的次日起计算。因此，C 项错误。

D 项：《环境保护法》第 63 条规定："企业事业单位和其他生产经营者有下列行为之一，尚不构成犯罪的，除依照有关法律法规规定予以处罚外，由县级以上人民政府环境保护主管部门或者其他有关部门将案件移送公安机关，对其直接负责的主管人员和其他直接责任人员，处十日以上十五日以下拘留；情节较轻的，处五日以上十日以下拘留：（一）建设项目未依法进行环境影响评价，被责令停止建设，拒不执行的；（二）违反法律规定，未取得排污许可证排放污染物，被责令停止排污，拒不执行的；（三）通过暗管、渗井、渗坑、灌注或者篡改、伪造监测数据，或者不正常运行防治污染设施等逃避监管的方式违法排放污染物的；（四）生产、使用国家明令禁止生产、使用的农药，被责令改正，拒不改正的。”本题中，针对该公司逃避监管的违法行为环保部门没有拘留权，对违法行为尚不构成犯罪的，对其直接负责的主管人员和其他直接责任人员应当先移送公安机关再处以拘留，而不是先行拘留责任人员，再将案件移送公安机关。因此，D 项错误。

综上所述，本题答案为 A 项。

二、模拟训练

15 62206228

参考答案：D

解析：A 项：《民法典》第 1230 条规定：“因污染环境、破坏生态发生纠纷，行为人应当就法律规定的不承担责任或者减轻责任的情形及其行为与损害之间不存在因果关系承担举证责任。”本题中，环境污染损害责任适用举证责任倒置，侵权人应当就法律规定的不承担责任或者减轻责任的情形及其行为与损害结果之间不存在因果关系承担举证责任。故被侵权人张某无须证明鱼虾的死亡与化工厂污水之间存在因果关系。因此，A 项错误。

B 项：《环境保护法》第 66 条规定：“提起环境损害赔偿诉讼的时效期间为三年，从当事人知道或者应当知道其受到损害时起计算。”本题中，张某应在知道鱼虾死亡之日起三年内向法院提起诉讼，而不是两年。因此，B 项错误。

C 项：《民法典》第 1229 条规定：“因污染环境、破坏生态造成他人损害的，侵权人应当承担侵权责任。”本题中，环境污染致害的赔偿为无过错责任，并不因为某厂有无过错影响其承担责任。故即便化工厂的污水符合国家及甲市规定的污水排放标准，也应承担责任。因此，C 项错误。

D 项：《环境保护法》第 63 条第 2 项规定：“企业事业单位和其他生产经营者有下列行为之一……对其直接负责的主管人员和其他直接责任人员，处十日以上十五日以下拘留；情节较轻的，处五日以上十日以下拘留：（二）违反法律规定，未取得排污许可证排放污染物，被责令停止排污，拒不执行的；”本题中，化工厂未取得排污许可证，被责令停止排放污水后拒不执行，可对工厂相关直接责任人员处以拘留。因此，D 项正确。

综上所述，本题答案为 D 项。

16 62206227

参考答案：B

解析：A 项：《环境保护法》第 41 条规定：“建设项目中防治污染的设施，应当与主体工程同时设计、同时施工、同时投产使用。防治污染的设施应当符合经批准的环境影响评价文件的要求，不得擅自拆除或者闲置。”故污染防治设施应与工厂建设同时施工。因此，A 项正确，不当选。

B 项：《环境保护法》第 15 条规定：“国务院环境保护主管部门制定国家环境质量标准。省、自治区、直辖市人民政府对国家环境质量标准中未作规定的项目，可以制定地方环境质量标准；对国家环境质量标准中已作规定的项目，可以制定严于国家环境质量标准的地方环境质量标准。地方环境质量标准应当报国务院环境保护主管部门备案……”故地方环境质量标准只能严于国家标准，而不能低于国家标准。因此，B 项错误，当选。

C 项：《环境保护法》第 59 条第 1 款规定：“企业事业单位和其他生产经营者违法排放污染物，受到罚款处罚，被责令改正，拒不改正的，依法作出处罚决定的行政机关可以自责令改正之日的次日起，按照原处罚数额按日连续处罚。”造纸厂违法排放污水且责令改正后拒不改正，行政机关可按照原处罚数额按日连续处罚。因此，C 项正确，不当选。

D 项：《环境保护法》第 16 条第 2 款规定：“省、自治区、直辖市人民政府对国家污染物排放标准中未作规定的项目，可以制定地方污染物排放标准……”故该市人民政府可以自行制定本市污染物排放标准。因此，D 项正确，不当选。

综上所述，本题为选非题，答案为 B 项。

17 62206226

参考答案:A

解析:AB项:《环境影响评价法》第23条第1款第2项规定:“国务院生态环境主管部门负责审批下列建设项目的环境影响评价文件:(二)跨省、自治区、直辖市行政区域的建设项目;”本题中,该公路横接甲省和乙省,属于跨省的建设项目,应当报国务院生态环境主管部门批准。因此,A项错误,当选,B项正确,不当选。

C项:《环境影响评价法》第25条规定:“建设项目的环境影响评价文件未依法经审批部门审查或者审查后未予批准的,建设单位不得开工建设。”因此,C项正确,不当选。

D项:《环境影响评价法》第24条第1款规定:“建设项目的环境影响评价文件经批准后,建设项目的性质、规模、地点、采用的生产工艺或者防治污染、防止生态破坏的措施发生重大变动的,建设单位应当重新报批建设项目的环境影响评价文件。”本题中,延长路段意味着建设项目的规模扩大,属于重大变动,公路建设单位应当重新报批建设项目的环境影响评价文件。因此,D项正确,不当选。

综上所述,本题为选非题,答案为A项。

18 62106036

参考答案:A

解析:A项:《环境保护税法》第4条第1项规定:“有下列情形之一的,不属于直接向环境排放污染物,不缴纳相应污染物的环境保护税:(一)企业事业单位和其他生产经营者向依法设立的污水集中处理、生活垃圾集中处理场所排放应税污染物的……”需要注意的是,这里的污水集中处理场所特指为社会公众提供生活污水处理服务的场所。不包括以下两种:①为工业园区、开发区等工业聚集区域内的生产经营者提供污水处理服务的场所;②自建自用污水处理场所。此处甲企业属于②中情形,不符合《环境保护税法》第4条的规定,需要缴纳环境保护税。因此,A项正确。

B项:《环境保护法》第13条第3款规定:“县级以上地方人民政府环境保护主管部门会同有关部门,根据国家环境保护规划的要求,编制本行政区域的环境保护规划,报同级人民政府批准并公布实施。”第一,县级以上地方人民政府环境保护主管部门不是独立编制,需要会同有关部门一同编制,第二,报同级人民政府批准并公布实施,而不是上一级。因此,B项错误。

C项:《环境保护法》第47条第2款规定:“县级以上人民政府应当建立环境污染公共监测预警机制,组织制定预警方案;环境受到污染,可能影响公众健康和环境安全时,依法及时公布预警信息,启动应急措施。”第一,建立环境污染公共监测预警机制的主体是县级以上人民政府,而不是县级以上人民政府环境保护主管部门,第二,只有可能影响公众健康和环境安全时,才需要依法及时公布预警信息。因此,C项错误。

D项:《环境保护法》第54条第1款规定:“国务院环境保护主管部门统一发布国家环境质量、重点污染源监测信息及其他重大环境信息。省级以上人民政府环境保护主管部门定期发布环境状况公报。”环境状况公报由省级以上人民政府环境保护主管部门发布,而不仅是国务院环境保护主管部门。因此,D项错误。

综上所述,本题答案为A项。

19 61906036

参考答案:A,B,D

解析:AB项:《环境影响评价法》第28条规定:“生态环境主管部门应当对建设项目投入生产或者使用后所产生的环境影响进行跟踪检查,对造成严重环境污染或者生态破坏的,应当查清原因、查明责任。对属于建设项目环境影响报告书、环境影响报告表存在基础资料明显不实,内容存在重大缺陷、遗漏或者虚假,环境影响评价结论不正确或者不合理等严重质量问题的,依照本法第三十二条的规定追究建设单位及其相关责任人员和接受委托编制建设项目环境影响报告书、环境影响报告表的技术单位及其相关人员的法律责任;属于审批部门工作人员失职、渎职,对依法不应批准的建设项目环境影响报告书、环境影响报告表予以批准的,依照本法第三十四条的规定追究其法律责任。”本题中,A化工厂串通B环境影响评价机构获得虚假环境影响报告书,应当追究 A 化工厂及其相关责任人员、B 环境影响评价机构及其相关技术人员的法律责任。因此，AB 项正确。

CD 项:《环境影响评价法》第 20 条第 2、3 款规定:“设区的市级以上人民政府生态环境主管部门应当加强对建设项目环境影响报告书、环境影响报告表编制单位的监督管理和质量考核。负责审批建设项目环境影响报告书、环境影响报告表的生态环境主管部门应当将编制单位、编制主持人和主要编制人员的相关违法信息记入社会诚信档案，并纳入全国信用信息共享平台和国家企业信用信息公示系统向社会公布。”由此可知，应由设区的市级以上人民政府生态环境主管部门加强对建设项目环境影响报告书编制单位的监督管理和质量考核，而非地方各级。因此，C 项错误，D 项正确。

综上所述，本题答案为 ABD 项。

20 61806195

参考答案: C

解析: A 项:《环境保护法》第 61 条规定:“建设单位未依法提交建设项目环境影响评价文件或者环境影响评价文件未经批准，擅自开工建设的，由负有环境保护监督管理职责的部门责令停止建设，处以罚款，并可以责令恢复原状。”故 A 项正确，不当选。

B 项:《环境保护法》第 59 条第 1 款规定:“企业事业单位和其他生产经营者违法排放污染物，受到罚款处罚，被责令改正，拒不改正的，依法作出处罚决定的行政机关可以自责令改正之日的次日起，按照原处罚数额按日连续处罚。”故 B 项正确，不当选。

C 项:《环境保护法》第 60 条规定:“企业事业单位和其他生产经营者超过污染物排放标准或者超过重点污染物排放总量控制指标排放污染物的，县级以上人民政府环境保护主管部门可以责令其采取限制生产、停产整治等措施；情节严重的，报经有批准权的人民政府批准，责令停业、关闭。”故 C 项错误，当选。

D 项:《环境保护法》第 63 条规定:“企业事业单位和其他生产经营者有下列行为之一，尚不构成犯罪的，除依照有关法律法规规定予以处罚外，由县级以上人民政府环境保护主管部门或者其他有关部门将案件移送公安机关，对其直接负责的主管人员和其他直接责任人员，处十日以上十五日以下拘留；情节较轻的，处五日以上十日以下拘留:（一）建设项目未依法进行环境影响评价，被责令停止建设，拒不执行的……”故 D 项正确，不当选。

综上所述，本题为选非题，答案为 C 项。

第二章 自然资源法

参考答案

[1] BC	[2] B	[3] C	[4] D	[5] B
[6] ABD	[7] BC	[8] CD	[9] B	

历年真题及仿真题

（一）矿产资源法

【不定项】

1 2102084

参考答案: B,C

解析: ABCD 项:《矿产资源法》第 16 条规定:“开采下列矿产资源的，由国务院地质矿产主管部门审批，并颁发采矿许可证:……（三）国家规定实行保护性开采的特定矿种；……开采石油、天然气、放射性矿产等特定矿种的，可以由国务院授权的有关主管部门审批，并颁发采矿许可证。……”本案中晶矿属于保护性开采的特定矿种，应由国务院地质矿产主管部门审批，因此，B 项正确，A 项错误；放射性铀矿属于放射性矿产中的特定矿种，由国务院授权的有关主管部门审批，因此 C 项正确，D 项错误。

综上所述，本题答案为 BC 项。

2 1802094

参考答案: B

解析: AB 项:《矿产资源法》第 6 条第 1 款规定:

"除按下列规定可以转让外，探矿权、采矿权不得转让：（一）探矿权人有权在划定的勘查作业区内进行规定的勘查作业，有权优先取得勘查作业区内矿产资源的采矿权。探矿权人在完成规定的最低勘查投入后，经依法批准，可以将探矿权转让他人……"本案中，甲公司与乙公司完成勘探后，有权优先取得勘查作业区内煤炭资源的采矿权。经批准后才可将探矿权予以转让，A 项缺少"经批准"这一要件。因此，A 项错误，B 项正确。

C 项：《矿产资源法》第 11 条规定："国务院地质矿产主管部门主管全国矿产资源勘查、开采的监督管理工作……省、自治区、直辖市人民政府地质矿产主管部门主管本区域内矿产资源勘查、开采的监督管理工作。省、自治区、直辖市人民政府有关主管部门协助同级地质矿产主管部门进行矿资源勘查、开采的监督管理工作。"本案中，煤矿的勘查管理权限属于国务院地质矿产主管部门和省、自治区、直辖市人民政府地质矿产主管部门，而非县级政府。因此，C 项错误。

D 项：《矿产资源法》第 3 条第 1 款规定："矿产资源属于国家所有，由国务院行使国家对矿产资源的所有权。地表或者地下的矿产资源的国家所有权，不因其所依附的土地的所有权或者使用权的不同而改变。"因此，D 项错误。

综上所述，本题答案为 B 项。

（二）森林法

【单选】

3 2202148

参考答案：C

解析：ABCD 项：《森林法》第 74 条第 1 款规定："违反本法规定，进行开垦、采石、采砂、采土或者其他活动，造成林木毁坏的，由县级以上人民政府林业主管部门责令停止违法行为，限期在原地或者异地补种毁坏株数一倍以上三倍以下的树木，可以处毁坏林木价值五倍以下的罚款；造成林地毁坏的，由县级以上人民政府林业主管部门责令停止违法行为，限期恢复植被和林业生产条件，可以处恢复植被和林业生产条件所需费用三倍以下的罚款。"本题中，张三放羊的行为造成了林木毁坏，县级以上人民政府林业主管部门（非村委会或县级政府）应责令张三停止违法行为，要求其补种毁坏株数 1 倍以上 3 倍（非 5 倍）以下的树木，并可处毁坏林木价值 5 倍以下的罚款。因此，ABD 项错误，C 项正确。

综上所述，本题答案为 C 项。

4 2002102

参考答案：D

解析：A 项：《森林法》第 22 条第 1 款规定："单位之间发生的林木、林地所有权和使用权争议，由县级以上人民政府依法处理。"因此，A 项正确，不当选。

B 项：《森林法》第 22 条第 2 款规定："个人之间、个人与单位之间发生的林木所有权和林地使用权争议，由乡镇人民政府或者县级以上人民政府依法处理。"本题中，个人与单位之间的争议可以由乡镇政府处理，也可以由县级以上政府处理。因此，B 项正确，不当选。

C 项：《森林法》第 22 条第 3 款规定："当事人对有关人民政府的处理决定不服的，可以自接到处理决定通知之日起三十日内，向人民法院起诉。"因此，C 项正确，不当选。

D 项：《森林法》第 22 条第 4 款规定："在林木、林地权属争议解决前，除因森林防火、林业有害生物防治、国家重大基础设施建设等需要外，当事人任何一方不得砍伐有争议的林木或者改变林地现状。"本题中，因森林防火的需要可以对争议林木进行砍伐。因此，D 项错误，当选。

综上所述，本题为选非题，答案为 D 项。

5 1902039

参考答案：B

解析：［命题陷阱］本题针对森林权属争议的处理流程进行考查，没有难度。单位和单位之间发生争议，应由县级以上人民政府处理，处理不服的，才可以提起行政诉讼。且争议未解决之前，任何一方不得砍伐有争议的林木。

ABC 项：《森林法》第 22 条规定："单位之间发生的林木、林地所有权和使用权争议，由县级以上人民政府依法处理。个人之间、个人与单位之间发生的林木所有权和林地使用权争议，由乡镇人民政府或者县级以上人民政府依法处理。当事人对有关人民政府的处理决定不服的，可以自接到处理决定通知之日起三十日内，向人民法院起诉。在林木、林地权属争议解决前，除因森林防火、林业有害生物防治、国家重大基础设施建设等需要外，当事人任何一方不得砍伐有争议的林木或者改变林地现状。”本题中，甲公司和乙公司两个单位发生林地使用权的争议，应先由县级以上人民政府处理，对于处理决定不服才能起诉。因此，B 项正确，C 项错误。在林地的争议解决之前，争议林木不得砍伐，需维持原状。因此，A 项错误。
D 项：《森林法》第 15 条第 3 款规定：“森林、林木、林地的所有者和使用者应当依法保护和合理利用森林、林木、林地，不得非法改变林地用途和毁坏森林、林木、林地。”本题中，我国对林地的保护制度类似于对耕地的保护制度，非经法定程序不能擅自将林地的用途改为非林地或建设用地。因此，D 项错误。
综上所述，本题答案为 B 项。

【多选】

6 2202099

参考答案：A,B,D
解析：A 项：《森林法》第 59 条规定：“符合林木采伐技术规程的，审核发放采伐许可证的部门应当及时核发采伐许可证。但是，审核发放采伐许可证的部门不得超过年采伐限额发放采伐许可证。”由此可知，《森林法》并未规定，采伐限额已满的情况下，次年可以自动取得采伐许可证。因此，A 项错误，当选。
B 项：《森林法》第 56 条第 1 款规定：“采伐林地上的林木应当申请采伐许可证，并按照采伐许可证的规定进行采伐；采伐自然保护区以外的竹林，不需要申请采伐许可证，但应当符合林木采伐技术规程。”本案中，甲采伐其承包的林地里的枣树应申请采伐许可证。因此，B 项错误，当选。
C 项：《森林法》第 57 条第 3 款规定：“农村居民采伐自留山和个人承包集体林地上的林木，由县级人民政府林业主管部门或者其委托的乡镇人民政府核发采伐许可证。”本案中，村民甲是采伐自己承包的林地里的枣树，县政府林业部门可以委托乡政府核发采伐许可证。因此，C 项正确，不当选。
D 项：《森林法》第 56 条第 5 款规定：“禁止伪造、变造、买卖、租借采伐许可证。”本案中，甲不能租用乙的采伐许可证。因此，D 项错误，当选。
综上所述，本题为选非题，答案为 ABD 项。

7 2202100

参考答案：B,C
解析：AB 项：《森林法》第 52 条规定：“在林地上修筑下列直接为林业生产经营服务的工程设施，符合国家有关部门规定的标准的，由县级以上人民政府林业主管部门批准，不需要办理建设用地审批手续；超出标准需要占用林地的，应当依法办理建设用地审批手续：……（五）野生动植物保护、护林、林业有害生物防治、森林防火、木材检疫的设施……。”本案中，动植物保护机构可以申请建设用地，若超出标准需要占用林地，应当办理建设用地审批手续。因此，A 项错误，B 项正确。
C 项：《森林法》第 37 条第 2 款规定：“占用林地的单位应当缴纳森林植被恢复费。森林植被恢复费征收使用管理办法由国务院财政部门会同林业主管部门制定。”本案中，若该动植物保护机构占用林地，应缴纳森林植被恢复费。因此，C 项正确。
D 项：《森林法》第 38 条第 1 款规定：“需要临时使用林地的，应当经县级以上人民政府林业主管部门批准；临时使用林地的期限一般不超过二年，并不得在临时使用的林地上修建永久性建筑物。”本案中，该动植物保护机构临时使用林地的期限一般不超过二年，而不是五年。因此，D 项错误。
综上所述，本题答案为 BC 项。

8 1902045

参考答案：C,D
解析：ABC 项：盗伐指行为人违反《森林法》和其他保护森林的法规，未取得林木采伐许可证，擅自砍伐国家、集体或他人所有的森林和林木或本人承包经营的国家或集体的森林和林木的行为；滥伐指行为人违反《森林法》和其他保护森林的法规，未经县级以上人民政府林业主管部门及其法律规定的部门的批准并核发林木采伐许可证，或虽持有林木采伐许可证但违反许可证规定的范围采伐本单位所有或管理的及本人自留山的森林和林木的行为。本案中某高校取得了采伐许可证，只是超出了许可证的范围，多砍伐了10棵树，属于滥伐行为。《森林法》第76条："……滥伐林木的，由县级以上人民政府林业主管部门责令限期在原地或者异地补种滥伐株数一倍以上三倍以下的树木，可以处滥伐林木价值三倍以上五倍以下的罚款。"第81条："违反本法规定，有下列情形之一的，由县级以上人民政府林业主管部门依法组织代为履行，代为履行所需费用由违法者承担：……（二）拒不补种树木，或者补种不符合国家有关规定……"本案中，当高校拒不补种或补种不符合国家规定的，林业主管部门才会代为补种，由违法者承担费用。该高校"要求"林业部门补种，不正确。因此，A项错误。林业部门责令补种的数量应该为滥伐株数的一倍以上三倍以下，即10–30棵，可并处滥伐林木价值三倍以上五倍以下的罚款。因此，B项错误，C项正确。

D项：《森林法》第58条规定："申请采伐许可证，应当提交有关采伐的地点、林种、树种、面积、蓄积、方式、更新措施和林木权属等内容的材料。超过省级以上人民政府林业主管部门规定面积或者蓄积量的，还应当提交伐区调查设计材料。"本案中，该高校申请采伐许可证时，应提交供林业部门审核的与采伐有关的文件。因此，D项正确。

综上所述，本题答案为CD项。（说明：因《森林法》的修改，本题答案改为CD。）

（三）综合知识点

【单选】

9 2302045

参考答案：B

解析：我国法律规定采矿权的转让必须获得批准。然而在实务中，为减少采矿权转让的交易成本，通过股权转让方式实现采矿权收购是矿业领域常见的投资模式。但是，这一做法在实务中不乏争议，主要争议焦点在于股权转让协议的效力问题。

A项：《探矿权采矿权转让管理办法》第4条第2款规定："国务院地质矿产主管部门负责由其审批发证的探矿权、采矿权转让的审批。"本题中，国务院地质矿产主管部门仅负责审批采矿权转让，股权转让协议无需审批。因此，A项错误。

BC项：《探矿权采矿权转让管理办法》第6条规定："转让采矿权，应当具备下列条件：（一）矿山企业投入采矿生产满1年；……"以及《矿产资源法》第6条规定："除按下列规定可以转让外，探矿权、采矿权不得转让：……（二）已取得采矿权的矿山企业，因企业合并、分立，与他人合资、合作经营，或者因企业资产出售以及有其他变更企业资产产权的情形而需要变更采矿权主体的，经依法批准可以将采矿权转让他人采矿。"本题中，矿业公司获批采矿权后并未进行开采，且并未向国务院地质矿产主管部门申请采矿权转让批准，因此，即使在收购完成后出现矿业公司实际控制人发生变化的情形，亦不改变矿业公司作为采矿权人的事实。也即，以股权转让方式"转让"采矿权的，股权转让协议本身有效，但是需要适用《矿产资源法》第6条关于采矿权转让的相关规定，需获得相关行政主管部门批准才能达到采矿权转让的法律效果。因此，股权转让不视同采矿权转让，B项正确，C项错误。

D项：本题中，针对股权转让交易，当事人之间达成合意并遵照《公司法》《公司登记管理条例》的规定，即可办理股权转让变更登记而无需备案。因此，D项错误。

综上所述，本题答案为B项。

劳动与社会保障法

第一章 劳动法

参考答案

[1]BD　[2]B　[3]A　[4]CD　[5]AD

一、历年真题及仿真题

（一）劳动者权益保护

【不定项】

1　2102085

参考答案：B,D

解析：AB 项：《劳动法》第 54 条规定："用人单位必须为劳动者提供符合国家规定的劳动安全卫生条件和必要的劳动防护用品，对从事有职业危害作业的劳动者应当定期进行健康检查。"本题中，防毒面具是必要的劳动防护用品，用人单位应提供，收取费用是违反法律规定的。因此，A 项错误。李某负责井下设备的管理属于从事有职业危害作业，应当对劳动者进行体检。因此，B 项正确。

C 项：《劳动法》第 59 条规定：" 禁止安排女职工从事矿山井下、国家规定的第四级体力劳动强度的劳动和其他禁忌从事的劳动。"本题中，李某的妻子属于女职工，不能从事矿山、井下、国家规定的第四级劳动强度的劳动和其他禁忌从事的劳动。因此，C 项错误。

D 项：《劳动法》第 53 条第 2 款规定："新建、改建、扩建工程的劳动安全卫生设施必须与主体工程同时设计、同时施工、同时投入生产和使用。"本题中，瓦斯探测器设备属于劳动安全卫生设施，新建的劳动安全卫生设施必须与主体工程同时设计、同时施工、同时投入生产和使用。因此，D 项正确。

综上所述，本题答案为 BD 项。

2　1601095

参考答案：B

解析：A 项：《劳动法》第 65 条规定："用人单位应当对未成年工定期进行健康检查。"对妇女不要求定期健康检查。因此，A 项错误。

B 项：《劳动法》第 60 条规定："不得安排女职工在经期从事高处、低温、冷水作业和国家规定的第三级体力劳动强度的劳动。"公司不能安排女职工王某在经期从事高处作业。因此，B 项正确。

C 项：《劳动法》第 61 条规定："不得安排女职工在怀孕期间从事国家规定的第三级体力劳动强度的劳动和孕期禁忌从事的劳动。对怀孕七个月以上的女职工，不得安排其延长工作时间和夜班劳动。"若女职工王某怀孕 6 个月以上，公司可以安排夜班劳动。因此，C 项错误。

D 项：《劳动法》第 63 条规定："不得安排女职工在哺乳未满一周岁的婴儿期间从事国家规定的第三级体力劳动强度的劳动和哺乳期禁忌从事的其他劳动，不得安排其延长工作时间和夜班劳动。"D 选项中王某处在哺乳婴儿的期间，但是题目中未明确是未满一周岁的婴儿，不适用不应当安排夜班劳动的规定。因此，D 项错误。

综上所述，本题答案为 B 项。

（二）工时、工资和休息制度

【单选】

3　2202145

参考答案：A

解析：A 项：《劳动法》第 45 条规定："国家实行带薪年休假制度。劳动者连续工作一年以上的，享受带薪年休假。具体办法由国务院规定。"本题中，甲已连续工作一年以上，可以享受带薪年假。因此，A 项正确。

B 项：《劳动法》第 50 条规定："工资应当以货币形式按月支付给劳动者本人。不得克扣或者无故拖欠劳动者的工资。"本题中，酒店的结薪期限最长不超过 30 天，而非 15 天。注意不要和非全日制用工混淆。因此，B 项错误。

C 项：《劳动法》第 36 条规定："国家实行劳动者每日工作时间不超过八小时、平均每周工作时间不超过四十四小时的工时制度。"第 39 条规定："企业因生产特点不能实行本法第三十六条、第三十八条规定的，经劳动行政部门批准，可以实行其他工作和休息办法。”本题中，在未经劳动行政部门批准的情况下，酒店规定甲的上班时间为早上6点至晚上12点，已经超过了劳动法规定的每天8小时工时限制。因此，C项错误。

D项：《劳动法》第44条规定：“有下列情形之一的，用人单位应当按照下列标准支付高于劳动者正常工作时间工资的工资报酬：（一）安排劳动者延长工作时间的，支付不低于工资的百分之一百五十的工资报酬；（二）休息日安排劳动者工作又不能安排补休的，支付不低于工资的百分之二百的工资报酬；（三）法定休假日安排劳动者工作的，支付不低于工资的百分之三百的工资报酬。”本题中，甲的工作时长超出了劳动法每天8小时的工时限制，属于第（一）项规定的情形，故美丽大酒店应当向其支付不低于工资的150%的加班费，而非200%的加班费。因此，D项错误。

综上所述，本题答案为A项。

二、模拟训练

4 62206237

参考答案：C,D

解析：A项：《劳动法》第15条第2款规定：“文艺、体育和特种工艺单位招用未满十六周岁的未成年人，必须遵守国家有关规定，并保障其接受义务教育的权利。”甲公司因文艺工作的需要招收未满十六周岁的职工，保障了其受教育的权利，符合法律规定。因此，A项正确，不当选。

B项：《劳动法》第61条规定：“……对怀孕七个月以上的女职工，不得安排其延长工作时间和夜班劳动。”本选项中，女职工怀孕六个月，乙公司可以安排延长其工作时间。因此，B项正确，不当选。

C项：《劳动法》第64条规定：“不得安排未成年工从事矿山井下、有毒有害、国家规定的第四级体力劳动强度的劳动和其他禁忌从事的劳动。”《劳动法》规定未成年职工不得从事矿山井下作业，即使经过职业教育、培训后也不可以。因此，C项错误，当选。

D项：《劳动法》第60条规定：“不得安排女职工在经期从事高处、低温、冷水作业和国家规定的第三级体力劳动强度的劳动。”丁公司不得安排女职工在经期从事高处作业。因此，D项错误，当选。

综上所述，本题为选非题，答案为CD项。

5 61806138

参考答案：A,D

解析：AD项：《劳动法》第2条规定：“在中华人民共和国境内的企业、个体经济组织（以下统称用人单位）和与之形成劳动关系的劳动者，适用本法。国家机关、事业组织、社会团体和与之建立劳动合同关系的劳动者，依照本法执行。”个体经济组织、国有企业与劳动者建立劳动关系，适用《劳动法》。因此，AD项正确。

B项：《最高人民法院关于审理劳动争议案件适用法律问题的解释（一）》第2条第4项规定：“下列纠纷不属于劳动争议：（四）家庭或者个人与家政服务人员之间的纠纷；”保姆与该家庭属于家庭雇佣劳动关系，家庭不属于个体经济组织，不适用《劳动法》。因此，B项错误。

C项：《关于贯彻执行〈中华人民共和国劳动法〉若干问题的意见》第12条规定：“在校生利用业余时间勤工助学，不视为就业，未建立劳动关系，可以不签订劳动合同。”故勤工俭学不适用《劳动法》。因此，C项错误。

综上所述，本题答案为AD项。

第二章 劳动合同法

参考答案

[1]AB	[2]C	[3]AD	[4]CD	[5]A
[6]ABD	[7]ABC	[8]BD	[9]ABCD	[10]ABD
[11]C	[12]BC	[13]C	[14]AD	[15]A
[16]B	[17]BCD	[18]AC	[19]AB	[20]ACD
[21]D	[22]BD	[23]BD	[24]ABC	[25]D
[26]D	[27]ACD	[28]AB	[29]A	[30]CD

一、历年真题及仿真题

（一）劳务派遣

【多选】

1 2402025

参考答案：A,B

解析：A 项：《劳动合同法》第 64 条规定："被派遣劳动者有权在劳务派遣单位或者用工单位依法参加或者组织工会，维护自身的合法权益。"本案中，劳务派遣人员有权加入医院即用工单位的工会，医院应当允许。因此，A 项正确。

B 项：《劳动合同法》第 62 条第 1 款规定："用工单位应当履行下列义务：……（三）支付加班费、绩效奖金，提供与工作岗位相关的福利待遇；……"本案中，用工单位即医院应当支付劳务派遣人员的加班费。因此，B 项正确。

C 项：《劳动合同法》第 66 条规定："劳动合同用工是我国的企业基本用工形式。劳务派遣用工是补充形式，只能在临时性、辅助性或者替代性的工作岗位上实施。前款规定的临时性工作岗位是指存续时间不超过六个月的岗位；……"本案中，该医院的扩建工期为一年，相关工作岗位的存续时间已超过六个月，故医院不得将其设置为临时性工作岗位。因此，C 项错误。

D 项：《劳动合同法》第 67 条规定："用人单位不得设立劳务派遣单位向本单位或者所属单位派遣劳动者。"这里的"所属单位"，是指与设立劳务派遣单位的用人单位有股份关系的上级、平级、下级单位，包括该用人单位独资设立或者控股、参股的单位，以及独资设立或者控股、参股该用人单位的单位，不限于用人单位的分支机构或下属单位。本案中，医院属于股东的所属单位，若股东设立了劳务派遣机构，其不得向所属单位即医院派遣劳动者，因为这样做可能会导致劳动关系混乱，损害被派遣劳动者的权益。因此，D 项错误。

综上所述，本题答案为 AB 项。

【不定项】

2 1201095

参考答案：C

解析：劳务派遣中包含有派遣单位与劳动者之间的劳动关系，用工单位与劳动者之间的用工关系。

ABCD 项：《劳动合同法》第 58 条第 1 款规定："劳务派遣单位是本法所称用人单位，应当履行用人单位对劳动者的义务……"第 59 条规定："劳务派遣单位派遣劳动者应当与接受以劳务派遣形式用工的单位（以下称用工单位）订立劳务派遣协议。劳务派遣协议应当约定派遣岗位和人员数量、派遣期限、劳动报酬和社会保险费的数额与支付方式以及违反协议的责任。用工单位应当根据工作岗位的实际需要与劳务派遣单位确定派遣期限，不得将连续用工期限分割订立数个短期劳务派遣协议。"

王某是丙公司派遣到玫园公司的，王某与玫园公司签订的是用工合同，而王某真正的劳动关系是存在于丙公司，因此丙公司才是王某的用人单位。因此，C 项正确，ABD 项错误。

综上所述，本题答案为 C 项。

（二）非全日制用工

【多选】

3 1902063

参考答案：A,D

解析：[命题陷阱] 非全日制用工的典型特点是灵活，所以每周工作时间不超过 24 小时，不要求劳动者只服务于一家单位，工资结算一般是即时结算，最长支付周期不超过 15 天，不能约定试用期。

A 项：《劳动合同法》第 72 条第 2 款规定：“非全日制用工劳动报酬结算支付周期最长不得超过十五日。”非全日制用工一般采用小时计酬并即时结算，最长支付周期不超过 15 日，故甲公司将支付周期改为 15 日是合法的，有可能因此留住张三。因此，A 项正确。

B 项：《劳动合同法》第 68 条规定：“非全日制用工，是指以小时计酬为主，劳动者在同一用人单位一般平均每日工作时间不超过四小时，每周工作时间累计不超过二十四小时的用工形式。”如果甲公司将工作时间改为每天 4 小时，而每周工作 7 天，周工作时间就会超过法定的 24 小时，是违法的。因此，B 项错误。

C 项：《劳动合同法》第 70 条规定：“非全日制用工双方当事人不得约定试用期。”非全日制用工的用工方式灵活且不稳定，不得约定试用期，C 项主张是违法的。因此，C 项错误。

D 项：《劳动合同法》第 69 条第 2 款规定：“从事非全日制用工的劳动者可以与一个或者一个以上用人单位订立劳动合同；但是，后订立的劳动合同不得影响先订立的劳动合同的履行。”非全日制用工不要求劳资关系一对一绑定，故甲公司允许张三同时在其他公司兼职是合法的，有可能因此挽留张三。因此，D 项正确。

综上所述，本题答案为 AD 项。

（三）集体合同

【多选】

4 1701073

参考答案：C,D

解析：A 项：《劳动合同法》第 51 条第 2 款规定：“集体合同由工会代表企业职工一方与用人单位订立；尚未建立工会的用人单位，由上级工会指导劳动者推举的代表与用人单位订立。”由此可知，劳动者推举的代表需要在上级工会的指导下订立劳动合同，并且没有比例要求。因此，A 项错误。

B 项：《劳动合同法》第 54 条第 1 款规定：“集体合同订立后，应当报送劳动行政部门；劳动行政部门自收到集体合同文本之日起十五日内未提出异议的，集体合同即行生效。”即，只有在劳动行政部门 15 日内没有提出异议的，劳动合同才能生效，并不是一经报送备案立即生效。因此，B 项错误。

C 项：《劳动合同法》第 54 条第 2 款规定：“依法订立的集体合同对用人单位和劳动者具有约束力。……”因此，C 项正确。

D 项：《劳动合同法》第 56 条规定：“用人单位违反集体合同，侵犯职工劳动权益的，工会可以依法要求用人单位承担责任；因履行集体合同发生争议，经协商解决不成的，工会可以依法申请仲裁、提起诉讼。”因此，D 项正确。

综上所述，本题答案为 CD 项。

（四）劳动合同的解除和责任

【单选】

5 2302055

参考答案：A

解析：AC 项：《劳动合同法》第 36 条规定：“用人单位与劳动者协商一致，可以解除劳动合同。”第 46 条规定：“有下列情形之一的，用人单位应当向劳动者支付经济补偿：……（二）用人单位依照本法第三十六条规定向劳动者提出解除劳动合同并与劳动者协商一致解除劳动合同的；……”据此，在单位主动提议解除劳动合同的情况下，单位应向甲支付经济补偿，A 项正确。第 47 条第 1 款规定：“经济补偿按劳动者在本单位工作的年限，每满一年支付一个月工资的标准向劳动者支付。六个月以上不满一年的，按一年计算；不满六个月的，向劳动者支付半个月工资的经济补偿。”据此，鉴于甲已在 A 公司工作了 8 个月（试用期 5 个月 + 医疗期 3 个月），故其工作年限需按一年计算，即单位应向甲支付一个月的工资（5000 元）作为经济补偿。因此，C 项错误。

B 项：《劳动合同法》第 19 条第 2 款规定：“同一用人单位与同一劳动者只能约定一次试用期。”本题中，甲之前在 A 公司工作，并已经过了 5 个月的试用期，单位对甲的工作能力、人品等已经有了充分的了解。时隔数月再次招聘甲时，甲的身体情况、工作技能等均未发生明显变化，故无需再通过试用期的方式考察甲，即单位不得再与甲约定试用期。因此，B 项错误。

D 项：《劳动合同法》第 37 条规定："劳动者提前三十日以书面形式通知用人单位，可以解除劳动合同。劳动者在试用期内提前三日通知用人单位，可以解除劳动合同。"本题中，甲在试用期内解除合同需要提前三天通知单位，而非无需通知直接解除。因此，D 项错误。

综上所述，本题答案为 A 项。

【多选】

6 2002105

参考答案：A,B,D

解析：AB 项：《劳动合同法》第 38 条第 2、3 项规定："用人单位有下列情形之一的，劳动者可以解除劳动合同：（二）未及时足额支付劳动报酬的；（三）未依法为劳动者缴纳社会保险费的；"拖欠工资与未缴纳社会保险均是劳动者有权解除劳动合同的情形。因此，AB 项正确。

CD 项：《劳动合同法》第 39 条第 1、2 项规定："劳动者有下列情形之一的，用人单位可以解除劳动合同：（一）在试用期间被证明不符合录用条件的；（二）严重违反用人单位的规章制度的；"试用期间迟到一次并不代表不符合录用条件，用人单位不能以此为由解除劳动合同；严重违反规章制度可以作为用人单位解除劳动合同的理由。因此，C 项错误，D 项正确。

综上所述，本题答案为 ABD 项。

7 1501070

参考答案：A,B,C

解析：A 项：《劳动合同法》第 43 条规定："用人单位单方解除劳动合同，应当事先将理由通知工会。用人单位违反法律、行政法规规定或者劳动合同约定的，工会有权要求用人单位纠正。用人单位应当研究工会的意见，并将处理结果书面通知工会。"本案中，事先通知工会的做法正确。因此，A 项正确。

B 项：《劳动合同法》第 42 条第 3 项规定："劳动者有下列情形之一的，用人单位不得依照本法第四十条、第四十一条的规定解除劳动合同：（三）患病或者非因工负伤，在规定的医疗期内的；"《劳动合同法》第 40 条规定的是单位的预告解除，第 41 条规定的是经济性裁员，即劳动者在规定的医疗期内，用人单位不得依据第 40 条、第 41 条的规定解除劳动合同，但劳动者存在重大过错、造成严重影响的，单位可以行使任意解除权。因此，B 项正确。

C 项：《劳动合同法》第 39 条规定："劳动者有下列情形之一的，用人单位可以解除劳动合同：（一）在试用期间被证明不符合录用条件的；（二）严重违反用人单位的规章制度的；（三）严重失职，营私舞弊，给用人单位造成重大损害的；（四）劳动者同时与其他用人单位建立劳动关系，对完成本单位的工作任务造成严重影响，或者经用人单位提出，拒不改正的；（五）因本法第二十六条第一款第一项规定的情形致使劳动合同无效的；（六）被依法追究刑事责任的"。本案中，劳动者的行为严重违反用人单位的规章制度，存在过错，单位据此行使单方解除权时无需向田某支付补偿金。因此，C 项正确。

D 项：《劳动合同法》第 48 条规定："用人单位违反本法规定解除或者终止劳动合同，劳动者要求继续履行劳动合同的，用人单位应当继续履行；劳动者不要求继续履行劳动合同或者劳动合同已经不能继续履行的，用人单位应当依照本法第八十七条规定支付赔偿金。"本案中，在继续履行劳动合同和支付赔偿金中，劳动者只能选择其中一个。因此，D 项错误。

综上所述，本题答案为 ABC 项。

【不定项】

8 1701097

参考答案：B,D

解析：A 项：《劳动合同法》第 46 条第 4 项规定："有下列情形之一的，用人单位应当向劳动者支付经济补偿：……（四）用人单位依照本法第四十一条第一款（即经济性裁员）规定解除劳动合同的……"本题中，因经济性裁员解除劳动合同的，用人单位需要给劳动者经济补偿。因此，A 项错误。

B 项：《劳动合同法》第 41 条第 2 款规定："裁减人员时，应当优先留用下列人员：（一）与本单位订立较长期限的固定期限劳动合同的；（二）与本单位订立无固定期限劳动合同的；（三）家庭无其他就业人员，有需要扶养的老人或者未成年人的。”本题中，经济性裁员应当优先留用与本公司订立无固定期限劳动合同的职工。因此，B 项正确。

CD 项：《劳动合同法》第 42 条规定：“劳动者有下列情形之一的，用人单位不得依照本法第四十条、第四十一条的规定解除劳动合同：……（三）患病或者非因工负伤，在规定的医疗期内的；……（五）在本单位连续工作满十五年，且距法定退休年龄不足五年的；……”本题中，在本单位连续工作满十五年，且距法定退休年龄不足五年的劳动者不得被经济性裁员，两个条件必须同时具备。因此，C 项错误，D 项正确。

综上所述，本题答案为 BD 项。

9 1401087

参考答案：A,B,C,D

解析：A 项：《劳动合同法》第 34 条规定：“用人单位发生合并或者分立等情况，原劳动合同继续有效，劳动合同由承继其权利和义务的用人单位继续履行。”因此，A 项正确。

BD 项：《劳动合同法实施条例》第 10 条规定：“劳动者非因本人原因从原用人单位被安排到新用人单位工作的，劳动者在原用人单位的工作年限合并计算为新用人单位的工作年限。原用人单位已经向劳动者支付经济补偿的，新用人单位在依法解除、终止劳动合同计算支付经济补偿的工作年限时，不再计算劳动者在原用人单位的工作年限。”因此，BD 项正确。

C 项：《劳动合同法》第 36 条规定：“用人单位与劳动者协商一致，可以解除劳动合同。”《劳动合同法》第 3 条规定：“订立劳动合同，应当遵循合法、公平、平等自愿、协商一致、诚实信用的原则。依法订立的劳动合同具有约束力，用人单位与劳动者应当履行劳动合同约定的义务。”因此，C 项正确。

综上所述，本题答案为 ABCD 项。

10 1401090

参考答案：A,B,D

解析：A 项：《劳动合同法》第 48 条规定：“用人单位违反本法规定解除或者终止劳动合同，劳动者要求继续履行劳动合同的，用人单位应当继续履行；劳动者不要求继续履行劳动合同或者劳动合同已经不能继续履行的，用人单位应当依照本法第 87 条规定支付赔偿金。”本题中，由于乙公司劳动合同中规定的“末位淘汰制”违反法律规定，因此该劳动合同违法，李某可以要求赔偿。因此，A 项正确。

B 项：《劳动合同法》第 46 条规定：“有下列情形之一的，用人单位应当向劳动者支付经济补偿：（一）劳动者依照本法第 38 条规定解除劳动合同的；……”第 38 条第 1 款规定：“用人单位有下列情形之一的，劳动者可以解除劳动合同：……（四）用人单位的规章制度违反法律、法规的规定，损害劳动者权益的……”本题中，乙公司规章制度违反法律规定，李某可主张解决合同并要求支付乙公司经济补偿金。因此，B 项正确。

C 项：《劳动合同法实施条例》第 25 条规定：“用人单位违反劳动合同法的规定解除或者终止劳动合同，依照劳动合同法第 87 条的规定支付了赔偿金的，不再支付经济补偿。赔偿金的计算年限自用工之日起计算。”本题中，李某不可以同时主张赔偿金和经济补偿金。因此，C 项错误。

D 项：《劳动合同法》第 87 条规定：“用人单位违反本法规定解除或者终止劳动合同的，应当依照本法第 47 条规定的经济补偿标准的二倍向劳动者支付赔偿金。”本题中，违法终止劳动合同所支付的赔偿金是劳动者即时辞职支付赔偿金的二倍。因此，D 项正确。

综上所述，本题答案为 ABD 项。

（五）有固定期限和无固定期限劳动合同

【单选】

11 2202096

参考答案：C

解析：ABCD 项：《劳动合同法》第 42 条规定：“劳动者有下列情形之一的，用人单位不得依照本法第四十条、第四十一条的规定解除劳动合同：……（三）患病或者非因公负伤，在规定的医疗期内的……”第 45 条规定：“劳动合同期满，有本法第四十二条规定情形之一的，劳动合同应当续延至相应的情形消失时终止……”《最高人民法院关于审理劳动争议案件适用法律若干问题解释（一）》第 34 条第 1 款规定：“劳动合同期满后，劳动者仍在原用人单位工作，原用人单位未表示异议的，视为双方同意以原条件继续履行劳动合同。一方提出终止劳动关系的，人民法院应予支持。”本题中，根据劳动合同的约定，甲公司与乙的劳动合同本应于 2021 年 1 月 8 日终止，2020 年 12 月 8 日乙受伤且医治了三个月，而法律规定医疗期内劳动合同是不能解除或终止的，因此劳动合同应当延续至医疗期结束即 2021 年 3 月 8 日。劳动合同期满后，乙仍在甲公司工作，且甲公司并未表示异议，因此应视为双方同意继续履行劳动合同。直至 2021 年 6 月 8 日，乙才办理了离职手续，此时甲公司和乙的劳动关系终止。因此，C 项正确，ABD 项错误。

综上所述，本题答案为 C 项。

（六）劳动合同的订立与内容

【多选】

12 1301065

参考答案：B,C

解析：AC 项：《劳动法》第 22 条规定：“劳动合同当事人可以在劳动合同中约定保守用人单位商业秘密的有关事项。”法律未强行规定约定保密义务一定要支付保密费用，因此是否支付保密费由用人单位与劳动者之间进行协商约定。因此，A 项错误。如果江某违反保密协议的要求，向乙厂泄露甲厂的商业秘密，则构成侵犯商业秘密，需要承担民事或刑事责任。因此，C 项正确。

B 项：《劳动合同法》第 23 条第 2 款规定：“对负有保密义务的劳动者，用人单位可以在劳动合同或者保密协议中与劳动者约定竞业限制条款，……劳动者违反竞业限制约定的，应当按照约定向用人单位支付违约金。”该题中，如果双方未明确约定江某负有竞业限制义务，则江某有权到乙厂工作。因此，B 项正确。

D 项：《反不正当竞争法》第 9 条规定：“经营者不得实施下列侵犯商业秘密的行为：……（三）违反保密义务或者违反权利人有关保守商业秘密的要求，披露、使用或者允许他人使用其所掌握的商业秘密；……第三人明知或者应知商业秘密权利人的员工、前员工或者其他单位、个人实施本条第一款所列违法行为，仍获取、披露、使用或者允许他人使用该商业秘密的，视为侵犯商业秘密。……”因此只要乙厂明知江某泄露他人商业秘密还违法使用，就视为侵犯商业秘密。因此，D 项错误。

综上所述，本题答案为 BC 项。

（七）综合知识点

【单选】

13 2302043

参考答案：C

解析：ABCD 项：对于互联网外卖平台与骑手之间的法律关系，应综合分析以下因素进行认定：二者之间是否存在控制、支配和从属关系；是否由一方指定工作场所、提供劳动工具或设备、限定工作时间；是按时给付劳动报酬还是按劳结算劳动报酬；是继续性提供劳务还是一次性提供工作成果等。如果当事人之间存在控制、支配和从属关系，由一方指定工作场所、提供劳动工具或设备，限定工作时间，定期给付劳动报酬，所提供的劳务是接受劳务一方生产经营活动的组成部分的，可以认定为劳动关系。但是，本题中，甲在完成配送工作过程中具有独立性、自主性，与外卖平台之间不存在控制、支配、从属关系和人身依附性，双方间合同的履行符合承揽合同法律关系的特征，应认定双方间系承揽关系。因此，C 项正确，ABD 项错误。

综上所述，本题答案为 C 项。

14 2302047

参考答案：A,D

解析：A 项：《劳动合同法》第 26 条第 1 款规定：“下列劳动合同无效或者部分无效：（一）以欺诈、胁迫的手段或者乘人之危，使对方在违背真实意思的情况下订立或者变更劳动合同的；……”本题中，贾某利用虚假的毕业证书及工作简历以入职公司，构成欺诈，公司有权主张劳动合同无效。

因此，A 项正确。

B 项:《劳动合同法》第 28 条规定:“劳动合同被确认无效，劳动者已付出劳动的，用人单位应当向劳动者支付劳动报酬。……”本题中，贾某并未真正上班，也即未实际付出劳动，因此，公司无需向其支付工资报酬，B 项错误。

C 项:《劳动合同法》第 39 条规定:“劳动者有下列情形之一的，用人单位可以解除劳动合同:……（五）因本法第二十六条第一款第一项规定的情形致使劳动合同无效的;……”据此，公司有权解除其与贾某之间的劳动合同。而且，此时系因贾某的过错而解除劳动合同，公司本身无过错，故解除后公司无需支付经济补偿。因此，C 项错误。

B 项:《工资支付暂行规定》第 16 条规定:“因劳动者本人原因给用人单位造成经济损失的，用人单位可按照劳动合同的约定要求其赔偿经济损失。……”据此，若因贾某的行为，公司遭受损失的，公司可主张赔偿，D 项正确。

综上所述，本题答案为 AD 项。

15 2202146

参考答案:A

解析:A 项:《劳动合同法实施条例》第 6 条第 1 款规定:“……劳动者不与用人单位订立书面劳动合同的，用人单位应当书面通知劳动者终止劳动关系，并依照劳动合同法第四十七条的规定支付经济补偿。”本题中，甲拒绝与 A 公司签订劳动合同，A 公司可以书面通知甲终止劳动关系。因此，A 项正确。

BC 项:《劳动合同法实施条例》第 7 条规定:“用人单位自用工之日起满一年未与劳动者订立书面劳动合同的，自用工之日起满一个月的次日至满一年的前一日应当依照劳动合同法第八十二条的规定向劳动者每月支付两倍的工资，并视为自用工之日起满一年的当日已经与劳动者订立无固定期限劳动合同，应当立即与劳动者补订书面劳动合同。”由此可知，当用人单位长时间拒签劳动合同时，劳动者才能主张签订无固定期限劳动合同及双倍工资。本题中，并非 A 公司拒签劳动合同，而系劳动者甲故意拖延，故不能适用前述规定。因此，BC 项错误。

D 项:劳动者主动申请离职时，用人单位无需给付经济补偿金。因此，D 项错误。

综上所述，本题答案为 A 项。

16 1902047

参考答案:B

解析:［命题陷阱］1. 劳务派遣岗位只能是临时性、辅助性、替代性的岗位，不能是用工单位的核心岗位; 2. 派遣劳动者有过错或不适岗时，用工单位有权将其退回; 3. 派遣公司作为用人单位应当为派遣劳动者缴纳工伤保险费，未缴纳的，劳动者的工伤保险待遇由派遣公司承担; 4. 工伤保险与侵权责任并没有排斥的关系，二者可同时追究，但医疗费只能主张一次，原则上应当由侵权人承担医疗费用，若侵权人无力承担的，由工伤保险基金先行支付。

A 项:《劳动合同法》第 66 条规定:“劳动合同用工是我国的企业基本用工形式。劳务派遣用工是补充形式，只能在临时性、辅助性或者替代性的工作岗位上实施。前款规定的临时性工作岗位是指存续时间不超过六个月的岗位; 辅助性工作岗位是指为主营业务岗位提供服务的非主营业务岗位; 替代性工作岗位是指用工单位的劳动者因脱产学习、休假等原因无法工作的一定期间内，可以由其他劳动者替代工作的岗位……”本案中，劳务派遣是劳动合同制的补充，派遣员工小李只能从事临时、辅助、替代性的岗位，不能是核心岗位，销售经理作为核心岗位应该由甲公司的劳动合同制员工担任，不能由派遣员工小李担任。因此，A 项错误。

B 项:《劳动合同法》第 65 条第 2 款规定:“被派遣劳动者有本法第三十九条和第四十条第一项、第二项规定情形的，用工单位可以将劳动者退回劳务派遣单位，劳务派遣单位依照本法有关规定，可以与劳动者解除劳动合同。”第 40 条第 2 项规定:“有下列情形之一的，用人单位提前三十日以书面形式通知劳动者本人或者额外支付劳动者一个月工资后，可以解除劳动合同:（二）劳动者不能胜任工作，经过培训或者调整工作岗位，仍不能胜任工作的……”本案中，派遣员工小李因不能胜任等问题无法满足用工单位的需求，符合用工单位可以将劳动者退回劳务派遣单位的情形，故甲公司有权退工。因此，B 项正确。
C 项：《社会保险法》第 41 条第 1 款规定：“职工所在用人单位未依法缴纳工伤保险费，发生工伤事故的，由用人单位支付工伤保险待遇。用人单位不支付的，从工伤保险基金中先行支付。”本案中，工伤保险待遇与工伤事故相伴而生，无论用人单位是否缴纳工伤保险费，受到工伤的职工均能享受工伤保险待遇，用人单位乙公司未缴纳工伤保险费时，所有的工伤保险待遇应由乙公司承担，如乙公司按期缴纳员工的工伤保险，则会根据具体情形，由工伤保险基金支付或公司支付。因此，C 项错误。
D 项：《最高人民法院关于审理工伤保险行政案件若干问题的规定》第 8 条第 1 款规定：“职工因第三人的原因受到伤害，社会保险行政部门以职工或者其近亲属已经对第三人提起民事诉讼或者获得民事赔偿为由，作出不予受理工伤认定申请或者不予认定工伤决定的，人民法院不予支持。”本案中，工伤保险与侵权责任并没有排斥的关系，二者可同时追究，故小李在获得工伤保险待遇后仍然可以向肇事司机索赔。但是注意，医疗费只能主张一次，即应当由侵权人肇事司机承担医疗费用，肇事司机无力承担的，由工伤保险基金先行支付。因此，D 项错误。
综上所述，本题答案为 B 项。

【多选】

17 2202098

参考答案：B,C,D
解析：A 项：《劳动合同法实施条例》第 4 条规定：“劳动合同法规定的用人单位设立的分支机构，依法取得营业执照或者登记证书的，可以作为用人单位与劳动者订立劳动合同；未依法取得营业执照或者登记证书的，受用人单位委托可以与劳动者订立劳动合同。”本案中，乙分公司在接受甲公司委托后，可与张某签订劳动合同。因此，A 项错误。
B 项：《劳动合同法》第 10 条第 1 款规定：“建立劳动关系，应当订立书面劳动合同。”第 82 条第 1 款规定：“用人单位自用工之日起超过一个月不满一年未与劳动者订立书面劳动合同的，应当向劳动者每月支付二倍的工资。”本案中，张某于 2018 年 2 月入职甲公司，但甲公司自 2018 年 3 月至 2019 年 2 月仍未与张某签订书面劳动合同，甲公司应向张某支付共计 11 个月的双倍工资。因此，B 项正确。
CD 项：《最高人民法院关于审理劳动争议案件适用法律问题的解释（一）》第 46 条规定：“劳动者非因本人原因从原用人单位被安排到新用人单位工作，原用人单位未支付经济补偿，劳动者依据劳动合同法第三十八条规定与新用人单位解除劳动合同，或者新用人单位向劳动者提出解除、终止劳动合同，在计算支付经济补偿或赔偿金的工作年限时，劳动者请求把在原用人单位的工作年限合并计算为新用人单位工作年限的，人民法院应予支持。……（三）因用人单位合并、分立等原因导致劳动者工作调动……”本案中，张某非因本人原因从甲公司被安排到乙分公司工作，甲公司可以不支付经济补偿。因此，C 项正确。但是，在乙分公司与其解除劳动合同的情况下，张某可主张合并计算工作年限，也即 2018 年 2 月至 2020 年 2 月，刚好两年。因此，D 项正确。
综上所述，本题答案为 BCD 项。

18 1902061

参考答案：A,C
解析：［命题陷阱］1. 因用人单位的原因未及时订立劳动合同的，第 1 个月属于法定缓冲期，不违法不处罚；第 2 个月开始未满 1 年（共 11 个月）仍未订立的，需要支付劳动者每月 2 倍的工资；超过 1 年的，视为与劳动者订立无固定期限劳动合同，此时无需再支付 2 倍；2. 劳动关系存续期间，因拖欠劳动报酬的争议不计算时效，自劳动关系终止后 1 年内提起仲裁。
A 项：《劳动合同法》第 14 条第 3 款规定：“用人单位自用工之日起满一年不与劳动者订立书面劳动合同的，视为用人单位与劳动者已订立无固定期限劳动合同。”本案中，刘某于 2017 年 1 月 1 日与甲公司建立劳动关系直到 2018 年 6 月 1 日离职，自用工之日起超过一年，甲公司未与刘某签订书面劳动合同，应视为双方建立了无固定期限劳动合同。因此，A 项正确。

B 项:《劳动合同法实施条例》第 7 条第 1 款规定:“用人单位自用工之日起满一年未与劳动者订立书面劳动合同的，自用工之日起满一个月的次日至满一年的前一日应当依照劳动合同法第八十二条的规定向劳动者每月支付两倍的工资……”本案中，用人单位因为未按时签订书面劳动合同而需承担两倍工资的周期最长为自用工满一个月的第二天至满一年的前一天共计 11 个月的时间，而非 B 项中的 17 个月。因此，B 项错误。

C 项:《劳动争议调解仲裁法》第 27 条第 4 款规定:“劳动关系存续期间因拖欠劳动报酬发生争议的，劳动者申请仲裁不受本条第一款规定的仲裁时效期间的限制；但是，劳动关系终止的，应当自劳动关系终止之日起一年内提出。”本案中，刘某与甲公司之间因欠薪提起仲裁，仲裁时效应自劳动关系终止即 2018 年 6 月 1 日起一年内，所以刘某于 2018 年 7 月 1 日提起仲裁未超过时效。因此，C 项正确。

D 项:《劳动合同法》第 47 条第 1 款规定:“经济补偿按劳动者在本单位工作的年限，每满一年支付一个月工资的标准向劳动者支付。六个月以上不满一年的，按一年计算；不满六个月的，向劳动者支付半个月工资的经济补偿。”本案中，因为用人单位未按时支付工资，劳动者有权单方解除劳动合同并主张经济补偿金。刘某在甲公司的工作年限为 1 年 5 个月，所以甲公司应支付 1.5 个月工资作为补偿金，并非 2 个月。因此，D 项错误。

综上所述，本题答案为 AC 项。

19 1902062

参考答案：A,B

解析：[命题陷阱] 1. 第三人明知或应知信息的来源违法，仍披露、使用或允许他人使用，构成对商业秘密所有权人的侵权行为，承担侵权的赔偿责任；2. 只有服务期条款和竞业限制条款中，用人单位能够与劳动者约定违约金；3. 公司章程可自行约定本公司高管的范围。

AB 项:《反不正当竞争法》第 9 条规定:“经营者不得实施下列侵犯商业秘密的行为：……（三）违反保密义务或者违反权利人有关保守商业秘密的要求，披露、使用或者允许他人使用其所掌握的商业秘密；……第三人明知或者应知商业秘密权利人的员工、前员工或其他单位、个人实施本条第一款所列违法行为，仍获取、披露、使用或者允许他人使用该商业秘密的，视为侵犯商业秘密。……”本案中，李某违反保密约定，违法泄露其掌握的甲公司的商业秘密给乙公司，乙公司作为李某出资设立的公司，对李某的泄密行为应认定为知情，所以李某和乙公司均应认定为侵犯了甲公司的商业秘密，甲公司可以向二者主张赔偿责任。因此，AB 项正确。

C 项:《劳动合同法》第 25 条规定:“除本法第二十二条和第二十三条规定的情形外，用人单位不得与劳动者约定由劳动者承担违约金。”除了服务期及竞业限制条款用人单位可以与劳动者约定违约金外，其余情形下用人单位不得与劳动者约定违约金，本案中，甲公司与李某约定的是保密义务，依照法律的规定，不能约定违约金。因此，C 项错误。

D 项:《公司法》第 216 条第 1 项规定:“高级管理人员，是指公司的经理、副经理、财务负责人，上市公司董事会秘书和公司章程规定的其他人员。”公司章程可以自行约定本公司的高级管理人员范围，所以甲公司章程约定技术总监为高级管理人员合法有效。因此，D 项错误。

综上所述，本题答案为 AB 项。

20 1802075

参考答案：A,C,D

解析：ABC 项:《劳动合同法》第 58 条第 1 款规定:“劳务派遣单位是本法所称用人单位，应当履行用人单位对劳动者的义务。劳务派遣单位与被派遣劳动者订立的劳动合同，除应当载明本法第十七条规定的事项外，还应当载明被派遣劳动者的用工单位以及派遣期限、工作岗位等情况。”本题中，张某与乙劳务派遣公司之间形成劳动关系，张某与甲公司之间形成劳务关系。乙劳务派遣公司为用人单位，应当履行为劳动者缴纳社会保险费的义务，因此，AC 项错误，当选。B 项正确，不当选。

D 项:《民法典》第 1191 条第 2 款规定:“劳务派遣期间，被派遣的工作人员因执行工作任务造成他人损害的，由接受劳务派遣的用工单位承担侵权责任；劳务派遣单位有过错的，承担相应的责任。”本题中，张某在工作中造成他人受伤，应当由用工单位甲公司承担侵权责任，劳务派遣单位乙公司有过错的，承担过错范围内的责任，而不是连带责任。因此，D 项错误，当选。

综上所述，本题为选非题，答案为 ACD 项。

【不定项】

21 1601096

参考答案：D

解析：A 项:《劳动合同法》第 14 条第 3 款规定:“用人单位自用工之日起满一年不与劳动者订立书面劳动合同的，视为用人单位与劳动者已订立无固定期限劳动合同。”本案中，王某 2012 年 2 月 1 日入职，2012 年 6 月 30 日离职，工作不满一年。因此，A 项错误。

B 项:《劳动合同法》第 7 条规定:“用人单位自用工之日起即与劳动者建立劳动关系。用人单位应当建立职工名册备查。”第 10 条规定:“建立劳动关系，应当订立书面劳动合同。已建立劳动关系，未同时订立书面劳动合同的，应当自用工之日起一个月内订立书面劳动合同。用人单位与劳动者在用工前订立劳动合同的，劳动关系自用工之日起建立。”本案中，劳动合同起算的期限从用工之日起计算，所以本题中应当从 2012 年 2 月 1 日起算。因此，B 项错误。

C 项:《劳动法》第 28 条规定:“用人单位依据本法第二十四条、第二十六条、第二十七条的规定解除劳动合同的，应当依照国家有关规定给予经济补偿。”第 26 条规定:“有下列情形之一的，用人单位可以解除劳动合同，但是应当提前三十日以书面形式通知劳动者本人:（一）劳动者患病或者非因工负伤，医疗期满后，不能从事原工作也不能从事由用人单位另行安排的工作的;（二）劳动者不能胜任工作，经过培训或者调整工作岗位，仍不能胜任工作的;（三）劳动合同订立时所依据的客观情况发生重大变化，致使原劳动合同无法履行，经当事人协商不能就变更劳动合同达成协议的。”本案中，王某个人无法胜任工作而提出离职，不是用人单位主动解除劳动合同，用人单位不用支付经济补偿。因此，C 项错误。

D 项:《劳动合同法》第 40 条规定:“有下列情形之一的，用人单位提前三十日以书面形式通知劳动者本人或者额外支付劳动者一个月工资后，可以解除劳动合同:（一）劳动者患病或者非因工负伤，在规定的医疗期满后不能从事原工作，也不能从事由用人单位另行安排的工作的;（二）劳动者不能胜任工作，经过培训或者调整工作岗位，仍不能胜任工作的;（三）劳动合同订立时所依据的客观情况发生重大变化，致使劳动合同无法履行，经用人单位与劳动者协商，未能就变更劳动合同内容达成协议的。”本案中，王某经过培训仍然不能胜任工作，公司提前 30 日以书面形式通知，可以将其辞退。因此，D 项正确。

综上所述，本题答案为 D 项。

22 1401088

参考答案：B,D

解析：AB 项:《劳动合同法实施条例》第 7 条规定:“用人单位自用工之日起满一年未与劳动者订立书面劳动合同的，自用工之日起满一个月的次日至满一年的前一日应当依照劳动合同法第八十二条的规定向劳动者每月支付两倍的工资，并视为自用工之日起满一年的当日已经与劳动者订立无固定期限劳动合同，应当立即与劳动者补订书面劳动合同。”注意，视为订立无固定期限劳动合同，也要签订书面的劳动合同，二者没有冲突。原劳动合同于 2012 年 3 月到期后，乙公司一直未与李某签订新的书面劳动合同，此时属于未与劳动者订立书面劳动合同的情形。因此，B 项正确，A 项错误。

CD 项:《劳动争议调解仲裁法》第 27 条第 1、4 款规定:“劳动争议申请仲裁的时效期间为一年。仲裁时效期间从当事人知道或者应当知道其权利被侵害之日起计算。劳动关系存续期间因拖欠劳动报酬发生争议的，劳动者申请仲裁不受本条第一款规定的仲裁时效期间的限制；但是，劳动关系终止的，应当自劳动关系终止之日起一年内提出。”2012 年 12 月，乙公司决定终止与李某的劳动关系，2013 年 11 月李某提出劳动争议仲裁申请，尚未超出 1 年的时效期间。因此，D 项正确，C 项错误。

综上所述，本题答案为 BD 项。

23 1401089

参考答案：B,D

解析：A 项：《劳动合同法》第 2 条第 1 款规定："中华人民共和国境内的企业、个体经济组织、民办非企业单位等组织（以下称用人单位）与劳动者建立劳动关系，订立、履行、变更、解除或者终止劳动合同，适用本法。"第 36 条规定："用人单位与劳动者协商一致，可以解除劳动合同。"本题中，不定时工作制也受《劳动合同法》的调整，即使是不定时工作制的劳动者，乙公司也无权随时终止劳动合同。因此，A 项错误。

B 项：《劳动合同法》第 71 条规定："非全日制用工双方当事人任何一方都可以随时通知对方终止用工。终止用工，用人单位不向劳动者支付经济补偿。"本题中，李某是不定时工作制而不是非全日制工作制，故乙公司无权随时终止用工。因此，B 项正确。

CD 项：《劳动合同法》第 40 条规定："有下列情形之一的，用人单位提前 30 日以书面形式通知劳动者本人或者额外支付劳动者一个月工资后，可以解除劳动合同：……（二）劳动者不能胜任工作，经过培训或者调整工作岗位，仍不能胜任工作的……"本题中，根据上述规定的第（二）项，只有劳动者不能胜任工作，经过培训或者调整工作岗位，仍不能胜任工作的，用人单位方可解除劳动合同。乙公司的"末位淘汰制"规定违反法律规定，损害劳动者的权益，乙公司无权据此终止劳动合同。因此，D 项正确，C 项错误。

综上所述，本题答案为 BD 项。

二、模拟训练

24 62206236

参考答案：A,B,C

解析：A 项：《劳动合同法》第 39 条规定："劳动者有下列情形之一的，用人单位可以解除劳动合同：……（四）劳动者同时与其他用人单位建立劳动关系，对完成本单位的工作任务造成严重影响，或者经用人单位提出，拒不改正的；……"丁在丙公司从事保洁工作，身体劳累对完成乙公司工作任务造成了严重影响，乙公司可以解除劳动合同。因此，A 项正确。

B 项：《劳动合同法》第 41 条第 2 款规定："裁减人员时，应当优先留用下列人员：（一）与本单位订立较长期限的固定期限劳动合同的；……"。因此，B 项正确。

C 项：《劳动争议调解仲裁法》第 27 条第 4 款规定："劳动关系存续期间因拖欠劳动报酬发生争议的，劳动者申请仲裁不受本条第一款规定的仲裁时效期间的限制；但是，劳动关系终止的，应当自劳动关系终止之日起一年内提出。"本案中，甲与乙公司之间因欠薪提起仲裁，仲裁时效应自劳动关系终止即 2014 年 2 月 1 日起一年内，所以甲于 2014 年 7 月 1 日提起仲裁未超过时效。因此，C 项正确。

D 项：《劳动合同法》第 47 条第 1 款规定："经济补偿按劳动者在本单位工作的年限，每满一年支付一个月工资的标准向劳动者支付。六个月以上不满一年的，按一年计算；不满六个月的，向劳动者支付半个月工资的经济补偿。"本案中，因用人单位将甲辞退，甲有权主张经济补偿金。甲在乙公司的工作年限为 8 个月，所以乙公司应支付 1 个月工资作为补偿金，并非 0.5 个月。因此，D 项错误。

综上所述，本题答案为 ABC 项。

25 62206231

参考答案：D

解析：A 项：《劳动合同法》第 14 条第 3 款规定："用人单位自用工之日起满一年不与劳动者订立书面劳动合同的，视为用人单位与劳动者已订立无固定期限劳动合同。"《劳动合同法实施条例》第 7 条规定："用人单位自用工之日起满一年未与劳动者订立书面劳动合同的，自用工之日起满一个月的次日至满一年的前一日应当依照劳动合同法第八十二条的规定向劳动者每月支付两倍的工资，……"本题中，一年后行政人员才发现未与甲订立书面的劳动合同，说明未签劳动合同的时间已超过一年，视为订立了无固定期限劳动合同。因用人单位的原因未按时签订书面劳动合同，需支付劳动者支付 11 个月的双倍工资，而不是 12 个月的双倍工资。因此，A 项错误。

B 项：《劳动合同法》第 22 条第 1 款规定："用人单位为劳动者提供专项培训费用，对其进行专业技术培训的，可以与该劳动者订立协议，约定服务期。"因此，B 项错误。

C 项：《劳动合同法》第 22 条第 2 款规定："劳动者违反服务期约定的，应当按照约定向用人单位支付违约金。违约金的数额不得超过用人单位提供的培训费用。用人单位要求劳动者支付的违约金不得超过服务期尚未履行部分所应分摊的培训费用。"本题中，培训费用 10 万，服务期 5 年，平均每年 2 万元，甲在培训完后 2 年内离职，公司可以要求甲支付 6 万元的违约金，而不是 10 万元。因此，C 项错误。

D 项：《劳动合同法》第 23 条第 2 款规定："对负有保密义务的劳动者，用人单位可以在劳动合同或者保密协议中与劳动者约定竞业限制条款，并约定在解除或者终止劳动合同后，在竞业限制期限内按月给予劳动者经济补偿。……"因此，D 项正确。

综上所述，本题答案为 D 项。

26 62206230

参考答案：D

解析：A 项：《劳动合同法》第 82 条第 1 款规定："用人单位自用工之日起超过一个月不满一年未与劳动者订立书面劳动合同的，应当向劳动者每月支付二倍的工资。"甲入职半年后才与公司签订劳动合同，其可要求公司支付 5 个月的双倍工资，而不是 6 个月。因此，A 项错误。

B 项：《劳动合同法》第 23 条第 1 款规定："用人单位与劳动者可以在劳动合同中约定保守用人单位的商业秘密和与知识产权相关的保密事项。"用人单位与劳动者签订的保密义务，可有偿也可无偿，甲和公司订立保密条款时，其可要求公司支付保密费。因此，B 项错误。

C 项：《劳动合同法》第 24 条第 1 款规定："竞业限制的人员限于用人单位的高级管理人员、高级技术人员和其他负有保密义务的人员……"甲入职某公司，从事总经理工作，属于高级管理人员，是竞业限制条款的限制对象。因此，C 项错误。

D 项：《劳动合同法》第 24 条第 2 款规定："在解除或者终止劳动合同后，前款规定的人员到与本单位生产或者经营同类产品、从事同类业务的有竞争关系的其他用人单位，或者自己开业生产或者经营同类产品、从事同类业务的竞业限制期限，不得超过二年。"甲公司设置的竞业限制条款时间为三年，违法。因此，D 项正确。

综上所述，本题答案为 D 项。

27 61906201

参考答案：A,C,D

解析：A 项：《劳动合同法》第 58 条第 2 款规定："劳务派遣单位应当与被派遣劳动者订立二年以上的固定期限劳动合同，按月支付劳动报酬；被派遣劳动者在无工作期间，劳务派遣单位应当按照所在地人民政府规定的最低工资标准，向其按月支付报酬。"所以，被派遣劳动者在无工作期间，应由劳务派遣单位支付报酬，而不是当地政府。因此，A 项错误，当选。

B 项：《劳动合同法》第 63 条第 1 款规定："被派遣劳动者享有与用工单位的劳动者同工同酬的权利。……"。因此，B 项正确，不当选。

C 项：《劳动合同法》第 92 条第 2 款规定："……用工单位给被派遣劳动者造成损害的，劳务派遣单位与用工单位承担连带赔偿责任。"因此，C 项错误，当选。

D 项：《民法典》第 1191 条第 2 款规定："劳务派遣期间，被派遣的工作人员因执行工作任务造成他人损害的，由接受劳务派遣的用工单位承担侵权责任；劳务派遣单位有过错的，承担相应的责任。"所以，劳务派遣单位如果存在过错，应承担相应的责任，而不是无需承担责任。因此，D 项错误，当选。

综上所述，本题为选非题，答案为 ACD 项。

28 61906197

参考答案：A,B

解析：AD 项：《劳动合同法》第 40 条第 1、2 项规定："有下列情形之一的，用人单位提前三十日以书面形式通知劳动者本人或者额外支付劳动者一个月工资后，可以解除劳动合同：（一）劳动者患病或者非因工负伤，在规定的医疗期满后不能从事原工作，也不能从事由用人单位另行安排的工作的；（二）劳动者不能胜任工作，经过培训或者调整工作岗位，仍不能胜任工作的；”本题中，A 项符合第（一）项的规定。因此，A 项正确。D 项中恒泰公司应当先为郭某另行安排工作，若郭某不能从事另行安排的工作，才能解除合同。因此，D 项错误。

B 项：《劳动合同法》第 39 条第 4 项规定：“劳动者有下列情形之一的，用人单位可以解除劳动合同：（四）劳动者同时与其他用人单位建立劳动关系，对完成本单位的工作任务造成严重影响，或者经用人单位提出，拒不改正的；”本题中，B 项符合规定。因此，B 项正确。

C 项：《劳动合同法》第 42 条第 5 项规定：“劳动者有下列情形之一的，用人单位不得依照本法第四十条、第四十一条的规定解除劳动合同：（五）在本单位连续工作满十五年，且距法定退休年龄不足五年的；”本题中，欧某的情形符合规定，用人单位不得依照本法第四十条、第四十一条的规定解除劳动合同。因此，C 项错误。

综上所述，本题答案为 AB 项。

29 61806145

参考答案：A

解析：A 项：《劳动合同法》第 39 条第 3 项规定：“劳动者有下列情形之一的，用人单位可以解除劳动合同：（三）严重失职，营私舞弊，给用人单位造成重大损害的；”第 42 条第 5 项规定：“劳动者有下列情形之一的，用人单位不得依照本法第四十条、第四十一条的规定解除劳动合同：（五）在本单位连续工作满十五年，且距法定退休年龄不足五年的；”由此可知，劳动者失职给用人单位造成重大损失属于劳动者过错，用人单位有权单方解除劳动合同，无须支付经济补偿。连续工作 15 年且距离退休不满 5 年不能成为 39 条所载情形的阻却理由。因此，A 项正确。

B 项：《劳动合同法》第 41 条第 1 款第 2 项规定：“有下列情形之一，需要裁减人员二十人以上或者裁减不足二十人但占企业职工总数百分之十以上的，用人单位提前三十日向工会或者全体职工说明情况，听取工会或者职工的意见后，裁减人员方案经向劳动行政部门报告，可以裁减人员：（二）生产经营发生严重困难的；”第 46 条第 4 项规定：“有下列情形之一的，用人单位应当向劳动者支付经济补偿：（四）用人单位依照本法第四十一条第一款规定解除劳动合同的；”由此可知，用人单位因经济性裁员与劳动者解除劳动合同的，需要支付经济补偿。因此，B 项错误。

CD 项：《劳动合同法》第 40 条第 1 项规定：“有下列情形之一的，用人单位提前三十日以书面形式通知劳动者本人或者额外支付劳动者一个月工资后，可以解除劳动合同：（一）劳动者患病或者非因工负伤，在规定的医疗期满后不能从事原工作，也不能从事由用人单位另行安排的工作的；”第 46 条第 3 项规定：“有下列情形之一的，用人单位应当向劳动者支付经济补偿：（三）用人单位依照本法第四十条规定解除劳动合同的；”由此可知，劳动者非因工负伤，双方协商一致调整岗位后劳动者仍不能胜任工作的，用人单位可以预告解除劳动合同，但需向劳动者支付经济补偿，因此，C 项错误。用人单位预告解除合同的前提必须是劳动者客观上无法适应该工作岗位，且需要支付经济补偿，因此，D 项错误。

综上所述，本题答案为 A 项。

30 61806140

参考答案：C,D

解析：AC 项：《劳动合同法》第 82 条规定：“用人单位自用工之日起超过一个月不满一年未与劳动者订立书面劳动合同的，应当向劳动者每月支付二倍的工资。用人单位违反本法规定不与劳动者订立无固定期限劳动合同的，自应当订立无固定期限劳动合同之日起向劳动者每月支付二倍的工资。”由此可知，目前劳动法并未规定一个月内用人单位不签书面合同的惩罚，即无惩罚，若超过一个月用人单位不签的，应实行双罚。本题中，A 项中甲工作不足一个月，公司拒签书面合同的，无需支付经济补偿；C 项中甲工作已满三个月，公司拒签合同的，应当支付二倍工资，并非无需受到惩罚。因此，A 项正确，不当选；C 项错误，当选。

B 项：《劳动合同法实施条例》第 5 条规定："自用工之日起一个月内，经用人单位书面通知后，劳动者不与用人单位订立书面劳动合同的，用人单位应当书面通知劳动者终止劳动关系，无需向劳动者支付经济补偿，但是应当依法向劳动者支付其实际工作时间的劳动报酬。"本题中，用工之日起一个月内，公司通知后，甲拒签劳动合同的，公司可终止劳动关系，且无须支付经济补偿。因此，B 项正确，不当选。

D 项：《劳动合同法实施条例》第 6 条第 1 款规定："用人单位自用工之日起超过一个月不满一年未与劳动者订立书面劳动合同的，应当依照劳动合同法第八十二条的规定向劳动者每月支付两倍的工资，并与劳动者补订书面劳动合同；劳动者不与用人单位订立书面劳动合同的，用人单位应当书面通知劳动者终止劳动关系，并依照劳动合同法第四十七条的规定支付经济补偿。"本题中，劳动者甲工作已满三个月，不与用人单位订立书面劳动合同的，用人单位应当书面通知甲终止劳动关系，并依照《劳动合同法》第 47 条的规定支付经济补偿。因此，D 项错误，当选。

综上所述，本题为选非题，答案为 CD 项。

第三章 劳动争议调解仲裁法

参考答案

[1]C	[2]A	[3]ABD	[4]ACD	[5]ABD
[6]BCD	[7]CD	[8]AC	[9]B	[10]ABD

一、历年真题及仿真题

（一）劳动争议纠纷的解决

【单选】

1 2202097

参考答案：C

解析：ABC 项：《劳动争议调解仲裁法》第 44 条第 1 款、第 2 款规定："仲裁庭对追索劳动报酬、工伤医疗费、经济补偿或者赔偿金的案件，根据当事人的申请，可以裁决先予执行，移送人民法院执行。仲裁庭裁决先予执行的，应当符合下列条件：（一）当事人之间权利义务关系明确；（二）不先予执行将严重影响申请人的生活。"《民事诉讼法》第 231 条规定："发生法律效力的民事判决、裁定，以及刑事判决、裁定中的财产部分，由第一审人民法院或者与第一审人民法院同级的被执行的财产所在地人民法院执行。法律规定由人民法院执行的其他法律文书，由被执行人住所地或者被执行的财产所在地人民法院执行。"本题中，仲裁庭裁决先予执行的，可以直接移送用人单位住所地人民法院执行，而无需经过法院审查。因此，A 项错误，C 项正确。社会保险纠纷案件不属于前述法条规定的可以裁决先予执行的情形。因此，B 项错误。

D 项：《劳动争议调解仲裁法》第 44 条第 3 款规定："劳动者申请先予执行的，可以不提供担保。"因此，D 项错误。

综上所述，本题答案为 C 项。

2 2202147

参考答案：A

解析：AB 项：《劳动争议调解仲裁法》第 6 条规定："发生劳动争议，当事人对自己提出的主张，有责任提供证据。与争议事项有关的证据属于用人单位掌握管理的，用人单位应当提供；用人单位不提供的，应当承担不利后果。"本题中，打卡记录由用人单位保存，应由用人单位负责提供，用人单位不提供的，应承担不利后果。另外，即使是小微企业也不能豁免其应负的举证责任。因此，A 项正确，B 项错误。

C 项：《劳动争议调解仲裁法》第 47 条规定："下列劳动争议，除本法另有规定的外，仲裁裁决为终局裁决，裁决书自作出之日起发生法律效力：（一）追索劳动报酬、工伤医疗费、经济补偿或者赔偿金，不超过当地月最低工资标准十二个月金额的争议；（二）因执行国家的劳动标准在工作时间、休息休假、社会保险等方面发生的争议。"本题中，公司无故拖欠小张 3000 元劳动报酬，明显低于当地月最低工资标准十二个月的金额，属于追索小额劳动报酬的案件，遵循一裁终局的规则，即用人单位不可起诉。因此，C 项错误。

D 项：《劳动争议调解仲裁法》第 27 条第 4 款规定："劳动关系存续期间因拖欠劳动报酬发生争议的，劳动者申请仲裁不受本条第一款规定的仲裁时效期间的限制；但是，劳动关系终止的，应当自劳动关系终止之日起一年内提出。"本题中，小张于离职后 10 个月提起了仲裁申请，自劳动关系终止之日起未超过 1 年，符合仲裁时效规定，仲裁委应予受理。因此，D 项错误。

综上所述，本题答案为 A 项。

【多选】

3 1802076

参考答案：A,B,D

解析：ABC 项：《劳动争议调解仲裁法》第 6 条规定："发生劳动争议，当事人对自己提出的主张，有责任提供证据。与争议事项有关的证据属于用人单位掌握管理的，用人单位应当提供；用人单位不提供的，应当承担不利后果。"本案中，邹某的入职资料和工资清单是由甲公司掌握管理的，且该资料与仲裁请求即要求甲公司支付双倍工资差额有关，当该资料无法由劳动者邹某提供时，应由用人单位甲公司提供该资料，若其未能在期限内提供，甲公司需承担不利后果。因此，AB 项错误，当选，C 项正确，不当选。

D 项：《最高人民法院关于审理劳动争议案件适用法律问题的解释（一）》第 44 条规定："因用人单位作出的开除、除名、辞退、解除劳动合同、减少劳动报酬、计算劳动者工作年限等决定而发生的劳动争议，用人单位负举证责任。"本案中，在诉讼中应由甲公司对解除劳动合同的时间承担举证责任，与其是否为小微企业无关。因此，D 项错误，当选。

综上所述，本题为选非题，答案为 ABD 项。

4 2402026

参考答案：A,C,D

解析：A 项：《关于劳动人事争议仲裁与诉讼衔接有关问题的意见（一）》第 1 条第 2 项规定："劳动人事争议仲裁委员会对调解协议仲裁审查申请不予受理或者经仲裁审查决定不予制作调解书的，当事人可依法就协议内容中属于劳动人事争议仲裁受理范围的事项申请仲裁。当事人直接向人民法院提起诉讼的，人民法院不予受理，但下列情形除外：……（二）当事人在〈劳动争议调解仲裁法〉第十条规定的调解组织主持下仅就劳动报酬争议达成调解协议，用人单位不履行调解协议约定的给付义务，劳动者直接提起诉讼的；……"《劳动争议调解仲裁法》第 10 条规定："发生劳动争议，当事人可以到下列调解组织申请调解：（一）企业劳动争议调解委员会；……"本案中，在企业劳动争议调解委员会的主持下，劳资双方已就劳动报酬争议达成调解协议，而公司拒不履行调解协议所载明的给付内容，在此情况下，甲可直接向法院提起诉讼。因此，A 项正确。

B 项：具有强制履行效力的调解书一般是指劳动争议仲裁委员会或仲裁机构制作的调解书，以及法院制作的调解书。本案中，员工甲拿到的是企业劳动争议调解委员会而非劳动争议仲裁委员会或仲裁机构、法院出具的调解书，其没有法律上的强制执行效力，故甲不可以向法院申请强制执行。因此，B 项错误。

C 项：《劳动争议调解仲裁法》第 15 条规定："达成调解协议后，一方当事人在协议约定期限内不履行调解协议的，另一方当事人可以依法申请仲裁。"本案中，公司拒不履行双方达成的调解协议，故甲有权依法申请仲裁。因此，C 项正确。

D 项：《劳动争议调解仲裁法》第 16 条规定："因支付拖欠劳动报酬、工伤医疗费、经济补偿或者赔偿金事项达成调解协议，用人单位在协议约定期限内不履行的，劳动者可以持调解协议书依法向人民法院申请支付令。人民法院应当依法发出支付令。"本案中，双方就劳动报酬争议达成调解协议，但公司拒不履行义务，故甲有权持调解协议书向法院申请支付令。因此，D 项正确。

综上所述，本题答案为 ACD 项。

【不定项】

5 1601097

参考答案：A,B,D

解析：A 项：《劳动法》第 77 条规定：“用人单位与劳动者发生劳动争议，当事人可以依法申请调解、仲裁、提起诉讼，也可以协商解决。调解原则适用于仲裁和诉讼程序。”本案中，王某可选择直接申请仲裁。因此，A 项正确。

BC 项：《劳动争议调解仲裁法》第 47 条规定：“下列劳动争议，除本法另有规定的外，仲裁裁决为终局裁决，裁决书自作出之日起发生法律效力：（一）追索劳动报酬、工伤医疗费、经济补偿或者赔偿金，不超过当地月最低工资标准十二个月金额的争议；（二）因执行国家的劳动标准在工作时间、休息休假、社会保险等方面发生的争议。”第 48 条规定：“劳动者对本法第四十七条规定的仲裁裁决不服的，可以自收到仲裁裁决书之日起十五日内向人民法院提起诉讼。”本案中，当地月最低工资标准为 1500 元，当地月最低工资标准 12 个月金额为 18000 元，而王某要求公司再支付工资 12000 元，属于 47 条第（一）项的情形，对此争议作出的仲裁裁决为“片面终局”，用人单位不服也不能向法院起诉，只有劳动者王某可以向法院起诉。因此，B 项正确，C 项错误。

D 项：《劳动争议调解仲裁法》第 49 条规定：“用人单位有证据证明本法第四十七条规定的仲裁裁决有下列情形之一，可以自收到仲裁裁决书之日起三十日内向劳动争议仲裁委员会所在地的中级人民法院申请撤销裁决：（一）适用法律、法规确有错误的；（二）劳动争议仲裁委员会无管辖权的；（三）违反法定程序的；（四）裁决所根据的证据是伪造的；（五）对方当事人隐瞒了足以影响公正裁决的证据的；（六）仲裁员在仲裁该案时有索贿受贿、徇私舞弊、枉法裁决行为的。人民法院经组成合议庭审查核实裁决有前款规定情形之一的，应当裁定撤销。仲裁裁决被人民法院裁定撤销的，当事人可以自收到裁定书之日起十五日内就该劳动争议事项向人民法院提起诉讼。”本案中，用人单位如有相关证据证明仲裁程序违法可以向法院申请撤销裁决。因此，D 项正确。

综上所述，本题答案为 ABD 项。

6 1401086

参考答案：B,C,D

解析：A 项：《劳动争议调解仲裁法》第 21 条第 2 款规定：“劳动争议由劳动合同履行地或者用人单位所在地的劳动争议仲裁委员会管辖。双方当事人分别向劳动合同履行地和用人单位所在地的劳动争议仲裁委员会申请仲裁的，由劳动合同履行地的劳动争议仲裁委员会管辖。”因此，A 项错误。

B 项：《劳动争议调解仲裁法》第 28 条规定：“申请人申请仲裁应当提交书面仲裁申请，并按照被申请人人数提交副本。……书写仲裁申请确有困难的，可以口头申请，由劳动争议仲裁委员会记入笔录，并告知对方当事人。”因此，B 项正确。

C 项：《最高人民法院关于审理劳动争议案件适用法律问题的解释（一）》第 44 条规定：“因用人单位作出的开除、除名、辞退、解除劳动合同、减少劳动报酬、计算劳动者工作年限等决定而发生的劳动争议，用人单位负举证责任。”因此，C 项正确。

D 项：《劳动争议调解仲裁法》第 29 条规定：“……对劳动争议仲裁委员会不予受理或者逾期未作出决定的，申请人可以就该劳动争议事项向人民法院提起诉讼。”因此，D 项正确。

综上所述，本题答案为 BCD 项。

（二）综合知识点

【多选】

7 1902064

参考答案：C,D

解析：［命题陷阱］本题考查了相对比较生僻的仲裁员的资格以及委托仲裁的制度。另外，劳动者辞职不需要理由，用人单位单方解约需要法定情形。

A 项：《劳动合同法》第 37 条规定：“劳动者提前三十日以书面形式通知用人单位，可以解除劳动合同。劳动者在试用期内提前三日通知用人单位，可以解除劳动合同。”本案中，劳动者享有自由解除劳动合同的权利，只要给足用人单位准备的期间即可，所以辞职不需要理由。因此，A 项错误。

B项：《劳动争议调解仲裁法》第20条规定："劳动争议仲裁委员会应当设仲裁员名册。仲裁员应当公道正派并符合下列条件之一：（一）曾任审判员的；（二）从事法律研究、教学工作并具有中级以上职称的；（三）具有法律知识、从事人力资源管理或者工会等专业工作满五年的；（四）律师执业满三年的。"本案中，学校工作三年的人事部科员不满足上述担任仲裁员的资格。因此，B项错误。

C项：《劳动争议调解仲裁法》第24条规定："当事人可以委托代理人参加仲裁活动。委托他人参加仲裁活动，应当向劳动争议仲裁委员会提交有委托人签名或者盖章的委托书，委托书应当载明委托事项和权限。"本案中，当事人有权委托代理人参加仲裁活动，本案当事人小张委托学校法援参加仲裁是合法的。因此，C项正确。

D项：《劳动争议调解仲裁法》第47条规定："下列劳动争议，除本法另有规定的外，仲裁裁决为终局裁决，裁决书自作出之日起发生法律效力：（一）追索劳动报酬、工伤医疗费、经济补偿或者赔偿金，不超过当地月最低工资标准十二个月金额的争议……"第49条第1款规定："用人单位有证据证明本法第四十七条规定的仲裁裁决有下列情形之一，可以自收到仲裁裁决书之日起三十日内向劳动争议仲裁委员会所在地的中级人民法院申请撤销裁决：（一）适用法律、法规确有错误的；（二）劳动争议仲裁委员会无管辖权的；（三）违反法定程序的；（四）裁决所根据的证据是伪造的；（五）对方当事人隐瞒了足以影响公正裁决的证据的；（六）仲裁员在仲裁该案时有索贿受贿、徇私舞弊、枉法裁决行为的。"本案中，小张向学校追讨欠薪3000元，适用"片面终局"规则，裁决作出后用人单位不服也不能提起诉讼，但用人单位可根据上述规定申请撤销。因此，D项正确。

综上所述，本题答案为CD项。

8 1501071

参考答案：A,C

解析：A项：《最高人民法院关于审理劳动争议案件适用法律问题的解释（一）》第44条规定："因用人单位作出的开除、除名、辞退、解除劳动合同、减少劳动报酬、计算劳动者工作年限等决定而发生的劳动争议，用人单位负举证责任。"本案中，友田公司作出扣减工资的决定，应就其行为的合法性负举证责任。因此，A项正确。

B项：《劳动争议调解仲裁法》第47条第1项规定："下列劳动争议，除本法另有规定的外，仲裁裁决为终局裁决，裁决书自作出之日起发生法律效力：（一）追索劳动报酬、工伤医疗费、经济补偿或者赔偿金，不超过当地月最低工资标准十二个月金额的争议；"该法第48条规定："劳动者对本法第四十七条规定的仲裁裁决不服的，可以自收到仲裁裁决书之日起十五日内向人民法院提起诉讼。"本案中，该纠纷属于第47条第（一）项规定的追索劳动报酬的争议，仲裁裁决为单方终局裁决。劳动者对仲裁决定不服的，可以提起诉讼，单位不得起诉。B选项"当事人一方"表述不当。因此，B项错误。

C项：《劳动争议调解仲裁法》第21条第2款规定："劳动争议由劳动合同履行地或者用人单位所在地的劳动争议仲裁委员会管辖。双方当事人分别向劳动合同履行地和用人单位所在地的劳动争议仲裁委员会申请仲裁的，由劳动合同履行地的劳动争议仲裁委员会管辖。"本案中，甲区为用人单位所在地，乙区为劳动合同履行地，故李某既可向甲区也可向乙区的劳动争议仲裁机构申请仲裁。因此，C项正确。

D项：《劳动合同法》第85条规定："用人单位有下列情形之一的，由劳动行政部门责令限期支付劳动报酬、加班费或者经济补偿；劳动报酬低于当地最低工资标准的，应当支付其差额部分；逾期不支付的，责令用人单位按应付金额百分之五十以上百分之一百以下的标准向劳动者加付赔偿金：（一）未按照劳动合同的约定或者国家规定及时足额支付劳动者劳动报酬的；（二）低于当地最低工资标准支付劳动者工资的；（三）安排加班不支付加班费的；（四）解除或者终止劳动合同，未依照本法规定向劳动者支付经济补偿的。"本案中，友田公司与李某之间是劳动关系，友田公司无故扣减劳动者的工资，给李某造成损害，由友田公司应当承担责任，金科公司无责任。因此，D项错误。

综上所述，本题答案为AC项。

【不定项】

9 1802095

参考答案：B

解析：AB 项：《民法典》第 448 条规定："债权人留置的动产，应当与债权属于同一法律关系，但是企业之间留置的除外。"本项中，甲科技有限公司为张某配置的小汽车，非双方劳动关系的标的物，甲科技有限公司拖欠张某劳动报酬，与张某主张汽车的留置权不属于同一法律关系，故张某无权留置该汽车。因此，A 项错误，B 项正确。

C 项：《劳动合同法》第 82 条第 1 款规定："用人单位自用工之日起超过一个月不满一年未与劳动者订立书面劳动合同的，应当向劳动者每月支付二倍的工资。"《劳动合同法实施条例》第 7 条规定："用人单位自用工之日起满一年未与劳动者订立书面劳动合同的，自用工之日起满一个月的次日至满一年的前一日应当依照劳动合同法第八十二条的规定应当向劳动者每月支付两倍的工资……"本案中，用人单位支付双倍工资的时间为自用工之日起满一个月的次日至满一年的前一日，张某于 2017 年 1 月入职，满一个月的次日就是 2017 年 2 月 1 日，满一年就是 2018 年 1 月，前一日也就是 2017 年 12 月 31 日，故双倍工资的具体时间为 2017 年的 2 月 1 日至 2017 年 12 月 31 日期间，甲科技有限公司需要向张某支付两倍的工资，而非至员工离职之日。因此，C 项错误。

D 项：《劳动法》第 79 条规定："……当事人一方也可以直接向劳动争议仲裁委员会申请仲裁。对仲裁裁决不服的，可以向人民法院提起诉讼。"本案中，劳动争议的解决实行仲裁前置的程序，对于甲科技有限公司拖欠张某工资一事，应当先经劳动争议仲裁委员会裁决，张某不可以直接向法院提起诉讼。因此，D 项错误。

综上所述，本题答案为 B 项。

二、模拟训练

10 62206238

参考答案：A,B,D

解析：ABD 项：《劳动争议调解仲裁法》第 2 条规定："中华人民共和国境内的用人单位与劳动者发生的下列劳动争议，适用本法：（一）因确认劳动关系发生的争议；（二）因订立、履行、变更、解除和终止劳动合同发生的争议；（三）因除名、辞退和辞职、离职发生的争议；（四）因工作时间、休息休假、社会保险、福利、培训以及劳动保护发生的争议；（五）因劳动报酬、工伤医疗费、经济补偿或者赔偿金等发生的争议；（六）法律、法规规定的其他劳动争议。"本题中，A 项符合第（一）种情形，B 项符合第（三）种情形，D 项符合第（四）种情形，属于劳动争议。因此，ABD 项正确。

C 项：《最高人民法院关于审理劳动争议案件适用法律问题的解释（一）》第 2 条第 3 项规定："下列纠纷不属于劳动争议：（三）劳动者对劳动能力鉴定委员会的伤残等级鉴定结论或者对职业病诊断鉴定委员会的职业病诊断鉴定结论的异议纠纷；"本题中，张某被公司辞退后是对评定的伤残等级不服，是与劳动能力鉴定委员会之间的争议，并不是与公司之间发生了劳动争议。因此，C 项错误。

综上所述，本题答案为 ABD 项。

第四章 社会保障法

参考答案

[1] D	[2] ABCD	[3] ABC	[4] BC	[5] A
[6] ABC	[7] B	[8] B	[9] B	[10] ABD
[11] C	[12] D			

一、历年真题及仿真题

（一）军人保险法

【单选】

1 2302056

参考答案：D

解析：A 项：《军人保险法》第 27 条第 1 款规定："随军未就业的军人配偶实现就业或者军人退出现

役时，由军队后勤（联勤）机关财务部门将其养老保险、医疗保险关系和相应资金转入地方社会保险经办机构，地方社会保险经办机构办理相应的转移接续手续。”本题中，在张某退伍后，随军未就业的妻子李某的基础保险应转入地方社会保险经办机构。因此，A项错误。

B项：《军人保险法》第13条规定：“军人退出现役参加基本养老保险的，国家给予退役养老保险补助。”本题中，张某退伍后的基本养老保险由国家负担一部分。因此，B项错误。

C项：《军人保险法》第27条规定：“随军未就业的军人配偶实现就业或者军人退出现役时，由军队后勤（联勤）机关财务部门将其养老保险、医疗保险关系和相应资金转入地方社会保险经办机构，地方社会保险经办机构办理相应的转移接续手续。军人配偶在随军未就业期间的养老保险、医疗保险缴费年限与其在地方参加职工基本养老保险、职工基本医疗保险的缴费年限合并计算。”本题中，张某退役后，妻子李某的保险关系会转入地方社会保险经办机构，但内容不会发生变化，因此，C项错误。

D项：《军人保险法》第8条规定：“军人因战、因公、因病致残的，按照评定的残疾等级和相应的保险金标准，给付军人残疾保险金。”本题中，张某因公致残，军队应向其给付军人残疾保险金。因此，D项正确。

综上所述，本题答案为D项。

【不定项】

2 1802096

参考答案：A,B,C,D

解析：为了维护军人合法权益，促进国防和军队建设，国家制定了《军人保险法》，建立了军人伤亡保险、退役养老保险、退役医疗保险和随军未就业的军人配偶保险等军人保险制度。

A项：《军人保险法》第5条第1款规定：“中国人民解放军军人保险主管部门负责全军的军人保险工作。国务院社会保险行政部门、财政部门和军队其他有关部门在各自职责范围内负责有关的军人保险工作。”因此，A项正确。

BC项：军人保险基金包括军人伤亡保险基金、军人退役养老保险基金、军人退役医疗保险基金和随军未就业的军人配偶保险基金。保险基金按照军人保险险种分别建账、分账核算，执行军队的会计制度。军人保险基金由个人缴费、中央财经负担的军人保险资金以及利息收入等资金构成。军人和随军未就业的军人配偶缴纳保险费，由军人所在单位代扣代缴。因此，BC项正确。

D项：军人服现役年限视同职工基本医疗保险缴费年限，与入伍前和退出现役后参加职工基本医疗保险的缴费年限合并计算。军人退出现役后参加新型农村合作医疗或者城镇居民基本医疗保险的，按照国家有关规定办理。因此，D项正确。

综上所述，本题答案为ABCD项。

（二）失业保险

【不定项】

3 1301096

参考答案：A,B,C

解析：AB项：《社会保险法》第45条规定：“失业人员符合下列条件的，从失业保险基金中领取失业保险金：（一）失业前用人单位和本人已经缴纳失业保险费满一年的；（二）非因本人意愿中断就业的；（三）已经进行失业登记，并有求职要求的。”本题中，王某缴纳失业保险费不满1年，不符合上述条件（一），不可以领取失业保险金。因此，A项正确。根据上述规定，王某被解除劳动合同的原因是公司根据《工作纪律规定》作出的决定，非因王某本人意愿。因此，B项正确。

C项：《社会保险法》第48条规定：“失业人员在领取失业保险金期间，参加职工基本医疗保险，享受基本医疗保险待遇。失业人员应当缴纳的基本医疗保险费从失业保险基金中支付，个人不缴纳基本医疗保险费。”因此，C项正确。

D项：《社会保险法》第52条规定：“职工跨统筹地区就业的，其失业保险关系随本人转移，缴费年限累计计算。”因此，即使王某选择跨统筹地区就业的，失业保险关系随其转移，法律未规定可以申请退还。因此，D项错误。

综上所述，本题答案为ABC项。

（三）工伤保险

【不定项】

4 1501097

参考答案：B,C

解析：AB 项：《社会保险法》第 41 条第 1 款规定："职工所在用人单位未依法缴纳工伤保险费，发生工伤事故的，由用人单位支付工伤保险待遇。用人单位不支付的，从工伤保险基金中先行支付"。本题中，如商场未参加工伤保险，薛某只能向商场主张支付工伤保险待遇，不能向商场主张民事人身损害赔偿。用人单位不支付的，从工伤保险基金中先行支付。因此，A 项错误，B 项正确。

C 项：《社会保险法》第 39 条第 2 项规定："因工伤发生的下列费用，按照国家规定由用人单位支付：……（二）五级、六级伤残职工按月领取的伤残津贴……"因此，C 项正确。

D 项：《社会保险法》第 42 条规定："由于第三人的原因造成工伤，第三人不支付工伤医疗费用或者无法确定第三人的，由工伤保险基金先行支付。工伤保险基金先行支付后，有权向第三人追偿。"本题中，在电梯厂已支付工伤医疗费的前提下，薛某不可再获得工伤保险基金的医疗费。因此，D 项错误。

综上所述，本题答案为 BC 项。

（四）基本养老保险

【单选】

5 2102076

参考答案：A

解析：A 项：《社会保险法》第 12 条第 3 款规定："……其他灵活就业人员参加基本养老保险的，应当按照国家规定缴纳基本养老保险费，分别记入基本养老保险统筹基金和个人账户。"本题中，农户甲属于其他灵活就业人员，应当分别记入基本养老保险统筹基金和个人账户。因此，A 项错误，当选。

B 项：《社会保险法》第 17 条规定："参加基本养老保险的个人，……在未达到法定退休年龄时因病或者非因工致残完全丧失劳动能力的，可以领取病残津贴……"本题中，甲非因工致残，完全丧失劳动能力，可以领取伤残津贴。因此，B 项正确，不当选。

CD 项：《社会保险法》第 16 条第 2 款规定："参加基本养老保险的个人，达到法定退休年龄时累计缴费不足十五年的，可以缴费至满十五年，按月领取基本养老金；也可以转入新型农村社会养老保险或者城镇居民社会养老保险，按照国务院规定享受相应的养老保险待遇。"本题中，农户甲已经交够 10 年，再交 5 年后，即可按月领取养老金。因此，C、D 项正确，不当选。

综上所述，本题为选非题，答案为 A 项。

（五）社会保险法

【多选】

6 1101069

参考答案：A,B,C

解析：A 项：《社会保险法》第 2 条规定："国家建立基本养老保险、基本医疗保险、工伤保险、失业保险、生育保险等社会保险制度，保障公民在年老、疾病、工伤、失业、生育等情况下依法从国家和社会获得物质帮助的权利。"社会保险法，几乎每一种保险都与职工息息相关，所以这里说将公民限缩为劳动者也是正确的。因此，A 项正确。

B 项：《社会保险法》第 64 条第 1 款规定："社会保险基金包括基本养老保险基金、基本医疗保险基金、工伤保险基金、失业保险基金和生育保险基金。除基本医疗保险基金与生育保险基金合并建账及核算外，其他各项社会保险基金按照社会保险险种分别建账，分账核算。社会保险基金执行国家统一的会计制度。"由该规定可知，基本医疗保险基金与生育保险基金合并建账及核算。因此，B 项正确。

C 项：《劳动法》第 72 条规定："社会保险基金按照保险类型确定资金来源，逐步实行社会统筹。用人单位和劳动者必须依法参加社会保险，缴纳社会保险费。"因此，C 项正确。

D 项：劳动者死亡后，其社会保险待遇自然终止。《劳动法》第 73 条第 2 款规定："劳动者死亡后，其遗属依法享受遗属津贴。”因此，劳动者死亡后，遗属只是享受津贴，而不能继承社会保险待遇。因此，D 项错误。

综上所述，本题答案为 ABC 项。

（六）综合知识点

【单选】

7 2302054

参考答案：B

解析：AB 项：《社会保险法》第 28 条规定：“符合基本医疗保险药品目录、诊疗项目、医疗服务设施标准以及急诊、抢救的医疗费用，按照国家规定从基本医疗保险基金中支付。”实务中，包含 TAF 在内的一线抗病毒药物均已进入全国医保目录（干扰素 + 核苷酸类药物：TAF、恩替卡韦、替诺福韦），也即乙肝属于基本医疗保险报销涵盖的范围，王某可以通过医疗保险报销相关治疗费用。因此，A 项错误，B 项正确。

C 项：《社会保险法》第 49 条规定：“失业人员在领取失业保险金期间死亡的，参照当地对在职职工死亡的规定，向其遗属发给一次性丧葬补助金和抚恤金。所需资金从失业保险基金中支付。个人死亡同时符合领取基本养老保险丧葬补助金、工伤保险丧葬补助金和失业保险丧葬补助金条件的，其遗属只能选择领取其中的一项。”本题中，王某已经死亡，故失业保险经办机构会停止发放失业保险金（无法继承），但需向王某的继承人发给一次性丧葬补助金和抚恤金。因此，C 项错误。

D 项：《社会保险法》第 46 条规定：“失业人员失业前用人单位和本人累计缴费满一年不足五年的，领取失业保险金的期限最长为十二个月；累计缴费满五年不足十年的，领取失业保险金的期限最长为十八个月；累计缴费十年以上的，领取失业保险金的期限最长为二十四个月。重新就业后，再次失业的，缴费时间重新计算，领取失业保险金的期限与前次失业应当领取而尚未领取的失业保险金的期限合并计算，最长不超过二十四个月。”本题中，王某重新就业后又再次失业的，缴费时间需重新计算，即 8 年，不足 10 年。因此，王某最多可以领取 18 个月的失业金，D 项错误。

综上所述，本题答案为 B 项。

8 1902046

参考答案：B

解析：[命题陷阱] 1. 本题中军人的旧伤复发是陷阱，孙某在工作期间发生伤残，无论用人单位是否缴纳过工伤保险费，孙某均有权享受工伤保险待遇；2. 孙某的身份已经不再是军人，不能再享受军人保险待遇；3. 军人的退役费根据退役当时军人的基本情况和当时的退役费支付标准来完成支付，不会因为旧伤复发而额外给予补偿。

AD 项：《军人保险法》第 11 条规定：“已经评定残疾等级的因战、因公致残的军人退出现役参加工作后旧伤复发的，依法享受相应的工伤待遇。”本案中，孙某已经不是现役军人，故无法享受军人伤亡保险待遇。因战、因公致残退出现役参加工作后又旧伤复发的，视同工伤，享受社会保险中的工伤保险待遇，而非军人伤亡保险待遇。因此，AD 项错误。

B 项：《社会保险法》第 39 条规定：“因工伤发生的下列费用，按照国家规定由用人单位支付：（一）治疗工伤期间的工资福利；（二）五级、六级伤残职工按月领取的伤残津贴；（三）终止或者解除劳动合同时，应当享受的一次性伤残就业补助金。”本案中，孙某因工伤被认定为五级伤残，由用人单位按月支付伤残津贴。因此，B 项正确。

C 项：军人的退役费根据退役当时军人的基本情况和当时的退役费支付标准来完成支付，不会因为旧伤复发而额外给予补偿。因此，C 项错误。

综上所述，本题答案为 B 项。

9 1802101

参考答案：B

解析：AB 项：《社会保险法》第 33 条规定：“职工应当参加工伤保险，由用人单位缴纳工伤保险费，职工不缴纳工伤保险费。”本题中，星龙公司作为派遣公司与卫某建立劳动合同关系，作为卫某的用人单位，应为其缴纳工伤保险费。因此，A 项错误，B 项正确。

C 项：以工伤保险为代表的社会保险是用人单位和职工的法定义务，与商业保险并不冲突，也不能替代。即使星龙公司已经为卫某购买了人身意外保险，仍需参加工伤保险，缴纳工伤保险费。因此，C 项错误。

D 项:《社会保险法》第 41 条第 1 款规定:“职工所在用人单位未依法缴纳工伤保险费，发生工伤事故的，由用人单位支付工伤保险待遇。用人单位不支付的，从工伤保险基金中先行支付。”本题中，首先，工伤保险由星龙公司支付保险费，卫某无需付费，另外，即使星龙公司未参加工伤保险，没有缴纳工伤保险费，卫某发生工伤后也可以享受工伤保险待遇，由工伤保险基金先行支付。因此，D 项错误。
综上所述，本题答案为 B 项。

【多选】

10 1701072

参考答案:A,B,D
解析:A 项:《劳动合同法》第 7 条规定:“用人单位自用工之日起即与劳动者建立劳动关系。用人单位应当建立职工名册备查。”因此，A 项正确。
B 项:《劳动合同法》第 82 条第 1 款规定:“用人单位自用工之日起超过一个月不满一年未与劳动者订立书面劳动合同的，应当向劳动者每月支付二倍的工资。”本案中，姚某从 3 月 8 日已经进入红海公司工作，到 4 月 8 日满 1 个月但仍未签订劳动合同，自此之后应当向劳动者支付 2 倍工资。因此，B 项正确。
C 项:《社会保险法》第 10 条第 1 款规定:“职工应当参加基本养老保险，由用人单位和职工共同缴纳基本养老保险费。”本案中，农民姚某于 2016 年 3 月 8 日进入红海公司工作应当参加基本养老保险。因此，C 项错误。
D 项:《社会保险法》第 83 条第 3 款规定:“个人与所在用人单位发生社会保险争议的，可以依法申请调解、仲裁，提起诉讼。用人单位侵害个人社会保险权益的，个人也可以要求社会保险行政部门或者社会保险费征收机构依法处理。”因此，D 项正确。
综上所述，本题答案为 ABD 项。

二、模拟训练

11 62106040

参考答案:C
解析:A 项:《社会保险法》第 27 条规定:“参加职工基本医疗保险的个人，达到法定退休年龄时累计缴费达到国家规定年限的，退休后不再缴纳基本医疗保险费，按照国家规定享受基本医疗保险待遇……”据此，当累计缴费达到国家规定年限时，卢某才能停止缴费并直接享有基本医疗保险待遇。因此，A 项错误。
B 项:《社会保险法》第 51 条第 4 项规定:“失业人员在领取失业保险金期间有下列情形之一的，停止领取失业保险金，并同时停止享受其他失业保险待遇:……(四)享受基本养老保险待遇的。”据此，失业保险待遇与基本养老保险待遇不能同时享有，B 项错误。
C 项:《社会保险法》第 41 条第 1 款规定:“职工所在用人单位未依法缴纳工伤保险费，发生工伤事故的，由用人单位支付工伤保险待遇。用人单位不支付的，从工伤保险基金中先行支付。”因此，C 项正确。
D 项:《社会保险法》第 17 条规定:“参加基本养老保险的个人……在未达到法定退休年龄时因病或者非因工致残完全丧失劳动能力的，可以领取病残津贴。所需资金从基本养老保险基金中支付。”据此，胡某有权从基本养老保险基金中领取病残津贴，而非从基本医疗保险基金中领取。因此，D 项错误。
综上所述，本题答案为 C 项。

12 62206242

参考答案:D
解析:A 项:《军人保险法》第 11 条规定:“已经评定残疾等级的因战、因公致残的军人退出现役参加工作后旧伤复发的，依法享受相应的工伤待遇。”本题中，蒋某属于因公致残，退伍后旧伤复发的，视同工伤，享受社会保险中的工伤保险待遇。因此，A 项错误。
B 项:《工伤保险条例》第 14 条第 6 项规定:“职工有下列情形之一的，应当认定为工伤:……(六)在上下班途中，受到非本人主要责任的交通事故或者城市轨道交通、客运轮渡、火车事故伤害的。”本题中，蒋某于下班途中受害，且致害车辆闯了红灯，应负主要责任。因此，该情形应当认定为工伤，B 项错误。
C 项:《军人保险法》第 20 条第 1 款规定:“参加军人退役医疗保险的军官、文职干部和士官应当缴纳军人退役医疗保险费，国家按照个人缴纳的军人退役医疗保险费的同等数额给予补助。”本题中，蒋某作为士官，参加军人退役医疗保险时，国家应当按照与个人1:1的比例进行补助。因此，C项错误。

D项：《社会保险法》第37条规定：“职工因下列情形之一导致本人在工作中伤亡的，不认定为工伤：（一）故意犯罪；（二）醉酒或者吸毒；（三）自残或者自杀；（四）法律、行政法规规定的其他情形。”据此可知，因故意犯罪导致本人在工作中伤亡的，不可认定为工伤，因过失犯罪导致本人在工作中伤亡的，可以认定为工伤。蒋某属于过失犯罪，可以认定为工伤。因此，D项正确。

综上所述，本题答案为D项。

知识产权法

第一章 著作权法

参考答案

[1] D	[2] ABD	[3] C	[4] B	[5] D
[6] ABC	[7] D	[8] ABD	[9] D	[10] ACD
[11] B	[12] C	[13] D	[14] A	[15] D
[16] A	[17] C	[18] A	[19] D	[20] B
[21] C	[22] C	[23] B	[24] D	[25] C
[26] D	[27] C	[28] C	[29] AB	[30] CD
[31] ACD	[32] CD	[33] CD	[34] BC	[35] AC
[36] ACD	[37] AD	[38] ACD	[39] AB	[40] BD
[41] BD	[42] AC	[43] ABC	[44] ACD	[45] ABC
[46] CD	[47] ABD	[48] ACD	[49] BC	[50] ABD
[51] A	[52] A	[53] B	[54] ABD	[55] C
[56] CD	[57] AC			

一、历年真题及仿真题

（一）著作权客体

【单选】

1 1003015

参考答案：D

解析：ABCD项：《著作权法》第2条规定：“中国公民、法人或者非法人组织的作品，不论是否发表，依照本法享有著作权。外国人、无国籍人的作品根据其作者所属国或者经常居住地国同中国签订的协议或者共同参加的国际条约享有的著作权，受本法保护。外国人、无国籍人的作品首先在中国境内出版的，依照本法享有著作权。未与中国签订协议或者共同参加国际条约的国家的作者以及无国籍人的作品首次在中国参加的国际条约的成员国出版的，或者在成员国和非成员国同时出版的，受本法保护。”据此，外国人、无国籍人作品受到保护，无须具备“作品内容不属于我国禁止出版或传播”这个实质要件，因此，A项错误。我国是《保护文学和艺术作品伯尔尼公约》的成员国1403018，故乙或丙国任何一国加入该公约都可以使得甲的作品受到我国著作权法的保护，因此，D项正确，BC项错误。

综上所述，本题答案为D项。

【多选】

2 1103061

参考答案：A,B,D

解析：AB项：《著作权法》第5条规定：“本法不适用于：（一）法律、法规，国家机关的决议、决定、命令和其他具有立法、行政、司法性质的文件，及其官方正式译文；（二）单纯事实消息；（三）历法、通用数表、通用表格和公式。”AB选项不适用我国《著作权法》，当选。

C项：《著作权法》第3条规定：“本法所称的作品，是指文学、艺术和科学领域内具有独创性并能以一定形式表现的智力成果，包括：（六）视听作品；”因此，境外影视作品属于该条第6项的情形，属于我国法律保护的作品的范围。《著作权法》第2条第2款规定：“外国人、无国籍人的作品根据其作者所属国或者经常居住地国同中国签订的协议或者共同参加的国际条约享有的著作权，受本法保护。”中国是《伯尔尼公约》的签订国，所以根据上述规定，C项属于《著作权法》适用的范围，不当选。

D项：《著作权法》第3条规定：“本法所称的作品，是指文学、艺术和科学领域内具有独创性并能以一定形式表现的智力成果，包括：（一）文字作品；（二）口述作品；（三）音乐、戏剧、曲艺、舞蹈、杂技艺术作品；（四）美术、建筑作品；（五）摄影作品；（六）视听作品；（七）工程设计图、产品设计图、地图、示意图等图形作品和模型作品；（八）计算机软件；（九）符合作品特征的其他智力成果。”D 选项奥运会开幕式火炬点燃仪式的创意是无形的，不属于具体的作品形式，故不适用我国《著作权法》，当选。

综上所述，本题答案为 ABD 项。

（二）著作权主体

【单选】

3 2402002

参考答案：C

解析：ABCD 选项：根据《著作权法》第 19 条规定：“受委托创作的作品，著作权的归属由委托人和受托人通过合同约定。合同未作明确约定或者没有订立合同的，著作权属于受托人。”第 18 条第 1 款规定：“自然人为完成法人或者非法人组织工作任务所创作的作品是职务作品，除本条第二款的规定以外，著作权由作者享有，但法人或者非法人组织有权在其业务范围内优先使用。作品完成两年内，未经单位同意，作者不得许可第三人以与单位使用的相同方式使用该作品。”第 14 条第 1 款规定：“两人以上合作创作的作品，著作权由合作作者共同享有。没有参加创作的人，不能成为合作作者。”本题中，该文化公司受到某大学委托创作宣传文案，但双方对著作权归属没有约定，文案的著作权应归属于受托人。其次文案由文化公司员工完成，属于一般职务作品，也没有约定著作权归属，该文案著作权应当归属于作者。最后，该文案由徐某和张某合作完成，著作权应当由徐某和张某共同享有。因此，ABD 选项错误，C 选项正确。

综上所述，本题正确答案为 C。

4 1703021

参考答案：B

解析：AC 项：《民法典》第 110 条第 1 款规定：“自然人享有生命权、身体权、健康权、姓名权、肖像权、名誉权、荣誉权、隐私权、婚姻自主权等权利。”据此可知自然人享有身体权和肖像权，身体权侵权是指实施加害行为，致使受害人身体的完整性遭受破坏。本题中蔡某并未实施侵害丁某身体完整性的行为，不构成身体权侵权。故 AC 项错误。

BD 项：肖像权侵权需要同时满足三个构成要件，分别是：（一）未经权利人同意；（二）以营利为目的；（三）客观上使用他人肖像。本题中蔡某未经丁某同意擅自将丁某的照片上传于某营利性摄影网站并获得报酬若干的行为完全符合肖像权侵权的构成要件，因此蔡某侵犯了丁某的肖像权。根据《著作权法》第 11 条第 1、2 款的规定：“著作权属于作者，本法另有规定的除外。创作作品的自然人是作者。”李某对照片享有著作权。根据《著作权法》第 10 条的规定，蔡某侵犯了李某的信息网络传播权和获得报酬权，故 B 项正确，D 项错误。

综上所述，本题答案为 B 项。

5 1203017

参考答案：D

解析：汇编权，即将作品或者作品的片段通过选择或者编排，汇集成新作品的权利，是著作权人的权利之一。《著作权法》第 15 条规定：“汇编若干作品、作品的片段或者不构成作品的数据或者其他材料，对其内容的选择或者编排体现独创性的作品，为汇编作品，其著作权由汇编人享有，但行使著作权时，不得侵犯原作品的著作权。”

A 项：被选编入论文集的论文已经发表，如果出版社对这些论文进行复制并发行，虽然不会侵犯发表权，但会侵犯作者的汇编权，因而出版社必须征得有关论文著作权人的同意。故 A 选项错误。

B 项：该论文集虽然具有一定的公益性，但不属于《著作权法》第 24 条规定的合理使用的情形，因此使用这些论文作品，必须经著作权人许可，并向其支付报酬。故 B 选项错误。

C 项：虽然汇编人对汇编作品拥有著作权，但行使著作权时，不得侵犯原作品的著作权。也就是说不得侵犯每篇论文的作者对其论文拥有著作权，因此他人在复制该论文集时，应分别征得每个作者同意、出版社同意，并支付报酬。故 C 错误。
D 项：题目中已交代“该论文集收录的论文受我国著作权法保护，其内容选择和编排具有独创性。”因此，该论文集构成汇编作品，出版社作为汇编者，享有著作权。在我国 2010 年修订著作权法之前，《著作权法》第 4 条规定，依法禁止出版、传播的作品，不受本法保护。但 2010 年修改后的《著作权法》第 4 条已经取消了依法禁止出版和传播的作品不受著作权法保护的规定，因此即使出版社未经论文著作权人同意而将有关论文收录，出版社对该论文集仍享有著作权。故 D 选项正确。
综上所述，本题答案为 D 项。

【多选】

6 2302061

参考答案：A,B,C
解析：A 项：《著作权法》第 13 条规定：“改编、翻译、注释、整理已有作品而产生的作品，其著作权由改编、翻译、注释、整理人享有，但行使著作权时不得侵犯原作品的著作权。”张甲将他人小说改编为剧本，剧本属于演绎作品，著作权由改编人张甲享有，行使著作权时不得侵犯原小说著作权人的权利。因此，A 项正确。
B 项：《著作权法》第 14 条第 1 款规定：“两人以上合作创作的作品，著作权由合作作者共同享有。没有参加创作的人，不能成为合作作者。”《异度世界》由张甲和王乙创作，二人是合作作者，共同享有该小说著作权。李丙仅提供资金，未实际参与创作，不是作者。因此，B 项正确。
C 项：《著作权法》第 14 条第 3 款规定：“合作作品可以分割使用的，作者对各自创作的部分可以单独享有著作权，但行使著作权时不得侵犯合作作品整体的著作权。”《异度世界》上下部分别由张甲、王乙创作，属于可分割使用的合作作品，作者对各自创作的部分单独享有著作权，可以单独行使权利，但不能侵犯整体著作权。因此，C 项正确。
D 项：《著作权法》第 15 条规定：“汇编若干作品、作品的片段或者不构成作品的数据或者其他材料，对其内容的选择或者编排体现独创性的作品，为汇编作品，其著作权由汇编人享有，但行使著作权时，不得侵犯原作品的著作权。”赵丁汇编的小说既没有在内容选择上体现独创性，又没有在编排体系上体现独创性，不能构成汇编作品。因此，D 项错误。
综上所述，本题答案为 ABC 项。

（三）著作权内容

7 2302059

参考答案：D
解析：ABCD 项：根据《著作权法》第 23 条第 1 款规定：“自然人的作品，其发表权、本法第十条第一款第五项至第十七项规定的权利的保护期为作者终生及其死亡后五十年，截止于作者死亡后第五十年的 12 月 31 日；如果是合作作品，截止于最后死亡的作者死亡后第五十年的 12 月 31 日。”甲和乙均为自然人，二人作品的著作财产权保护期为作者终生 + 死后 50 年。甲乙 2020 年去世，著作财产权保护期应截止于 2070 年 12 月 31 日，2022 年仍在保护期内，网站未经甲乙二人继承人的许可并支付报酬，擅自上传作品，侵犯了甲乙二人继承人的著作权。因此，ABC 项错误，D 项正确。
综上所述，本题答案为 D 项。

【多选】

8 2302103

参考答案：A,B,D
解析：AB 选项：本题中，张某只是通过摄影的方式将画作以电子照片的形式呈现，便于在网上展出，并没有独立的创作元素，该行为是对原画作的机械复制，没有体现拍摄者的智力投入，照片不具有独创性，所以张某对该画作图片并不享有著作权。因此，AB 选项均错误。
CD 选项：根据《著作权法实施条例》第 13 条规定：“作者身份不明的作品，由作品原件的所有人行使除署名权以外的著作权。作者身份确定后，由作者或者其继承人行使著作权。”本题中，该画作属于作者身份不明的作品，所以应当由清茶美术馆行使除署名权以外的著作权，而甲擅自去除水印并上传至个人网站的行为，属于通过信息网络传播作品，侵犯了美术馆的信息网络传播权。但是，该画作及画作照片上均无原作者的署名，所以甲的行为并未侵犯画作作者的署名权。因此，C 选项正确、D 选项错误。
综上所述，本题正确答案为 ABD。

（四）著作邻接权

【单选】

9 2302105

参考答案：D
解析：A 选项：根据《著作权法》第 10 条第 1 款第 11 项规定“（十一）广播权，即以有线或者无线方式公开传播或者转播作品，以及通过扩音器或者其他传送符号、声音、图像的类似工具向公众传播广播的作品的权利，但不包括本款第十二项规定的权利；”本题中，陈某自编自唱了歌曲《天堂没有爱》，对该歌曲享有著作权，小阳哥直播间播放该歌曲的伴奏版及演唱行为，性质上是以无线方式向公众传播音乐作品，但公众不能在其选定的时间和地点获取，只能在主播确定的直播时间内观看收听。侵犯了陈某作为著作权人享有的广播权。因此，A 选项错误。
B 选项：本题中，小阳哥并未在直播间向网络公众传播陈某的表演，所以并未侵犯陈某作为表演者享有的权利。因此，B 选项错误。
C 选项：根据《刑法》第 217 条第 1 项规定：“以营利为目的，有下列侵犯著作权或者与著作权有关的权利的情形之一，违法所得数额较大或者有其他严重情节的，处三年以下有期徒刑，并处或者单处罚金；违法所得数额巨大或者有其他特别严重情节的，处三年以上十年以下有期徒刑，并处罚金：（一）未经著作权人许可，复制发行、通过信息网络向公众传播其文字作品、音乐、美术、视听作品、计算机软件及法律、行政法规规定的其他作品的；”本题中，陈某的行为不符合侵犯著作权罪的犯罪构成。因此，C 选项错误。
D 选项：根据《著作权法》第 45 条规定“将录音制品用于有线或者无线公开传播，或者通过传送声音的技术设备向公众公开播送的，应当向录音制作者支付报酬。”本题中，小阳哥通过直播间以无线方式向公众传播录音制品，且未支付报酬，侵犯了甲唱片公司的获酬权。因此，D 选项正确。
综上所述，本题正确答案为 D。

（五）著作权及邻接权侵权

【多选】

10 1603062

参考答案：A,C,D
解析：A 项：《信息网络传播权保护条例》第 14 条，对提供信息存储空间或者提供搜索、链接服务的网络服务提供者，权利人认为其服务所涉及的作品、表演、录音录像制品，侵犯自己的信息网络传播权或者被删除、改变了自己的权利管理电子信息的，可以向该网络服务提供者提交书面通知，要求网络服务提供者删除该作品、表演、录音录像制品，或者断开与该作品、表演、录音录像制品的链接。通知书应当包含下列内容：（一）权利人的姓名（名称）、联系方式和地址；（二）要求删除或者断开链接的侵权作品、表演、录音录像制品的名称和网络地址；（三）构成侵权的初步证明材料。权利人应当对通知书的真实性负责。所以，A 项正确。
B 项：《民法典》第 1195 条规定：“网络用户利用网络服务实施侵权行为的，权利人有权通知网络服务提供者采取删除、屏蔽、断开链接等必要措施。通知应当包括构成侵权的初步证据及权利人的真实身份信息。网络服务提供者接到通知后，应当及时将该通知转送相关网络用户，并根据构成侵权的初步证据和服务类型采取必要措施；未及时采取必要措施的，对损害的扩大部分与该网络用户承担连带责任。权利人因错误通知造成网络用户或者网络服务提供者损害的，应当承担侵权责任。法律另有规定的，依照其规定。”网络服务提供者应当及时采取措施，而不是可以，所以，B 项错误。
C 项：《信息网络传播权保护条例》第 16 条，服务对象接到网络服务提供者转送的通知书后，认为其提供的作品、表演、录音录像制品未侵犯他人权利的，可以向网络服务提供者提交书面说明，要求恢复被删除的作品、表演、录音录像制品，或者恢复与被断开的作品、表演、录音录像制品的链接。书面说明应当包含下列内容：（一）服务对象的姓名（名称）、联系方式和地址；（二）要求恢复的作品、表演、录音录像制品的名称和网络地址；（三）不构成侵权的初步证明材料。服务对象应当对书面说明的真实性负责。所以，C 项正确。

D 项：《信息网络传播权保护条例》第 17 条，网络服务提供者接到服务对象的书面说明后，应当立即恢复被删除的作品、表演、录音录像制品，或者可以恢复与被断开的作品、表演、录音录像制品的链接，同时将服务对象的书面说明转送权利人。权利人不得再通知网络服务提供者删除该作品、表演、录音录像制品，或者断开与该作品、表演、录音录像制品的链接。所以，D 项正确。

综上所述，本题答案为 ACD 项。

（六）综合知识点

【单选】

11 **2202104**

参考答案：B

解析：A 项：根据《著作权法》第 45 条规定："将录音制品用于有线或者无线公开传播，或者通过传送声音的技术设备向公众公开播送的，应当向录音制作者支付报酬。"第 46 条第 2 款规定："广播电台、电视台播放他人已发表的作品，可以不经著作权人许可，但应当按照规定支付报酬。"由此可知，电台广播乙的录音制品，无需经乙同意只需支付报酬。但电台广播甲已发表的歌曲，可以不经过甲同意。故 A 项错误。

B 项：甲作为钢琴曲的著作权人，享有表演权，他人未经许可公开表演作品，及公开播送对作品的表演的行为均属侵权。餐厅公开播放的录音属于对甲钢琴曲的表演，受表演权控制，应经甲同意并支付报酬。但对公开播放录音制品的行为，录制者乙仅享有获酬权，即无需经乙的同意，只需支付报酬。故 B 项正确。

C 项：《著作权法》第 44 条规定："录音录像制作者对其制作的录音录像制品，享有许可他人复制、发行、出租、通过信息网络向公众传播并获得报酬的权利；权利的保护期为五十年，截止于该制品首次制作完成后第五十年的 12 月 31 日。被许可人复制、发行、通过信息网络向公众传播录音录像制品，应当同时取得著作权人、表演者许可，并支付报酬；被许可人出租录音录像制品，还应当取得表演者许可，并支付报酬。"作为电影片尾曲在影院中放映的行为，属于通过技术设备向公众播放录音，也即播放对于甲作品的表演，受到甲表演权的控制，也受到录音制作者获酬权的控制，需要甲同意并支付报酬，但无需乙同意，只需支付报酬。但将钢琴曲使用在电影当中，同时也再现了作品，属于复制行为，甲作为著作权人享有复制权，乙作为录制者也享有复制权，需要经过甲和乙的同意并支付报酬。故 C 项错误。【注意选项中的两个行为对应了两个权利】

D 项：音乐软件提供在线点播，使公众可以自选时间地点获得甲创作的钢琴曲，属于受信息网络传播权控制的行为，乙作为录制者也享有信息网络传播权，所以该行为需要经过甲和乙的同意并支付报酬。故 D 项错误。

综上所述，本题正确答案为 B 项。

12 **2202108**

参考答案：C

解析：A 项：发表权是一次性权利，已经发表过的作品不可能再被侵犯发表权。故 A 项错误。

BC 项：根据《著作权法》第 40 条第 1 款规定："演员为完成本演出单位的演出任务进行的表演为职务表演，演员享有表明身份和保护表演形象不受歪曲的权利，其他权利归属由当事人约定。当事人没有约定或者约定不明确的，职务表演的权利由演出单位享有。由此可知，苏某的表演属于职务表演，其表演者权中的财产权部分因双方没有约定，所以由 A 歌舞团享有。乙拍摄表演的行为再现了表演，上传到网上的行为侵犯了表演者权中的信息网络传播权，因此侵犯了 A 歌舞团的表演者权。故 B 项错误，C 项正确。

D 项：根据《著作权法》第 19 条规定："受委托创作的作品，著作权的归属由委托人和受托人通过合同约定。合同未作明确约定或者没有订立合同的，著作权属于受托人。"A 歌舞团委托甲编舞，未约定舞蹈作品归属，应由甲享有著作权，A 歌舞团不享有著作权，因此也不享有表演权。故 D 项错误。
综上所述，本题答案为 C。

13 2202113

参考答案：D
解析：A 项：《著作权法》第 42 条第 1 款规定："录音录像制作者使用他人作品制作录音录像制品，应当取得著作权人许可，并支付报酬。"因此，A 项正确，不当选。
B 项：《著作权法》第 42 条第 2 款规定："录音制作者使用他人已经合法录制为录音制品的音乐作品制作录音制品，可以不经著作权人许可，但应当按照规定支付报酬；著作权人声明不许使用的不得使用。"因此，B 项正确，不当选。
C 项：《著作权法》第 43 条规定："录音录像制作者制作录音录像制品，应当同表演者订立合同，并支付报酬。"因此，C 项正确，不当选。
D 项：《著作权法》第 45 条规定："将录音制品用于有线或者无线公开传播，或者通过传送声音的技术设备向公众公开播送的，应当向录音制作者支付报酬。"广播电台播放录音、B 餐厅用设备公开播放录音，都应当向甲公司支付报酬。因此，D 项错误，当选。
综上所述，本题为选非题，答案为 D 项。

14 2102155

参考答案：A
解析：A 项：《著作权法》第 39 条规定："表演者对其表演享有下列权利：……（五）许可他人复制、发行、出租录有其表演的录音录像制品，并获得报酬；" B 演奏了该钢琴曲，作为表演者，享有禁止他人复制、发行、出租录有其表演的录音录像制品的权利。乙公司利用技术手段避开甲公司的账户认证，下载《希望》，并植入玩具车内出售，属于复制录有其表演的录音录像制品的行为，故 A 项正确。
B 项：《著作权法》第 49 条规定："为保护著作权和与著作权有关的权利，权利人可以采取技术措施。"本案中作品《希望》的著作权人为 A，且 A 未对其作品采取任何技术措施，故不存在破坏 A 的技术措施的情形。故 B 项错误。
C 项：D 购买玩具车后的使用行为，属于基于物权对玩具车进行的支配，且表演权控制的行为是【公开】表演作品和【公开】播送对作品的表演两种行为，D 播放歌曲仅仅是在家中播放，并未【公开】，故并不受著作权人的控制，D 未侵犯 A 的表演权。故 C 项错误。
D 项：《民法典》第 1191 条规定："用人单位的工作人员因执行工作任务造成他人损害的，由用人单位承担侵权责任。用人单位承担侵权责任后，可以向有故意或者重大过失的工作人员追偿。"乙公司员工 C 下载歌曲，植入玩具车的行为构成侵权，系因执行工作任务造成他人损害的情形，故应由用人单位乙公司承担侵权责任。故 D 项错误。
综上所述，A 项正确。

15 1902040

参考答案：D
解析：［命题陷阱］本案有两个关键点：1. 甲公司的行为是对电影的网络转播，没有单独涉及对剧本的使用，所以此行为与许某无关；2. 电视台虽未经许可而截取了电影片段，毕竟只有 30 秒，且目的是介绍推广该电影，著作权立法的终极目的并非单纯地奖励作者，而是鼓励创作、推动知识传播、文艺的繁荣和进步。所以某电视台的行为应认定为合理使用所以不侵权。
A 项：甲公司转播的素材仅仅是电影，并不涉及剧本，与许某无关，不需要征得许某许可。因此，A 项错误。
BCD 项：《著作权法》第 24 条第 1 款规定："在下列情况下使用作品，可以不经著作权人许可，不向其支付报酬，但应当指明作者姓名或者名称、作品名称，并且不得影响该作品的正常使用，也不得不合理地损害著作权人的合法权益：……（二）为介绍、评论某一作品或者说明某一问题，在作品中适当引用他人已经发表的作品；……。"因此，未经许可利用电影片段制作并播放电影介绍节目的行为属于该条允许的范围之内，属于合理使用，不构成对电影著作权的侵权。虽然相关立法或司法解释并未对该条的含义做出更为详细的解释，但根据著作权法原理和国内外司法实践，结合电影作品自身的特点，关于认定电影介绍节目是否存在侵权问题，也需要考虑多种因素。最重要的莫过于使用电影片段的目的。著作权法虽然赋予了著作权人一系列专有权利，以保障其能够通过控制特定行为而获得经济报酬。但是，著作权立法的终极目的并非单纯地奖励作者，而是鼓励创作、推动知识传播、文艺的繁荣和进步。因此，对专有权利的保护必须与其他一系列广泛的社会利益相协调，与公众获得和利用信息参与社会生活、从事学术研究和科学教育的自由相适应。对电影作品的介绍或评论不仅能够传达介绍者、评论者自己的观点，而且还能使受众对电影作品有更为全面、深入的认识，或产生进一步分析、研究的兴趣，这正是著作权法要保障的表达自由、信息传播自由和研究自由。而引用电影片段进行介绍或评论，不仅最为直观，往往也最为有效。例如，要介绍一部新电影，在文字描述之外配以精彩片花，常能激发受众的观影兴趣。再如，要对电影中对特技的应用进行评论，播放电影中几个特技镜头的效果远超过冗长的文字描述。因此，为了对电影本身进行介绍或评论而引用电影片段，是著作权法所允许的。所以电视台截取30秒片段来完成电影推荐的节目所需，应认定为合理使用不侵权。因此，D项正确，BC项错误。

综上所述，本题答案为D项。

16 1902044

参考答案：A

解析：[命题陷阱] 1.本题的关键点是确认杂志社作为汇编作者享有著作权，杂志社在选编入选作品时有独立的判断、取舍和选择，所以汇编而成的杂志为独立的汇编作品，由杂志社享有著作权。第三方使用汇编作品需要原作者和汇编作者双重许可和付费；2.只有报纸、期刊的转载和摘编享有法定许可的权利，其他媒介不受此保护；3.汇编人未经原作者同意而收录其作品，不影响汇编作者的享有著作权，只是需要对原作者承担侵权责任。

AB项：《著作权法》第15条："汇编若干作品、作品的片段或者不构成作品的数据或者其他材料，对其内容的选择或者编排体现独创性的作品，为汇编作品，其著作权由汇编人享有，但行使著作权时，不得侵犯原作品的著作权。"A杂志社经过筛选、编排将相关文章集结成册形成汇编作品《红旗飘飘》，A杂志社为汇编人，对于汇编作品享有著作权。第16条："使用改编、翻译、注释、整理、汇编已有作品而产生的作品进行出版、演出和制作录音录像制品，应当取得该作品的著作权人和原作品的著作权人许可，并支付报酬。"第三方使用汇编作品应该经过原作者和汇编人双重授权。所以甲网站未经许可转载《红旗飘飘》中所有文章，同时侵犯了A杂志社和原作者的著作权。因此，A项正确，B项错误。

C项：《著作权法》第35条第2款："作品刊登后，除著作权人声明不得转载、摘编的外，其他报刊可以转载或者作为文摘、资料刊登，但应当按照规定向著作权人支付报酬。"只有报纸、期刊之间转载、摘编才能适用法定许可制度，向著作权人付费不经许可不侵权，但本案中甲网站并非报纸、期刊，不能适用法定许可，其未经许可将汇编作品《红旗飘飘》上传至网络并供网民下载，侵犯了原作者和汇编人A杂志社的著作权。因此，C项错误。

D项：A杂志社汇编文章时，需要取得原作者的许可并付费，否则对原作者构成侵权，但此侵权认定并不影响汇编人A杂志社对汇编作品《红旗飘飘》享有著作权，甲网站的行为依然构成对A杂志社的侵权。因此，D项错误。

综上所述，本题答案为A项。

17 1802017

参考答案：C

解析：A项：根据《著作权法实施条例》第3条规定："著作权法所称创作，是指直接产生文学、艺术和科学作品的智力活动。为他人创作进行组织工作，提供咨询意见、物质条件，或者进行其他辅助工作，均不视为创作。"由此可知，李某只是对作品的完成提出了建议，并没有真正参与作品的创作，不是作者。因此，A项错误。

B项：根据《著作权法》第11条规定："著作权属于作者，本法另有规定的除外。创作作品的自然人是作者。由法人或者非法人组织主持，代表法人或者非法人组织意志创作，并由法人或者非法人组织承担责任的作品，法人或者非法人组织视为作者。”由此可知，在作品上署名是著作权法规定的作者的权利。作者有权禁止未参加创作的人在作品上署名，禁止他人假冒署名。本题中，曹某、孟某、刘某三人和李某的约定违反法律的规定。因此，B 项错误。

C 项：根据《著作权法》第 14 条第 2 款规定：“合作作品的著作权由合作作者通过协商一致行使；不能协商一致，又无正当理由的，任何一方不得阻止他方行使除转让、许可他人专有使用、出质以外的其他权利，但是所得收益应当合理分配给所有合作作者。”由此可知，对于合作作品的使用，只要不是转让著作财产权、许可他人专有使用、出质，合作作者可以单独决定对作品的使用方式。因此，C 项正确。

D 项：《著作权法》第 20 条第 1 款规定：“作品原件所有权的转移，不改变作品著作权的归属，但美术、摄影作品原件的展览权由原件所有人享有。”《著作权法》第 10 条第 1 款第 12 项规定：“信息网络传播权，即以有线或者无线方式向公众提供，使公众可以在其选定的时间和地点获得作品的权利。即信息网络传播权体现的是作者对于自己的作品是否允许他人上传到网上的控制权。”由此可知，美术作品原件所有权的转移，不视为作品著作权的转移。原件所有人小芳享有作品原件的物权和著作展览权，但并不享有信息网络传播权，其无权将该作品上传到网上。因此，D 项错误。

综上所述，本题答案为 C 项。

18 1802018

参考答案：A

解析：A 项：根据《著作权法》第 38 条的规定：“使用他人作品演出，表演者应当取得著作权人许可，并支付报酬。演出组织者组织演出，由该组织者取得著作权人许可，并支付报酬。”据此可知，乙演唱该歌曲需要经过作者甲的同意并付费。因此，A 项正确。

B 项：根据《著作权法》第 42 条规定：“录音录像制作者使用他人作品制作录音录像制品，应当取得著作权人许可，并支付报酬……”《著作权法》第 43 条规定：“录音录像制作者制作录音录像制品，应当同表演者订立合同，并支付报酬。”由此可知，丙公司把乙的演唱制成唱片，需要经过词曲作者甲和表演者乙的同意并向其付费。因此，B 项错误。

C 项：表演权，是指著作权人享有公开表演作品，以及用各种手段公开播送作品的表演的权利，我们把用各种手段公开播送作品的表演称为机械表演或间接表演。根据《著作权法》规定，著作权人是享有表演权的，他人需经过著作权人的许可并付费。若酒店、咖啡馆等经营性单位未经许可播放背景音乐就侵犯音乐作品著作权人的机械表演权。丁酒店在酒店大厅将该歌曲作为背景音乐播放，需要经过词曲作者甲的许可和付费。因此，C 项错误。

D 项：根据《著作权法》第 46 条第 2 款规定：“广播电台、电视台播放他人已发表的作品，可以不经著作权人许可，但应当按照规定支付报酬。”可见，戊广播电台播放唱片，只需要向词曲作者甲付费，不需要许可。因此，D 项错误。

综上所述，本题答案为 A 项。

19 1802123

参考答案：D

解析：AD 项：根据《著作权法》第 52 条的规定：“有下列侵权行为的，应当根据情况，承担停止侵害、消除影响、赔礼道歉、赔偿损失等民事责任；……”又根据《著作权法》第 53 条的规定：“有下列侵权行为的，应当根据情况，承担本法第五十二条规定的民事责任……（一）未经著作权人许可，复制、发行、表演、放映、广播、汇编、通过信息网络向公众传播其作品的，本法另有规定的除外……”黄某扫描吴某的小说的行为属于以数字化方式的复制，侵犯了吴某的复制权，上传至网站的行为属于以无线方式向公众提供，侵犯了吴某的信息网络传播权，黄某应立即停止侵权行为，承担赔偿责任，而不是无需承担赔偿责任。因此，A 项错误，D 项正确。

B 项：根据《著作权法》第 10 条第 1 款第 7 项的规定：“著作权包括下列人身权和财产权：（七）出

租权，即有偿许可他人临时使用视听作品、计算机软件的原件或者复制件的权利，计算机软件不是出租的主要标的的除外。”小说作者吴某的著作权并不控制出租行为，所以李某并未侵犯吴某的出租权。因此，B 项错误。

C 项：根据《著作权法》第 10 条第 1 款第 14 项的规定：“著作权包括下列人身权和财产权：（十四）改编权，即改变作品，创作出具有独创性的新作品的权利。”改编是基于原作品再创作出新作品的过程，白某的行为并未创作出新作品，故白某的行为不是改编行为，没有侵犯吴某的改编权。因此，C 项错误。

综上所述，本题答案为 D 项。

20 1703014

参考答案：B

解析：A 项：根据《著作权法》第 19 条规定：“受委托创作的作品，著作权的归属由委托人和受托人通过合同约定。合同未作明确约定或者没有订立合同的，著作权属于受托人。”电影公司委托王某创作电影剧本，未约定该剧本著作权的归属，其著作权应当归属于受托人王某，电影公司享有在约定的使用范围内使用剧本的权利。《著作权法》第 17 条第 1 款规定：“视听作品中的电影作品、电视剧作品的著作权由制作者享有，但编剧、导演、摄影、作词、作曲等作者享有署名权，并有权按照与制作者签订的合同获得报酬。”作为制作者，电影公司拥有该电影作品的著作权。该音像出版社未经电影公司许可，擅自制作并出版该电影的 DVD，其行为属于未经许可对电影作品进行复制发行，侵犯了电影公司作为著作权人的复制权和发行权。由于电影作品的著作权归属于电影公司，音像出版社的行为并未侵犯王某作为剧本作者的权利。故 A 项错误。

B 项：根据《著作权法》第 13 条规定：“改编、翻译、注释、整理已有作品而产生的作品，其著作权由改编、翻译、注释、整理人享有，但行使著作权时不得侵犯原作品的著作权。”由此可知，对作品进行演绎创作应得到原作者的同意，原作者仍然享有原作品的著作权。演绎者享有的著作权仅限于演绎作品，而不延及原作品。动漫公司根据该电影的情节和画面绘制整套漫画，属于对剧本和电影作品的演绎，需要征得电影公司和王某的同意，在未经许可的情况下绘制整套漫画，侵犯了王某对剧本、电影公司对电影作品的改编权。同时，王某对于剧本、电影公司对于电影均享有信息网络传播权，动漫公司将其制作的漫画作品上传到网上的行为也需要征得王某和电影公司的同意，在未征得许可的情况下上传到网上，同时侵犯了王某和电影公司的网络传播权，故 B 项正确。

C 项：根据《著作权法》第 10 条第 1 款第 4 项、第 12 项规定：“著作权包括下列人身权和财产权：……（四）保护作品完整权，即保护作品不受歪曲、篡改的权利；……（十二）信息网络传播权，即以有线或者无线方式向公众提供，使公众可以在其选定的时间和地点获得作品的权利；……”某学生将该电影中的对话用方言配音，产生滑稽效果，并将配音后的电影上传到网络上的行为侵犯了电影公司作为著作权人的保护作品完整权和信息网络传播权，但该行为并未涉及到对剧本的改变和使用，因此并未侵犯王某作为剧本作者的著作权。故 C 项错误。

D 项：根据《著作权法》第 10 条第 1 款第 11 项和第 2 款的规定：“……（十一）广播权，即以有线或者无线方式公开传播或者转播作品，以及通过扩音器或者其他传送符号、声音、图像的类似工具向公众传播广播的作品的权利，但不包括本款第十二项规定的权利（信息网络传播权）；……著作权人可以许可他人行使前款第五项至第十七项规定的权利，并依照约定或者本法有关规定获得报酬。”某电视台在“电影经典对话”专题片中播放 30 分钟该部电影中带有经典对话的画面，电视台在播放之前应当征得电影公司的许可并支付报酬。在未征得电影公司同意的情况下播放，侵犯了电影公司的广播权，但该行为并未侵犯王某作为剧本作者的权利，故 D 项错误。

综上所述，本题答案为 B 项。

21 1603011

参考答案：C

解析：A 项：根据《著作权法》第 10 条第 1 款第 2 项的规定：“著作权包括下列人身权和财产权：

（二）署名权，即表明作者身份，在作品上署名的权利。”署名权属于著作权人，艺术馆只是展览人，对“高仿品”不享有著作权（包括署名权），唐某、郑某在使用、复制、发行“高仿品”的过程中未署名“清风艺术馆”的，便不成立对艺术馆署名权的侵犯。因此，A 项错误。

B 项：根据《著作权法》第 53 条第 7 项的规定：“有下列侵权行为的，应当根据情况，承担本法第五十二条规定的民事责任……：（七）未经著作权人或者与著作权有关的权利人许可，故意删除或者改变作品、版式设计、表演、录音录像制品或者广播、电视上的权利管理信息的，知道或者应当知道作品、版式设计、表演、录音录像制品或者广播、电视上的权利管理信息未经许可被删除或者改变，仍然向公众提供的，法律、行政法规另有规定的除外；”郑某购买绘画的纸质高仿版，将作为展览人的清风艺术馆的标记清除，既然艺术馆对“高仿品”不享有著作权，郑某去除“清风艺术馆珍藏、复制必究”的标记的行为便不属于侵权行为。因此，B 项错误。

C 项：清风艺术馆展览名家绘画，入场券上以醒目的方式表明不可拍照，唐某未经许可进行拍照构成违约。因此，C 项正确。

D 项：根据《著作权法》第 23 条第 1 款规定：“自然人的作品，其发表权、本法第 10 条第 1 款第 5 项至第 17 项规定的权利的保护期为作者终生及其死亡后五十年，截止于作者死亡后第五十年的 12 月 31 日；如果是合作作品，截止于最后死亡的作者死亡后第五十年的 12 月 31 日。”本题中，清风艺术馆展览的是一幅古画，作者的著作财产权已经过期。既然唐某和郑某的行为不构成侵犯著作财产权，作为网络服务提供者的电商网站亦无需采取删除、屏蔽、断开链接等必要措施，亦无需承担赔偿责任。因此，D 项错误。

综上所述，本题答案为 C 项。

22 1503016

参考答案：C

解析：AD 项：根据《著作权法》第 14 条规定：“两人以上合作创作的作品，著作权由合作作者共同享有。……合作作品的著作权由合作作者通过协商一致行使；不能协商一致，又无正当理由的，任何一方不得阻止他方行使除转让、许可他人专有使用、出质以外的其他权利，但是所得收益应当合理分配给所有合作作者。……”因此，合作作者甲在与乙无法协商一致，并且乙没有正当理由的情况下，可以行使除转让、许可他人专有使用、出质以外的其他权利。所以，甲可以单独行使该小说的发表权和信息网络传播权。同时，甲许可戊出版社出版小说也不会导致戊对乙的侵权。因此，AD 项错误。

B 项：根据《最高人民法院关于审理侵害信息网络传播权民事纠纷案件适用法律若干问题的规定》第 4 条规定：“有证据证明网络服务提供者与他人以分工合作等方式共同提供作品、表演、录音录像制品，构成共同侵权行为的，人民法院应当判令其承担连带责任。网络服务提供者能够证明其仅提供自动接入、自动传输、信息存储空间、搜索、链接、文件分享技术等网络服务，主张其不构成共同侵权行为的，人民法院应予支持。”丙在自己的博客中设置了链接使其他用户能通过链接进入甲的博客阅读，属于该条所述情形，不构成侵权。因此，B 项错误。

C 项：《著作权法》第 10 条第 1 款第 12 项规定：“著作权包括下列人身权和财产权：（十二）信息网络传播权，即以有线或者无线方式向公众提供，使公众可以在其选定的时间和地点获得作品的权利。”著作权人对自己的作品享有信息网络传播权。丁未经甲乙许可而直接将二人的作品复制转载，即使丁向甲、乙寄送了高额报酬，但其行为仍然构成侵权。因此，C 项正确。

综上所述，本题答案为 C 项。

23 1503017

参考答案：B

解析：A 项：甲临摹的行为属于侵犯复制权，对外出售属于侵犯发行权。所以 A 项侵害著作权。

B 项：根据《著作权法》第 10 条第 1 款第 7 项的规定：“（七）出租权，即有偿许可他人临时使用视听作品、计算机软件的原件或者复制件的权利，计算机软件不是出租的主要标的的除外；”所以 B 项没有侵犯著作权，所以 B 项符合题意。

C 项：根据《著作权法》第 44 条第 1 款的规定："录音录像制作者对其制作的录音录像制品，享有许可他人复制、发行、出租、通过信息网络向公众传播并获得报酬的权利；权利的保护期为五十年，截止于该制品首次制作完成后第五十年的 12 月 31 日。"丙未经允许出租录音制品属于侵犯邻接权中的录音录像者的出租权的行为，邻接权和著作权不完全等同。所以 C 说法存在不足。

D 项：商业播放录音录像制品，属于机械表演，侵害了著作权人的表演权，所以 D 项属于侵权。

综上所述，本题正确答案为 B 项。

24 1403017

参考答案：D

解析：ABCD 项：根据《著作权法》第 10 条规定，著作权包括下列人身权和财产权：……（五）复制权，即以印刷、复印、拓印、录音、录像、翻录、翻拍、数字化等方式将作品制作一份或者多份的权利……第 19 条规定："受委托创作的作品，著作权的归属由委托人和受托人通过合同约定。合同未作明确约定或者没有订立合同的，著作权属于受托人。"第 24 条规定："在下列情况下使用作品，可以不经著作权人许可，不向其支付报酬，但应当指明作者姓名或者名称、作品名称，并且不得影响该作品的正常使用，也不得不合理地损害著作权人的合法权益：（一）为个人学习、研究或者欣赏，使用他人已经发表的作品。"

在本案中，甲展览馆和叶某没有就版权归属在委托创作合同中进行约定，因此受托人叶某为该巨型雕塑的著作权人，其复制权受法律保护，甲展览馆及个体户冯某无权许可他人重建以及仿制出售该雕塑的复制品。陈某拍照纪念行为则没有侵犯著作权人的人身、财产权利，不属于侵权行为。因此，D 项正确，ABC 项错误。

综上所述，本题答案为 D 项。

25 1403018

参考答案：C

解析：ABD 项：根据《著作权法》第 3 条规定，作品包括：文字作品；口述作品；音乐、戏剧、曲艺、舞蹈、杂技艺术作品；美术、建筑作品；摄影作品；视听作品；工程设计图、产品设计图、地图、示意图等图形作品和模型作品；计算机软件；符合作品特征的其他智力成果。至今尚未有法律、行政法规规定体育竞赛表演的性质及权属问题。从这个意义上讲，体育竞赛本身不能成为著作权法中的作品，自然也就不能拥有著作权，表演者权。同时，甲电视台在经过主办方授权后，合法拥有对篮球联赛的直播权利，因此拥有广播组织权，即乙电视台侵犯的是甲电视台的广播组织权，而不是主办方的广播组织权。因此，ABD 项错误。

C 项：根据《著作权法》第 39 条第 1 款第 3 项规定，表演者对其表演享有许可他人从现场直播和公开传送其现场表演，并获得报酬的权利。根据第 52 条第 10 项规定，未经表演者许可，从现场直播或者公开传送其现场表演，或者录制其表演的，属于对表演者的侵权行为。本案中乙电视台未经许可截取电视信号进行同步转播的行为侵犯了舞蹈演员的表演者权。因此，C 项正确。

综上所述，本题答案为 C 项。

26 1303017

参考答案：D

解析：A 项：根据《著作权法》第 66 条第 1 款的规定："本法规定的著作权人和出版者、表演者、录音录像制作者、广播电台、电视台的权利，在本法施行之日尚未超过本法规定的保护期的，依照本法予以保护。"第 67 条："本法自 1991 年 6 月 1 日起施行。"在 1991 年 6 月 1 日之后至 2011 年 12 月 31 日，甲和乙继承而得的相关著作权受《著作权法》的保护。因此，A 项错误。

B 项：根据《审理著作权纠纷案件的解释》第 27 条规定："侵害著作权的诉讼时效为三年，自著作权人知道或者应当知道权利受到损害以及义务人之日起计算。权利人超过三年起诉的，如果侵权行为在起诉时仍在持续，在该著作权保护期内，人民法院应当判决被告停止侵权行为；侵权损害赔偿数额应当自权利人向人民法院起诉之日起向前推算三年计算。"本题中，并未超过诉讼时效。另外，即便超过诉讼时效，只是对方获得了时效抗辩权，若对方不行使此权利，乙依然能胜诉，"胜诉权不受保护"的说法也是错误的。因此，B

项错误。

C 项：根据《著作权法》第 22 条规定："作者的署名权、修改权、保护作品完整权的保护期不受限制。"本题中，乙有权要求停止侵害甲署名权的行为。因此，C 项错误。

D 项：根据《著作权法》第 23 条第 1 款规定："自然人的作品，其发表权、本法第十条第一款第五项至第十七项规定的权利的保护期为作者终生及其死亡后五十年，截止于作者死亡后第五十年的 12 月 31 日；如果是合作作品，截止于最后死亡的作者死亡后第五十年的 12 月 31 日。"本题中，1961 年甲去世，甲的信息网络传播权的保护期截止于 2011 年 12 月 31 日，所以 2012 年 9 月 1 日起诉时已超过保护期，乙无权要求丙网站停止传播作品。因此，D 项正确。

综上所述，本题答案为 D 项。

27 1103016

参考答案：C

解析：A 项：根据《著作权法》第 10 条第 1 款第 2 项的规定，"著作权包括下列人身权和财产权：（二）署名权，即表明作者身份，在作品上署名的权利；"署名可以任何方式即署真名、假名、笔名、艺名，也可以不署名。故该诗人在甲网站署名方式合法，A 选项错误。

B 项：《著作权法》第 10 条第 1 款第 1 项规定："著作权包括下列人身权和财产权：（一）发表权，即决定作品是否公之于众的权利；"公之于众，是指著作权人自行或者经著作权人许可将作品向不特定的人公开，但不以公众知晓为构成要件。故该诗人在甲网站发表题为"天堂向左"的诗作时即为发表，B 选项错误。

C 项：根据《著作权法》第 25 条第 1 款规定："为实施义务教育和国家教育规划而编写出版教科书，可以不经著作权人许可，在教科书中汇编已经发表的作品片段或者短小的文字作品、音乐作品或者单幅的美术作品、摄影作品、图形作品，但应当按照规定向著作权人支付报酬，指明作者姓名或者名称、作品名称，并且不得侵犯著作权人依照本法享有的其他权利。"因此，丙教材编写单位可以不经该诗人同意将"天堂向左"作为范文编入《语文》教材，但应当按照规定支付报酬，C 项正确。

D 项：《最高人民法院关于审理侵害信息网络传播权民事纠纷案件适用法律若干问题的规定》第 3 条第 1 款规定："网络用户、网络服务提供者未经许可，通过信息网络提供权利人享有信息网络传播权的作品、表演、录音录像制品，除法律、行政法规另有规定外，人民法院应当认定其构成侵害信息网络传播权行为。"网站不具有法定许可权，丁网站未经同意转载构成侵权。但是丁网站的转载需要经过诗人同意，而无需经过甲网站的同意，因为甲网站对此作品无信息网络传播权。D 选项错误。

综上所述，本题答案为 C 项。

28 1003016

参考答案：C

解析：A 项：《著作权法》第 14 条第 1 款规定："两人以上合作创作的作品，著作权由合作作者共同享有。没有参加创作的人，不能成为合作作者。"甲、乙合作完成一部剧本说明剧本为合作作品，著作权应当由甲乙共同享有。因此，A 项正确，不当选。

B 项：《著作权法》第 27 条规定："转让本法第十条第一款第（五）项至第（十七）项规定的权利，应当订立书面合同。"《著作权法》第 10 条第 2 款规定："著作权人可以许可他人行使前款第（五）项至第（十七）项规定的权利，并依照约定或者本法有关规定获得报酬。"第 3 款规定：著作权人可以全部或者部分转让本条第一款第（五）项至第（十七）项规定的权利，并依照约定或者本法有关规定获得报酬。本法第 10 条第 1 款第 1 项至第 4 项规定的是著作人身权，第 5 项至第 17 项规定的是财产权。可见，著作人身权不可转让，只能转让著作财产权。因此，B 项正确，不当选。

CD 项：《著作权法》第 14 条第 2 款规定："合作作品的著作权由合作作者通过协商一致行使；不能协商一致，又无正当理由的，任何一方不得阻止他方行使除转让、许可他人专有使用、出质以外的其他权利，但是所得收益应当合理分配给所有合作作者。"本题中，甲以丙公司没有名气为由拒绝不属于“正当理由”，乙有权独自与丙公司签订合同，但是所得的收益应当合理分配给甲，因此，C项错误，当选；D项正确，不当选。

综上所述，本题为选非题，答案为C项。

【多选】

29 2402004

参考答案：A,B

解析：AB选项：根据《著作权法》第10条第1款规定：“……（九）表演权，即公开表演作品，以及用各种手段公开播送作品的表演的权利；……（十二）信息网络传播权，即以有线或者无线方式向公众提供，使公众可以在其选定的时间和地点获得作品的权利；……”本题中，甲自行创作了歌曲，对歌曲享有表演权和信息网络传播权；该人工智能公司未经甲的许可利用AI技术将该歌曲发布于网上供人付费下载，使得公众可以在其选定的时间和地点获得该歌曲，侵犯了甲的信息网络传播权；该机场未经许可公开播放甲的歌曲，属于机械表演，侵犯了甲的表演权。所以，AB选项正确。

CD选项：根据《著作权法》第39条第1款规定：“表演者对其表演享有下列权利：（一）表明表演者身份；（二）保护表演形象不受歪曲；（三）许可他人从现场直播和公开传送其现场表演，并获得报酬；（四）许可他人录音录像，并获得报酬；（五）许可他人复制、发行、出租录有其表演的录音录像制品，并获得报酬；（六）许可他人通过信息网络向公众传播其表演，并获得报酬。”本题中，该人工智能公司利用AI技术对金某声音进行模仿演唱，并非金某本人进行表演，金某对该歌曲并不享有表演者权，故CD选项错误。

综上所述，本题正确答案为AB。

30 2302099

参考答案：C,D

解析：《著作权法》第18条第2款规定：“有下列情形之一的职务作品，作者享有署名权，著作权的其他权利由法人或者非法人组织享有，法人或者非法人组织可以给予作者奖励：（二）报社、期刊社、通讯社、广播电台、电视台的工作人员创作的职务作品；”本题中，甲作为报社工作人员，其创作的作品属于特殊的职务作品，除署名权外，其他权利归报社。

A项：根据《著作权法》第46条第2款规定：“广播电台、电视台播放他人已发表的作品，可以不经著作权人许可，但应当按照规定支付报酬。”广播电台使用已经发表的作品无须征得著作权人的同意，只需向著作权人支付报酬。因此，A项不当选。

B项：根据《著作权法》第25条第1款规定：“为实施义务教育和国家教育规划而编写出版教科书，可以不经著作权人许可，在教科书中汇编已经发表的作品片段或者短小的文字作品、音乐作品或者单幅的美术作品、摄影作品、图形作品，但应当按照规定向著作权人支付报酬，指明作者姓名或者名称、作品名称，并且不得侵犯著作权人依照本法享有的其他权利。”对于此项使用，作者不能声明禁止。所以初中教科书的编写者可以不经报社许可进行收录，但应当支付报酬。因此，B项不当选。

C项：根据《著作权法》第10条第1款第16项规定：“汇编权，即将作品或者作品的片段通过选择或者编排，汇集成新作品的权利；”《著作权法》第16条规定：“使用改编、翻译、注释、整理、汇编已有作品而产生的作品进行出版、演出和制作录音录像制品，应当取得该作品的著作权人和原作品的著作权人许可，并支付报酬。”甲未经许可将该杂文整理并出版的行为侵犯了报社的汇编权、复制权以及发行权。因此，C项当选。

D项：《著作权法》第35条第2款：“作品刊登后，除著作权人声明不得转载、摘编的外，其他报刊可以转载或者作为文摘、资料刊登，但应当按照规定向著作权人支付报酬。”由于报社已经声明未经许可不得转载，所以该文学期刊进行转载应取得报社的许可并支付报酬。因此，D项当选。

综上所述，本题答案为CD。

31 2302058

参考答案：A,C,D

解析：A项：根据《著作权法》第10条规定：“著作权包括下列人身权和财产权：……（十二）信

息网络传播权，即以有线或者无线方式向公众提供，使公众可以在其选定的时间和地点获得作品的权利；”丁网站将舞台剧上传到网上的行为受信息网络传播权控制，甲作为舞台剧的创作者，是著作权人，享有信息网络传播权，丁网站的行为未经甲同意并支付报酬，侵犯了甲的信息网络传播权，因此，A 项正确。

B 项：根据《著作权法》第 40 条规定：“演员为完成本演出单位的演出任务进行的表演为职务表演，演员享有表明身份和保护表演形象不受歪曲的权利，其他权利归属由当事人约定。当事人没有约定或者约定不明确的，职务表演的权利由演出单位享有。”表演为乙歌舞团组织演员演出，属于职务表演，双方未约定权利归属，故表演者权中的财产权归乙歌舞团。乙歌舞团有权许可他人通过信息网络传播表演，而丁网站未经乙歌舞团许可，侵犯的是乙歌舞团享有的信息网络传播权，而非演员享有的，因此，B 项错误。

C 项：根据《著作权法》第 44 条规定：“录音录像制作者对其制作的录音录像制品，享有许可他人复制、发行、出租、通过信息网络向公众传播并获得报酬的权利……”丙电视台录制歌舞团的表演，属于录像制作者，享有信息网络传播权，丁网站未经丙电视台同意将其录像上传到网上，侵犯了丙电视台作为录像制作者享有的信息网络传播权，因此，C 项正确。

D 项：根据《著作权法》第 47 条规定：“广播电台、电视台有权禁止未经其许可的下列行为：……（三）将其播放的广播、电视通过信息网络向公众传播。”丙电视台在电视节目中播放舞台剧，属于广播组织者，享有信息网络传播权，丁网站未经同意将其播放的电视节目上传到网上，侵犯了丙电视台作为广播组织者享有的信息网络传播权，因此，D 项正确。

综上所述，本题答案为 ACD 项。

32 2302011

参考答案：C,D

解析：A 项：根据《民法典》第 1014 条规定：“任何组织或者个人不得以干涉、盗用、假冒等方式侵害他人的姓名权或者名称权。”本题中，李某并未以干涉、盗用、假冒等方式侵害周某的姓名权。因此，A 项错误。

B 项：根据《民法典》第 1024 条规定：“民事主体享有名誉权。任何组织或者个人不得以侮辱、诽谤等方式侵害他人的名誉权。名誉是对民事主体的品德、声望、才能、信用等的社会评价。”本题中，李某并未以侮辱、诽谤等方式侵害周某的名誉权。因此，B 项错误。

C 项：根据《民法典》第 1018 条规定：“肖像是通过影像、雕塑、绘画等方式在一定载体上所反映的特定自然人可以被识别的外部形象。”第 1019 条第 1 款规定：“任何组织或者个人不得以丑化、污损，或者利用信息技术手段伪造等方式侵害他人的肖像权。未经肖像权人同意，不得制作、使用、公开肖像权人的肖像，但是法律另有规定的除外。”本题中，李某利用信息技术伪造方式侵害周某肖像，侵犯了周某的肖像权。因此，C 项正确。

D 项：本题中，李某未经周某同意擅自修改作品内容，吸引了较多流量，侵犯了周某的修改权和保护作品完整权。因此，D 项正确。

综上所述，本题正确答案为 CD。

33 2202101

参考答案：C,D

解析：AB 项：根据《著作权法》第 20 条的规定：“作品原件所有权的转移，不改变作品著作权的归属，但美术、摄影作品原件的展览权由原件所有人享有。作者将未发表的美术、摄影作品的原件所有权转让给他人，受让人展览该原件不构成对作者发表权的侵犯。”乙作为原件所有权人，享有作品原件展览权，在画展上展示该画是在行使自己的权利。故 A 项错误。甲的画作已经发表，发表权是一次性权利，已经发表过的作品不可能再被侵犯发表权。故 B 项错误。

C 项：根据《著作权法》第 10 条第 1 款的规定：“著作权包括下列人身权和财产权：……（五）复制权，即以印刷、复印、拓印、录音、录像、翻录、翻拍、数字化等方式将作品制作一份或者多份的权利；……”丙将画作拍成照片是对该美术作品的精确再现，再现作品是受复制权控制的行为，甲作为该画的著作权人，对该画享有著作权，A 公司的行为未经著作权人甲许可，侵害了甲的复制权。故 C 项正确。

D 项：根据《著作权法》第 10 条第 1 款的规定："著作权包括下列人身权和财产权：……著作权包括下列人身权和财产权：（十二）信息网络传播权，即以有线或者无线方式向公众提供，使公众可以在其选定的时间和地点获得作品的权利；……"照片属于画作的复制品，A 公司将甲画作的复制品上传到网上，公众可以自选时间地点获得该作品，该行为未经著作权人甲同意，属于受信息网络传播权控制的行为，侵犯了甲的信息网络传播权。故 D 项正确。

综上所述，本题正确答案为 CD 项。

34 2202109

参考答案：B,C

解析：A 项：根据《著作权法》第 18 条第 2 款的规定："有下列情形之一的职务作品，作者享有署名权，著作权的其他权利由法人或者非法人组织享有，法人或者非法人组织可以给予作者奖励：（一）主要是利用法人或者非法人组织的物质技术条件创作，并由法人或者非法人组织承担责任的工程设计图、产品设计图、地图、示意图、计算机软件等职务作品……"《著作权法》第 19 条规定："受委托创作的作品，著作权的归属由委托人和受托人通过合同约定。合同未作明确约定或者没有订立合同的，著作权属于受托人。"首先，该软件系 B 软件公司的员工甲利用公司的物质技术条件创作，并由 B 公司承担责任，属于特殊职务作品，B 公司享有著作权；其次，A 汽车公司委托 B 软件公司制作软件，合同明确约定著作权属于 A 汽车公司，所以 A 公司是该软件的著作权人。因此，A 项错误。

BC 项：根据《著作权法》第 10 条第 1 款的规定："著作权包括下列人身权和财产权：……（五）复制权，即以印刷、复印、拓印、录音、录像、翻录、翻拍、数字化等方式将作品制作一份或者多份的权利；（六）发行权，即以出售或者赠与方式向公众提供作品的原件或者复制件的权利……"C 汽车公司将软件大量安装，实施了复制软件的行为，侵犯了 A 公司的复制权，因此，B 项正确。C 公司将软件的复制件安装在汽车上后，向公众销售作品的复制件，受发行权控制，侵犯了 A 公司的发行权。因此，C 项正确。

D 项：只要实施了受著作权控制的行为，就构成侵权，C 公司善意并不能成为抗辩理由。因此，D 项错误。

综上所述，本题答案为 BC 项。

35 2102154

参考答案：A,C

解析：A 项：根据《著作权法》第 23 条的规定："自然人的作品，其发表权、本法第十条第一款第五项至第十七项规定的权利的保护期为作者终生及其死亡后五十年，截止于作者死亡后第五十年的 12 月 31 日。"1980 年，甲去世；2019 年，A 出版社汇编出版，尚未超过 50 年，仍在保护期间。同时，著作权包括人身权和财产权，财产权的部分包括复制权、发行权、汇编权、出租权、改编权等。甲去世后，乙丙继承甲书法作品的著作权的财产权部分。A 出版社将甲的书法作品汇编为甲书法作品集进行出售的行为，侵犯了复制权、发行权、汇编权，因此，侵犯了乙和丙继承的财产利益。故 A 项正确。

B 项：信息网络传播权控制的是将作品上传到网上的行为，本题中，A 出版社仅仅是在网上做广告，没有将甲的书法作品上传到网上，因此并未侵犯信息网络传播权。此外，甲已经去世，不再享有信息网络传播权。从两个角度分析，B 项均是错误的表述。

C 项：《著作权民事纠纷解释》第 4 条规定："因侵害著作权行为提起的民事诉讼，由著作权法第四十七条、第四十八条所规定侵权行为的实施地、侵权复制品储藏地或者查封扣押地、被告住所地人民法院管辖。"甲书法作品集销售地属于侵权行为的实施地，有管辖权。故 C 项正确。

D 项：《著作权法》第 54 条第 1、2、3 款规定："侵犯著作权或者与著作权有关的权利的，侵权人应当按照权利人因此受到的实际损失或者侵权人的违法所得给予赔偿；权利人的实际损失或者侵权人的违法所得难以计算的，可以参照该权利使用费给予赔偿。对故意侵犯著作权或者与著作权有关的权利，情节严重的，可以在按照上述方法确定数额的一倍以上五倍以下给予赔偿。权利人的实际损失、侵权人的违法所得、权利使用费难以计算的，由人民法院根据侵权行为的情节，判决给予五百元以上五百万元以下的赔偿。赔偿数额还应当包括权利人为制止侵权行为所支付的合理开支。”A 出版社应该按照乙、丙因此受到的实际损失或者 A 出版社的违法所得承担赔偿责任，其中违法所得是指侵权获得的全部收入减去合理成本，因此全部销售额并非是违法所得。故 D 项错误。

综上所述，AC 项正确。

36 2102082

参考答案：A,C,D

解析：ABD 项：根据《著作权民事纠纷解释》第 14 条的规定：“当事人合意以特定人物经历为题材完成的自传体作品，当事人对著作权权属有约定的，依其约定；没有约定的，著作权归该特定人物享有，执笔人或整理人对作品完成付出劳动的，著作权人可以向其支付适当的报酬。”该书是以李某口述的人生经历为素材创作的自传体小说。作家王某是执笔人，有权要求获得适当报酬，王某去世后，其子仍然可以主张该项权利。因此，A 选项正确。李某是该特定人物，享有著作权。另外，出版属于著作权中的财产权，李某死亡后，该权利在保护期内依法转移至其合法继承人小李。因此，B 选项错误，D 选项正确。

C 项：需要区分“著作权”和“所有权”。原著手稿的所有权系动产物权，小王实际占有该手稿，并在无相反证据证明小王为非法持有人的情况下，小王应认定为涉案手稿的合法所有人。因此，C 选项正确。

综上所述，本题答案为 ACD 项。

37 2002098

参考答案：A,D

解析：A 项：根据《著作权法》第 17 条第 1 款的规定：“视听作品中的电影作品、电视剧作品的著作权由制作者享有，但编剧、导演、摄影、作词、作曲等作者享有署名权，并有权按照与制作者签订的合同获得报酬。”因此，A 项正确。

B 项：根据《著作权法》第 19 条的规定：“受委托创作的作品，著作权的归属由委托人和受托人通过合同约定。合同未作明确约定或者没有订立合同的，著作权属于受托人。”在无明确约定的情形下委托作品的著作权归受托人而不是委托人。因此，B 项错误。

C 项：根据《著作权法》第 18 条第 1 款的规定：“……作品完成两年内，未经单位同意，作者不得许可第三人以与单位使用的相同方式使用该作品。”不是不得许可第三人使用，而是不得许可第三人以与单位使用的相同方式使用。因此，C 项错误。

D 项：根据《著作权法》第 17 条第 3 款的规定：“视听作品中的剧本、音乐等可以单独使用的作品的作者有权单独行使其著作权。”电影剧本可以单独使用，作者大刘拥有其著作权。因此，D 项正确。

综上所述，本题答案为 AD 项。

38 2002099

参考答案：A,C,D

AB 项：根据《著作权法》第 23 条第 1 款的规定：“自然人的作品，其发表权、本法第十条第一款第五项至第十七项规定的权利的保护期为作者终生及其死亡后五十年，截止于作者死亡后第五十年的 12 月 31 日；如果是合作作品，截止于最后死亡的作者死亡后第五十年的 12 月 31 日。”信息网络传播权属于著作财产权，保护日期截止于作者死亡后第五十年的 12 月 31 日，《爱在深秋》的信息网络传播权保护日截止于 2019 年 12 月 31 日，乙网站于 2019 年 12 月 31 日上传小说的行为侵犯了信息网络传播权；丙网站于 2020 年 12 月 31 日上传小说的行为未构成侵权。因此，A 项正确，B 项错误。

CD 项：根据《著作权法》第 22 条的规定：“作者的署名权、修改权、保护作品完整权的保护期不受限制。”署名权的保护不受时间限制，乙网站署名张三、丙网站未署名的行为均构成侵权。因此，CD 项正确。

综上所述，本题答案为 ACD 项。

39 1902067

参考答案：A,B

解析：A 项：《著作权法》第 18 条第 2 款规定："有下列情形之一的职务作品，作者享有署名权，著作权的其他权利由法人或者非法人组织享有，法人或者非法人组织可以给予作者奖励：（一）主要是利用法人或者非法人组织的物质技术条件创作，并由法人或者非法人组织承担责任的工程设计图、产品设计图、地图、示意图、计算机软件等职务作品；（二）报社、期刊社、通讯社、广播电台、电视台的工作人员创作的职务作品；（三）法律、行政法规规定或者合同约定著作权由法人或者非法人组织享有的职务作品。"《英语写作手册》是学校安排刘老师创作的作品，属于职务作品，双方又通过合同约定该作品著作权由学校享有，因此属于特殊职务作品。刘老师作为作者享有署名权，署名权之外的其他权利由学校享有。因此，A 项正确。

BC 项：乙学校要印刷《英语写作手册》，是再现作品的行为，受复制权控制。通过 A 选项可知，甲学校享有该作品的复制权，因此乙学校应当经过甲学校的同意。因此，B 项正确。但在本题中，乙学校仅仅经过刘老师的授权，未经过甲学校同意就对作品进行了复制，侵犯了甲学校的复制权。因此，C 项错误。

D 项：发行权一次用尽，作品经著作权人同意而合法发行后，作品上的发行权即用尽，著作权人不能再控制这批作品后续的流通。书店收购正版的二手《英语学习手册》，属于经著作权人同意而发行的作品，发行权已经用尽，后续这批作品的买卖、赠与等流通行为均不需要经过作者同意，不侵犯著作权。因此，D 项错误。

综上所述，本题答案为 AB 项。

40 1902069

参考答案：B,D

解析：[命题陷阱] 本题最大的难点是需要区分影视作品的整体著作权和剧本、插曲等独立作品单独著作权的关系。影视作品作为一个整体作品，拥有一个整体的著作权由制片者享有，如果第三方单独使用影视作品，比如点播电影、其他节目中引用片段、将电影对话改变为方言、制作 DVD 等，只需要制片者的同意并付费就可以。如果使用方式中既包括电影又涉及单独的剧本、音乐等作品的，比如将电影改编为连环画、舞台剧等，需要剧本的作者和电影的制片者双重许可并付费。如果使用方式只涉及剧本或音乐等单独作品，比如将剧本改编为小说出版，将音乐作品作成专辑发行等，则只需要剧本作者，音乐作品作者许可并付费。

AB 项：根据《著作权法》第 13 条："改编、翻译、注释、整理已有作品而产生的作品，其著作权由改编、翻译、注释、整理人享有，但行使著作权时不得侵犯原作品的著作权。"对作品进行演绎创作应得到原作者的同意，原作者仍然享有原作品的著作权。将电影改为舞台剧及连环画，涉及对电影和剧本的改编，所以需要制片者甲公司和原小说作者钟某的许可并付费。因此，A 项错误，B 项正确。

C 项：网站提供点播的素材仅限于电影，故只需要电影制片者甲公司同意即可，无需剧本作者钟某以及音乐作者王某的同意，也不会侵犯二者的著作权。因此，C 项错误。

D 项：《著作权法》第 17 条第 3 款："视听作品中的剧本、音乐等可以单独使用的作品的作者有权单独行使其著作权。"对于电影插曲，王某享有单独的著作权，所以唱片公司的使用该插曲录制的行为只需要作者王某同意并付费。因此，D 项正确。

综上所述，本题答案为 BD 项。

41 1703063

参考答案：B,D

解析：AB 项：设计制作一款字体，要经过字体创意、字形设计、扫描和曲线合成、扩展创作、创作符号字形审定、二次创作、格式转换和测试校对九个程序。字库中的每个单字都是经过设计者设计的线条和结构组成的，是体现设计者创意思想的具体表达方式，这个过程凝聚着设计者的智慧和创造性劳动，与现有美术字相比，具有独特的艺术效果和审美意义，体现了设计者的独创性。按照命题人的观点，字体属于美术作品，牛博朗对其设计的牛氏"润金体"享有著作权，应当受到著作权法保护，故 A 项错误，B 项正确。

C 项：汉字笔画的书写有其特点，不同汉字的组合呈现出自身的独特性。“润金体”字库作为一个整体，体现出该种字体不同于其他字体的独创性，凝聚着设计者的智慧和创造性劳动，构成著作权法意义上的作品。自作品整体中截取部分使用，构成对作品的使用，侵犯了“润金体”整体的著作权，故C项错误。

D项：羊阳洋公司未经牛博朗同意而使用牛氏“润金体”汉字做广告，其行为侵犯了牛博朗作为著作权人对于字体的复制权，故D项正确。

综上所述，本题答案为BD项。

42 1603063

参考答案：A,C

解析：A项：《著作权法》第14条第1款规定：”两人以上合作创作的作品，著作权由合作作者共同享有。没有参加创作的人，不能成为合作作者。“歌曲《春风来》由甲作曲乙填词。所以《春风来》的著作权由甲和乙共有。因此，A项正确。

B项：《著作权法》第14条第3款规定：“合作作品可以分割使用的，作者对各自创作的部分可以单独享有著作权，但行使著作权时不得侵犯合作作品整体的著作权。”甲对《春风来》重新填词，独自完成歌曲《秋风起》，该作品并未破坏《春风来》的完整性。因此，B项错误。

C项：甲和丙的著作权许可使用合同并未违反法律规定，所以有效。因此，C项正确。

D项：歌曲《秋风起》的著作权归甲单独所有，所以，甲不需要将报酬分配给乙。因此，D项错误。

综上所述，本题答案为AC项。

43 1503062

参考答案：A,B,C

解析：AB项：《著作权法》第10条第1款第3、4项规定：“著作权包括下列人身权和财产权：……（三）修改权，即修改或者授权他人修改作品的权利；（四）保护作品完整权，即保护作品不受歪曲、篡改的权利；……”出版社未经允许对文章进行修改，属于侵害了作者的修改权；同时修改了内容，侵害了保护作品完整权。因此，AB项正确。

C项：《著作权法》第10条第1款第2项规定：“著作权包括下列人身权和财产权：……（二）署名权，即表明作者身份，在作品上署名的权利；……”出版社未经允许修改作者的署名，属于侵害署名权。因此，C项正确。

D项：崔雪系应出版社约稿，出版社将该书批发给书店，书店进行销售的行为，没有侵犯发行权。因此，D项错误。

综上所述，本题答案为ABC项。

44 1403062

参考答案：A,C,D

解析：A项：《著作权法》第42条第1款规定：“录音录像制作者使用他人作品制作录音录像制品，应当取得著作权人许可，并支付报酬。”本案中，翻录该CD应当取得著作权人甲的许可，仅支付报酬依然构成侵权，侵犯了著作权人甲的复制权。所以，A项当选。

B项：《著作权法》第42条第2款：“录音制作者使用他人已经合法录制为录音制品的音乐作品制作录音制品，可以不经著作权人许可，但应当按照规定支付报酬；著作权人声明不许使用的不得使用。”即当音乐作品被合法录制为录音制品出版后，其他录音制作者可以不经过音乐著作权人许可，自聘歌手重新演唱后制作录音制品出版，但要向著作权人支付报酬。题干中的一个迷惑条件，甲与乙签订了制作录音制品的专有许可合同。根据制作录音制品法定许可的规定，是否存在专有许可合同并不影响该法定许可的适用。所以，B项不属于侵权行为，不当选。

【注意AB项行为的区别，翻录CD是指直接复制他人的录音制品，而B选项的行为是我们俗称的翻唱，自己再找一个歌手唱歌并且录制下来，不是简单的复制别人的录制品】

C项：表演权分为直接表演（即活表演）和间接表演（即机械表演）。机械表演是指借公开播送对作品的表演，商场播放CD的行为就是在播放丙的演唱，而丙演唱的对象是甲的作品，因此播放丙的演唱就是在播放对甲作品的表演，受表演权控制，应当取得著作权人甲的同意，并向其支付报酬。此外，由于《著作法》修改，录音制作者对公开播放录音的行为也享有获酬权，商场播放CD也是在播放乙公司制作的录音，因此还应当向乙公司支付报酬。所以C项虽然不侵犯甲的著作权，但侵犯了录音制作者享有的获酬权，不合法，当选。
D项:《著作权法》第44条第1款规定:“录音录像制作者对其制作的录音录像制品，享有许可他人复制、发行、出租、通过信息网络向公众传播并获得报酬的权利。”第53条规定:“有下列侵权行为的，应当根据情况，承担本法第五十二条规定的民事责任:……（四）未经录音录像制作者许可，复制、发行、通过信息网络向公众传播其制作的录音录像制品的……”本案中，电影公司将CD中的声音作为插曲等使用方式需要经过乙唱片公司的许可，否则属于侵犯乙唱片公司复制权的行为。所以，D项当选。
综上所述，本题答案为ACD项。
综上，本题答案为ACD。（司法部原答案为AD，因《著作权法》修改，答案修订为ACD）

45 1303062

参考答案:A,B,C
解析:A项：发表权，即决定作品是否公之于众的权利。删除《法内情》的行为不会侵犯其发表权。发表权是一次性的权利，公之于众之后就行使了发表权。故A项正确。
B项：信息网络传播权，即以有线或者无线方式向公众提供，使公众可以在其选定的时间和地点获得作品的权利。本案中，网站并未擅自将王琪琪的作品放到网络上向他人提供，仅仅是删除该作品，该行为并没有侵犯王琪琪的信息网络传播权。故B项正确。
C项：署名权，即表明作者身份，在作品上署名的权利。在作者决定署名“小玉儿”而不署真名的情况下，擅自添加字样的行为侵犯了其署名权。故C项正确。
D项：保护作品完整权，即保护作品不受歪曲，篡改的权利。而添加字样并没有侵犯保护作品完整权，作品并没有被篡改。故D项错误。
综上所述，本题答案为ABC项。

46 1303063

参考答案:C,D
解析:A项:《著作权法》第19条规定:“受委托创作的作品，著作权的归属由委托人和受托人通过合同约定。合同未作明确约定或者没有订立合同的，著作权属于受托人。”该软件的著作权属于乙公司，而不是甲公司。因此，A项错误。
B项：根据《最高人民法院关于审理著作权民事纠纷案件具体适用法律若干问题的解释》第27条的规定:“侵害著作权的诉讼时效为三年，自著作权人知道或者应当知道权利受到损害以及义务人之日起计算。权利人超过三年起诉的，如果侵权行为在起诉时仍在持续，在该著作权保护期内，人民法院应当判决被告停止侵权行为；侵权损害赔偿数额应当自权利人向人民法院起诉之日起向前推算三年计算。”因丙公司在持续使用，故乙仍然可以请求侵权赔偿。据此，乙请求丙承担停止侵权责任的请求，不存在诉讼时效期间经过的问题。因此，B项错误。
CD项:《计算机软件保护条例》第30条规定:“软件的复制品持有人不知道也没有合理理由应当知道该软件是侵权复制品的，不承担赔偿责任；但是，应当停止使用、销毁该侵权复制品。如果停止使用并销毁该侵权复制品将给复制品使用人造成重大损失的，复制品使用人可以在向软件著作权人支付合理费用后继续使用。”因此，CD项正确。
综上所述，本题答案为CD项。

47 1203062

参考答案:A,B,D
解析:A项:《著作权法》第10条第1款第9项规定:“著作权包括下列人身权和财产权:……（九）表演权，即公开表演作品，以及用各种手段公开播送作品的表演的权利……。”表演权，包括活表演和机械表演两种形式，前者指表演者现场的表演，后者指通过各种设备手段公开播送作品的行为。甲航空公司在飞机上播放该歌曲，属于机械表演；其未经王某许可，属侵权行为。故A选项属于侵权行为。
B项:《著作权法》第44条第1款规定:“录音录像制作者对其制作的录音录像制品，享有许可他人复制、发行、出租、通过信息网络向公众传播并获得报酬的权利……”所以未经许可而出租录音制品的行为侵犯了花园公司作为录音制作者的权利。故B选项属于侵权行为。除此之外，《著作权法》第39条规定:“表演者对其表演享有下列权利:（五）许可他人复制、发行、出租录有其表演的录音录像制品，并获得报酬。”所以未经许可而出租录音制品的行为也侵犯了张某作为表演者的权利。

C 项:《著作权法》第 24 条第 1 项规定:“在下列情况下使用作品，可以不经著作权人许可，不向其支付报酬，但应当指明作者姓名或者名称、作品名称，并且不得影响该作品的正常使用，也不得不合理地损害著作权人的合法权益:(一)为个人学习、研究或者欣赏，使用他人已经发表的作品……”故 C 选项不属于侵权行为。

D 项:《著作权法》第 10 条第 1 款第 12 项规定:“著作权包括下列人身权和财产权:……(十二)信息网络传播权，即以有线或者无线方式向公众提供，使公众可以在其选定的时间和地点获得作品的权利……。”丁未经许可将受版权保护的歌曲在网络上传播侵犯了著作权人王某的信息网络传播权，同时也侵害了录音制品制作者花园公司的信息网络传播权。故 D 选项属于侵权行为。

综上所述，本题答案为 ABD 项。

48 1203063

参考答案:A,C,D

解析:A 项:《著作权法》第 2 条规定:“中国公民、法人或者非法人组织的作品，不论是否发表，依照本法享有著作权。”甲是我国公民，因此甲的小说无论发表与否均享有著作权，受我国著作权法保护。因此，A 项错误，当选。

B 项:演绎作品，又称派生作品，是指在已有作品的基础上，经过改编、翻译、注释、整理等创造性劳动而产生的作品。翻译，是指将作品从一种语言文字转换成为另一种语言文字;改编，是指改编作品，创作出具有独创性的新作品;因此，翻译、改编他人作品而产生的新作品均称为演绎作品。因此，B 项正确，不当选。

C 项:《著作权法》第 13 条规定:“改编、翻译、注释、整理已有作品而产生的作品，其著作权由改编、翻译、注释、整理人享有，但行使著作权时不得侵犯原作品的著作权。”因而对演绎作品的使用，既要征得原作品著作权人同意，又要征得每一演绎人的同意并应当分别向有关著作权人支付报酬。因此，C 项错误，当选。

D 项:《著作权法》第 16 条规定:“使用改编、翻译、注释、整理、汇编已有作品而产生的作品进行出版、演出和制作录音录像制品，应当取得该作品的著作权人和原作品的著作权人许可，并支付报酬。”因此丁杂志社应当分别征得甲乙丙的同意，并支付报酬。因此，D 项错误，当选。

综上所述，本题为选非题，答案为 ACD 项。

49 1103062

参考答案:B,C

解析:A 项:作为邻接权人，播放者对其广播信号享有禁止非经许可的转播、录制、复制的权利。本题中，甲电视台尚未播放，因此，尚未形成“广播信号”，因此，甲作为邻接权人(播放者)尚不享有播放权。因此，A 项错误。

B 项:《著作权法》第 10 条第 1 款第 5 项规定:“著作权包括下列人身权和财产权:(五)复制权，即以印刷、复印、拓印、录音、录像、翻录、翻拍、数字化等方式将作品制作一份或者多份的权利”。甲电视台对其创作并录制的娱乐节目享有著作权。乙电视台擅自复制侵害了甲电视台对该作品的复制权。因此，B 项正确。

CD 项:贺某对该侵权行为存在共同故意，构成共同侵权，依据《民法典》第 1168 条，二人以上共同实施侵权行为，造成他人损害的，应当承担连带责任。因此，C 项正确，D 项错误。

综上所述，本题答案为 BC 项。

50 1103063

参考答案:A,B,D

解析:AB 项:首先《著作权法》第 53 条规定了避开技术措施或为他人避开技术措施提供装置技术的行为属于侵权行为:“有下列侵权行为的，应当根据情况，承担本法第五十二条规定的民事责任……(六)未经著作权人或者与著作权有关的权利人许可，故意避开或者破坏技术措施的，故意制造、进口或者向他人提供主要用于避开、破坏技术措施的装置或者部件的，或者故意为他人避开或者破坏技术措施提供技术服务的，法律、行政法规另有规定的除外;……”

而《著作权法》第 50 条规定了可以避开技术措施的 5 种情形:“下列情形可以避开技术措施，但不得向他人提供避开技术措施的技术、装置或者部件，不得侵犯权利人依法享有的其他权利:(一)为学校课堂教学或者科学研究，提供少量已经发表的作品，供教学或者科研人员使用，而该作品无法通过正常途径获取；（二）不以营利为目的，以阅读障碍者能够感知的无障碍方式向其提供已经发表的作品，而该作品无法通过正常途径获取；（三）国家机关依照行政、监察、司法程序执行公务；（四）对计算机及其系统或者网络的安全性能进行测试；（五）进行加密研究或者计算机软件反向工程研究。前款规定适用于对与著作权有关的权利的限制。”

丙的行为属于为他人提供避开技术措施的装置技术，不适用上述免责事由，丁的行为属于避开技术措施的行为，但不属于上述 5 种情形中的任何一种，因此二人都不适用免责事由。此处要注意，【避开技术措施的免责事由只有这 5 种】，不适用合理使用的 12 种情形，因此不要看到丁只是个人观看就认为他属于合理使用而不侵权。所以丙和丁的行为都侵犯了著作权，A、B 项正确。

C 项：甲公司作为电影《愿者上钩》的著作权人，在保护期内其著作权当然受保护，甲仅仅只是转让了其著作财产权中的信息网络传播权，还享有其他的著作财产权，故甲公司并没有丧失著作权人主体资格，C 项错误。

D 项：乙网站受让信息网络传播权后，是该权利的权利人，有权以自己名义起诉侵权行为人。D 项正确。

综上所述，本题答案为 ABD 项。

二、模拟训练

51 62106044

参考答案：A

解析：A 项：根据《著作权法》第 11 条第 2 款的规定：“创作作品的自然人是作者。”只是进行辅助工作的人不是作者，如提供资金支持、咨询意见、组织工作等。丁只是提供了素材，实际的撰写是由乙丙进行的，故乙丙是作者，丁不是作者。因此 A 项正确。

B 项：根据《著作权法》第 19 条的规定：“受委托创作的作品，著作权的归属由委托人和受托人通过合同约定。合同未作明确约定或者没有订立合同的，著作权属于受托人。”甲委托乙和丙创作小说，没有约定权利归属，著作权应属于受托人乙和丙。甲对该小说不享有著作权，星星公司改编该小说改编也无需经过甲的同意。因此 B 项错误。

C 项：根据《著作权法》第 14 条第 2 款的规定：“合作作品的著作权由合作作者通过协商一致行使；不能协商一致，又无正当理由的，任何一方不得阻止他方行使除转让、许可他人专有使用、出质以外的其他权利，但是所得收益应当合理分配给所有合作作者。”乙丙二人共同创作的小说属于合作作品，乙不同意星星公司改编小说，说明二人未协商一致，但乙无正当理由，不得阻止丙行使除转让、许可他人专有使用、出质以外的其他权利，故即使乙不同意，丙也可普通许可星星公司改编小说。因此，C 项错误。

D 项：根据《著作权法》第 24 条第 1 款的规定：“在下列情况下使用作品，可以不经著作权人许可，不向其支付报酬，但应当指明作者姓名或者名称、作品名称，并且不得影响该作品的正常使用，也不得不合理地损害著作权人的合法权益：……（九）免费表演已经发表的作品，该表演未向公众收取费用，也未向表演者支付报酬，且不以营利为目的；……”小河话剧社的表演属于募捐演出，会向公众收取费用，再将该部分收益专用于赈灾，不符合免费表演“三不”的条件，不属于合理使用，故小河话剧社公开表演作品需要著作权人乙和丙的许可。因此，D 项错误。

综上所述，本题答案为 A 项。

52 62206194

参考答案：A

解析：A 项：根据《著作权法》第 39 条规定：“著作权包括下列人身权和财产权：……（九）表演权，即公开表演作品，以及用各种手段公开播送作品的表演的权利；……”何某作为《红墙叹》的著作权人，享有表演权，红太阳公司在舞台剧中播放《红墙叹》，属于公开播送对何某作品的表演的行为，受表演权控制，未经何某许可并付费的行为侵犯了何某的表演权，也即侵犯了何某的著作权。因此，A 项正确。

B 项：根据《著作权法》第 39 条规定：“表演者对其表演享有下列权利：……（五）许可他人复制、发行、出租录有其表演的录音录像制品，并获得报酬；……”张某演唱歌曲，对其表演享有表演者权，但张某作为表演者只能控制复制、发行、出租录有其表演的录制品的行为，红太阳公司的行为是播放录制品，不在表演者权的控制范围内，不会侵犯张某的表演者权。因此，B项错误。
C项：根据《著作权法》第45条规定：“将录音制品用于有线或者无线公开传播，或者通过传送声音的技术设备向公众公开播送的，应当向录音制作者支付报酬。”录音制作者甲公司对广播录音和公开播送录音的行为享有获酬权，红太阳公司向公众公开播放录音，只需要向甲公司支付报酬，但无需经其同意。因此，C项错误。
D项：根据《著作权法》第24条规定：“在下列情况下使用作品，可以不经著作权人许可，不向其支付报酬，但应当指明作者姓名或者名称、作品名称，并且不得影响该作品的正常使用，也不得不合理地损害著作权人的合法权益：(一)为个人学习、研究或者欣赏，使用他人已经发表的作品……”李某虽然将CD转成MP3，再现了作品，受复制权控制，但其仅仅存储在自己的手机中供个人欣赏，未进行商业利用，构成合理使用而不侵权，不需要经何某同意或支付报酬。因此，D项错误。
综上所述，本题答案为A项。

53 62106005

参考答案：B
解析：A项：根据《著作权法》第39条第1款第5项规定：“表演者对其表演享有下列权利：……(五)许可他人复制、发行、出租录有其表演的录音录像制品，并获得报酬；……”题目中看到“出租”，要看出租的对象是什么，是录制品一定会侵犯录制者的出租权，然后再看该录制品录制的内容是什么，如果录制了表演者的表演，出租行为还会同时侵犯表演者的出租权。本题中丙公司录制的唱片中包含乙的表演，因此丙公司出租唱片，需要取得乙的许可并支付报酬，否则构成侵权。因此，A项错误。
B项：根据《著作权法》第45条规定：“将录音制品用于有线或者无线公开传播，或者通过传送声音的技术设备向公众公开播送的，应当向录音制作者支付报酬。”对于广播录音制品和公开播送录音制品的行为，录音制作者享有获酬权。丁广播电台广播丙公司录制的唱片，应当向录音制作者丙公司支付报酬，但无需经过丙公司同意。因此，B项正确。
C项：根据《著作权法》第46条第2款规定：“广播电台、电视台播放他人已发表的作品，可以不经著作权人许可，但应当按照规定支付报酬。”甲是歌曲的著作权人，丁广播电台广播唱片也是在广播甲的作品，该作品已经发表，丁电台无需经甲的同意，只需付费。因此，C项错误。
D项：戊将唱片上传到网上，是受信息网络传播权控制的行为，甲作为著作权人、乙作为表演者、丙公司作为录音制作者，都享有信息网络传播权，故戊的行为同时侵犯了甲乙丙三者的信息网络传播权。因此，D项错误。
综上所述，本题答案为B项。

54 62206193

参考答案：A,B,D
解析：AB项：根据《著作权法》第47条第1款规定：“广播电台、电视台有权禁止未经其许可的下列行为：(一)将其播放的广播、电视以有线或者无线方式转播；(二)将其播放的广播、电视录制以及复制；(三)将其播放的广播、电视通过信息网络向公众传播。”故乙电视台未经许可转播的行为，侵犯了甲电视台的第(一)项权利。因此，A项正确。球迷丁未经许可录制甲电视台的现场直播，并将甲电视台播放的电视上传到网上，侵犯了甲电视台的第(二)、(三)项权利。因此，B项正确。
C项：根据《著作权法实施条例》第5条规定：“……(六)表演者，是指演员、演出单位或者其他表演文学、艺术作品的人。”足球比赛是竞技体育活动，不是表演，足球运动员也不是表演者，丙也没有表演者权。因此，C项错误。
D项：根据《民法典》第1195条第1款规定：“网络用户利用网络服务实施侵权行为的，权利人有权通知网络服务提供者采取删除、屏蔽、断开链接等必要措施。通知应当包括构成侵权的初步证据及权利人的真实身份信息。”故广播组织者甲电视台有权通知短视频平台删除侵权视频。因此，D项正确。
综上所述，本题答案为ABD项。

55 61906314

参考答案：C

解析：A 项：《著作权法》第 22 条规定："作者的署名权、修改权、保护作品完整权的保护期不受限制。"第 23 条第 1 款规定："自然人的作品，其发表权、本法第十条第一款第（五）项至第（十七）项规定的权利的保护期为作者终生及其死亡后五十年，截止于作者死亡后第五十年的 12 月 31 日；如果是合作作品，截止于最后死亡的作者死亡后第五十年的 12 月 31 日。"张某该画的发表权保护期是有限制的，只保护作者终生 + 死后 50 年。因此，A 项错误。

B 项：《著作权法》第 21 条第 1 款规定："著作权属于自然人的，自然人死亡后，其本法第十条第一款第（五）项至第（十七）项规定的权利在本法规定的保护期内，依法转移。"著作人身权不能继承和转让，张某死后，该画著作权中的财产权移转给其继承人，而非全部的著作权。因此，B 项错误。

C 项：《著作权法》第 20 条第 1 款规定："作品原件所有权的转移，不改变作品著作权的归属，但美术、摄影作品原件的展览权由原件所有人享有。"张某将画赠与李某后，李某为该画的原件所有人，享有原件的展览权。因此，C 项正确。

D 项：《著作权法》第 23 条第 1 款规定："自然人的作品，其发表权、本法第十条第一款第（五）项至第（十七）项规定的权利的保护期为作者终生及其死亡后五十年，截止于作者死亡后第五十年的 12 月 31 日；如果是合作作品，截止于最后死亡的作者死亡后第五十年的 12 月 31 日。"展览权属于财产权，保护期截止到作者死亡后第 50 年的 12 月 31 日，具体到本题中应为 2067 年 12 月 31 日。因此，D 项错误。

综上所述，本题答案为 C。

56 62306047

参考答案：C,D

解析：A 项：根据《著作权法》第 16 条规定："使用改编、翻译、注释、整理、汇编已有作品而产生的作品进行出版、演出和制作录音录像制品，应当取得该作品的著作权人和原作品的著作权人许可，并支付报酬。"话剧在小说的基础上改编而成，属于演绎作品，麻花公司想要使用演绎作品，应当经过原著作权人甲和演绎作品著作权人开心话剧社的双重同意，并支付报酬。故 A 项错误。

B 项：根据《著作权法》第 40 条规定："演员为完成本演出单位的演出任务进行的表演为职务表演，演员享有表明身份和保护表演形象不受歪曲的权利，其他权利归属由当事人约定。当事人没有约定或者约定不明确的，职务表演的权利由演出单位享有。职务表演的权利由演员享有的，演出单位可以在其业务范围内免费使用该表演。"李某和苏某演出话剧是在完成话剧社的演出任务，故该表演属于职务表演，双方未约定权利归属，应由开心话剧社享有表演者权中的财产权。乙公司录制演出应经过开心话剧社的同意并支付报酬，而非李某和苏某。故 B 项错误。

C 项：根据《著作权法》第 44 条第 1 款的规定："录音录像制作者对其制作的录音录像制品，享有许可他人复制、发行、出租、通过信息网络向公众传播并获得报酬的权利……"丁从网上下载视频，剪辑高光片段后又上传到网上，属于复制录像和信息网络传播录像的行为，需要经录制者乙公司的同意并支付报酬。故 C 项正确。

D 项：根据《著作权法》第 49 条第 2 款的规定："未经权利人许可，任何组织或者个人不得故意避开或者破坏技术措施，不得以避开或者破坏技术措施为目的制造、进口或者向公众提供有关装置或者部件，不得故意为他人避开或者破坏技术措施提供技术服务。但是，法律、行政法规规定可以避开的情形除外。"乙公司对自己的录像设置仅供会员观看和下载，属于采取了技术措施，戊未经许可，故意避开技术措施的行为侵犯了乙公司的权利。故 D 项正确。

综上所述，本题正确答案是 CD 项。

57 62306046

参考答案：A,C

解析：A 项：根据《著作权法》第 20 条第 2 款规定："作者将未发表的美术、摄影作品的原件所有权转让给他人，受让人展览该原件不构成对作者发表权的侵犯。"《秋水图》是美术作品，因赠送给乙而发生所有权转移，受让人乙享有原件展览权，展览该画不侵犯甲的发表权。故 A 项错误，当选。

B 项：根据《著作权法》第 10 条第 1 款规定："著

作权包括下列人身权和财产权：……（二）署名权，即表明作者身份，在作品上署名的权利……”是否侵权署名权的判断核心在于，是否违背了作者的决定和意志。作者甲已经决定不在作品上署名，丙擅自在甲的作品上增加署名的行为违背了作者的决定和意志，侵犯了甲的署名权。故B项正确，不当选。CD项：《西南之秋》编排独特，在挑选和编排上体现出独创性，因此构成汇编作品，虽然丙未经甲许可汇编的甲的作品，侵犯甲的著作权，但侵权行为不影响丙对该汇编作品享有著作权。在题目里看到“出租”时，只要出租的对象不是视听作品、计算机软件的原件或复制件，一定不可能侵犯著作权人的出租权，丁出租的对象是图书，不是前述两种作品，因此不可能侵犯出租权。故C项错误，当选。而丁印刷图书的行为再现了作品，受复制权控制，未经许可侵犯了丙的复制权。故D项正确，不当选。
综上所述，本题为选非题，答案是AC项。

第二章 专利法

参考答案

[1] A	[2] D	[3] BD	[4] BCD	[5] BCD
[6] BCD	[7] D	[8] D	[9] C	[10] D
[11] D	[12] A	[13] C	[14] CD	[15] AC
[16] A	[17] A	[18] C	[19] C	[20] B
[21] C	[22] B	[23] D	[24] A	[25] C
[26] B	[27] B	[28] D	[29] D	[30] D
[31] AB	[32] BD	[33] AC	[34] ABCD	[35] AC
[36] CD	[37] ABCD	[38] BD	[39] BD	[40] ABCD
[41] ABCD	[42] ACD	[43] ABCD	[44] B	[45] B
[46] B	[47] B	[48] BD		

一、历年真题及仿真题

（一）专利权客体

【单选】

1 2402001

参考答案：A

解析：ABCD选项：根据《专利法》第2条第3款规定：“实用新型，是指对产品的形状、构造或者其结合所提出的适于实用的新的技术方案。”本题中，枕头具有特殊的形状，属于形状、构造方面，能够缓解颈部压力，满足实用新型的授予条件，A选项当选；特殊材质制作的衣架具有增加承重的功能，与形状、构造无关，属于对产品改进提出的新技术方案，B选项不当选；外观新颖奇特的杯子，属于对产品的整体形状所作出的富有美感并适于工业应用的新设计，C选项不当选；检测奶牛是否有乳腺炎的新方法属于对原有技术方法改进提出的新技术方案，D选项不当选。
综上所述，本题正确答案为A。

2 2302104

参考答案：D

解析：ABCD选项：根据《专利法》第2条第3款规定：“实用新型，是指对产品的形状、构造或者其结合所提出的适于实用的新的技术方案。”本题中，缓解感冒的药物与产品的形状、构造无关；壁灯虽然造型新颖好看但是没有改进技术性能，不具有创造性；实用新型专利并不包括方法，所以ABC选项不当选；D选项中的座椅具有特定的弧度，能有效缓解腰部酸疼，涉及对产品的形状、构造所提出的适于实用的新的技术方案，所以D选项当选。
综上所述，本题正确答案为D。

【多选】

3 1303064

参考答案：B,D

解析：根据我国《专利法》第25条规定：“对下列各项，不授予专利权：（一）科学发现；（二）智力活动的规则和方法；（三）疾病的诊断和治疗方法；（四）动物和植物品种；（五）原子核变换方法以及用原子核变换方法获得的物质；（六）对平面印刷品的图案、色彩或者二者的结合作出的主要起标识作用的设计。对前款第（四）项所列产品的生产方法，可以依照本法规定授予专利权。”疾病的诊断和治疗方法由于不能用工业方法制造和使用，因此不适用于专利保护。而药品及用于诊断，或者治疗疾病的仪器、设备或者器械等，只要具备专利条件，就可以被授予专利。

A 项：A 项属于上述（一）科学发现不能授予专利权，故 A 项错误。

BD 项：BD 项分别是治疗疾病的仪器和药品，可以申请专利。因此，BD 项正确。

C 项：C 项属于上述（三）疾病的诊断和治疗方法不能授予专利权。故 C 项错误。

综上所述，本题答案为 BD 项。

（二）专利权主体

【多选】

4 1203064

参考答案：B,C,D

解析：《专利法》第 6 条第 1 款规定："执行本单位的任务或者主要是利用本单位的物质技术条件所完成的发明创造为职务发明创造。职务发明创造申请专利的权利属于该单位；申请被批准后，该单位为专利权人……"《专利法实施细则》第 13 条第 1 款规定："《专利法》第六条所称执行本单位的任务所完成的职务发明创造，是指：（一）在本职工作中作出的发明创造；（二）履行本单位交付的本职工作之外的任务所作出的发明创造；（三）退休、调离原单位后或者劳动、人事关系终止后 1 年内作出的，与其在原单位承担的本职工作或者原单位分配的任务有关的发明创造。"由此可见，职务发明创造包括两类，即执行本单位任务和主要利用本单位的物质技术条件，而本单位的任务需要做扩大性解释，无论王某是利用什么时间、有无利用单位物质技术条件，研发鼠标是其本职工作，专利申请权都属于单位。

A 项：王某利用业余时间研发新鼠标，虽然是业余时间但是研发内容属于其工作，职务专利申请权应属于甲公司。故 A 选项说法正确，不当选。

B 项：王某没有利用甲公司物质技术条件研发出新鼠标，但研发内容属于其工作职责，其专利申请权仍应属于甲公司。B 选项说法错误，当选。

C 项：王某研发出新型手机主要是利用了单位物质技术条件，因此其专利申请权应属于单位。故 C 选项说法错误，当选 。

D 项：并未明确王某离职的时间，若尚未满一年，专利申请权仍然归甲公司，故 D 选项说法错误，当选。

综上所述，本题为选非题，答案为 BCD 项。

5 1003062

参考答案：B,C,D

解析：ABCD 项：《民法典》第 860 条规定："合作开发完成的发明创造，申请专利的权利属于合作开发的当事人共有；当事人一方转让其共有的专利申请权的，其他各方享有以同等条件优先受让的权利。但是，当事人另有约定的除外。合作开发的当事人一方声明放弃其共有的专利申请权的，除当事人另有约定外，可以由另一方单独申请或者由其他各方共同申请。申请人取得专利权的，放弃专利申请权的一方可以免费实施该专利。合作开发的当事人一方不同意申请专利的，另一方或者其他各方不得申请专利。"本题中，乙不同意申请专利但是并没有声明放弃其共有的专利申请权，因此依据规定，甲、丙不得申请专利。因此，BCD 项错误，当选；A 项正确，不当选。

综上所述，本题为选非题，答案为 BCD 项。

6 1003065

参考答案：B,C,D

解析：ABCD 项：《专利法》第 6 条第 1 款规定："执行本单位的任务或者主要是利用本单位的物质技术条件所完成的发明创造为职务发明创造。职务发明创造申请专利的权利属于该单位；申请被批准后，该单位为专利权人。"《专利法实施细则》第 13 条第 1 款规定："《专利法》第六条所称执行本单位的任务所完成的职务发明创造，是指……（三）退休、调离原单位后或者劳动、人事关系终止后 1 年内作出的，与其在原单位承担的本职工作或者原单位分配的任务有关的发明创造。"因此，调动工作后 1 年内作出的与其在原单位承担的本职工作有关的发明创造是职务发明创造，申请被批准后，单位为专利权人。本题中，乙于 2007 年 3 月辞职到丙公司，2008 年 1 月开发出新型汽车节油装置技术，此时并没有超过 1 年，因此乙开发出的新型汽车节油装置技术仍然属于职务发明，申请专利的权利属于甲公司，申请被批准后，甲公司为专利权人。因此，BCD 项错误，当选；A 项正确，不当选。
综上所述，本题为选非题，答案为 BCD 项。

（三）专利权的内容和限制

【单选】

7 2302060

参考答案：D

解析：ABCD 项：根据《专利法》第 47 条第 2 款规定："宣告专利权无效的决定，对在宣告专利权无效前人民法院作出并已执行的专利侵权的判决、调解书，已经履行或者强制执行的专利侵权纠纷处理决定，以及已经履行的专利实施许可合同和专利权转让合同，不具有追溯力。但是因专利权人的恶意给他人造成的损失，应当给予赔偿。"陈某的专利虽然被宣告无效，但对无效宣告前已经履行的专利实施许可合同没有溯及力，也即无需返还甲公司 2022 年前已经支付的 30 万元，但对于 2022 年甲公司还未支付的 10 万元，属于还未履行的部分，甲公司无需再支付。因此，AB 项错误。
专利无效宣告对法院作出并已执行的专利侵权判决也无溯及力，乙公司已经支付了 20 万元赔偿金，陈某也无需返还。因此 C 项错误，D 项正确。
综上所述，本题答案为 D 项。

8 2102163

参考答案：D

解析：ABCD 项：《专利法》第 51 条规定："任何单位或者个人有意愿实施开放许可的专利的，以书面方式通知专利权人，并依照公告的许可使用费支付方式、标准支付许可使用费后，即获得专利实施许可。开放许可实施期间，对专利权人缴纳专利年费相应给予减免。实行开放许可的专利权人可以与被许可人就许可使用费进行协商后给予普通许可，但不得就该专利给予独占或者排他许可。"由此可知，ABC 项正确，D 项错误。
综上所述，本题为选非题，答案为 D 项。

9 1403016

参考答案：C

解析：A 项：《最高人民法院关于审理技术合同纠纷案件适用法律若干问题的解释》第 8 条第 1 款规定："生产产品或者提供服务依法须经有关部门审批或者取得行政许可，而未经审批或者许可的，不影响当事人订立的相关技术合同的效力。"故乙公司尚未依法获得药品生产许可证不影响甲、乙公司订立专利申请权转让合同的效力。所以，A 项错误。
BC 项：《专利法》第 10 条第 3 款规定，"转让专利申请权或者专利权的，当事人应当订立书面合同，并向国务院专利行政部门登记，由国务院专利行政部门予以公告。专利申请权或者专利权的转让自登记之日起生效。"法条并未规定专利申请权转让合同自登记后生效，合同的效力不受登记手续的影响。所以，B 项错误。专利申请权转让自登记之日起生效。所以，C 项正确，当选。
D 项：《最高人民法院关于审理技术合同纠纷案件适用法律若干问题的解释》第 23 条第 1 款规定："专利申请权转让合同当事人以专利申请被驳回或者被视为撤回为由请求解除合同，该事实发生在依照专利法第十条第三款的规定办理专利申请权转让登记之前的，人民法院应当予以支持；发生在转让登记之后的，不予支持，但当事人另有约定的除外。"故甲乙已经办理了登记手续后，虽然专利申请因缺乏新颖性被驳回，但乙公司无权解除合同。所以，D 项错误。
综上所述，本题正确答案为 C 项。

（四）专利权侵权

【单选】

10 2002097

参考答案：D

解析：AB 项：根据《关于审理侵犯专利权纠纷案件应用法律若干问题的解释（二）》第 26 条的规定："被告构成对专利权的侵犯，权利人请求判令其停止侵权行为的，人民法院应予支持，但基于国家利益、公共利益的考量，人民法院可以不判令被告停止被诉行为，而判令其支付相应的合理费用。"因此，AB 项正确，不当选。
CD 项：根据《关于审理侵犯专利权纠纷案件应用

法律若干问题的解释（二）》第 28 条的规定："权利人、侵权人依法约定专利侵权的赔偿数额或者赔偿计算方法，并在专利侵权诉讼中主张依据该约定确定赔偿数额的，人民法院应予支持。"法院应该支持依法约定的赔偿数额或计算方法。因此，C 项正确，不当选，D 项错误，当选。

综上所述，本题为选非题，答案为 D 项。

11 1902043

参考答案：D

解析：[命题陷阱] 本题的关键是乙公司虽然自主研发出车载空调的技术，但是当时甲公司已经取得了该技术的专利，所以乙公司不是先用权人，无权实施该技术。乙公司未经甲公司许可"制造并销售"的车载空调就属于盗版，侵犯了甲公司的专利权；丙公司和丁公司未经许可"销售"了侵犯专利权的产品，侵犯了甲公司的专利权，戊公司未经许可"使用"了该专利产品，侵犯了甲公司的专利权。但是丙、丁、戊属于善意侵权，只是认定侵权，不承担赔偿责任，且戊如果证明给付了合理的对价也可以主张不停止使用。

A 项：根据《专利法》第 75 条第 2 项的规定："有下列情形之一的，不视为侵犯专利权：（二）在专利申请日前已经制造相同产品、使用相同方法或者已经作好制造、使用的必要准备，并且仅在原有范围内继续制造、使用的；"本案中，甲公司获得专利权，乙公司在甲公司获得专利后自主研发的技术不属于先用权，所以乙公司未经许可制造和销售的行为应认定为侵权行为，且需停止侵权，并承担赔偿责任。因此，A 项错误。

BCD 项：根据《专利法》第 77 条的规定："为生产经营目的的使用、许诺销售或者销售不知道是未经专利权人许可而制造并售出的专利侵权产品，能证明该产品合法来源的，不承担赔偿责任。"《关于审理侵犯专利权纠纷案件应用法律若干问题的解释（二）》第 25 条第 1 款的规定："为生产经营目的的使用、许诺销售或者销售不知道是未经专利权人许可而制造并售出的专利侵权产品，且举证证明该产品合法来源的，对于权利人请求停止上述使用、许诺销售、销售行为的主张，人民法院应予支持，但被诉侵权产品的使用者举证证明其已支付该产品的合理对价的除外。"丙公司和丁公司作为"善意销售"者，虽认定为侵权行为，需停止侵权，但不承担赔偿责任。因此，BC 项错误。戊公司作为"善意使用"者，虽然认定为侵权行为，但如果证明给付了合理的对价，也可以主张不停止使用。因此，D 项正确。

综上所述，本题答案为 D 项。

12 1603014

参考答案：A

解析：ABCD 项：《专利法》第 77 条规定："为生产经营目的的使用、许诺销售或者销售不知道是未经专利权人许可而制造并售出的专利侵权产品，能证明该产品合法来源的，不承担赔偿责任。"《专利法解释二》第 25 条规定："为生产经营目的的使用、许诺销售或者销售不知道是未经专利权人许可而制造并售出的专利侵权产品，且举证证明该产品合法来源的，对于权利人请求停止上述使用、许诺销售、销售行为的主张，人民法院应予支持，但被诉侵权产品的使用者举证证明其已支付该产品的合理对价的除外。"甲公司并不知情而使用未经专利权人许可的制造的专利产品，不承担赔偿责任；且甲公司已经支付合理对价，无须停止使用。因此，A 项正确，BCD 项错误。

综上所述，本题答案为 A 项。

13 1603016

参考答案：C

解析：《专利法》第 75 条规定："有下列情形之一的，不视为侵犯专利权：（一）专利产品或者依照专利方法直接获得的产品，由专利权人或者经其许可的单位、个人售出后，使用、许诺销售、销售、进口该产品的；……（三）临时通过中国领陆、领水、领空的外国运输工具，依照其所属国同中国签订的协议或者共同参加的国际条约，或者依照互惠原则，为运输工具自身需要而在其装置和设备中使用有关专利的；（四）专为科学研究和实验而使用有关专利的……。"AB 项对应（一）项，C 项为了各种新型车的碰撞试验是以生产经营为目的的不符合（四）项，D 项对应（三）项。所以，C 项构成侵权。所以，C 项正确。

综上所述，本题答案为 C 项。

【多选】

14 1802062

参考答案：C,D

解析：A 项：根据《专利法》第 34、35、39 条之规定，发明专利的审查实行“早期公开，请求审查”制度，专利申请经初步审查认为符合形式要求的，自申请日起满 18 个月，即行公布。早期公开的目的是让其他权利人提异议。而发明专利申请自申请日起 3 年内，申请人可以随时提出实质审查的请求。经过实质审查没有发现驳回理由的，由国务院专利行政部门作出授予发明专利权的决定，发给发明专利证书，同时予以登记和公告。发明专利权自公告之日起生效。由此可知，发明专利权申请公布后，专利局公告授权之前，申请人还未获得专利权，因此第三人在此期间未经同意实施该技术的行为并不构成侵权，故 A 选项错误。

B 项：《专利法》第 75 条规定：“有下列情形之一的，不视为侵犯专利权：（一）专利产品或者依照专利方法直接获得的产品，由专利权人或者经其许可的单位、个人售出后，使用、许诺销售、销售、进口该产品的；……”由此可知，专利权人制造的专利产品售出后，使用该产品的行为不视为侵犯专利权，这称为“首次销售”原则，故 B 选项不选。

C 项：根据《专利法》第 75 条第 4 项的规定：“专为科学研究和实验而使用有关专利的不视为侵犯专利权”，法律限定为使用行为，不是制造行为，因为专为科学研究而制造有关专利产品的会影响到专利权人的商业利益，构成侵权，故 C 选项当选。

D 项：根据《专利法》第 77 条规定：“为生产经营目的的使用、许诺销售或者销售不知道是未经专利权人许可而制造并售出的专利侵权产品，能证明该产品合法来源的，不承担赔偿责任。”由此可知，尽管能够证明其合法来源，但不代表这不是侵权行为，只是不承担赔偿责任而已，这在理论上称为“善意侵权”行为。故 D 选项当选。

综上所述，本题答案为 CD 项。

15 1003018

参考答案：A,C

解析：ABCD 项：根据《专利法》第 71 条第 1、2 款的规定：“侵犯专利权的赔偿数额按照权利人因被侵权所受到的实际损失或者侵权人因侵权所获得的利益确定；权利人的损失或者侵权人获得的利益难以确定的，参照该专利许可使用费的倍数合理确定。对故意侵犯专利权，情节严重的，可以在按照上述方法确定数额的一倍以上五倍以下确定赔偿数额。权利人的损失、侵权人获得的利益和专利许可使用费均难以确定的，人民法院可以根据专利权的类型、侵权行为的性质和情节等因素，确定给予三万元以上五百万元以下的赔偿。”可知，关于侵权赔偿数额计算方法的适用顺序，方法 1：按照权利人因被侵权所受到的实际损失或者按照侵权人因侵权所获得的利益确定；方法 2：参照涉案专利许可使用费的倍数合理确定；方法 3：在权利人的损失、侵权人获得的利益和专利许可使用费均难以确定的情况下，法院可以酌情给予法定赔偿。其中，方法 1 内部的两种计算方式可以择一适用，不限制顺序。甲因侵权行为受到的损失和乙因侵权所获得的利益都可以确定，选择方法一，二者处于同一赔偿顺位，都为乙应对甲赔偿的额度，可以择一适用。具体计算为：甲因乙的侵权行为少销售 100 台，甲销售每件专利产品获利为 2 万元，共损失为 200 万元；乙共销售侵权产品 300 台，乙销售每件专利产品获利 1 万元，共获利 300 万元。因此，AC 项正确，BD 项错误。

（五）综合知识点

【单选】

16 2202105

参考答案：A

解析：AB 项：根据《专利法》第 11 条第 2 款的规定：“外观设计专利权被授予后，任何单位或者个人未经专利权人许可，都不得实施其专利，即不得为生产经营目的的制造、许诺销售、销售、进口其外观设计专利产品。”乙未经专利权人甲许可，以生产经营为目的，擅自制造和销售同样的外观设计专利产品，侵犯了甲的制造权和销售权。故 A 项正确。丁以经营目的，仅擅自使用该外观设计专利，但外观设计专利权人不能控制使用行为，所以丁不构成侵权，故B项错误。

C项：根据《最高人民法院关于审理专利纠纷案件适用法律问题的若干规定（2020年修正）》第5条的规定："人民法院受理的侵犯实用新型、外观设计专利权纠纷案件，被告在答辩期间内请求宣告该项专利权无效的，人民法院应当中止诉讼，但具备下列情形之一的，可以不中止诉讼：（一）原告出具的检索报告或者专利权评价报告未发现导致实用新型或者外观设计专利权无效的事由的；（二）被告提供的证据足以证明其使用的技术已经公知的；（三）被告请求宣告该项专利权无效所提供的证据或者依据的理由明显不充分的；（四）人民法院认为不应当中止诉讼的其他情形。"由此可知，乙在答辩期间向专利行政部门申请宣告该专利无效，法院原则上应中止，但特殊情况下可以不中止，C选项表述过于绝对，故C项错误。

D项：根据《最高人民法院关于审理侵犯专利权纠纷案件应用法律若干问题的解释（二）》第25条第1款规定："为生产经营目的使用、许诺销售或者销售不知道是未经专利权人许可而制造并售出的专利侵权产品，且举证证明该产品合法来源的，对于权利人请求停止上述使用、许诺销售、销售行为的主张，人民法院应予支持，但被诉侵权产品的使用者举证证明其已支付该产品的合理对价的除外。"若丙不知道甲享有专利权，即不知道乙销售的是侵权产品，且能证明合法来源的，属于善意侵权，应当停止侵权，但可以不赔偿损失。因此，D项错误。

综上所述，本题正确答案为A项。

17 2202194

参考答案：A

解析：AB项：《专利法》第24条规定："申请专利的发明创造在申请日以前六个月内，有下列情形之一的，不丧失新颖性：……（二）在中国政府主办或者承认的国际展览会上首次展出的；……"甲公司展出技术的展览会并未说明是中国政府主办或承认，其行为导致技术在申请日前已被公开，从而丧失新颖性。故A项正确。乙公司参加的博览会由中国政府主办，且在展出之日起6个月内提出专利申请，其技术不丧失新颖性。故B项错误。

【只有在中国政府主办或承认的国际展览会上首次展出，才不丧失新颖性，一定要注意展览会是谁举办的，有没有官方性质。另外，此处注意与商标法中的展会优先权相区分，专利法中的优先权只包括国际优先权和国内优先权，在展会上展出不会导致乙公司享有优先权，乙公司的申请日仍是实际提出申请的2021年8月19日】

CD项：《专利法实施细则》第47条第1款规定："两个以上的申请人同日（指申请日；有优先权的，指优先权日）分别就同样的发明创造申请专利的，应当在收到国务院专利行政部门的通知后自行协商确定申请人。"协商不成的，均予以驳回，但协商的前提是申请人同日提出申请，甲和乙并非同日申请，无需协商确定申请人，也不用全部驳回。故C、D项错误。

综上所述，本题答案为A。

18 2102156

参考答案：C

解析：A项：《专利法》第8条规定："两个以上单位或者个人合作完成的发明创造、一个单位或者个人接受其他单位或者个人委托所完成的发明创造，除另有协议的以外，申请专利的权利属于完成或者共同完成的单位或者个人；申请被批准后，申请的单位或者个人为专利权人。"A公司委托B公司设计技术方案，在未约定专利权归属的情形下，该产品的专利权应当归属于受托人B公司，故A项错误。

B项：《民法典》第859条规定："委托开发完成的发明创造，除法律另有规定或者当事人另有约定外，申请专利的权利属于研究开发人。研究开发人取得专利权的，委托人可以依法实施该专利。研究开发人转让专利申请权的，委托人享有以同等条件优先受让的权利。"故B公司完成该技术方案后交付给A公司，A公司作为委托人可以依法实施该专利，即使B公司申请并获得该产品发明专利的情况下，亦不构成侵权。故B项错误

C项：《专利法》第11条第1款规定："发明和实用新型专利权被授予后，除本法另有规定的以外，任何单位或者个人未经专利权人许可，都不得实

施其专利，即不得为生产经营目的制造、使用、许诺销售、销售、进口其专利产品，或者使用其专利方法以及使用、许诺销售、销售、进口依照该专利方法直接获得的产品。”D 公司是该驱动软件的专利权人，授予 C 公司在 3 年内的独占使用权。第 4 年，超出许可期限，C 公司继续使用该驱动软件用于机器制造，A 公司继续销售带有该驱动软件的设备，属于未经许可使用该专利权，侵犯了 D 公司的专利权，故 A 公司应当对 D 公司承担侵权责任。故 C 项正确。

D 项：根据《最高人民法院关于侵犯专利权纠纷案件应用法律问题若干问题解释》第 18 条规定："权利人向他人发出侵犯专利权的警告，被警告人或者利害关系人经书面催告权利人行使诉权，自权利人收到该书面催告之日起一个月内或者自书面催告发出之日起二个月内，权利人不撤回警告也不提起诉讼，被警告人或者利害关系人向人民法院提起请求确认其行为不侵犯专利权的诉讼的，人民法院应当受理。”C 公司并未向 A 公司发出侵权警告，不存在提起确认不侵权诉讼的前提条件，故 D 项错误。

综上所述，C 项正确。

19 2102158

参考答案：C

解析：AD 项：《专利法》第 11 条第 1 款规定："发明和实用新型专利权被授予后，除本法另有规定的以外，任何单位或者个人未经专利权人许可，都不得实施其专利，即不得为生产经营目的制造、使用、许诺销售、销售、进口其专利产品，或者使用其专利方法以及使用、许诺销售、销售、进口依照该专利方法直接获得的产品。”张某是专利权人，A 公司在其网店未经张某授权宣传并实际销售该专利产品，构成对张某销售权和许诺销售权的侵害。但因该电脑膜是 B 公司生产的，故 A 公司未侵犯其制造权。故 AD 项错误。

BC 项：《专利法》第 77 条规定："为生产经营目的使用、许诺销售或者销售不知道是未经专利权人许可而制造并售出的专利侵权产品，能证明该产品合法来源的，不承担赔偿责任。”而 A 公司仅能提供采购合同，而不能提供支付凭证和发票等，无法证明其合法采购的相关凭证，故不能认定为善意侵权，故应当停止侵权并承担赔偿责任。故 B 项错误，C 项正确。

综上所述，本题答案为 C。

20 1902176

参考答案：B

解析：A 项：《专利法》第 75 条第 2 项规定："有下列情形之一的，不视为侵犯专利权：……（二）在专利申请日前已经制造相同产品、使用相同方法或者已经作好制造、使用的必要准备，并且仅在原有范围内继续制造、使用的；”A 公司申请在前，B 公司自主研发在后，B 公司不享有先用权，故不可以在原有范围内继续制造相同产品、使用相同方法。故 A 项错误。

BCD 项：分析 E、C、D 是否要停止侵权、是否要赔偿损失，首先要分析 E、C、D 分别做了何种行为。C 公司购买侵权专利产品并销售，属于销售行为；D 公司购买侵权产品、使用在自己制造的汽车上并销售，也存在销售行为；而 E 公司仅仅是购买安装了侵权产品的汽车，并在经营中使用，只存在使用行为。《侵犯专利权纠纷解释（二）》第 25 条第 1 款规定："为生产经营目的的使用、许诺销售或者销售不知道是未经专利权人许可而制造并售出的专利侵权产品，且举证证明该产品合法来源的，对于权利人请求停止上述使用、许诺销售、销售行为的主张，人民法院应予支持，但被诉侵权产品的使用者举证证明其已支付该产品的合理对价的除外。”使用 / 销售 / 许诺销售 + 不知道是侵权产品 + 能证明合法来源，属于善意侵权，C、D 公司均满足善意侵权的构成要件，应当停止侵权但不用赔偿损失。至于 E 公司，其只存在使用行为，对于善意侵权的【使用人】，如果能证明自己已支付合理对价的，可以继续使用侵权产品，不需要再支付其他费用，故 B 项正确。

【提示：此处一定要分清，如果善意侵权人是销售 / 许诺销售人，则要停止侵权不用赔偿损失，如果善意侵权人是使用人，既不用停止侵权也不用赔偿损失】

综上所述，答案为 B 项。

21 1801103

参考答案：C

解析：ABCD项：专利的授权确权由国务院专利行政部门负责，专利的侵权判断由法院负责。甲的主张是申请专利权归自己所有，也即确权问题，认为乙不能享有专利权，不在法院的职权范围内，因此法院应当驳回甲的请求，甲可以向国务院专利行政部门申请宣告乙的专利无效。

综上所述，本题答案为C项。

22 1801105

参考答案：B

解析：A项：根据《专利法》第11条第2款的规定："外观设计专利权被授予后，任何单位或者个人未经专利权人许可，都不得实施其专利，即不得为生产经营目的制造、许诺销售、销售、进口其外观设计专利产品。"又根据《专利法》第75条第2项规定："有下列情形之一的，不视为侵犯专利权："（二）在专利申请日前已经制造相同产品、使用相同方法或者已经作好制造、使用的必要准备，并且仅在原有范围内继续制造、使用的；"陈某作为外观设计专利权人，有权控制他人以经营为目的的销售行为，即便刘某能证明其独立设计该花瓶，只要不是在陈某申请专利以前就已经开始制造或做好制造准备的且仅在原有范围内继续制造、使用的，也应认定为侵权行为。因此，A项错误。

B项：根据《专利法》第77条的规定："为生产经营目的的使用、许诺销售或者销售不知道是未经专利权人许可而制造并售出的专利侵权产品，能证明该产品合法来源的，不承担赔偿责任。"若刘某能证明从合法渠道以正常价格购入花瓶，且不知道花瓶侵权，说明其为善意销售。善意销售的行为属于侵权行为，刘某应当停止销售，但不承担赔偿责任。因此，B项正确。

C项：根据《专利法》第45条的规定："自国务院专利行政部门公告授予专利权之日起，任何单位或者个人认为该专利权的授予不符合本法有关规定的，可以请求国务院专利行政部门宣告该专利权无效。"据此可知，宣告专利无效应该是国家知识产权局专利局通过行政程序进行，而不是法院通过司法程序进行，刘某应向国家知识产权局专利局申请宣告陈某的专利无效，而不是法院。因此，C项错误。

D项：根据《专利法》第53条的规定："有下列情形之一的，国务院专利行政部门根据具备实施条件的单位或者个人的申请，可以给予实施发明专利或者实用新型专利的强制许可：（一）专利权人自专利权被授予之日起满三年，且自提出专利申请之日起满四年，无正当理由未实施或者未充分实施其专利的……"专利实施的强制许可的标准是授权日起满3年+申请日起满4年，带来的后果是可以经申请而强制许可，并非豁免侵权责任。若专利权人陈某自专利权被授予之日起满三年，且自提出外观设计专利申请之日起满四年，未实施或者未充分实施该外观设计专利的，刘某可申请强制许可，但不豁免其侵权责任，刘某需承担赔偿责任。因此，D项错误。

综上所述，本题答案为B项。

23 1703015

参考答案：D

解析：A项：《专利法》第5条规定："对违反法律、社会公德或者妨害公共利益的发明创造，不授予专利权。对违反法律、行政法规的规定获取或者利用遗传资源，并依赖该遗传资源完成的发明创造，不授予专利权。"《专利法》第25条规定："对下列各项，不授予专利权：（一）科学发现；（二）智力活动的规则和方法；（三）疾病的诊断和治疗方法；（四）动物和植物品种；（五）原子核变换方法以及用原子核变换方法获得的物质；（六）对平面印刷品的图案、色彩或者二者的结合作出的主要起标识作用的设计。对前款第（四）项所列产品的生产方法，可以依照本法规定授予专利权。"由此可知，交通规则并没有利用自然规律，也没有解决技术问题和产生技术效果，不属于技术方案的范围，并非专利法保护的对象，故A选项错误。

B项：疾病的诊断和治疗方法不授予专利权，因为疾病的诊断和治疗过程充满了人为的主观因素，不同人由于主观判断的不同，也会带来不同的诊断结果，授予专利权不利于治病救人，可能还会造成看病费用的上涨。但药品和医疗器械可以被授予专利权。心脏起搏器属于医疗器械的范围，可以被授予专利权。故B选项错误。

C项：动植物新品种不受专利保护，但细菌属于微生物，微生物新品种可以申请专利，故C选项说法错误。

D项：《专利法》第2条规定："本法所称的发明创造是指发明、实用新型和外观设计。发明，是指对产品、方法或者其改进所提出的新的技术方案。实用新型，是指对产品的形状、构造或者其结合所提出的适于实用的新的技术方案。外观设计，是指对产品的整体或者局部的形状、图案或者其结合以及色彩与形状、图案的结合所作出的富有美感并适于工业应用的新设计。"《专利法》第22条规定："授予专利权的发明和实用新型，应当具备新颖性、创造性和实用性。新颖性，是指该发明或者实用新型不属于现有技术；也没有任何单位或者个人就同样的发明或者实用新型在申请日以前向国务院专利行政部门提出过申请，并记载在申请日以后公布的专利申请文件或者公告的专利文件中。创造性，是指与现有技术相比，该发明具有突出的实质性特点和显著的进步，该实用新型具有实质性特点和进步。实用性，是指该发明或者实用新型能够制造或者使用，并且能够产生积极效果。本法所称现有技术，是指申请日以前在国内外为公众所知的技术。"《专利法》第23条规定："授予专利权的外观设计，应当不属于现有设计；也没有任何单位或者个人就同样的外观设计在申请日以前向国务院专利行政部门提出过申请，并记载在申请日以后公告的专利文件中。授予专利权的外观设计与现有设计或者现有设计特征的组合相比，应当具有明显区别。授予专利权的外观设计不得与他人在申请日以前已经取得的合法权利相冲突。本法所称现有设计，是指申请日以前在国内外为公众所知的设计。"据此，该杯子造型能防止滑落，符合实用新型专利的申请条件，可以申请实用新型专利，造型新颖独特富美感，符合外观设计专利的申请条件，可以申请外观设计专利。故D选项正确，当选。

综上所述，本题答案为D项。

24 1603015

参考答案：A

解析：AB项：《专利法》第11条第2款规定："外观设计专利权被授予后，任何单位或者个人未经专利权人许可，都不得实施其专利，即不得为生产经营目的制造、许诺销售、销售、进口其外观设计专利产品。"陶某并未实施制造、销售的行为，所以陶某不构成侵权，所以，A项错误，当选；B项正确，不当选。

CD项：《商标法》第57条第1项规定："有下列行为之一的，均属侵犯注册商标专用权：（一）未经商标注册人的许可，在同一种商品上使用与其注册商标相同的商标的；"陶某与车行构成商标侵权，所以，CD项正确，不当选。

综上所述，本题是选非题，答案为A项。

25 1503018

参考答案：C

解析：A项：根据《专利法》第13条的规定："发明专利申请公布后，申请人可以要求实施其发明的单位或者个人支付适当的费用。"所以支付的适当费用的请求权发生在专利申请公布后，即2011年9月，不是获得专利之前，所以A项两处错误，第一是时间错误，第二是适当的费用不是赔偿费用。所以A项错误。

B项：根据《专利法》第74条第2款规定："发明专利申请公布后至专利权授予前使用该发明未支付适当使用费的，专利权人要求支付使用费的诉讼时效为三年，自专利权人知道或者应当知道他人使用其发明之日起计算，但是，专利权人于专利权授予之日前即已知道或者应当知道的，自专利权授予之日起计算。"所以要求支付适当费用的诉讼时效从专利授予日起算，即2013年7月3日起算，2015年6月起诉诉讼时效尚未经过。所以B项错误。

C项：根据我国《专利法》第39条的规定，发明专利权的取得，由国务院专利行政部门作出授予发明专利权的决定，发给发明专利证书，同时予以登记和公告，发明专利权自公告之日起生效。据此，在甲公司取得该产品专利权之前，乙公司生产销售已申请专利的产品的行为尚不构成侵权。

但是专利公告之日之后侵权，所以 C 项正确。

D 项：丙公司虽然用于组装汽车，但是根据《最高院关于审理侵犯专利权纠纷的案件的应用法律若干问题的解释》的第 12 条第 1 款规定："将侵犯发明或者实用新型专利权的产品作为零部件，制造另一产品的，人民法院应当认定属于专利法第十一条规定的使用行为；销售该另一产品的，人民法院应当认定属于专利法第十一条规定的销售行为。"故丙公司构成侵权。所以 D 项错误。

综上所述，本题答案为 C 项。

26 1303018

参考答案：B

解析：BC 项：根据《专利法》第 45 条规定："自国务院专利行政部门公告授予专利权之日起，任何单位或者个人认为该专利权的授予不符合本法有关规定的，可以请求国务院专利行政部门宣告该专利权无效。"所以宣告无效的主体是国务院专利行政部门，法院不能判决无效。故 B 项不合法，当选；C 项合法，不当选。

AD 项：根据《专利法》第 67 条规定："在专利侵权纠纷中，被控侵权人有证据证明其实施的技术或者设计属于现有技术或者现有设计的，不构成侵犯专利权。"本题该技术在专利申请日前已经属于现有技术，在现有技术基础上开发新技术，无偿使用现有技术，均合法，故 AD 不当选。

综上所述，本题为选非题，答案为 B 项。

27 1203016

参考答案：B

解析：A 项：所谓独占实施许可，是指被许可方在合同约定的时间和地域范围内，独占性拥有许可方专利使用权，排斥包括许可方在内的一切人使用供方技术的一种许可。甲公司与乙公司签订的是专利独占实施许可合同，因此甲公司无权自己实施该专利。故 A 选项错误。

B 项：《民法典》第 875 条规定："当事人可以按照互利的原则，在合同中约定实施专利、使用技术秘密后续改进的技术成果的分享办法；没有约定或者约定不明确，依据本法第五百一十条的规定仍不能确定的，一方后续改进的技术成果，其他各方无权分享。"本题中，由于专利实施许可合同中，没有约定改进技术成果如何分享，因此应当由改进方享有改进技术的知识产权，甲公司无权分享。故 B 选项正确。

CD 项：《民法典》第 850 条规定："非法垄断技术或者侵害他人技术成果的技术合同无效。"同时，《最高人民法院关于审理技术合同纠纷案件适用法律若干问题的解释》第 10 条第 1 项规定："下列情形，属于《民法典》第 850 条所称的'非法垄断技术、妨碍技术进步'：（一）限制当事人一方在合同标的技术基础上进行新的研究开发或者限制其使用所改进的技术，或者双方交换改进技术的条件不对等，包括要求一方将其自行改进的技术无偿提供给对方、非互惠性转让给对方、无偿独占或者共享该改进技术的知识产权……。"故专利实施许可合同中约定的乙公司不得改进专利技术的约定是无效的。所以，乙公司的改进行为是合法行为，不存在侵犯甲公司专利权的情况，也不构成违约。故 CD 选项错误。

综上所述，本题答案为 B 项。

28 1203018

参考答案：D

解析：A 项：《专利法》第 12 条规定："任何单位或者个人实施他人专利的，应当与专利权人订立实施许可合同，向专利权人支付专利使用费。被许可人无权允许合同规定以外的任何单位或者个人实施该专利。"因此，甲公司无权许可其子公司乙公司实施该专利技术。故 A 选项属于侵犯专利权的行为。

B 项：《专利法》第 61 条规定："取得实施强制许可的单位或者个人不享有独占的实施权，并且无权允许他人实施。"因此甲公司无权许可他人实施。故 B 选项属于侵犯专利权的行为。

C 项：《专利法》第 77 条规定："为生产经营目的使用、许诺销售或者销售不知道是未经专利权人许可而制造并售出的专利侵权产品，能证明该产品合法来源的，不承担赔偿责任。"该规定仅表明，若主观无过错，且能证明合法来源，销售行为不承担赔偿责任，但其本质仍然为侵权行为，应立即停止侵权。故 C 项也属于侵犯专利权的行为。

D 项：《专利法》第 75 条第 5 项规定："有下列情

形之一的，不视为侵犯专利权：（五）为提供行政审批所需要的信息，制造、使用、进口专利药品或者专利医疗器械的，以及专门为其制造、进口专利药品或者专利医疗器械的。”因此，为提供行政审批所需要的信息，甲公司未经专利权人的同意而制造其专利药品不属于侵犯专利权的行为。故D项不属于侵犯专利权的行为。

综上所述，本题答案是D项。

29 1103015

参考答案：D

解析：ABCD项：根据《民法典》第861条规定：“委托开发或者合作开发完成的技术秘密成果的使用权、转让权以及收益的分配办法，由当事人约定；没有约定或者约定不明确，依据本法第五百一十条的规定仍不能确定的，在没有相同技术方案被授予专利权前，当事人均有使用和转让的权利。但是，委托开发的研究开发人不得在向委托人交付研究开发成果之前，将研究开发成果转让给第三人。”根据《技术合同解释》第20条规定：“民法典第八百六十一条所称‘当事人均有使用和转让的权利’，包括当事人均有不经对方同意而自己使用或者以普通使用许可的方式许可他人使用技术秘密，并独占由此所获利益的权利。当事人一方将技术秘密成果的转让权让与他人，或者以独占或者排他使用许可的方式许可他人使用技术秘密，未经对方当事人同意或者追认的，应当认定该让与或者许可行为无效。”因此，AB项错误。甲丙之间的普通许可使用合同有效。因此，C项错误。乙丁之间的独占使用许可无效。因此，D项正确。

综上所述，本题答案为D项。

30 1103017

参考答案：D

解析：AB项：《专利法》第10条第1款规定：“专利申请权和专利权可以转让。”第3款规定：“转让专利申请权或者专利权的，当事人应当订立书面合同，并向国务院专利行政部门登记，由国务院专利行政部门予以公告。专利申请权或者专利权的转让自登记之日起生效。”本题中，该技术转让合同符合《民法典》对于合同的要求，属于有效合同。是否享有专利申请权，与是否依据该技术方案制造出产品无关。因此，AB项错误。

CD项：《专利法》第9条第1款规定：“同样的发明创造只能授予一项专利权。但是，同一申请人同日对同样的发明创造既申请实用新型专利又申请发明专利，先获得的实用新型专利权尚未终止，且申请人声明放弃该实用新型专利权的，可以授予发明专利权。”可见，乙公司有权就同一技术方案同时申请发明专利和实用新型专利，但不能就同一技术方案同时获得发明和实用新型专利。因此，D项正确，C项错误。

综上所述，本题答案为D项。

【多选】

31 2102157

参考答案：A,B

解析：ABC项：《专利法》第11条第1款规定：“发明和实用新型专利权被授予后，除本法另有规定的以外，任何单位或者个人未经专利权人许可，都不得实施其专利，即不得为生产经营目的制造、使用、许诺销售、销售、进口其专利产品，或者使用其专利方法以及使用、许诺销售、销售、进口依照该专利方法直接获得的产品。”乙公司未获得授权，私自采用该方法培育苹果树，属于直接使用该专利方法，侵犯了甲公司的专利权。故A项正确。丙公司使用乙公司培育的苹果生产苹果酱的行为，属于直接使用依照该专利方法直接获得的产品，侵犯了甲公司的专利权。故B项正确。丁超市销售的苹果酱属于对A型苹果加工后的产品进行销售，而非销售依照该专利方法直接获得的产品，故不构成侵权。故C项错误。

D项：《专利法》第75条规定：“有下列情形之一的，不视为侵犯专利权：……（四）专为科学研究和实验而使用有关专利的；”戊科学研究院为科学研究和实验而使用甲公司研发的新型培育方法不视为侵犯专利权。故D项错误。

综上所述，AB项正确。

32 2102164

参考答案：B,D

解析：A项：《侵犯商业秘密民事案件规定》第14

条第1款规定:“通过自行开发研制或者反向工程获得被诉侵权信息的,人民法院应当认定不属于反不正当竞争法第九条规定的侵犯商业秘密行为。”乙通过反向工程化验方法破解了甲厂的配方,该行为不属于侵犯商业秘密行为。

B项:《专利法》第22条第2款、第5款规定:“新颖性,是指该发明或者实用新型不属于现有技术;也没有任何单位或者个人就同样的发明或者实用新型在申请日以前向国务院专利行政部门提出过申请,并记载在申请日以后公布的专利申请文件或者公告的专利文件中。本法所称现有技术,是指申请日以前在国内外为公众所知的技术。”该中药制剂的配方并未在国内外为公众所知且甲厂并未就该配方申请专利,因此,未丧失新颖性。故B项正确。

C项:《专利法》第22条第1款规定:“授予专利权的发明和实用新型,应当具备新颖性、创造性和实用性。”该配方具备新颖性、创造性和实用性,满足专利的申请条件,同时乙的行为不属于侵犯商业秘密行为,因此,乙可以就该配方申请专利,但无需给甲厂相应的补偿。故C项错误。

D项:《专利法》第75条第2项规定:“有下列情形之一的,不视为侵犯专利权:(二)在专利申请日前已经制造相同产品、使用相同方法或者已经作好制造、使用的必要准备,并且仅在原有范围内继续制造、使用的;”甲厂在乙申请专利之前就已经使用相同方法制造该产品。因此,甲厂有权在原有范围内继续制造、使用。故D项正确。

综上所述,答案为BD项。

33 2002101

参考答案:A,C

解析:A项:根据《著作权法》第10条第1款第5项的规定:“著作权包括下列人身权和财产权:(五)复制权,即以印刷、复印、拓印、录音、录像、翻录、翻拍、数字化等方式将作品制作一份或者多份的权利;”欢乐公司使用与柴某创作的金丝猴图案高度相似,侵犯了作品的复制权,应当予以赔偿并停止侵权。因此,A项正确。

B项:购买和使用侵犯著作权产品的这一行为本身不属于著作权侵权,大海幼儿园的行为不会侵犯著作权。因此,B项错误。

C项:根据《专利法》第23条第3款的规定:“授予专利权的外观设计不得与他人在申请日以前已经取得的合法权利相冲突。”以及该法第45条规定:“……任何单位或者个人认为该专利权的授予不符合本法有关规定的,可以请求国务院专利行政部门宣告该专利权无效。”外观设计不得侵犯柴某的著作权,柴某可以请求宣告该专利权无效。因此,C项正确。

D项:根据《专利法》第75条第1项的规定:“有下列情形之一的,不视为侵犯专利权:(一)专利产品或者依照专利方法直接获得的产品,由专利权人或者经其许可的单位、个人售出后,使用、许诺销售、销售、进口该产品的;”这是关于专利权用尽的规定,即幼儿园购买了该专利产品后的使用,不构成侵犯专利权。因此,D项错误。

综上所述,本题答案为AC项。

34 1902070

参考答案:A,B,C,D

解析:[命题陷阱]本题的关键是确认侵权抗辩中的“因科研实验”而使用他人专利产品强调的是他人专利产品为科研实验对象,本案中A大学用电脑搞科研,电脑只是科研工具并非科研对象,不属于抗辩理由。另外,专利被无效宣告后,对已经履行的合同、判决、裁定等没有溯及力。给过的钱不退,没给过的钱不给。

A项:根据《专利法》第75条的规定:“有下列情形之一的,不视为侵犯专利权:……(四)专为科学研究和实验而使用有关专利的;……”本条的含义是,如果使用人未经专利权人许可而使用专利产品是属于侵权范畴的,但因为其使用的目的并非商业目的而是为了针对专利产品或技术本身进行科研实验进而改进,专利产品本身是研究实验对象,为了推进技术的发展,《专利法》规定此行为作为侵权的抗辩理由,不认定侵权。但本案中,学校使用电脑搞科研,电脑是科研的工具而非对象,不属于侵权抗辩的理由,因果关系错误。因此,A项错误,当选。

B项:本案的法律关系是乙侵犯了甲的专利权,但乙获得的专利权被宣告无效之前是有效的,丙公司经授权制造、销售电脑，大学使用电脑等行为均属于合法行为，丙公司以及大学并没有对甲的专利侵权。且大学只是跟丙公司形成了电脑的买卖合同关系，并没有与甲发生专利许可关系，所以大学无需向甲支付专利使用费。因此，B 项错误，当选。

C 项：根据《专利法》第 45 条的规定："自国务院专利行政部门公告授予专利权之日起，任何单位或者个人认为该专利权的授予不符合本法有关规定的，可以请求国务院专利行政部门宣告该专利权无效。"专利授权及宣告无效均为行政行为，由国务院专利行政部门进行。法院无法通过司法行为宣告专利无效。因此，C 项错误，当选。

D 项：《专利法》第 47 条第 1、2 款规定："宣告无效的专利权视为自始即不存在。宣告专利权无效的决定，对在宣告专利权无效前人民法院作出并已执行的专利侵权的判决、调解书，已经履行或者强制执行的专利侵权纠纷处理决定，以及已经履行的专利实施许可合同和专利权转让合同，不具有追溯力。但是因专利权人的恶意给他人造成的损失，应当给予赔偿。"即使乙的专利被宣告无效，对已经履行过的许可合同没有溯及力，丙公司不能主张返还。因此，D 项错误，当选。

综上所述，本题为选非题，答案为 ABCD 项。

35 1902071

参考答案：A,C

解析：[命题陷阱] 1. 本题考查了善意侵权，考生需要准确掌握专利的善意侵权人只包括【发明和实用新型】的销售 / 许诺销售 / 使用人，【制造人不可能构成善意侵权】，乙公司未经专利权人许可而制造专利产品，构成侵权，需承担赔偿责任；2. 外观设计专利权人控制的范围中【不包括使用】，所以丙公司的使用行为没有侵犯甲公司的外观设计专利权。

A 项：冯某对其绘制的熊猫图案享有著作权，甲公司未经许可将冯某享有权利的图案申请外观设计专利，侵犯了冯某的在先权利，冯某作为权利人可以申请宣告甲公司专利无效。根据《专利法》第 23 条："授予专利权的外观设计，应当不属于现有设计；也没有任何单位或者个人就同样的外观设计在申请日以前向国务院专利行政部门提出过申请，并记载在申请日以后公告的专利文件中。授予专利权的外观设计与现有设计或者现有设计特征的组合相比，应当具有明显区别。授予专利权的外观设计不得与他人在申请日以前已经取得的合法权利相冲突。本法所称现有设计，是指申请日以前在国内外为公众所知的设计。"因此，A 项正确。

B 项：如命题陷阱中提示，专利的善意侵权人只可能是销售 / 许诺销售 / 使用人，乙公司制造了侵权产品，不可能构成善意侵权，应当停止侵权并赔偿损失。《专利法》第 77 条："为生产经营目的使用、许诺销售或者销售不知道是未经专利权人许可而制造并售出的专利侵权产品，能证明该产品合法来源的，不承担赔偿责任。"因此，B 项错误。

CD 项：如命题陷阱中提示，甲公司享有的是外观设计专利，只能禁止他人未经许可制造 / 销售 / 许诺销售 / 进口外观设计专利产品，【不能禁止他人使用外观设计专利产品】。丙公司只有使用行为，因此不会侵犯甲公司专利权。《专利法》第 11 条第 2 款："外观设计专利权被授予后，任何单位或者个人未经专利权人许可，都不得实施其专利，即不得为生产经营目的制造、许诺销售、销售、进口其外观设计专利产品。"因此，C 项正确，D 项错误。

【注意，很多同学会在做 CD 项时联想到善意侵权中已经支付合理对价的善意使用人，但要适用善意使用人不停止使用且不赔偿损失的规定，前提是这个使用人构成了善意侵权，但在本题中，使用外观设计专利本来就不构成侵权，更谈不上善意侵权，因此没有该条司法解释的适用空间】

综上所述，本题答案为 AC 项。

36 1703064

参考答案：C,D

解析：A 项：《专利法》第 13 条规定："发明专利申请公布后，申请人可以要求实施其发明的单位或者个人支付适当的费用。"发明专利申请公布后至专利局公告授权之前，处于发明专利申请的"早期公开"阶段，此时甲公司还没有取得专利权，题目中丙公司于 2014 年 12 月至 2015 年 11 月期间使用甲公司的发明的行为不构成专利的侵权。申请人可以要求实施其发明的单位或者个人支付适当的费用。由于此时申请人还没有获得专利权，这种费用的支付应当由对方自愿履行。故 A 项错误。

B 项：根据《最高人民法院关于审理专利纠纷案件适用法律问题的若干规定（2020 年修正）》第 7 条规定："人民法院受理的侵犯发明专利权纠纷案件或者经国务院专利行政部门审查维持专利权的侵犯实用新型、外观设计专利权纠纷案件，被告在答辩期间内请求宣告该项专利权无效的，人民法院可以不中止诉讼。"由此可知，乙公司在答辩期内请求国务院专利行政部门宣告甲公司的专利权无效，法院也可以不中止诉讼，并不是必须中止，故 B 项说法错误。

C 项：根据《专利法》第 75 条规定："有下列情形之一的，不视为侵犯专利权：……（二）在专利申请日前已经制造相同产品、使用相同方法或者已经作好制造、使用的必要准备，并且仅在原有范围内继续制造、使用的；……"乙公司于 2013 年 5 月就开始销售该种洗衣机，甲公司于 2013 年 6 月才申请发明专利权，由此可知乙公司属于先用权人，在甲公司 2015 年 12 月获得专利权之后，有权在原有范围内继续制造、使用该项技术，故 C 项正确。

D 项：根据《专利法》第 67 条规定："在专利侵权纠纷中，被控侵权人有证据证明其实施的技术或者设计属于现有技术或者现有设计的，不构成侵犯专利权。"由此可知，在 2013 年 5 月的时候，甲公司还没有把该项技术申请专利，而乙公司于 2013 年 5 月已经开始销售该种洗衣机。如果本领域技术人员通过拆解分析该洗衣机，即可了解其节水的全部技术特征，那么该项技术在甲申请专利之前就已经成为了现有技术，丙公司如能证明自己制造销售的洗衣机在技术上与乙公司于 2013 年 5 月开始销售的洗衣机完全相同，那么丙公司的行为就属于对于现有技术的使用，根据《专利法》第 67 条规定，法院应认定丙公司的行为不侵权。故 D 项正确。

综上所述，本题答案为 CD 项。

37 1503063

参考答案：A,B,C,D

解析：A 项：根据《专利法》第 65 条的规定："未经专利权人许可，实施其专利，即侵犯其专利权，引起纠纷的，由当事人协商解决；不愿协商或者协商不成的，专利权人或者利害关系人可以向人民法院起诉……"乙公司作为独占许可人，专利被侵权必然受到损害，属于利害关系人，可以提起诉讼。所以，A 项错在不能直接起诉丙公司。所以 A 项错误，当选。

B 项：根据《最高人民法院关于审理专利纠纷案件适用法律问题的若干规定（2020 年修正）》第 18 条的规定："专利法第十一条、第六十九条所称的许诺销售，是指以做广告、在商店橱窗中陈列或者在展销会上展出等方式作出销售商品的意思表示。"丙公司的电视广告宣传行为侵犯了专利实施权中的许诺销售权，而非销售权。所以 B 项错误，当选。

C 项：根据《专利法》第 47 条第 2 款规定："宣告专利权无效的决定，对在宣告专利权无效前人民法院作出并已执行的专利侵权的判决、调解书，已经履行或者强制执行的专利侵权纠纷处理决定，以及已经履行的专利实施许可合同和专利权转让合同，不具有追溯力。但是因专利权人的恶意给他人造成的损失，应当给予赔偿。"所以 C 项错误，当选。

D 项：《最高人民法院关于审理专利纠纷案件适用法律问题的若干规定（2020 年修正）》第 7 条规定："人民法院受理的侵犯发明专利权纠纷案件或者经国务院专利行政部门审查维持专利权的侵犯实用新型、外观设计专利权纠纷案件，被告在答辩期间内请求宣告该项专利权无效的，人民法院可以不中止诉讼。"所以 D 项错误，当选。

综上所述，本题为选非题，答案为 ABCD 项。

38 1403063

参考答案：B,D

解析：AB 项："独占实施许可"是指许可方（专利权人）授予被许可方（受让方）在许可合同所规定的期限、地区或领域内，对所许可的专利技术具有独占性实施权。许可方不再将该项专利技术的同一实施内容许可给第三方，许可方本人也不能在上述的期限、地区或领域内实施该项专利技术。“普通实施许可”是指许可方授予被许可方在许可合同所规定的期限、地区或工业领域内制造、使用或销售已许可的专利产品或技术，同时，许可方不仅保留在上述同一范围内自己实施该项许可专利的权利，而且还保留再授予第三方在上述同一范围或不同范围内实施该项许可专利的权利。本案中，甲公司授权乙公司在中国地域内享有独占实施权，同时甲公司有权授予丙公司在 A 国地域内实施普通许可的权利，但乙公司并非专利权人，不享有授权丁公司在 A 国地域内实施专利普通实施合同制造专利产品的权利。所以，A 项错误，B 项正确。

CD 项：CD 项都涉及从外国进口专利产品到中国的问题，是否侵权的关键在于戊公司、庚公司为进口而购买的专利产品是否是经许可合法售出的。丙公司是专利被许可人，其制造销售的专利产品属于合法专利产品，该产品在第一次合法售出（也就是卖给戊公司）后，专利权已经用尽，后续戊公司进口 / 销售 / 许诺销售 / 使用，都不会侵权。因此，C 项错误。但庚公司是从丁公司进口产品，丁公司并未得到专利权人的合法授权，其制造的专利产品属于侵权产品，因此后续对这批侵权产品的进口 / 销售 / 许诺销售 / 使用同样构成侵权，故 D 项正确。

综上所述，本题答案为 BD 项。

39 1103063

参考答案：B,D

解析：A 项：根据《最高人民法院关于第一审知识产权民事、行政案件管辖的若干规定》第 1 条第 1 款的规定：“发明专利、实用新型专利、植物新品种、集成电路布图设计、技术秘密、计算机软件的权属、侵权纠纷以及垄断纠纷第一审民事、行政案件由知识产权法院，省、自治区、直辖市人民政府所在地的中级人民法院和最高人民法院确定的中级人民法院管辖。”实用新型专利侵权纠纷第一审案件由中级法院管辖，故 A 项错误。（因新司法解释施行，故修改 A 选项解析）

B 项：根据《专利法》第 66 条第 2 款规定：“专利侵权纠纷涉及实用新型专利或者外观设计专利的，人民法院或者管理专利工作的部门可以要求专利权人或者利害关系人出具由国务院专利行政部门对相关实用新型或者外观设计进行检索、分析和评价后作出的专利权评价报告，作为审理、处理专利侵权纠纷的证据；专利权人、利害关系人或者被控侵权人也可以主动出具专利权评价报告。”据此，专利权评价报告只是国家知识产权局出具的关于实用新型和外观设计专利权稳定性的证据，而且是由法院依职权可以要求专利权人或利害关系人提供，或者由专利权人、利害关系人或者被控侵权人自己主动提供，专利权人没有提供的义务。因此，甲公司起诉时不需要提交专利书面评价报告，B 项正确。

C 项：根据《专利法》第 64 条第 1 款规定：“发明或者实用新型专利权的保护范围以其权利要求的内容为准，说明书及附图可以用于解释权利要求的内容。”说明书仅仅用于解释权利要求，只是在说明书中有表述，而未在权利要求中记载的技术方案不能单独成为专利权保护的范围，C 项错误。

D 项：根据《最高人民法院关于审理侵犯专利权纠纷案件应用法律若干问题的解释》第 1 条第 1 款规定：“人民法院应当根据权利人主张的权利要求，依据《专利法》第五十九条第一款的规定确定专利权的保护范围。权利人在一审法庭辩论终结前变更其主张的权利要求的，人民法院应当准许。”注意：专利法经 2020 年修正后，59 条修改为 64 条。故 D 项正确。

综上所述，本题答案为 BD 项。

【不定项】

40 2202110

参考答案：A,B,C,D

解析：AB 项：乙是专利权人，丙公司是独占被许可人，均享有单独起诉的权利。因此，AB 项正确。【因专利法无法条规定，根据通说观点，可以参照《侵犯商业秘密民事案件规定》第 26 条规定：“对于侵犯商业秘密行为，商业秘密独占使用许可合同的被许可人提起诉讼的，人民法院应当依法受理。排他使用许可合同的被许可人和权利人共同提起诉讼，或者在权利人不起诉的情况下自行提起诉讼的，人民法院应当依法受理。普通使用许可合同的被许可人和权利人共同提起诉讼，或者经权利人书面授权单独提起诉讼的，人民法院应当依法受理。”】

CD项：《专利法》第11条第1款规定：“发明和实用新型专利权被授予后，除本法另有规定的以外，任何单位或者个人未经专利权人许可，都不得实施其专利，即不得为生产经营目的制造、使用、许诺销售、销售、进口其专利产品，或者使用其专利方法以及使用、许诺销售、销售、进口依照该专利方法直接获得的产品。”A公司未经许可，以经营目的向丁公司销售了与乙相同的专利产品，侵犯了乙的销售权；丁公司未经许可，在经营中使用同样的专利产品，侵犯了乙的使用权。因此，CD项正确。

综上所述，本题答案为ABCD项。

二、模拟训练

41 62406002

参考答案：A,B,C,D

解析：ABCD项：《专利法实施细则》第86条规定：“专利权有下列情形之一的，专利权人不得对其实行开放许可：（一）专利权处于独占或者排他许可有效期限内的；（二）属于本细则第一百零三条、第一百零四条规定的中止情形的；（三）没有按照规定缴纳年费的；（四）专利权被质押，未经质权人同意的；（五）其他妨碍专利权有效实施的情形。”

A项属于上述（一）情形；B项属于（二），即专利权有纠纷或者已被采取保全措施；C项属于（三），D项属于（四）。故ABCD四项情形下，甲均不得实行开放许可。

42 62406005

参考答案：A,C,D

解析：A项：《专利法实施细则》第35条第2款规定：“……外观设计专利申请人要求本国优先权，在先申请是发明或者实用新型专利申请的，可以就附图显示的设计提出相同主题的外观设计专利申请；在先申请是外观设计专利申请的，可以就相同主题提出外观设计专利申请……”第一次在中国提出的是发明或实用新型专利申请，之后可以将该申请中的附图作为外观设计专利要求优先权的基础。因此A项正确。

B项：《专利法实施细则》第36条规定：“申请人超出专利法第二十九条规定的期限，向国务院专利行政部门就相同主题提出发明或者实用新型专利申请，有正当理由的，可以在期限届满之日起2个月内请求恢复优先权。”甲只有在有正当理由的情况下，才可以请求恢复优先权。因此B项错误。

C项：《专利法实施细则》第37条规定：“发明或者实用新型专利申请人要求了优先权的，可以自优先权日起16个月内或者自申请日起4个月内，请求在请求书中增加或者改正优先权要求。”2024年5月1日是甲的申请日，自该日起4个月内，即2024年9月1日前，甲可以请求增加或改正优先权要求。因此C项正确。

D项：《专利法实施细则》第45条规定：“发明或者实用新型专利申请缺少或者错误提交权利要求书、说明书或者权利要求书、说明书的部分内容，但申请人在递交日要求了优先权的，可以自递交日起2个月内或者在国务院专利行政部门指定的期限内以援引在先申请文件的方式补交。补交的文件符合有关规定的，以首次提交文件的递交日为申请日。”发明或实用新型专利的权利要求书或说明书交漏了、交错了，申请人可以在文件递交日起2个月内通过援引在先申请文件的方式补交当前的申请。因此D项正确。

综上，本题正确答案为ACD。

43 62406004

参考答案：A,B,C,D

解析：AB项：此次专利法实施细则修改，对专利法中规定的诚实信用原则作了进一步细化规定，大家只需掌握到：违背诚实信用原则，是驳回申请和申请宣告无效的理由。本题中乙提交的技术方案并非其自己真实研发出，但却弄虚作假，谎称自己是发明人，明显违背了诚实信用原则。因此AB项正确。

法条依据：《专利法实施细则》第50条：“专利法第三十四条和第四十条所称初步审查，是指审查专利申请是否具备专利法第二十六条或者第二十七条规定的文件和其他必要的文件，这些文件是否符合规定的格式，并审查下列各项：（一）发明专利申请……是否不符合……本细则第十一条……；（二）实用新型专利申请……是否不符合……本细则第十一条……；（三）外观设计专利申请……是否不符合……本细则第十一条……；国务院专利行政部门应当将审查意见通知申请人，要求其在指定期限内陈述意见或者补正；申请人期满未答复的，其申请视为撤回。申请人陈述意见或者补正后，国务院专利行政部门仍然认为不符合前款所列各项规定的，应当予以驳回。”第59条：“依照专利法第三十八条的规定，发明专利申请经实质审查应当予以驳回的情形是指：……（二）申请不符合……本细则第十一条、第二十三条第二款规定的；……”第69条第2款：“前款所称无效宣告请求的理由，是指被授予专利的发明创造不符合……本细则第十一条、第二十三条第二款、第四十九条第一款的规定……。”

CD项：《专利法实施细则》第100条规定：“申请人或者专利权人违反本细则第十一条、第八十八条规定的，由县级以上负责专利执法的部门予以警告，可以处10万元以下的罚款。”因此，CD项正确。

综上，本题正确答案为ABCD项。

44 62106016

参考答案：B

解析：A项：根据《专利法》第42条第3款的规定：“为补偿新药上市审评审批占用的时间，对在中国获得上市许可的新药相关发明专利，国务院专利行政部门应专利权人的请求给予专利权期限补偿。补偿期限不超过五年，新药批准上市后总有效专利权期限不超过十四年。”甲企业的新药发明专利获批并上市，可以请求补偿上市审评审批占用的时间，但专利权补偿期限不能超过5年，A选项的7年于法无据。因此，A项错误。

B项：根据《专利法》第51条第3款的规定：“实行开放许可的专利权人可以与被许可人就许可使用费进行协商后给予普通许可，但不得就该专利给予独占或者排他许可。”若甲企业实施了开放许可，则只能发放普通许可，不能发放独占和排他许可。因此，B项正确。

C项：根据《专利法》第71条第1款的规定：“侵犯专利权的赔偿数额按照权利人因被侵权所受到的实际损失或者侵权人因侵权所获得的利益确定；权利人的损失或者侵权人获得的利益难以确定的，参照该专利许可使用费的倍数合理确定。对故意侵犯专利权，情节严重的，可以在按照上述方法确定数额的一倍以上五倍以下确定赔偿数额。”确定专利权侵权赔偿数额时：实际损失/侵权获益>许可使用费倍数>法定数额。乙企业专利权侵权的赔偿数额可按甲企业实际损失或乙企业因侵权所获利益确定，二者是同一顺序，并非实际损失优先。因此，C项错误。（此处注意区分专利权和著作权侵权损害赔偿数额确定时实际损失和侵权获益处于同一顺序，但商标侵权确定赔偿数额是实际损失优先于侵权获益。因此如果选项里的表述是“应先按实际损失确定”，放在专利侵权和著作权侵权的题目中是错误选项，放在商标侵权里就是正确选项）

D项：根据《专利法》第75条第5项的规定：“有下列情形之一的，不视为侵犯专利权：……（五）为提供行政审批所需要的信息，制造、使用、进口专利药品或者专利医疗器械的，以及专门为其制造、进口专利药品或者专利医疗器械的。”为提供行政审批所需信息，行为人只能制造、使用、进口专利权人的专利药品，不能销售药品，但乙企业却有制造销售两种行为，不符合该项的要件，不能以此为由抗辩。因此，D项错误。

综上所述，本题答案为B项。

45 62206196

参考答案：B

解析：A项：根据《专利法》第14条规定：“专利申请权或者专利权的共有人对权利的行使有约定的，从其约定。没有约定的，共有人可以单独实施或者以普通许可方式许可他人实施该专利；许可他人实施该专利的，收取的使用费应当在共有人之间分配。除前款规定的情形外，行使共有的专利申请权或者专利权应当取得全体共有人的同意。”智能碎冰机属于合作发明创造，甲乙共同申请获得授权后，共同享有专利权，甲乙一方可以单独实施或普通许可他人实施专利，无需双方一致同意，A项表述过于绝对。因此，A项错误。

B项：根据《专利法》第75条第2项规定："有下列情形之一的，不视为侵犯专利权：……（二）在专利申请日前已经制造相同产品、使用相同方法或者已经作好制造、使用的必要准备，并且仅在原有范围内继续制造、使用的；"丙工厂在专利申请日前已经开始制造相同产品，如果其仅在原有范围内继续使用，不构成侵权。因此，B项正确。

C项：根据《侵犯专利权纠纷解释（二）》第25条第1款规定："为生产经营目的使用、许诺销售或者销售不知道是未经专利权人许可而制造并售出的专利侵权产品，且举证证明该产品合法来源的，对于权利人请求停止上述使用、许诺销售、销售行为的主张，人民法院应予支持，但被诉侵权产品的使用者举证证明其已支付该产品的合理对价的除外。"戊公司不知自己销售的是侵权产品，能够证明从丁处获得，并且已经支付了合理对价，无需赔偿损失，也不用停止销售。因此，C项错误。

D项：根据《专利法》第75条第4项规定："有下列情形之一的，不视为侵犯专利权：……（四）专为科学研究和实验而使用有关专利的；"李某研究智能碎冰机性能并改进专利技术，是将专利技术作为研究的对象，属于为科学研究和实验而使用，不构成侵权。因此，D项错误。

综上所述，本题答案为B项。

46 62306041

参考答案：B

解析：AB项：根据《专利法》第6条第1款规定："执行本单位的任务或者主要是利用本单位的物质技术条件所完成的发明创造为职务发明创造。职务发明创造申请专利的权利属于该单位，申请被批准后，该单位为专利权人。……"李某作为甲公司员工，在工作中研发出的药品属于职务发明创造，应由甲公司享有申请专利的权利，获得授权后，甲公司为专利权人。故A项错误，B项正确。

C项：根据《专利法》第13条规定："发明专利申请公布后，申请人可以要求实施其发明的单位或者个人支付适当的费用。"第39条规定："……发明专利权自公告之日起生效。"发明专利申请公布后到授权日前为临时保护期，甲公司的发明专利尚未生效，乙公司在2007年12月（甲公司专利申请公布后）到2010年2月1日（甲公司专利授权前）制造同样的药品，不构成侵权，仅需支付适当费用，而非赔偿损失。故C项错误。

D项：根据《专利法》第76条第1款、第2款规定："药品上市审评审批过程中，药品上市许可申请人与有关专利权人或者利害关系人，因申请注册的药品相关的专利权产生纠纷的，相关当事人可以向人民法院起诉，请求就申请注册的药品相关技术方案是否落入他人药品专利权保护范围作出判决。……药品上市许可申请人与有关专利权人或者利害关系人也可以就申请注册的药品相关的专利权纠纷，向国务院专利行政部门请求行政裁决。"由此可知，在丁公司药品上市审批过程中，甲公司认为丁公司仿制药侵权的，并非只能向法院起诉，还可以向行政部门请求裁决。故D项错误。

综上所述，本题正确答案是B项。

47 62306042

参考答案：B

解析：A项：《最高人民法院关于第一审知识产权民事、行政案件管辖的若干规定》第1条规定："发明专利、实用新型专利、植物新品种、集成电路布图设计、技术秘密、计算机软件的权属、侵权纠纷以及垄断纠纷第一审民事、行政案件由知识产权法院，省、自治区、直辖市人民政府所在地的中级人民法院和最高人民法院确定的中级人民法院管辖。"由此可知，实用新型专利侵权纠纷只能由中级人民法院管辖。故A项错误。

B项：根据《专利法》第75条第2项规定："有下列情形之一的，不视为侵犯专利权：……（二）在专利申请日前已经制造相同产品、使用相同方法或者已经作好制造、使用的必要准备，并且仅在原有范围内继续制造、使用的……"若方方公司在申请日前已经做好制作相同专利产品的必要准备，并仅在原范围内继续制造，可以主张专利先用权抗辩，不视为侵权。故B项正确。

C项：根据《专利法》第45条规定："自国务院专利行政部门公告授予专利权之日起，任何单位或者个人认为该专利权的授予不符合本法有关规定的，可以请求国务院专利行政部门宣告该专利权无效。"若圆圆公司的专利技术属于申请日前已经公开的技术，即属于现有技术，其音响不具有新颖性，不符合实用新型专利的授权条件，方方公司可以向国务院专利行政部门宣告专利权无效，法院无权宣告无效。故C项错误。

D项：根据《专利法》第77条规定："为生产经营目的使用、许诺销售或者销售不知道是未经专利权人许可而制造并售出的专利侵权产品，能证明该产品合法来源的，不承担赔偿责任。"东东公司不知道自己销售的是专利侵权产品，能提供发票、买卖合同等证明产品合法来源的，属于善意侵权，但仍构成侵权，应当停止侵权，但不承担赔偿责任。故D项错误。

综上所述，本题正确答案是B项。

48 62106015

参考答案：B,D

解析：A项：根据《专利法》第9条第1款的规定："同样的发明创造只能授予一项专利权。但是，同一申请人同日对同样的发明创造既申请实用新型专利又申请发明专利，先获得的实用新型专利权尚未终止，且申请人声明放弃该实用新型专利权的，可以授予发明专利权。"甲公司虽然可以同时提出发明专利和实用新型专利申请，但基于禁止重复授权原则，最终只能获得一项授权，其要放弃已经获得的实用新型专利权才可以获得专利授权。因此，A项错误。

B项：根据《专利法》第29条第2款的规定："申请人自发明或者实用新型在中国第一次提出专利申请之日起十二个月内，或者自外观设计在中国第一次提出专利申请之日起六个月内，又向国务院专利行政部门就相同主题提出专利申请的，可以享有优先权。"甲公司于2020年6月5日在中国第一次提出发明专利申请，又于2020年9月5日再次就同一发明创造提出申请，中间未超过12个月，可以享有优先权。因此，B项正确。

C项：根据《专利法》第39条的规定："发明专利申请经实质审查没有发现驳回理由的，由国务院专利行政部门作出授予发明专利权的决定，发给发明专利证书，同时予以登记和公告。发明专利权自公告之日起生效。"本题中，甲公司仅仅提出专利申请，最终是否能通过审批、获得授权是未知的，甲公司还不享有专利权，故也谈不上侵犯甲公司专利权。因此，C项错误。

D项：根据《专利法》第42条第1款的规定："发明专利权的期限为二十年，……均自申请日起计算。"因此，D项正确。

综上所述，本题答案为BD项。

第三章 商标法

参考答案

[1] A	[2] A	[3] D	[4] ABD	[5] BCD
[6] ABC	[7] AC	[8] D	[9] D	[10] B
[11] CD	[12] CD	[13] ABC	[14] ABC	[15] BC
[16] B	[17] C	[18] C	[19] B	[20] C
[21] B	[22] BCD	[23] ABC	[24] BD	[25] AB
[26] CD	[27] ACD	[28] ACD	[29] BD	[30] AD
[31] BCD	[32] AB	[33] CD	[34] AD	[35] D
[36] BD	[37] AC	[38] C	[39] D	[40] ABCD
[41] ABC	[42] AB			

一、历年真题及仿真题

（一）商标的注册申请

【单选】

1 1902041

参考答案：A

解析：[命题陷阱] 1. 申请日的上午和下午不分前后，均算同一天；2. 商标在中国政府主办的或者承认的国际展览会展出的商品上首次使用的，6个月内申请人享有优先权。

ABCD项：《商标法》第26条第1款规定："商标

在中国政府主办的或者承认的国际展览会展出的商品上首次使用的，自该商品展出之日起六个月内，该商标的注册申请人可以享有优先权。”所以本案中甲公司在向我国申请注册商标之前 6 个月内，在我国政府举办的国际展览会上首次使用“蓝天”商标，享有优先权，所以其申请日期应按 2018 年 2 月 1 日认定。按照先申请原则，甲公司的申请应该被初审并公告，乙公司的申请被驳回。因此，A 项正确，BCD 项错误。

综上所述，本题答案为 A 项。

2 1603017

参考答案：A

解析：A 项：根据《商标法》第 19 条第 3 款：“商标代理机构知道或者应当知道委托人申请注册的商标属于本法第四条、第十五条和第三十二条规定情形的，不得接受其委托。”《商标法》第 32 条：“申请商标注册不得损害他人现有的在先权利，也不得以不正当手段抢先注册他人已经使用并有一定影响的商标。”A 项，该商标代理机构知道甲公司在使用“实耐”商标，这属于 32 条规定的情形，故该机构不得接受委托，所以，A 项正确。

B 项：根据《商标法》第 19 条第 2、3 款规定：“委托人申请注册的商标可能存在本法规定不得注册情形的，商标代理机构应当明确告知委托人。商标代理机构知道或者应当知道委托人申请注册的商标属于本法第四条、第十五条和第三十二条规定情形的，不得接受其委托。”和第 10 条第 2 款规定：“县级以上行政区划的地名或者公众知晓的外国地名，不得作为商标。但是，地名具有其他含义或者作为集体商标、证明商标组成部分的除外；已经注册的使用地名的商标继续有效。”对于题中情形，商标代理机构应该告知委托人，而不是不能接受委托。所以，B 项错误。

C 项：《商标法》第 11 条第 1 项规定：“下列标志不得作为商标注册：（一）仅有本商品的通用名称、图形、型号的；……”C 项对应（一），但根据《商标法》19 条 2、3 款，商标不能获得注册并不是不能接受委托的事由，所以，C 项错误。

D 项：《商标法》第 19 条第 4 款规定：“商标代理机构除对其代理服务申请商标注册外，不得申请注册其他商标。”所以，D 项错误。

综上所述，本题正确答案为 A 项。

3 1203019

参考答案：D

解析：A 项：《商标法》第 18 条第 2 款规定：“外国人或者外国企业在中国申请商标注册和办理其他商标事宜的，应当委托依法设立的商标代理机构办理。”可见，不是必须委托在我国依法成立的律师事务所代理。故 A 选项错误。

BC 项：《商标法》第 17 条规定：“外国人或者外国企业在中国申请商标注册的，应当按其所属国和中华人民共和国签订的协议或者共同参加的国际条约办理，或者按对等原则办理。”该条规定了外国商标在我国注册的基本原则，但《商标法》中并未对外国人或外国企业申请注册商标的资格进行规定，因此可以理解为只要符合我国注册商标的条件，且不存在禁止使用、注册的情况，即可获得注册商标权，而无需所属国必须已加入《保护工业产权巴黎公约》或世界贸易组织。故 BC 选项错误。

D 项：《保护工业产权巴黎公约》第 6 条规定，（1）商标的申请和注册条件，在本联盟各国由其该国法律决定。（2）但对本联盟国家的国民在本联盟任何国家提出的商标注册申请，不得以未在原属国申请、注册或续版为理由而予以拒绝，也不得使注册无效。（3）在本联盟一个国家正式注册的商标，与在联盟其他国家注册的商标，包括在原属国注册的商标在内，应认为是互相独立的。因此，如所属国商标注册主管机关曾驳回了其商标注册申请，该申请在我国仍有可能获准注册。故 D 选项正确。

综上所述，本题答案为 D 项。

【多选】

4 2302101

参考答案：A,B,D

解析：AB 项：根据《商标法》第 10 条第 1 款第 7 项规定：“下列标志不得作为商标使用：（七）带有欺骗性，容易使公众对商品的质量等特点或者产地产生误认的；……”第 11 条第 1 款规定“下列标志不得作为商标注册：（一）仅有本商品的通用名称、图形、型号的；（二）仅直接表示商品的质量、主要原料、功能、用途、重量、数量及其他特点的；（三）其他缺乏显著特征的；”本题中，“零蔗糖”是对饮料产品原料的描述，不具有区分商品来源的显著性，商标局应当依法驳回；“一日达”具有一定的欺诈性，容易引起社会公众的误解，认为快递一日可达，商标局应当依法驳回。因此，AB 选项当选。

C 项：根据《商标法》第 8 条规定“任何能够将自然人、法人或者其他组织的商品与他人的商品区别开的标志，包括文字、图形、字母、数字、三维标志、颜色组合和声音等，以及上述要素的组合，均可以作为商标申请注册。”本题中，鞋子的鞋底铺满红色属于“颜色 + 图形”要素的组合，具有显著性，可以申请注册商标。因此，C 选项不当选。

D 项：根据《商标法》第 12 条规定“以三维标志申请注册商标的，仅由商品自身的性质产生的形状、为获得技术效果而需有的商品形状或者使商品具有实质性价值的形状，不得注册。”本题中，眼睛按摩仪为实现按摩效果，必然存在凸起的形状设计，该凸起的形状作为三维标志属于“为获得技术效果而需有的商品形状”，不得成为注册商标。因此，D 选项当选。

综上所述，本题答案为 ABD。

5 2102162

参考答案：B,C,D

解析：A 项：商标注册的独立性原则指不同的商标在不同缔约国所获得的保护相对独立，具有地域性的特点。故商标在乙国因为“FFF”存在消极含义而不予注册，符合商标注册的独立性原则，故 A 项正确。

B 项：“津津 FFF”在甲国予以注册，而在乙国不予注册是基于商标注册的独立性原则，不存在差别待遇，也不违反公平原则，故 B 项错误。

C 项：国民待遇原则是成员国必须给予其他成员国国民以本国或地区国民所享有的同样的待遇，本题中乙国不予注册“津津 FFF”并非给予申请人为外国人等，而是基于违反公序良俗原则，其含义不适合作商标。故 C 项错误。

D 项：最惠国待遇是指缔约方在知识产权保护方面基于某缔约方或非缔约方的利益等应当无条件给予其他缔约方。本题中不存在乙国允许其他国家成员注册“津津 FFF”而不允许“津津 FFF”牌牙膏的经营者注册“津津 FFF”商标的情形，仅基于其含义不适合作商标而不允许注册，故不存在违反最惠国待遇的情况。故 D 项错误。

综上所述，本题为选非题，答案为 BCD 项。

6 1003064

参考答案：A,B,C

解析：《商标法》第 25 条第 1 款规定的是申请商标的优先权，该条规定：“商标注册申请人自其商标在外国第一次提出商标注册申请之日起 6 个月内，又在中国就相同商品以同一商标提出商标注册申请的，依照该外国同中国签订的协议或者共同参加的国际条约，或者按照相互承认优先权的原则，可以享有优先权。”可见，享有优先权限于以下三种情形：第一，该外国同中国签订有协议；第二，该外国同中国共同参加有国际条约；第三，该外国同中国相互承认优先权。国家之间有无外交关系与相关人员是否享有商标优先权并无直接关系。根据各项表述，ABC 正确，D 错误。

综上所述，本题答案为 ABC 项。

（二）商标权的内容和消灭

7 2102083

参考答案：A,C

解析：A 项：根据《商标法》第 47 条第 2 款的规定：“宣告注册商标无效的决定或者裁定，对宣告无效前人民法院做出并已执行的商标侵权案件的判决、裁定、调解书和工商行政管理部门做出并已执行的商标侵权案件的处理决定以及已经履行的商标转让或者使用许可合同不具有追溯力……。”本题乙公司与甲公司签订了商标使用许可合同并已经履行完毕，题干也无法得出甲公司恶意的结论，所以即使该商标被宣告无效，乙公司也无权请求甲公司返还商标使用许可费。故 A 选项正确。

B 项：根据《商标法》第 45 条第 1 款的规定：“已

经注册的商标，违反本法……规定的，自商标注册之日起五年内，在先权利人或者利害关系人可以请求商标评审委员会宣告该注册商标无效。对恶意注册的，驰名商标所有人不受五年的时间限制。”李某仅是对商标图片享有著作权，并不是驰名商标所有人，仍然要在商标注册之日起5年内申请宣告无效。故B选项错误。

C项：根据《商标法》第45条第3款的规定：“商标评审委员会在依照前款规定对无效宣告请求进行审查的过程中，所涉及的在先权利的确定必须以人民法院正在审理或者行政机关正在处理的另一案件的结果为依据的，可以中止审查。中止原因消除后，应当恢复审查程序。”故C选项正确。

D项：仅因酷酷网站办理了版权登记而认为李某无权请求宣告商标无效是错误的。自创作完成之日起，作者即享有著作权，确定谁是徽标图片的著作权人，需要二者举证证明自己创作了该作品，单纯依据版权登记情况，不能确认李某是否为著作权人，也即李某是否有权请求宣告商标无效，取决于谁是真正的著作权人，而非酷酷网站办理了版权登记。故D选项错误。

综上所述，本题答案为AC项。

（三）商标侵权

【单选】

8 1503019

参考答案：D

解析：《商标法》第57条规定：“有下列行为之一的，均属侵犯注册商标专用权：（1）未经商标注册人的许可，在同一种商品上使用与其注册商标相同的商标的；（2）未经商标注册人的许可，在同一种商品上使用与其注册商标近似的商标，或者在类似商品上使用与其注册商标相同或者近似的商标，容易导致混淆的；（3）销售侵犯注册商标专用权的商品的；（4）伪造、擅自制造他人注册商标标识或者销售伪造、擅自制造的注册商标标识的；（5）未经商标注册人同意，更换其注册商标并将该更换商标的商品又投入市场的；（6）故意为侵犯他人商标专用权行为提供便利条件，帮助他人实施侵犯商标专用权行为的；（7）给他人的注册商标专用权造成其他损害的。”

A项：在店铺招牌中标有“佳普打印机专营”字样，只销售佳普公司制造的打印机，是在真实地描述店铺销售产品的品牌，不会对消费者造成混淆。所以，A项错误。

B项：制造并销售与佳普打印机兼容的墨盒，该墨盒上印有乙的名称和其注册商标“金兴”，但标有“本产品适用于佳普打印机”，是在向消费者提供其产品可与其他产品相兼容的事实，不构成侵权。所以，B项错误。

C项：C项中的行为是在真实描述产品中主要部件的情况，也不构成侵权。所以，C项错误。

D项：丁回收墨水用尽的“佳普”牌墨盒，灌注廉价墨水后销售，会使消费者对产品来源产生混淆，故构成侵犯“佳普”注册商标专用权的行为。所以，D项正确。

综上所述，本题答案为D项。

9 1403019

参考答案：D

解析：A项：仿冒商标是指在类似商品或服务上使用近似商标的行为，但不包括在相同商品或服务上使用相同商标的行为。假冒商标指未经注册商标所有人许可，在同一种商品上使用与其注册商标相同的商标。题中乙公司未经许可直接在自己的汽车上使用“山叶”商标，属于直接使用不属于仿冒而是假冒注册商标。所以，A项错误。

BCD项：《商标法》第60条第2款规定：“工商行政管理部门处理时，认定侵权行为成立的，责令立即停止侵权行为，没收、销毁侵权商品和主要用于制造侵权商品、伪造注册商标标识的工具，违法经营额五万元以上的，可以处违法经营额五倍以下的罚款，没有违法经营额或者违法经营额不足五万元的，可以处二十五万元以下的罚款。对五年内实施两次以上商标侵权行为或者有其他严重情节的，应当从重处罚。销售不知道是侵犯注册商标专用权的商品，能证明该商品是自己合法取得并说明提供者的，由工商行政管理部门责令停止销售。”由此可知，善意销售者能够证明该商品是自己合法取得并说明提供者的，不承担赔偿责任，同时工商行政主管部门不可以对其进行罚款处罚。但该销售行为仍然属于侵权行为。善意销售者应当承担停止侵权、销毁侵权物品等责任。所以，BC 项错误，D 项正确。
综上所述，本题正确答案为 D 项。

10 1303019

参考答案：B
解析：《商标法》第 57 条："有下列行为之一的，均属侵犯注册商标专用权：（一）未经商标注册人的许可，在同一种商品上使用与其注册商标相同的商标的；（二）未经商标注册人的许可，在同一种商品上使用与其注册商标近似的商标，或者在类似商品上使用与其注册商标相同或者近似的商标，容易导致混淆的；（三）销售侵犯注册商标专用权的商品的；（四）伪造、擅自制造他人注册商标标识或者销售伪造、擅自制造的注册商标标识的；（五）未经商标注册人同意，更换其注册商标并将该更换商标的商品又投入市场的；（六）故意为侵犯他人商标专用权行为提供便利条件，帮助他人实施侵犯商标专用权行为的；（七）给他人的注册商标专用权造成其他损害的。"
B 项：虽然客观上为侵犯商标权提供便利，但主观上没有故意（不知是假冒商标的啤酒），所以不符合（六），不构成侵权，当选。
ACD 项：A 属于（一）项中的情形，C 属于（五）项中的情形，D 属于（六）项中的情形，均构成侵犯商标权，所以 ACD 项不当选。
综上所述，本题为选非题，答案为 B 项。

【多选】

11 2402003

参考答案：C,D
解析：AC 选项：根据《商标法》第 32 条规定："申请商标注册不得损害他人现有的在先权利，也不得以不正当手段抢先注册他人已经使用并有一定影响的商标。"《商标法》第 45 条第 1 款规定："已经注册的商标，违反本法第十三条第二款和第三款、第十五条、第十六条第一款、第三十条、第三十一条、第三十二条规定的，自商标注册之日起五年内，在先权利人或者利害关系人可以请求商标评审委员会宣告该注册商标无效。对恶意注册的，驰名商标所有人不受五年的时间限制。"本题中，甲公司使用"明月馆"商标在先，虽时间久且被附近群众所熟知，但并不属于驰名商标，乙服装店对该商标进行了抢注，甲公司应在核准注册之日起 5 年内向商标委员会宣告该注册商标无效。因此，A 选项错误、C 选项正确。
B 选项：根据《商标法》第 49 条第 2 款规定："注册商标成为其核定使用的商品的通用名称或者没有正当理由连续三年不使用的，任何单位或者个人可以向商标局申请撤销该注册商标。商标局应当自收到申请之日起九个月内做出决定。有特殊情况需要延长的，经国务院工商行政管理部门批准，可以延长三个月。"本题中，"明月馆"被核准注册为注册商标后，并未成为商品的通用名称，也未出现无正当理由连续三年不使用的情况，所以甲公司无权申请撤销乙服装店的商标权。因此，B 选项错误。
D 选项：根据《商标法》第 59 条第 3 款规定："商标注册人申请商标注册前，他人已经在同一种商品或者类似商品上先于商标注册人使用与注册商标相同或者近似并有一定影响的商标的，注册商标专用权人无权禁止该使用人在原使用范围内继续使用该商标，但可以要求其附加适当区别标识。"本题中，甲公司使用"明月馆"商标在先并有一定的影响力，虽然餐饮包装和服装并非同种类商品，但是举重以明轻，甲公司有权在原有范围内继续使用"明月馆"商标。因此，D 选项正确。
综上所述，本题正确答案为 CD。

12 2302100

参考答案：C,D
解析：AD 项：根据《商标法》第 45 条第 1 款规定："已经注册的商标，违反本法第十三条第二款和第三款、第十五条、第十六条第一款、第三十条、第三十一条、第三十二条规定的，自商标注册之日起五年内，在先权利人或者利害关系人可以请求商标评审委员会宣告该注册商标无效。对恶意注册的，驰名商标所有人不受五年的时间限制。"第 15 条第 2 款规定："就同一种商品或者类似商品申请注册的商标与他人在先使用的未注册商标相同或者近似，申请人与该他人具有前款规定以外的合同、业务往来关系或者其他关系而明知该他人商标存在，该他人提出异议的，不予注册。”本题中，乙贸易公司注册“飞羽”商标的行为属于抢注他人在先使用并具有一定影响力的未注册商标，在先权利人才有权请求无效。因此，A 选项错误。且该商标不构成驰名商标，甲时装公司应当在乙贸易公司注册之日起 5 年内申请宣告无效，因此 D 项正确。

B 项：根据《商标法》第 59 条第 3 款规定：“商标注册人申请商标注册前，他人已经在同一种商品或者类似商品上先于商标注册人使用与注册商标相同或者近似并有一定影响的商标的，注册商标专用权人无权禁止该使用人在原使用范围内继续使用该商标，但可以要求其附加适当区别标识。”本题中，甲时装公司销售“飞羽”牌运动鞋属于在先使用者，并且取得一定的影响力，其在原范围内继续使用该商标，不构成注册商标专用权的侵犯，无需停止使用也无需承担赔偿责任。因此 B 选项错误。

C 项：根据《商标法》第 4 条第 1 款规定：“自然人、法人或者其他组织在生产经营活动中，对其商品或者服务需要取得商标专用权的，应当向商标局申请商标注册。不以使用为目的的恶意商标注册申请，应当予以驳回。”第 44 条第 1 款规定：“已经注册的商标，违反本法第四条、第十条、第十一条、第十二条、第十九条第四款规定的，或者是以欺骗手段或者其他不正当手段取得注册的，由商标局宣告该注册商标无效；其他单位或者个人可以请求商标评审委员会宣告该注册商标无效。”本题中，乙贸易公司不以使用为目的恶意注册囤积大量商标牟利，属于不予注册的绝对理由，商标局可主动宣告无效。因此，C 选项正确。

综上所述，本题答案为 CD。

13 2202107

参考答案：A,B,C

解析：ABC 项：根据《商标法》第 57 条的规定：“有下列行为之一的，均属侵犯注册商标专用权：（一）未经商标注册人的许可，在同一种商品上使用与其注册商标相同的商标的……（三）销售侵犯注册商标专用权的商品的；（四）伪造、擅自制造他人注册商标标识或者销售伪造、擅自制造的注册商标标识的……”乙偷偷多生产 1 万个包装袋并卖给丙，属于擅自制造他人注册商标标识并销售的行为，构成侵权；丙在印有“璨璨大米”的包装袋中装入自己生产的大米，属于在相同商品上使用相同商标的假冒行为，构成侵权；丁将侵权商品卖给戊超市，属于销售侵权商品的行为，构成侵权，故 ABC 项正确。

D 项：根据《商标法》第 64 条第 2 款的规定：“销售不知道是侵犯注册商标专用权的商品，能证明该商品是自己合法取得并说明提供者的，不承担赔偿责任。”戊超市不知道自己销售的是侵权商品，虽构成侵权，但属于善意侵权，不承担赔偿责任，但是需要停止销售侵权产品，故 D 项错误。

综上所述，本题正确答案是 ABC 项。

14 2002096

参考答案：A,B,C

解析：ABC 项：根据《商标法》第 60 条第 2 款规定：“工商行政管理部门处理时，认定侵权行为成立的，责令立即停止侵权行为……。对五年内实施两次以上商标侵权行为或者有其他严重情节的，应当从重处罚。销售不知道是侵犯注册商标专用权的商品，能证明该商品是自己合法取得并说明提供者的，由工商行政管理部门责令停止销售。”乙公司未经许可在自己生产的手机上使用他人的注册商标，属于商标侵权行为，应该立即停止侵权行为。不知情的丙公司以合理价格购入侵权产品，构成善意销售行为，也应停止销售。五年内两次以上实施商标侵权属于从重处罚情形。因此，ABC 项正确。

D 项：根据《商标法》第 64 条第 2 款规定：“销售不知道是侵犯注册商标专用权的商品，能证明该商品是自己合法取得并说明提供者的，不承担赔偿责任。”据此可知，丙公司虽然构成侵权，但不需要承担赔偿责任。因此，D 项错误。

综上所述，本题答案为 ABC 项。

15 2002100

参考答案：B,C

解析：A 项：独占使用许可是指商标注册人在约定

的期间、地域和以约定的方式，将该注册商标仅许可一个被许可人使用。甲公司与乙公司签订了商标独占使用许可合同后又许可丙公司独占使用该商标构成违约，乙公司有权要求甲公司承担违约责任。因此，A 项正确，不当选。

BC 项：根据《商标法》第 43 条第 3 款的规定："许可他人使用其注册商标的，许可人应当将其商标使用许可报商标局备案，由商标局公告。商标使用许可未经备案不得对抗善意第三人。"甲乙之间的商标独占使用许可合同未报商标局备案，不得对抗善意第三人。丙公司、汉服店均为不知情的善意第三人，乙公司无权要求丙公司、汉服店停止使用商标并承担赔偿责任。因此，BC 项错误，当选。

D 项：根据《商标法》第 57 条第 5 项的规定："有下列行为之一的，均属侵犯注册商标专用权：（五）未经商标注册人同意，更换其注册商标并将该更换商标的商品又投入市场的；"购物中心为装饰需要拆掉商标后将其穿在塑料模特上，其行为不属于反向假冒，要更换其注册商标并投入市场的才构成侵权，单纯的撕掉商标且为了装饰需要不算侵权。因此，D 项正确，不当选。

综上所述，本题为选非题，答案为 BC 项。

（四）综合知识点

【单选】

16 2202102

参考答案：B

解析：A 项：根据《商标法》第 3 条第 1 款的规定："经商标局核准注册的商标为注册商标，包括商品商标、服务商标和集体商标、证明商标；商标注册人享有商标专用权，受法律保护。"只有经商标局核准注册才能取得商标权，甲仅在先使用，未申请注册，不享有商标权。故 A 项错误。

B 项：根据《商标法》第 57 条第 1 项的规定："有下列行为之一的，均属侵犯注册商标专用权：（一）未经商标注册人的许可，在同一种商品上使用与其注册商标相同的商标的……"乙在咖啡上对 A 商标享有商标权，丙未经许可在相同商品上使用相同商标，属于假冒，构成侵权。故 B 项正确。

C 项：根据《商标法》第 59 条第 3 款的规定："商标注册人申请商标注册前，他人已经在同一种商品或者类似商品上先于商标注册人使用与注册商标相同或者近似并有一定影响的商标的，注册商标专用权人无权禁止该使用人在原使用范围内继续使用该商标，但可以要求其附加适当区别标识。"甲在乙注册 A 商标前，已经在咖啡上在先使用 A 商标并且产生了一定的影响，甲可以在原使用范围内继续使用该商标。故 C 项错误。

D 项：根据《商标法》第 32 条规定："申请商标注册不得损害他人现有的在先权利，也不得以不正当手段抢先注册他人已经使用并有一定影响的商标。"第 45 条第 1 款规定："已经注册的商标，违反本法第十三条第二款和第三款、第十五条、第十六条第一款、第三十条、第三十一条、第三十二条规定的，自商标注册之日起五年内，在先权利人或者利害关系人可以请求商标评审委员会宣告该注册商标无效。对恶意注册的，驰名商标所有人不受五年的时间限制。"乙恶意抢注甲在先使用并有一定影响的 A 商标，甲使用的 A 商标未被认定为驰名商标，只能在乙商标注册之日起 5 年内申请宣告无效，而不是随时。故 D 项错误。

综上所述，本题答案为 B 项。

17 1902042

参考答案：C

解析：［命题陷阱］本题与乔丹商标侵权案如出一辙。1. 布莱克雷欧作为公众人物，其姓名可以吸引流量，具有一定的经济价值，他人未经许可擅自将其姓名申请注册为商标侵犯了雷欧的姓名权；2. 无论 A 公司擅自将雷欧注册为商标，还是 B 公司将雷欧用为企业名称均为对布莱克雷欧的侵权行为。

AB 项：本案中 A 公司的商标被无效宣告以前，此商标是有效的，B 公司在其企业名称中使用 A 公司的注册商标，侵犯了 A 公司的权利，此侵权行为不能以 A 公司也有侵权或者 B 公司的企业名称被工商登记为由抗辩。因此，AB 项错误。

CD 项：《商标法》第 45 条第 1 款："已经注册的商标，违反本法第十三条第二款和第三款、第十五条、第十六条第一款、第三十条、第三十一条、第三十二条规定的，自商标注册之日起五年内，在先权利人或者利害关系人可以请求商标评审委员会宣告该注册商标无效。对恶意注册的，驰名商标所有人不受五年的时间限制。”第 32 条：“申请商标注册不得损害他人现有的在先权利，也不得以不正当手段抢先注册他人已经使用并有一定影响的商标。”雷欧作为公众人物，A 公司未经许可将其姓名注册为商标，侵犯了布莱克雷欧在先的姓名权，雷欧可以姓名权被侵犯为由主张 A 公司的侵权责任。因此，D 项错误。雷欧作为在先权利人申请宣告该商标无效，应该在商标被注册后的 5 年内。因此，C 项正确。

综上所述，本题答案为 C 项。

18 1902175

参考答案：C

解析：AC 项：《商标法》第 45 条第 1 款规定：“已经注册的商标，违反本法第十三条第二款和第三款、第十五条、第十六条第一款、第三十条、第三十一条、第三十二条规定的，自商标注册之日起五年内，在先权利人或者利害关系人可以请求商标评审委员会宣告该注册商标无效。对恶意注册的，驰名商标所有人不受五年的时间限制。”《商标民事司法解释》第 4 条第 1 款规定：“商标法第六十条第一款规定的利害关系人，包括注册商标使用许可合同的被许可人、注册商标财产权利的合法继承人等。”由此可知，可以请求商标评审委员会宣告该注册商标无效的主体：在先权利人 + 利害关系人，乙公司不是在先权利人，与商标权之间存在着直接的利害关系，不构成利害关系人，故乙无权申请注册商标无效。同时，在注册商标确认无效前，甲依然享有该商标专用权。故，A 项错误。“Alice”并非驰名商标，因此 Alice.Wang 应当在商标注册之日起五年内提出申请。故 C 项正确。

B 项：《商标法》第 58 条规定：“将他人注册商标、未注册的驰名商标作为企业名称中的字号使用，误导公众，构成不正当竞争行为的，依照《中华人民共和国反不正当竞争法》处理。”乙公司将甲公司的注册商标作为企业字号在相同商品上突出使用，构成侵权。故 B 项错误。

D 项：《商标法》第 32 条规定：“申请商标注册不得损害他人现有的在先权利，也不得以不正当手段抢先注册他人已经使用并有一定影响的商标。”Alice.Wang 对“Alice.Wang”享有姓名权，同时因 Alice.Wang 获得世界“英雄盖世”联赛大满贯而名声大噪，所以“Alice”这个名字在游戏领域具有特殊意义，甲虽未使用全称，但依然会使一般的消费者误认为该商标所对应的商品与 Alice.Wang 具有相关性，因此侵犯了 Alice.Wang 的姓名权。故 D 项错误。

综上所述，本题答案为 C 项。

19 1703016

参考答案：B

解析：AB 项：《商标法》第 59 条第 3 款规定：“商标注册人申请商标注册前，他人已经在同一种商品或者类似商品上先于商标注册人使用与注册商标相同或者近似并有一定影响的商标的，注册商标专用权人无权禁止该使用人在原使用范围内继续使用该商标，但可以要求其附加适当区别标识。”第 57 条第 1 项规定：“有下列行为之一的，均属侵犯注册商标专用权：（一）未经商标注册人的许可，在同一种商品上使用与其注册商标相同的商标的；……”“韦老四”标识已由肖某注册登记，在其被宣告无效前，韦某在外地开设新店时，超出了原使用范围，使用“韦老四”标识属于商标侵权。韦某享有在先使用权，故 A 项错误；B 项正确，当选。

C 项：已经注册的商标，侵害先权利人或者利害关系人合法权益的，自商标注册之日起五年内，在先权利人或者利害关系人可以请求商标评审委员会宣告该注册商标无效。对恶意注册的，驰名商标所有人不受五年的时间限制。“韦老四”标识并未形成驰名商标，韦某自商标注册之日起五年内可申请宣告无效，而不是随时请求。C 项错误。

D 项：根据《商标法》第 44 条、第 45 条规定，商标被宣告无效的情形是商标本身存在违反商标注册禁止性条件的情形，或者侵害他人民事权益。“超出经营范围”并非宣告无效的原因。D 项错误。

综上所述，本题答案为 B 项。

20 1103018

参考答案：C

解析：AB 项：《商标法》第 43 条第 1 款规定："商标注册人可以通过签订商标使用许可合同，许可他人使用其注册商标。许可人应当监督被许可人使用其注册商标的商品质量。被许可人应当保证使用该注册商标的商品质量。"本题中，由于"一剪没"不是注册商标，故不能许可他人使用。王小小与张薇薇签订的合同不是商标使用许可合同。因此，AB 项错误。

CD 项：《商标法》第 32 条规定："申请商标注册不得损害他人现有的在先权利，也不得以不正当手段抢先注册他人已经使用并有一定影响的商标。"第 45 条第 1 款规定："已经注册的商标，违反本法第十三条第二款和第三款、第十五条、第十六条第一款、第三十条、第三十一条、第三十二条规定的，自商标注册之日起五年内，在先权利人或者利害关系人可以请求商标评审委员会宣告该注册商标无效。对恶意注册的，驰名商标所有人不受五年的时间限制。"本题中，王小小可以请求商标评审委员会宣告该注册商标无效。因此，D 项错误，C 项正确。

综上所述，本题答案为 C 项。

21 1003017

参考答案：B

解析：A 项：《商标法》第 24 条规定："注册商标需要改变其标志的，应当重新提出注册申请。"第 41 条规定："注册商标需要变更注册人的名义、地址或者其他注册事项的，应当提出变更申请。"可见，改变注册标志需要重新提出注册申请，而变更注册人的名义、地址或者其他注册事项的才需要提出变更申请。甲公司要将"霞露"商标改成"露霞"属于改变注册标志，应当重新提出注册申请，A 项错误。

B 项：《商标法》第 57 条第 2 项规定："有下列行为之一的，均属侵犯注册商标专用权：（二）未经商标注册人的许可，在同一种商品上使用与其注册商标近似的商标，或者在类似商品上使用与其注册商标相同或者近似的商标，容易导致混淆的；……"甲公司的"霞露"用于日用化妆品上，乙公司在化妆品上擅自使用"露霞"为商标，属于在同一种商品上使用与其注册商标近似的商标，构成侵权，甲公司有权禁止，B 项正确，当选。

C 项：《商标法》第 49 条第 2 款规定："注册商标成为其核定使用的商品的通用名称或者没有正当理由连续三年不使用的，任何单位或者个人可以向商标局申请撤销该注册商标。商标局应当自收到申请之日起九个月内做出决定。有特殊情况需要延长的，经国务院工商行政管理部门批准，可以延长三个月。"因此，甲公司因经营不善连续 3 年停止使用该商标，该商标可能被撤销而不是注销，C 项错误。

D 项：《商标法》第 42 条第 1 款规定："转让注册商标的，转让人和受让人应当签订转让协议，并共同向商标局提出申请。受让人应当保证使用该注册商标的商品质量。"所以，认为甲公司应单独向商标局提出转让申请是错误的。故 D 项错误。

综上所述，本题答案为 B 项。

【多选】

22 2302102

参考答案：B,C,D

解析：AB 选项：根据《专利法》第 23 条第 3 款规定："授予专利权的外观设计不得与他人在申请日以前已经取得的合法权利相冲突。"根据《商标法》第 64 条第 1 款规定"注册商标专用权人请求赔偿，被控侵权人以注册商标专用权人未使用注册商标提出抗辩的，人民法院可以要求注册商标专用权人提供此前三年内实际使用该注册商标的证据。注册商标专用权人不能证明此前三年内实际使用过该注册商标，也不能证明因侵权行为受到其他损失的，被控侵权人不承担赔偿责任。"本题中，甲公司在先取得了"小金人"的注册商标专用权，乙公司的外观设计专利权对甲公司在先的商标权构成侵害，但由于甲公司 3 年未使用该商标，所以无权向乙公司主张赔偿责任。因此，A 选项错误。丙公司将甲公司的注册商标用于自己的产品造型，造成混淆，构成侵犯商标权，但由于甲公司 3 年未使用该商标，所以丙公司无需承担赔偿责任。因此，B 选项正确。

C 选项：在乙公司申请该外观设计专利前，"小金人"立体造型已经被公众所知晓，属于现有技术，丙公司对现有技术的使用，并未侵犯乙公司的专利权。因此,C 选项正确。

D 选项:根据《专利法》第 22 条第 1 款规定:“授予专利权的发明和实用新型,应当具备新颖性、创造性和实用性。”第 45 条规定:“自国务院专利行政部门公告授予专利权之日起,任何单位或者个人认为该专利权的授予不符合本法有关规定的,可以请求国务院专利行政部门宣告该专利权无效。”本题中,乙公司申请的外观设计专利并不具备新颖性,且与甲公司在先的商标权冲突,不具备授予专利权的条件,所以任何单位和个人均可以向专利行政部门申请宣告无效。因此,D 选项正确。

综上所述,本题正确答案为 BCD。

23 2202103

参考答案:A,B,C

解析:AB 项:根据《商标法》第 57 条第 2、3 项规定:“有下列行为之一的,均属侵犯注册商标专用权:……(二)未经商标注册人的许可,在同一种商品上使用与其注册商标近似的商标,或者在类似商品上使用与其注册商标相同或者近似的商标,容易导致混淆的;(三)销售侵犯注册商标专用权的商品的……”。乙在同一种商品上使用了与“晓逗”近似的“晓恒”商标,属于仿冒,构成侵权,故 A 项正确。陈某销售侵犯注册商标专用权的商品,同样构成侵权,故 B 项正确。

CD 项:根据《商标法》第 49 条第 2 款规定:“注册商标成为其核定使用的商品的通用名称或者没有正当理由连续三年不使用的,任何单位或者个人可以向商标局申请撤销该注册商标……”甲自 2018 年 2 月 1 日注册“晓逗”商标后,无正当理由未使用过该商标,至 2022 年 3 月已满 3 年,虽然陈某在宣传中使用过该商标,但陈某的使用本就属于侵权使用,并非出于商标权人甲的意愿使用,不能起到维持商标的效果。甲的“晓逗”商标无正当理由连续 3 年不使用,任何人都可以申请撤销。故 C 项正确,D 项错误。

综上所述,本题正确答案为 ABC 项。

24 2202106

参考答案:B,D

解析:ACD 项:根据《商标法》第 45 条第 1 款的规定:“已经注册的商标,违反本法第十三条第二款和第三款、第十五条、第十六条第一款、第三十条、第三十一条、第三十二条规定的,自商标注册之日起五年内,在先权利人或者利害关系人可以请求商标评审委员会宣告该注册商标无效。对恶意注册的,驰名商标所有人不受五年的时间限制。”

有权宣告无效的只有商评委,法院无权。故 A 项错误。

B 奶茶店注册的商标是复制佳飞咖啡店未注册的驰名商标,侵犯的是私人权益,因此只有在先权利人佳飞咖啡店有权向商评委申请宣告无效,而非任何人都可以请求。故 C 项错误。

因“佳飞”商标被认定为驰名商标,且乙明知佳飞咖啡店在先使用,属于恶意注册,佳飞咖啡店不受 5 年时间限制,仍可申请宣告无效。故 D 项正确。

B 项:根据《商标民事纠纷解释》第 2 条的规定:“依据商标法第十三条第二款的规定,复制、摹仿、翻译他人未在中国注册的驰名商标或其主要部分,在相同或者类似商品上作为商标使用,容易导致混淆的,应当承担停止侵害的民事法律责任。”B 奶茶店的行为侵害了佳飞咖啡店未注册驰名商标的权益,构成侵权。对未注册驰名商标,佳飞咖啡店只能禁止 B 奶茶店在相同或类似商品、服务上使用,但不享有损害赔偿请求权。故 B 项正确。

综上所述,本题正确答案为 BD 项。

25 2102159

参考答案:A,B

解析:A 项:根据《商标法》第 19 条:“……商标代理机构除对其代理服务申请商标注册外,不得申请注册其他商标。”A 公司是商标代理机构,以自己的名义申请注册“嘀咕咕”商标,并非是基于代理服务为他人申请商标注册行为,商标局应驳回 A 公司的商标注册申请,故 A 正确。

B 项:根据《商标法》第 15 条第 1 款:“未经授权,代理人或者代表人以自己的名义将被代理人或者被代表人的商标进行注册,被代理人或者被代表人提出异议的,不予注册并禁止使用。”A 公司未经被代理人的同意，以自己的名义申请注册“嘀咕咕”商标，B公司进入破产程序，其管理人可以提出异议，商标局对A公司申请的商标不予注册并禁止使用。故B项正确。

C项：根据《民法典》第933条：“委托人或者受托人可以随时解除委托合同。因解除合同造成对方损失的，除不可归责于该当事人的事由外，无偿委托合同的解除方应当赔偿因解除时间不当造成的直接损失，有偿委托合同的解除方应当赔偿对方的直接损失和合同履行后可以获得的利益。”A公司和B公司作为委托合同的双方，均享有任意解除权。故C项错误。

D项：B公司申请注册的“嘀咕咕”商标是在旅游服务业务上，而非是汽车制造业务上，故其应当在汽车制造业务上另行提起注册。故D项错误。

综上所述，正确答案为AB项。

26 2102160

参考答案：C,D

解析：A项：《商标法》第11条第1款第2项规定：“下列标志不得作为商标注册：……（二）仅直接表示商品的质量、主要原料、功能、用途、重量、数量及其他特点的；”若以“好轻松”直接表明肠胃药的功能为由，属于违反了商标的禁止性规定，可以向商标局申请商标无效，而无权申请撤销。故A项错误。

B项：《商标法》第49条规定：“……注册商标成为其核定使用的商品的通用名称或者没有正当理由连续三年不使用的，任何单位或者个人可以向商标局申请撤销该注册商标……。”可以申请撤销商标的情形为“成为通用名称”和“没有正当理由连续三年不使用”，“好轻松”商标不存在上述情形，因此C公司无权向商标局申请撤销该商标。故B项错误。

C项：C公司未经许可在相同商品上使用他人商标，侵犯商标权，B公司作为独占许可使用权人，具有独立起诉的资格。C项正确。

D项：C公司未经许可在相同商品上使用他人商标，侵犯商标权，A公司作为商标权人，具有独立起诉的资格。D项正确。

综上所述，CD项正确。

27 1902088

参考答案：A,C,D

解析：［命题陷阱］本题破题的关键是D项，考生容易与在先权利人申请抢注商标无效，受5年期限限制相混淆。如果注册商标侵犯了他人的在先权利，作为在先权利人如果是一般商标权人，应在抢注商标注册后5年内申请此商标无效，如果在先权利人是驰名商标权利人才不受5年的期限限制。但本题中甲公司申请注册了“神仙湖银鱼”商标同时并存两种情况：一、侵犯了神仙湖渔业协会的在先权利；二、该商标中非法使用了县级以上地名“神仙湖”。基于第一种情况，神仙湖渔业协会作为在先权利人，申请甲公司商标无效有5年期限限制，但基于第二种情况，任何单位或个人均可随时申请甲公司商标无效。所以即使“神仙湖银鱼”并非驰名商标，神仙湖渔业协会仍有权随时申请甲公司的商标无效。

AB项：《商标法》第3条第2、3款规定：“本法所称集体商标，是指以团体、协会或者其他组织名义注册，供该组织成员在商事活动中使用，以表明使用者在该组织中的成员资格的标志。本法所称证明商标，是指由对某种商品或者服务具有监督能力的组织所控制，而由该组织以外的单位或者个人使用于其商品或者服务，用以证明该商品或者服务的原产地、原料、制造方法、质量或者其他特定品质的标志。”集体商标和证明商标均为组织申请，但授权使用的对象不同，集体商标授权本集体组织成员使用，是成员资格的标志，证明商标授权组织以外的单位或个人使用，起到对产品或服务某些特征的证明作用。本案中，“神仙湖银鱼”由神仙渔业协会申请注册并允许成员使用，属于集体商标而非证明商标。因此，A项正确，B项错误。

C项：甲公司并非渔业协会成员，无权使用该集体商标，擅自使用属于侵权行为。因此，C项正确。

D项：《商标法》第44条第1款规定：“已经注册的商标，违反本法第四条、第十条、第十一条、第十二条、第十九条第四款规定的，或者是以欺骗手段或者其他不正当手段取得注册的，由商标局宣告该注册商标无效；其他单位或者个人可以请求商标评审委员会（现应为国家知识产权局商标局，下文相同。）宣告该注册商标无效。”神仙湖属于县级以上行政区划的地名，按照《商标法》第 10 条的规定，不得作为一般的商标使用，所以甲公司申请注册的“神仙湖银鱼”商标，应由商标局依职权或者商标评审委员会经任何单位或个人申请宣告无效，此处的无效宣告的申请并没有时间的限制。因此，D 项正确。

综上所述，本题答案为 ACD 项。

28 1802063

参考答案：A,C,D

解析：A 项：根据《商标法》第 8 条规定：“任何能够将自然人、法人或者其他组织的商品与他人的商品区别开的标志，包括文字、图形、字母、数字、三维标志、颜色组合和声音等，以及上述要素的组合，均可以作为商标申请注册。”由此可知，声音可被注册为商标，故 A 选项正确。

B 项：根据《商标法》第 22 条第 2 款规定：“商标注册申请人可以通过一份申请就多个类别的商品申请注册同一商标。”故 B 选项错误。

C 项：根据《商标法》第 10 条第 1 款第 1 项规定：“下列标志不得作为商标使用：（一）同中华人民共和国的国家名称、国旗、国徽、国歌、军旗、军徽、军歌、勋章等相同或者近似的，以及同中央国家机关的名称、标志、所在地特定地点的名称或者标志性建筑物的名称、图形相同的”故 C 选项正确。

D 项：根据《商标法》第 14 条第 5 款规定：“生产、经营者不得将‘驰名商标’字样用于商品、商品包装或者容器上，或者用于广告宣传、展览以及其他商业活动中。”故 D 选项正确。

综上所述，本题答案为 ACD 项。

29 1603064

参考答案：B,D

解析：A 项：根据《商标法》第 45 条第 1 款规定：“已经注册的商标，违反本法第十三条第二款和第三款、第十五条、第十六条第一款、第三十条、第三十一条、第三十二条规定的，自商标注册之日起五年内，在先权利人或者利害关系人可以请求商标评审委员会宣告该注册商标无效。对恶意注册的，驰名商标所有人不受五年的时间限制。”该题中，乙抢先注册不实际使用，属于恶意注册，但“香香”并非驰名商标，故甲应当在 5 年内请求，而非“随时”。所以，A 项错误。

B 项：根据《商标法》第 42 条第 2 款规定：“转让注册商标的，商标注册人对其在同一种商品上注册的近似的商标，或者在类似商品上注册的相同或者近似的商标，应当一并转让。”乙在果汁和碳酸饮料上同时注册商标，果汁和碳酸饮料属于类似商品，商标应一并转让。所以，B 项正确。

C 项：根据《商标法》第 22 条第 2 款规定：“商标注册申请人可以通过一份申请就多个类别的商品申请注册同一商标。”所以，C 项错误。

D 项：根据《商标法》第 59 条第 3 款规定：“商标注册人申请商标注册前，他人已经在同一种商品或者类似商品上先于商标注册人使用与注册商标相同或者近似并有一定影响的商标的，注册商标专用权人无权禁止该使用人在原使用范围内继续使用该商标，但可以要求其附加适当区别标识。”所以，D 项正确。

综上所述，本题答案为 BD 项。

30 1503064

参考答案：A,D

解析：AB 项：根据《商标法》第 3 条第 2 款和第 3 款规定：“本法所称集体商标，是指以团体、协会或者其他组织名义注册，供该组织成员在商事活动中使用，以表明使用者在该组织中的成员资格的标志。本法所称证明商标，是指由对某种商品或者服务具有监督能力的组织所控制，而由该组织以外的单位或者个人使用于其商品或者服务，用以证明该商品或者服务的原产地、原料、制造方法、质量或者其他特定品质的标志。”所以“河川”是属于集体商标。故 A 项正确，B 项错误。

C 项：根据《商标法》第 10 条第 2 款规定：“县级以上行政区划的地名或者公众知晓的外国地名，不得作为商标。但是，地名具有其他含义或者作为集体商标、证明商标组成部分的除外；已经注册的使用地名的商标继续有效。”“河川”作为集体商标，可以使用县级以上行政区划名称，所以 C 项错误。

D 项：盛联超市在包装上加上自己的销售商标，

属于使用自己的注册商标，表明商品的销售来源，不涉及侵权问题，所以 D 项说法正确。
综上所述，本题正确答案为 AD 项。

31 1403064

参考答案：B,C,D
解析：A 项：《商标法》第 18 条第 2 款规定："外国人或者外国企业在中国申请商标注册和办理其他商标事宜的，应当委托依法设立的商标代理机构办理。"所以，A 项正确，不当选。
B 项：《商标法》第 22 条第 2 款规定："商标注册申请人可以通过一份申请就多个类别的商品申请注册同一商标。"所以，B 项错误，当选。
C 项：《商标法》第 25 条第 1 款规定："商标注册申请人自其商标在外国第一次提出商标注册申请之日起六个月内，又在中国就相同商品以同一商标提出商标注册申请的，依照该外国同中国签订的协议或者共同参加的国际条约，或者按照相互承认优先权的原则，可以享有优先权。"所以，C 项错误，当选。
D 项：《商标法》第 14 条第 5 款规定："生产、经营者不得将'驰名商标'字样用于商品、商品包装或者容器上，或者用于广告宣传、展览以及其他商业活动中。"所以，D 项错误，当选。
综上所述，本题为选非题，答案为 BCD 项。

32 1303065

参考答案：A,B
解析：A 项：在一件商品上使用的商标件数并无限制。故 A 项正确。
B 项：《商标法》第 3 条第 1 款规定："经商标局核准注册的商标为注册商标，包括商品商标、服务商标和集体商标、证明商标；商标注册人享有商标专用权，受法律保护。"而甲公司注册了"美多"，并没有注册"薰衣草"。所以，对"薰衣草"不享有专用权。故 B 项正确。
C 项：《关于审理驰名商标保护的民事纠纷案件应用法律若干问题的解释》第 13 条规定："在涉及驰名商标保护的民事纠纷案件中，人民法院对于商标驰名的认定，仅作为案件事实和判决理由，不写入判决主文；以调解方式审结的，在调解书中对商标驰名的事实不予认定。"故 C 项错误。
D 项：《商标法》第 11 条规定："下列标志不得作为商标注册：（一）仅有本商品的通用名称、图形、型号的；（二）仅直接表示商品的质量、主要原料、功能、用途、重量、数量及其他特点的；（三）其他缺乏显著特征的。前款所列标志经过使用取得显著特征，并便于识别的，可以作为商标注册。"因为突出宣传"薰衣草"，致使"薰衣草"保健枕被消费者熟知，属于经过使用取得显著特征，所以可以作为商标注册。故 D 项错误。
综上所述，本题答案为 AB 项。

33 1203065

参考答案：C,D
解析：AC 项：《商标法》第 32 条规定："申请商标注册不得损害他人现有的在先权利，也不得以不正当手段抢先注册他人已经使用并有一定影响的商标。"《商标法》第 45 条第 1 款规定："已经注册的商标，违反本法第十三条第二款和第三款、第十五条、第十六条第一款、第三十条、第三十一条、第三十二条规定的，自商标注册之日起五年内，在先权利人或者利害关系人可以请求商标评审委员会宣告该注册商标无效。对恶意注册的，驰名商标所有人不受五年的时间限制。"甲公司的"逍遥乐"商标作为非注册商标具有一定影响，乙公司的行为属恶意抢注，甲公司当然有权提出异议，并在商标注册 5 年内，请求商标评审委员会宣告该注册商标无效。所以，A 选项说法正确，不当选，C 选项说法错误，当选。
B 项：《商标法》第 59 条第 3 款规定："商标注册人申请商标注册前，他人已经在同一种商品或者类似商品上先于商标注册人使用与注册商标相同或者近似并有一定影响的商标的，注册商标专用权人无权禁止该使用人在原使用范围内继续使用该商标，但可以要求其附加适当区别标识。"故逍遥乐被核准注册的，甲有权主张先用权。故 B 选项正确，不当选。
D 项：《商标法》第 3 条第 1 款规定："经商标局核准注册的商标为注册商标，包括商品商标、服务商标和集体商标、证明商标；商标注册人享有商标专用权，受法律保护。"我国商标法实行注册制度，只有注册商标才能获得专用权，即使属于未注册驰名商标，使用人也依法只享有禁止他人注册和使用的权利，但不得请求损害赔偿。故 D 选项说法错误，当选。

综上所述，本题为选非题，答案为 CD 项。

34 1103064

参考答案：A,D

解析：A 项：《商标法》第 43 条第 2 款规定："经许可使用他人注册商标的，必须在使用该注册商标的商品上标明被许可人的名称和商品产地。"据此，乙公司必须在使用甲公司商标的商品上标明乙公司的名称和产地，A 项正确。

B 项：根据《商标法》第 43 条第 3 款规定："许可他人使用其注册商标的，许可人应当将其商标使用许可报商标局备案，由商标局公告。商标使用许可未经备案不得对抗善意第三人。"备案不是生效要件，只是可以对抗善意第三人，B 项错误。

C 项：《最高人民法院关于审理商标民事纠纷案件适用法律若干问题的解释》第 4 条第 2 款规定："在发生注册商标专用权被侵害时，独占使用许可合同的被许可人可以向人民法院提起诉讼；排他使用许可合同的被许可人可以和商标注册人共同起诉，也可以在商标注册人不起诉的情况下，自行提起诉讼；普通使用许可合同的被许可人经商标注册人明确授权，可以提起诉讼。"据此，商标使用的普通许可的被许可人乙公司没有诉权，但是得到许可人甲公司授权的可以起诉，C 项错误。

D 项：《关于审理商标民事纠纷案件适用法律若干问题的解释》第 21 条第 1 款规定："人民法院在审理侵犯注册商标专用权纠纷案件中，依据《民法典》第 179 条、《商标法》第 60 条的规定和案件具体情况，可以判决侵权人承担停止侵害、排除妨碍、消除危险、赔偿损失、消除影响等民事责任。"萧某不能证明服装的合法来源，构成侵权，应当停止销售并赔偿损失，D 项正确。

综上所述，本题答案为 AD 项。

【不定项】

35 2102161

参考答案：D

解析：A 项：谷佳农业大学是公办高校，属于事业单位法人，并非企业法人，不享有企业名称权。且阿帅成立的是谷佳有限公司，未直接使用谷佳农业大学的名称，不构成侵权。故 A 项错误。

B 项：《商标法》第 14 条规定："驰名商标应当根据当事人的请求，作为处理涉及商标案件需要认定的事实进行认定。认定驰名商标应当考虑下列因素：……在商标注册审查、工商行政管理部门查处商标违法案件过程中，当事人依照本法第十三条规定主张权利的，商标局根据审查、处理案件的需要，可以对商标驰名情况作出认定。"只有在处理个案认定事实有需要时，才能认定某一商标是否为驰名商标，如主张自己的商标是驰名商标，请求禁止他人在不相同的商品上使用相同的商标。也即驰名商标认定不能作为唯一的诉讼请求，故 B 项"仅请求确认"的表述不正确。

CD 项：《商标法》第 4 条第 1 款的规定："自然人、法人或者其他组织在生产经营活动中，对其商品或者服务需要取得商标专用权的，应当向商标局申请商标注册。不以使用为目的的恶意商标注册申请，应当予以驳回。"只有注册商标才享有商标专用权，谷佳农业大学仅仅使用而未注册，虽对该商标享有一定的利益，但不能说是享有商标权。故 C 项错误。本题中阿理名为注册商标实为商标转让牟利，属于不以使用为目的的恶意商标注册情形，应当予以驳回。故 D 项正确。

综上所述，本题答案为 D。

二、模拟训练

36 62406001

参考答案：B,D

解析：A 项：根据《一审知产管辖若干规定》第 2 条第 2 款的规定："本规定第一条及本条第一款规定之外的第一审知识产权案件诉讼标的额在最高人民法院确定的数额以上的，以及涉及国务院部门、县级以上地方人民政府或者海关行政行为的，由中级人民法院管辖。"第 3 条规定："本规定第一条、第二条规定之外的第一审知识产权民事、行政案件，由最高人民法院确定的基层人民法院管辖。"商标侵权诉讼通常由最高法确定的基层法院管辖，但如果涉及驰名商标的认定或者涉案金额较高，应当由中级法院管辖。乙公司必须向相关基层法院提起诉讼的说法太绝对。故 A 选项错误。

B 项：根据《商标民事纠纷解释》第 4 条第 2 款的规定："在发生注册商标专用权被侵害时，独占使用许可合同的被许可人可以向人民法院提起诉讼；排他使用许可合同的被许可人可以和商标注册人共同起诉，也可以在商标注册人不起诉的情况下，自行提起诉讼；普通使用许可合同的被许可人经商标注册人明确授权，可以提起诉讼。"本案中，乙公司是甲公司授权的独占被许可人，有原告主体资格，可以单独提起诉讼。故 B 选项正确。

CD 项：根据《商标法》第 60 条第 2 款："工商行政管理部门处理时，认定侵权行为成立的，责令立即停止侵权行为，没收、销毁侵权商品和主要用于制造侵权商品、伪造注册商标标识的工具，违法经营额五万元以上的，可以处违法经营额五倍以下的罚款，没有违法经营额或者违法经营额不足五万元的，可以处二十五万元以下的罚款。对五年内实施两次以上商标侵权行为或者有其他严重情节的，应当从重处罚。销售不知道是侵犯注册商标专用权的商品，能证明该商品是自己合法取得并说明提供者的，由工商行政管理部门责令停止销售。"丙公司明知的情况下，未经许可使用与"辉达"商标近似的"辉大"商标，应当赔偿损失。有侵权行为且行为还在持续，丙公司应当停止侵权。故 C 选项错误。5 年内实施 2 次以上商标侵权行为或者有其他严重情节，应当从重处罚，故 D 选项正确。

综上所述，本题答案为 BD。

37 62206197

参考答案：A,C

解析：A 项：根据《商标法》第 22 条第 2 款规定："商标注册申请人可以通过一份申请就多个类别的商品申请注册同一商标。"故甲公司可以就两类商品通过一份申请注册同一商标，无须分别提出申请。因此，A 项正确。

BC 项：根据《商标法》第 25 条第 1 款规定："商标注册申请人自其商标在外国第一次提出商标注册申请之日起六个月内，又在中国就相同商品以同一商标提出商标注册申请的，依照该外国同中国签订的协议或者共同参加的国际条约，或者按照相互承认优先权的原则，可以享有优先权。"2021 年 12 月 1 日，甲公司就香氛和香水产品向 A 国注册申请商标，又于 2022 年 4 月 1 日就同一商品向我国申请商标，间隔未超过 6 个月，A 国和我国都是《巴黎公约》成员国，故甲公司享有优先权，甲公司申请日视为 2021 年 12 月 1 日，早于乙公司申请日，应驳回乙公司的注册申请。因此，B 项错误，C 项正确。

D 项：根据《商标法》第 14 条第 5 款规定："生产、经营者不得将'驰名商标'字样用于商品、商品包装或者容器上，或者用于广告宣传、展览以及其他商业活动中。"因此，D 项错误。

综上所述，本题答案为 AC 项。

38 62306040

参考答案：C

解析：AB 项：根据《商标法》第 57 条第 1、6 项的规定："有下列行为之一的，均属侵犯注册商标专用权：（一）未经商标注册人的许可，在同一种商品上使用与其注册商标相同的商标的；……（六）故意为侵犯他人商标专用权行为提供便利条件，帮助他人实施侵犯商标专用权行为的……"乙公司未经许可在相同商品上使用相同商标，构成假冒，侵犯了甲公司商标权。故 A 项正确，不选。丙公司作为甲公司的竞争对手，特意为乙公司免费提供仓库，属于帮助侵权，同样侵犯甲公司商标权。故 B 项正确，不选。

CD 项：根据《商标法》第 64 条的规定："注册商标专用权人请求赔偿，被控侵权人以注册商标专用权人未使用注册商标提出抗辩的，人民法院可以要求注册商标专用权人提供此前三年内实际使用该注册商标的证据。注册商标专用权人不能证明此前三年内实际使用过该注册商标，也不能证明因侵权行为受到其他损失的，被控侵权人不承担赔偿责任。销售不知道是侵犯注册商标专用权的商品，能证明该商品是自己合法取得并说明提供者的，不承担赔偿责任。"丁公司不知道自己售卖的是侵权商品，又以市价从乙公司购买，属于合法取得，也能说明提供者，应停止销售，但不需要赔偿损失。故 C 项错误，当选。甲公司 2018 年 9 月获得授权，2023 年 5 月起诉他人侵权，期间 4 年多时间未实际使用过该商标，若不能证明自己受到其他损失的，被控侵权人乙、丙无需承担赔偿责任。故 D 项正确，不选。

综上所述，本题为选非题，答案是 C 项。

39 62306044

参考答案：D

解析：A 项：根据《商标法》第 40 条规定："注册商标有效期满，需要继续使用的，商标注册人应当在期满前十二个月内按照规定办理续展手续；在此期间未能办理的，可以给予六个月的宽展期。每次续展注册的有效期为十年，自该商标上一届有效期满次日起计算。期满未办理续展手续的，注销其注册商标。"由此可知，自 2018 年 12 月 28 日商标有效期满之日起 6 个月内，即 2019 年 6 月 28 日前，安安公司仍可提出续展申请。故 A 项正确，不选。

B 项：根据《商标法》第 57 条的规定："有下列行为之一的，均属侵犯注册商标专用权：……（五）未经商标注册人同意，更换其注册商标并将该更换商标的商品又投入市场的；……"普普公司将安安公司生产厨具的商标去除，并更换上自己的商标销售，属于反向假冒，侵犯安安公司商标权。故 B 项正确，不选。

C 项：根据《商标法》第 59 条第 3 款规定："商标注册人申请商标注册前，他人已经在同一种商品或者类似商品上先于商标注册人使用与注册商标相同或者近似并有一定影响的商标的，注册商标专用权人无权禁止该使用人在原使用范围内继续使用该商标，但可以要求其附加适当区别标识。"菱菱公司在安安公司申请商标前，已经在相同商品上使用相同商标，并有一定影响，可以主张先用权抗辩，在原有范围内继续使用该商标的行为不侵权。故 C 项正确，不选。

D 项：根据《商标法》第 59 条第 1 款规定："注册商标中含有的本商品的通用名称、图形、型号，或者直接表示商品的质量、主要原料、功能、用途、重量、数量及其他特点，或者含有的地名，注册商标专用权人无权禁止他人正当使用。"朝天椒是火锅的主要原料，七婆火锅店使用在招牌上，是向公众说明其所提供的火锅的主要原料，并非指代商品或服务的来源，不会导致混淆，属于正当使用，因此不构成侵权。故 D 项错误，当选。

综上所述，本题为选非题，正确答案是 D 项。

40 61806261

参考答案：A,B,C,D

解析：AB 项：可以申请宣告无效的主体要区分记忆，如果商标违法，损害的是公共利益，如使用歧视性词语等，则任何人可以申请宣告无效；但如果商标仅仅侵权，损害的是私益，那么就只有在先权利人或利害关系人可以申请宣告无效。本题当中，乙在先使用"觉小晓"商标，甲明知乙商标存在而抢先注册，侵犯了乙的在先权益，只有乙或者利害关系人可以申请宣告无效，而非任何人故 A 项错误，当选。在先权利人或利害关系人申请宣告商标无效，通常受到 5 年时间限制，只有驰名商标所有人对恶意注册的才不受时间限制，本题中并未提及"觉小晓"是驰名商标，因此乙申请宣告无效要受 5 年时间限制，故 B 项错误，当选。

C 项：《商标法》第 47 条第 2 款、第 3 款规定："宣告注册商标无效的决定或者裁定，对宣告无效前人民法院做出并已执行的商标侵权案件的判决、裁定、调解书和工商行政管理部门做出并已执行的商标侵权案件的处理决定以及已经履行的商标转让或者使用许可合同不具有追溯力。但是，因商标注册人的恶意给他人造成的损失，应当给予赔偿。依照前款规定不返还商标侵权赔偿金、商标转让费、商标使用费，明显违反公平原则的，应当全部或者部分返还。"丙第一年支付的 150 万元属于商标使用许可合同中已经履行完毕的部分，商标被宣告无效的决定对其不具有溯及力，题目中也并无案情表明甲不返还是明显不公平的，因此甲无需返还。故 C 项错误，当选。

D 项：《商标法》第 3 条第 1 款："经商标局核准注册的商标为注册商标，包括商品商标、服务商标和集体商标、证明商标；商标注册人享有商标专用权，受法律保护。"经核准注册的商标才能享有商标权，乙并未注册"觉小晓"，不享有商标权，也谈不上侵犯乙的商标权。故D项错误，当选。
综上所述，本题答案为ABCD项。

41 62206079

参考答案：A,B,C

解析：《商标法》第57条规定："有下列行为之一的，均属侵犯注册商标专用权：（一）未经商标注册人的许可，在同一种商品上使用与其注册商标相同的商标的；（二）未经商标注册人的许可，在同一种商品上使用与其注册商标近似的商标，或者在类似商品上使用与其注册商标相同或者近似的商标，容易导致混淆的；（三）销售侵犯注册商标专用权的商品的；（四）伪造、擅自制造他人注册商标标识或者销售伪造、擅自制造的注册商标标识的；（五）未经商标注册人同意，更换其注册商标并将该更换商标的商品又投入市场的；（六）故意为侵犯他人商标专用权行为提供便利条件，帮助他人实施侵犯商标专用权行为的；（七）给他人的注册商标专用权造成其他损害的。"

A项：甲咖啡店在类似商品咖啡上使用注册商标相同的商标，容易导致公众混淆，属于仿冒，侵犯商标权。因此，A项当选。

B项：他人生产仿冒的"飞言飞语"奶茶，属于侵犯商标权的商品，乙销售侵权商品同样构成侵权。因此，B项当选。

C项：丙厂家擅自制造他人注册商标标识，构成侵权。因此，C项当选。

D项：丁餐厅在招牌上使用"飞言飞语"商标，是为了向消费者告知自己所销售产品的品牌这一真实情况，属于正当使用，不构成侵权。因此，D项不当选。

综上所述，本题答案为ABC项。

42 62306039

参考答案：A,B

解析：AB项：根据《商标法》第19条第2款、第3款的规定："委托人申请注册的商标可能存在本法规定不得注册情形的，商标代理机构应当明确告知委托人。商标代理机构知道或者应当知道委托人申请注册的商标属于本法第四条、第十五条和第三十二条规定情形的，不得接受其委托。"甲知识产权代理机构受托为李某办理了著作权登记，知道李某是该图的著作权人，乙企业未经许可擅自将该图形申请注册为商标，侵犯李某的著作权，甲知识产权代理机构知道该情形，不得接受委托。故A项正确。自行车图形使用在自行车上，属于缺乏显著性的标志，可能不得注册，甲知识产权代理机构应当明确告知乙企业，但可以接受委托。故B项正确。

C项：根据《商标法》第33条的规定："对初步审定公告的商标，自公告之日起三个月内，在先权利人、利害关系人认为违反本法第十三条第二款和第三款、第十五条、第十六条第一款、第三十条、第三十一条、第三十二条规定的，或者任何人认为违反本法第四条、第十条、第十一条、第十二条、第十九条第四款规定的，可以向商标局提出异议。公告期满无异议的，予以核准注册，发给商标注册证，并予公告。"虽然乙企业侵犯了李某的在先权利，但只有在异议期内才能提出异议，也即李某应当在乙企业申请注册的商标初步审定公告之日起3个月内提出异议，公告期满无人异议的，乙企业的商标核准注册，从而取得商标权。故C项错误。

D项：根据《商标法》第45条第1款的规定："已经注册的商标，违反本法第十三条第二款和第三款、第十五条、第十六条第一款、第三十条、第三十一条、第三十二条规定的，自商标注册之日起五年内，在先权利人或者利害关系人可以请求商标评审委员会宣告该注册商标无效。对恶意注册的，驰名商标所有人不受五年的时间限制。"对已被授予商标权的商标，有侵犯他人在先权利情形的，可以申请宣告商标无效。但在先权利人李某只能在商标注册之日起5年内申请，而非随时。故D项错误。

综上所述，本题正确答案是AB项。